2014 临汾统计年鉴

LIN FEN STATISTICAL YEARBOOK

临汾市统计局 编

Compiled By Linfen Municipal Bureau Of Statistics

中国统计出版社
China Statistics Press

图书在版编目（CIP）数据
临汾统计年鉴. 2014 / 临汾市统计局编.
-- 北京 :中国统计出版社, 2014.8
ISBN 978-7-5037-7144-6
Ⅰ.①临…
Ⅱ.①临…
Ⅲ.①统计资料 - 临汾市 - 2014 - 年鉴
Ⅳ.①C832.253-54
中国版本图书馆CIP数据核字(2014)第163848号

临汾统计年鉴-2014

作　　者/临汾市统计局
责任编辑/ 陈越月
装帧设计/ 李光达
出版发行/ 中国统计出版社
地　　址/ 北京市丰台区西三环南路甲6号 邮政编码/100073
电　　话/ 邮购（010）63376909 书店（010）68783171
网　　址/ http://csp.stats.gov.cn
印　　刷/ 西安合鑫统计资料印刷厂
经　　销/ 新华书店
开　　本/ 890mm × 1240mm 1/16
字　　数/ 1280 千字
印　　张/ 32.5
版　　别/ 2014年8月第1版
版　　次/ 2014年8月第1次印刷
定　　价/ 328.00 元
如有印装差错，由本社发行部调换。

临汾统计年鉴(2014年)

编 者 说 明

一、《临汾统计年鉴一2014》收录了全市和各县市区、各部门建国以来主要年份及2012年经济、社会、科技等方面的统计数据，是一部全面反映临汾市国民经济和社会发展情况的资料性年刊。

二、全书内容共分18个篇章。即：1.综合；2.人口、从业人员和劳动报酬；3.固定资产投资；4.对外经济贸易；5.能源消费与库存；6.物价；7.人民生活；8.农村经济；9.工业；10.建筑业；11.交通运输、邮电通讯业；12.批发和零售业；13.住宿、餐饮和旅游；14.财政、金融和保险；15.教育、科技；16.文化、体育、卫生、民政和环保；17.县市篇；18.企业篇。为了方便读者使用，各篇末附有《主要统计指标解释》，对主要统计指标的涵义、统计范围和统计方法以及历史沿革予以简要说明。

三、本年鉴的指标口径范围，以国家现行的统计报表制度为准。资料来源于统计年报；部分资料来自于抽样调查和有关部门。本年鉴中使用的与第三次全国经济普查有关的数据均为初步审定结果，最终以第三次经济普查公报为准。

四、为了方便读者使用，对有变动的指标在表下做了简要诠释。凡以前发表过的统计数字与本年鉴不一致的，请以本年鉴为准。

五、本年鉴所使用的度量衡单位，均采用国际统一标准计量单位。

六、本年鉴中部分数据合计数或相对数由于小数位取舍不同而产生的计算误差，均未做机械调整。

七、年鉴中符号使用说明：

“…”，表示数据不足本指标最小单位；空格表示该项统计指标数据不详或无该项指标数据；“#”表示其中项；“★“表示本表下有注解。

目　　录

特　载

一、综　合

二、人口、从业人员和劳动报酬

三、固定资产投资

七、人民生活

八、农村经济

九、工　业

十八、企业篇

临汾统计年鉴

特 载

政府工作报告

——2014年4月10日在临汾市第三届人民代表大会第五次会议上

市长　岳普煜

各位代表：

现在，我代表市政府向大会报告工作，请予审议，并请市政协委员和其他列席人员提出意见。

一、2013年工作回顾

过去的一年，在省委、省政府和市委的正确领导下，在市人大、市政协的监督支持下，市政府团结带领全市人民，全面贯彻落实党的十八大、十八届二中、三中全会和习近平总书记系列重要讲话精神，扎实推进“稳增长、调结构、促改革、惠民生”等重点工作，圆满完成了各项任务。全市地区生产总值完成1223.6亿元，同比增长8.5%；规模以上工业增加值完成661.8亿元，增长12.6%；公共财政预算收入完成118.2亿元，增长6.7%；城镇居民人均可支配收入完成21936元，增长10.3%；农民人均纯收入完成7768元，增长12.6%。

一年来，我们主要做了以下几方面的工作：

一是积极应对下行压力，经济保持平稳健康发展。

全力扶持实体经济。认真落实中央、省宏观调控政策，推出“煤炭25条”、“强化经济运行20条”、支持中小微企业发展等政策“组合拳”。开展“煤矿基本建设年”活动，新增投产矿井20座，新增产能2340万吨，全市原煤产量达到7041万吨。先后组织全市煤炭、煤焦、煤电、银企和重点项目供需对接会，千方百计帮助企业解决生产经营困难，促进了经济的平稳运行。

强化投资支撑。扎实开展“项目推进年”活动，实施省市重点项目394项，全年项目储备完成20888亿元，项目签约完成3019亿元，项目落地完成1705亿元，项目开工完成1407亿元，省市县重点工程建设完成1157亿元，项目投产完成1250亿元。在项目工作12项全省排名中，我市夺得2个第二、3个第三。

全社会固定资产投资突破千亿元大关，完成1036.3亿元，增长26%。

加快市场建设。社区便民商圈、蔬菜直销点、“万村千乡”、新网工程等城乡流通体系建设成效明显，锦悦城、华纳新天地、居然之家等投入运营，奥特莱斯、红星美凯龙、生龙国际、上东世纪等有序推进。社会消费品零售总额完成475.5亿元，增长13.7%。

二是着力推进转型综改，产业结构调整的步伐明显加快。

综改区建设扎实推进。制定实施了转型综改区建设《三年实施方案》和《2013行动计划》，全面铺开产业转型、生态修复、城乡统筹、民生改善四大任务，扎实推进“五规合一”、户籍制度、用地制度、金融创新和医药卫生体制等五项重大改革，确定了10个重大项目，完成投资58亿元。省级试点侯马市、市级试点尧都区在“村改居”、金融、土地、区域协同发展机制等方面取得了积极进展。

经济带建设取得实效。坚持规划指导、基础先行、产业入园、两区同建，加快建设“百里汾河新型经济带”。《经济带发展战略规划》编制完成；滨河东路南北延路基工程基本完成，河道水利工程洪洞至襄汾段基本完工,生态绿化完成1700多万平方米;18个工业园区销售收入占到全市规模以上企业销售收入的63.9%,10个农业园区有8个形成规模,6个物流园区有4个开工建设,5个文化旅游园区全部实施开发,11个"两区同建"工程启动实施。经过全市人民的共同努力,特别是沿汾各县(市、区)的艰苦奋斗,百里汾河新型经济带可以说已经初具雏形,展现出强劲的发展活力和良好的发展前景,正在成为临汾转型跨越发展的强大引擎。

产业结构不断优化。工业加快转型提升,焦化行业45户企业完成省定兼并重组任务,钢铁行业完成立恒整合中宇工作,淘汰落后炼铁产能75万吨、炼钢产能100万吨。实施新装备、新技术、新材料、新能源等转型项目104个,全市高新技术企业发展到23家,省级以上企业技术中心达到19家,新兴产业投资增速达到50.6%。农业获得稳步发展,"大水网"涉临工程进展顺利,累计完成投资2.81亿元。全年完成灌溉面积214万亩,水土流失治理41.6万亩,生态修复80万亩。粮食总产达到23.2亿公斤,再创历史新高。"四个百万亩"基地和现代农业园区建设规模进一步扩大,新发展设施蔬菜4.4万亩、水果14.2万亩、干果19.8万亩、中药材11万亩。大力推广"公司+合作社+农户",新确立"一村一品"专业村232个,新发展农民专业合作社1513个,家庭农场达到1348个,农业产业化龙头企业达到362家。三产呈现蓬勃兴起,物流业规模持续扩大,山西国际陆港园区建设加快推进,正在积极申报临汾综合保税区。旅游业稳步发展,共接待国内外游客2143万人,旅游总收入达到195亿元,4A级景区达到6个。金融、保险等服务业迅猛发展。三产所占比重提高1.82个百分点。

三是统筹推进城乡建设,城乡一体化进程全面提速。

交通基础设施建设步伐加快。全市公路通车总里程达到18025公里,同比新增209公里,全省排名第一。霍永高速东段和西段一期工程基本完工,吉河高速路基和桥涵完成60%,大运高速土门连接线拓宽改造工程全面完成。霍侯一级路北段改造和桃临线霍州至汾西段竣工投用。新建改建农村公路231公里,其中集中连片特困地区农村公路36公里。

临汾机场航站楼和高架桥主体完工。大西高铁、中南铁路、张台铁路加快建设。

城市建设加快发展。完成河西新城和空港园区控制性详细规划,完成临汾高铁站地下空间利用等规划,市区控规覆盖率达到85%;建成市规划展览馆、市行政服务监察中心、中大街中段贯通等工程;启动实施了五一东路、二中路、北外环拓宽改造、秦蜀路南延、市民广场一期、集中供热九期、污水处理厂改扩建、市区天然气置换等工程;城市管理得到加强,多年困扰市区交通秩序的三轮车得到有效整治。县城建设取得显著成绩,城市功能进一步健全,控规覆盖率达到70%。

新农村建设取得新进展。30个新农村连片示范区、300个重点推进村建设任务全面完成;农村"五件实事"超额完成年度任务,行政村街道亮化全面完成。

生态环境明显改善。先后出台绿色生态工程、创建园林城市、PM2.5防控、市区大气污染防治等实施方案,狠抓节能减排、大气污染防治、水环境修复治理和农村生态保护,实施节能改造项目76个,万元工业增加值能耗下降3.5%,六项主要污染物减排超额完成省定任务。按照新的《环境空气质量标准》评价,市区二级以上天数达到167天,其中一级18天,空气质量指数全省排名第三,PM2.5达标率好于省定标准。汾河水质得到明显改善,化学需氧量和氨氮分别下降37.93%和20.93%。大力实施"两山""两网""两林""两区"和"双保"林业五大工程,新造林62.6

万亩,超省定任务19个百分点。涝洰河河道治理工程全面启动,完成投资1.87亿元。

四是夯实基础落实责任,发展环境更加和谐稳定。

集中教育整顿活动成效明显。认真开展"夯实基础管理、落实工作责任"集中教育整顿活动,围绕安全生产、社会稳定、民生改善等方面,共查找整改安全隐患和突出问题1.5万个,建立制度15452项,构建了分级负责、层层落实的制度体系和责任体系。

安全生产形势稳定好转。开展"安全生产稳定年"活动,强化两个主体责任,推进"隐患排查、专项整治和打非治违"三项行动,不断加大企业安全标准化建设力度,实施ABCD分级分类动态监管,加强对煤矿、非煤矿山、尾矿库、危险化学品、森林防火、冶金、食品药品、道路交通、地质灾害等重点行业和领域的安全监管,关闭取缔非法企业439家。全年生产经营性事故同比下降132起,没有发生重特大事故,全市安全生产形势持续稳定好转。

社会治理持续加强。全市信访工作连续两年实现"四下降一好转"。全面推广安泽县"311"基层服务管理、乡宁县"三化一卡"、侯马市"345"流动人口管理、铁路安全"线格化"管理等先进经验,积极创新社会治理。深入推进"平安临汾"创建,健全社会治安防控体系,依法打击违法犯罪活动,妥善应对和有效处置各类突发事件,社会保持和谐稳定。

五是尽心竭力改善民生,人民群众得到更多实惠。

社会事业全面进步。市图书馆、博物馆等工程加快实施。市直学校改造工程全部投用,5个县薄弱校改造全面完成,全市新建、改扩建农村学校169所、公办标准化幼儿园30所、村级幼儿园65所。临汾新医院建筑工程竣工,正在进行设备安装,市精神病医院主体完工,市第三人民医院迁建工程进展顺利,市第四人民医院和市妇幼保健院成功创建"三甲",完成9家县级公立医院改革,新农合参合率达99.12%。市区成功创建省级卫生城,16个县被评为省级以上卫生县城。人口自然增长率、免费孕前优生健康检查、出生人口性别比综合治理三项计划生育指标圆满完成,被省政府评为综合先进市。

扶贫开发扎实推进。实施"百企千村产业扶贫工程",启动7个项目,总投资17.4亿元。与陕西省榆林市合作,实施吕梁山有机苹果产业开发项目,在全国率先实现产业扶贫项目跨省协作。认真开展易地扶贫搬迁、住村联户、片区开发、整村推进等工作,实现贫困人口脱贫6.1万人。

社会保障水平不断提高。全年新增城镇就业6.3万人,城镇登记失业率为2.84%;各项社会保险累计参保人数达到468.2万人;开工建设各类保障性住房26333套,完成农村危房改造8000套。

双拥优抚、国防动员和民兵预备役工作扎实开展,外事、侨务、人防、统计、气象、地震、地方志、档案、老龄、残联、工商联、红十字会、妇女儿童等工作均取得新成绩。

市政府自觉接受市人大的法律监督、工作监督和市政协的民主监督,政府系统承办的人大代表建议和政协委员提案全部办结。依法行政和"六五"普法工作扎实开展,廉政建设、行政监察、审计监督和纠风工作进一步加强。大幅度精简行政审批事项,提高办事效率,市本级保留行政审批事项112项,缩减75%,平均审批时限由3周压缩为1周。严格执行"八项规定"和"约法三章",清理违规公务用车331辆,停止新建楼堂馆所23个,"三公经费"支出比上年下降15.8%。

各位代表,过去的一年,在严峻复杂的形势下,我们克服各种困难,全市经济社会实现了持续稳定健康发展,成绩来之不易,弥足珍贵。这是省委、省政府和市委正确领导的结果,是市人大、市政协和社会各界监督支持的结果,是全市人民团结一心、奋力拼搏的结果。在此，我代表市政府，向全市广大工人、农民、知识分子和各级干部，向驻临部队、武警官兵和公安干警，向各民主党派、工商联、人民团体和社会各界，表示崇高的敬意和衷心的感谢！在总结成绩的同时，我们也清醒地看到，我市发展还存在一些突出矛盾和问题。

主要是：发展不足、发展不优、发展不平衡的矛盾仍然较为突出，转型升级任务艰巨；科技创新能力不强；县域经济总量偏小，扶贫开发任重道远；安全、环保压力依然较大；民生事业欠账较多；思想解放的程度、改革创新的力度与形势任务的要求尚有差距，政府职能转变、效能提升和工作落实仍存在薄弱环节，“四风”问题还不同程度存在，等等。对于这些困难和问题，我们一定高度重视，采取有力措施，切实加以解决。

二、2014 年主要任务

2014 年是贯彻落实十八届三中全会精神、全面深化改革的重要一年。总体上看，我市仍处于可以大有作为的黄金发展期，中部崛起、转型综改区建设等政策叠加效应更加凸显，深化改革推动发展的空间更加广阔。同时也要看到，全国经济进入增长速度换挡期、结构调整阵痛期交织阶段，我市发展面临的内外部环境更加复杂多变，经济下行压力加大，前进道路上还有更多的挑战和困难。对此，我们既要做好应对困难局面的准备，又要坚定发展信心，牢固树立战略思维和底线思维，全力推动转型跨越发展。

今年政府工作的总体思路是：**高举中国特色社会主义伟大旗帜，全面贯彻党的十八大、十八届二中、三中全会和十二届全国人大二次会议精神，贯彻落实习近平总书记系列重要讲话精神，深入开展党的群众路线教育实践活动，认真落实省委、省政府和市委的决策部署，坚持稳中求进的总基调，深入开展改革创新年、转型攻坚年、环境提升年、服务群众年活动，着力推动发展，着力深化改革，着力改善环境，着力保障民生，加快建设文明开放、富裕和谐的新临汾。**

2014 年全市经济社会发展的主要预期目标是：GDP 增长 9%，财政总收入增长 9%，公共财政预算收入增长 6%，规模以上工业增加值增长 13%，全社会固定资产投资增长 21%，社会消费品零售总额增长 14%，城镇居民人均可支配收入增长 10%，农民人均纯收入增长 11%，城镇登记失业率控制在4.2%以内，居民消费品价格水平涨幅控制在 3.5%左右，万元 GDP 综合能耗下降 3.5%，万元 GDP 二氧化碳排放量下降 3.7%，万元工业增加值用水量下降 5.5%，二氧化硫、化学需氧量、氨氮、氮氧化物、烟尘、粉尘的减排完成国家和省下达的任务。

实现上述目标，必须坚持解放思想开阔眼界，创造性地贯彻落实上级决策部署；必须坚持大胆改革激发活力，着力破除各种体制机制障碍；必须坚持创新驱动加快转型，推动经济发展提质增效；必须坚持改善民生服务群众，让发展成果惠及全市人民。我们要重点抓好以下八个方面工作：

（一）全面深化改革。

大力推进转型综改。以转型综改试验区建设为统领，实施好三年综改试验方案和 2014 年行动计划，落实“16112”重大改革任务，力争在重点领域改革方面取得突破。

深化国有企业改革，进一步建立现代企业制度，鼓励发展混合所有制经济，开展非国有资本参与国企改革试点工作。深化财税体制改革，完善预算管理制度，建立健全政府性债务管理制度和风险预警机制，积极推进煤炭资源税从价计征。深化投资体制改革，创新金融产品，扩大股权、债权融资。

深化开发区建设机制改革，探索实施临汾、侯马经济开发区扩区工作，大力发展“飞地经济”，在园区发展、基础设施建设以及利益分享等方面积极探索创新。深化招商引资工作机制改革，创新招商引资模式，变项目招商为要素招商、环境招商。深化农村土地制度改革，认真做好土地承包经营权确权登记颁证试点工作，加强土地经营权流转管理和服务，推动土地经营权等农村产权流转交易，探索建立城乡统一的建设用地市场，开展农村集体经营性建设用地出让、租赁、入股试点工作。深化林权制度配套改革，规范林权登记管理，完善林权地籍信息管理系统。按照中央和省的要求，分类推进其他领域改革，全面完成好各项改革任务。

加快建设“百里汾河新型经济带”。将经济带纳入晋陕豫“黄河金三角”地区合作发展规划，力争上升为国家区域发展战略。

编制出台产业发展、生态建设、园区推进、城镇化等方面的专项规划。建立统一运作、利益分享的新机制，对经济带的规划、建设、布局和资源配置实行统一领导，加快推进基础设施建设和产业园区发展。临汾一级客运西站投入使用；滨河东路贯通工程和滨河西路北延工程完工通车；完善临汾—襄汾、临汾—洪洞城际公交。18个新型工业园区、10个现代农业园区、6个物流园区和5个文化旅游园区要健全服务保障体系，完善园区功能，不断提升项目承载能力、就业吸纳能力和人口容纳能力。打造“百里汾河文化旅游创意长廊”，建设汾河生态国家级体育公园。

实施创新驱动战略。制定《国家创新驱动发展战略临汾行动计划（2014－2020年）》和《临汾市低碳创新行动计划》。创新科技发展机制，加大对企业产品开发、品牌创建、市场开拓的支持力度，积极申报省级、国家级科技项目，构建产学研相结合的技术创新体系。促进科技和产业融合发展，围绕煤焦铁等传统产业升级改造、新兴产业做大做强和农业“四个百万亩”基地建设，重点布局一批科技攻关项目，培育一批创新型企业和高新技术企业。创新人才引进和培育机制，加强“两高”人才和技术人才队伍建设，建立博士后流动站、院士工作站，大力引进各类高层次、高技能人才。全市科技进步贡献率达到50%以上，专利申请量增长10%以上。

各位代表，改革是最大的红利，我们要进一步破除体制机制束缚，激活发展要素，努力推动改革创新，让改革发展的成果更多地惠及全市人民！

（二）促进经济平稳健康发展。

强化经济运行调节。着力研究和解决经济运行中的突出矛盾和问题，促进经济平稳健康发展。建立重点企业PMI、主导产品市场价格指数等监测平台，强化经济运行监测预警。细化扶持骨干企业和中小微企业发展的政策措施，积极组织电力运力协调会、银企洽谈会，加强对煤、电、油、运、资金等生产要素的协调配置，保障企业正常运转。清理规范涉企行政事业性收费项目，减轻企业负担。强化产销衔接，积极开拓市场，加大对困难行业和企业的帮扶力度。支持煤炭、焦化、钢铁等上下游企业开展多种形式的联合协作，增强企业抵御市场风险的能力。

进一步扩大消费。加快发展现代商贸服务业，抓好奥特莱斯、红星美凯龙、生龙国际、上东世纪等重大商贸项目建设。深化提升“万村千乡”市场、社区蔬菜直销点、放心早餐工程，加快建设城市商贸中心、特色商业街、“15分钟便民商圈”和农产品现代流通体系，发展一批农超对接、农校对接、农餐对接企业。严厉打击制售假冒伪劣产品、价格欺诈、计量欺骗等不法行为，让人民群众安全、放心消费。

努力促进投资增长。扎实开展“项目见效年”活动，按照“六位一体”的要求，全面加大项目投资、协调、服务力度，进一步增强全市经济发展活力和发展后劲。全年项目储备20000亿元，签约2000亿元，落地1700亿元，开工1300亿元，建设1300亿元，投产1200亿元，实施省市重点建设项目383项，总投资6333亿元，今年完成投资916亿元。

激发民营经济活力。进一步加大支持非公经济发展力度，全力推进小微企业创办、“小升规”企业成长、“小巨人”企业培育工程。积极搭建中小企业服务平台，新建小微企业服务站25个。按照“非禁即入、非限即许”原则，研究制定民间投资负面清单，支持民间资本以独资、参股、控股等多种方式进入基础设施、市政公用设施和教育、文化、医疗卫生等领域。年销售收入超亿元“小巨人”企业达到11户，新办中小微企业2000户，创建国家和省级中小企业创业示范基地5个。

（三）加快产业转型升级步伐。

改造提升传统产业。坚持“以煤为基、多元发展”，改造提升煤、焦、冶、电“四大”传统产业。加快推进煤矿“四矿四化”建设，全市煤矿安全质量标准化一级矿井达到10座，其他矿井达到三级以上标准，新增投产矿井20座，原煤产量力争达到8000万吨。继续推进焦化行业兼并重组，淘汰落后焦化产能370万吨，延伸煤化工下游链条。推动区域钢铁企业联合重组，支持组建晋南钢铁集团。提升钢铁企业装备水平，加快产品升级换代，淘汰落后钢产能260万吨、生铁产能33万吨。促进电力工业高效清洁发展，利用好省政府出台的“低热值煤发电20条”，积极推进低热值煤发电项目的申报和核准。

培育壮大新兴产业。加快发展装备制造、新能源、新型材料、电子信息等产业，以煤炭机械、汽车零部件、工程机械配件、家电配件为发展重点，不断提高装备制造业产品生产工艺水平和市场占有率，稳步向总成和整机装配延伸，重点抓好新兴际华高端铸件、铃木电梯、平阳重工等项目。着重发展风电、煤层气、光伏等新能源产业，重点加快梅亿新能源汽车产业园、浮山华润风电、永和煤层气开发利用、侯马志盛150兆瓦太阳能电池组件等项目。承接沿海电子产业转移，建设电子信息产业集群，重点抓好新百佳数码、惠建电子、志盛新能源等电子类龙头企业。加快侯马开发区国家电子商务示范基地、易商中国电子商务平台、“同城购”购物平台等项目建设，推进电子商务快速发展。大力发展新型建材和高性能结构材料等新型材料，重点抓好鸿鼎10万吨新型分离材料、晋盛微晶石、山西普泰发泡铝二期等项目。

提升现代服务业水平。大力发展文化、旅游、物流、金融等产业，带动服务业发展提速、水平提升、比重提高，全市服务业增加值占比提高一个百分点以上。按照产业化运作的模式，整合重组优势资源，推进文化创意、文化传播、文化产品制作、文化交流娱乐等产业发展，重点加强剪纸、刺绣、锣鼓等非物质文化遗产的保护、传承和开发。围绕创建“中国优秀旅游目的地城市”，推进大槐树、壶口等国家5A级旅游景区和汾河公园、东岳庙、彭真纪念馆等4A级旅游景区创建工作，实施晋国都城大遗址保护与核心地带规划开发，晋国博物馆建成投用。充分发挥区位优势，将物流业发展与城市建设有机结合，重点推进山西国际陆港、临汾空港经济区等现代物流园区建设，努力把临汾打造成为全国性的现代物流枢纽城市。重点支持金融业发展，充分发挥驻临金融机构服务经济社会发展的作用，积极引进更多商业银行、保险公司、信托担保机构落户临汾；大力发展金融租赁、投资组合、商业代理、保险中介、消费信贷等金融业务，增强金融服务功能；进一步深化农村信用社改革，促进农村信用社向商业银行转变；加强对担保公司、贷款公司的监管；促进保险业快速健康发展。积极发展育幼养老、家政服务、健康休闲等服务业。

（四）进一步做好“三农”工作。

发展特色现代农业。坚持“一村一品”、“一县一业”的主攻方向，走特色、高质、高端、高效的发展路子。推进“四个百万亩”特色农业基地和8个“一县一业”基地县建设，全年新发展水果5万亩，设施蔬菜3万亩，干果10万亩，中药材5万亩，配套建设100万头生猪基地，新增233个“一村一品”专业村。推进粮食高产创建工程，推广机械化保护性耕作等先进农机技术，增强农业综合生产能力，搞好粮食收储，确保粮食安全，全年粮食总产稳定在20亿公斤以上。大力推进畜禽标准化养殖，稳步提升畜禽综合生产能力，全年肉、蛋、奶的产量分别达到24万吨、14万吨和6.8万吨。高水平打造浮山“印象田园”、翼城菁铧、曲沃太子滩、洪洞秦壁等现代农业园区。抓好“两平台一通道”建设，巩固完善市、县、乡、村农业科技服务体系。继续实施农业产业化“393”工程，重点培育年销售收入超亿元以上龙头企业15家，力争全年农产品加工企业销售收入突破70亿元。

提高农村公共服务水平。实施农村人居环境改善工程，加快农村路、水、电、气等基础设施建设，逐步改善农村生产生活条件。加快新农村建设，做好农村学校、农村文化体育设施和服务标准化工作。继续办好“五件实事”。大力实施乡村清洁、农村困难家庭危房改造、农村幼儿园改造、贫困人口易地搬迁工程，培训1万名新型职业农民。

扎实搞好扶贫开发。加大扶贫开发力度，实施精准扶贫，完成贫困人口脱贫6万人，易地扶贫搬迁7150人，完成整村推进39个村，确保贫困地区农民人均纯收入增幅高于全市平均水平。全面推进“百企千村”产业扶贫开发工程，加强与阳煤、焦煤、晋煤、国新能源4大省属企业的对接协作，加快实施国新能源6000吨酸枣深加工、晋煤集团恒温库、阳煤集团食用菌等项目；引导市内企业参与扶贫开发，与贫困村进行“一对一”帮扶，加快项目对接和资金落实，今年在每个县（市、区）打造1—2个标杆企业。

实施“千村万人”就业培训计划，确保年内5000名贫困劳动力通过培训实现就业。深入推进连片特困地区扶贫攻坚，加快推进吕梁山集中连片特困地区山地有机苹果产业化项目，实施干鲜果畜禽循环项目。开展领导干部包村增收、机关定点扶贫工作。继续实施古县、安泽等片区开发项目。

各位代表，“三农”工作事关全局，扶贫攻坚责任重大。我们一定带着对农民群众的深厚感情，切实抓好“三农”工作，扎实推进扶贫开发，让农业更强，让农村更美，让农民更富！

（五）积极推进新型城镇化。

加快建设中心城市。建立和完善城市规划体系，中心城区控规覆盖率达到100%。按照“拓展、改造、提质”的总体思路，着力打造汾河两岸核心区，建设河西新城和东部新区，逐步疏散老城区，实现城市品质总体提升。河西新城突出完善交通网络，拉大城市框架，年内完成滨河西路北延、规划三街南段、新高中南路等城市道路工程，加快实施漪汾花园南路、锣鼓桥西延、规划三街中段等城市道路工程，力争年内建成通车，初步形成连接南北、贯通东西的新路网。加快推进市图书馆、博物馆、美术馆、奥体中心、市民广场等公共基础设施建设，全面提高城市承载能力。老城区着力畅通交通网，年内完成五一东路贯通、二中路拓宽改造、北外环东段拓宽改造、秦蜀路南延等工程，加快推进中大街贯通、迎春南街拓宽改造、西赵路等路网工程。改造城中村2个、城郊村18个。

完善新型城镇体系。坚持遵循规律、因势利导、顺势而为、水到渠成的指导思想，坚持以人为本、优化布局、生态文明、传承文化的基本原则，完善和实施“一带两圈多点”的城镇化规划，努力提升城镇化质量和水平。加快百里汾河新型城镇带、临汾都市圈和侯马都市圈、12个大县城和60个重点镇建设。按照“三个1亿人”的战略部署，促进农业转移人口落户城镇，引导农村人口就近城镇化。积极推进户籍制度改革，逐步放宽落户条件，进一步完善就业、养老、上学、医疗等各项配套政策，引导农村居民向城镇集聚。加快城市棚户区、国有工矿棚户区、林区棚户区改造步伐，今年改造各类棚户区6400户。

加快城乡交通基础设施建设。坚持高速公路、国省干线、农村公路、旅游公路“四网并重”，公铁空立体交叉,同步发展。全市在建和开建高速公路331公里,完成129公里,完成集中连片特困地区农村公路195公里。霍永高速东段和西段一期工程8月底实现通车,吉河高速年底完成路基工程,霍永高速西段二期争取年内开工。积极支持大西高铁、中南铁路建设,完成大西高铁客运站及站前广场、景观大道等工程,大西高铁7月份正式通车。加快临汾机场建设,力争年底试航,规划建设机场连接滨河东路、108国道、长临高速3条快速通道。

(六)加快推进生态文明建设。

狠抓大气污染防治。围绕涉气企业、煤烟污染、尾气排放和扬尘治理四个重点,认真落实我市大气污染防治实施方案和行动方案。从严治理涉气企业污染,加快市区和县城周边钢铁、焦化、建材企业搬迁步伐;加快推进集中供热、供气改造,加强餐饮企业油烟治理,重点实施市区天然气置换和26个"城中村"、80个"城郊村"的燃煤炉灶气化改造;加强机动车尾气治理,坚决淘汰"黄标车";强化扬尘治理,严格建筑工地、企业周边及道路运输扬尘监管,加大街道除尘保洁力度。建立大气污染源清单,加强PM2.5监测预报,提高重污染天气的应对能力,确保我市大气污染防治工作走在全省的前列。

深入推进水环境治理。实施主要河流地表水跨界断面考核,全面启动实施北城壕沟排水、向阳路防汛、污水一厂扩容、河西污水处理、龙祠水源净化五大环保工程,市区和17个县城实现管网铺设到位、污水收集处理达标到位、垃圾收集处理到位,确保河流水质持续改善。

强力推进节能减排。积极申报国家节能减排财政政策综合示范城市。进一步加大节能评估、能效对标和节能执法力度,开展千家企业节能低碳行动,重点实施50个节能改造项目。持续推进"十城万盏"半导体照明应用示范工程。大力推进结构减排、工程减排和管理减排,严格控制新上高耗能、高污染项目,建设完善企业减排监控系统,确保污染减排监控数据传输率达到75%以上。

保护和修复生态环境。进一步加大"两山""两网""两林""两区"和"双保"林业五大工程建设力度,重点实施高速公路通道绿化、吕梁山生态脆弱区植被恢复两个标杆项目,完成营造林45万亩。创建省级园林城市,启动国家园林城市创建工作,重点实施街道绿化工程,继续加快涝洰河生态环境综合治理等生态工程。做好国家主体功能区建设试点工作,制订西山片区试点实施方案,推动形成符合生态文明要求的生产方式和生活方式。结合草地确权,大力开展天然牧坡改良和人工种草,完成牧坡改良20万亩,人工种草20万亩。

各位代表,推进生态文明建设,是民之所想、民之所盼,我们要坚定不移地走生态优先的路子,让临汾的天更蓝、水更清、空气更洁净!

(七)着力推进社会建设。

繁荣发展文化事业。大力实施"文化强市"战略。加快市县乡村文化基础设施建设,提升公共文化服务水平。以"大美临汾"为主题,开展"群众文化基层行"活动。加强对外文化交流,扩大临汾对外影响。加快广播电视发展步伐,加强对新兴数字媒体的监管。扎实开展"扫黄打非"工作。广泛开展全民健身活动。

持续改善教育、医疗条件。坚持办好人民满意的教育,深化教育综合改革,全面实施素质教育,提升教育质量;加快发展学前教育,均衡发展义务教育,推进义务教育阶段学校标准化、信息化建设;全面提升高中教育发展水平,大力发展职业教育,积极发展特殊教育、成人教育,规范发展民办教育;积极推进山西师大和临汾学院新校区建设。优化配置医疗资源,以临汾新医院搬迁为契机,启动市区医疗资源整合工作,打造以"三甲"医院为龙头的医疗联合体;建成市精神病医院,加快市第三人民医院建设;

巩固新型农村合作医疗制度，确保参合率稳定在95%以上；完善国家基本药物制度，全面深化县级公立医院改革，大力发展中医药事业。坚持计划生育基本国策不动摇，启动实施一方是独生子女的夫妇可生育两个孩子政策，全市人口自然增长率控制在6.5‰以内。

全面加强社会保障。坚持保基本、兜底线、促公平、可持续，抓好各类社会保险提标扩面工作。推进城乡居民保险制度整合和管理服务一体化，提高失业、工伤、生育保险待遇水平，做好医疗保险城镇居民门诊统筹试点工作，实行社会保障“一卡通”。

不断完善城乡低保、大病救助、住房保障等制度，新开工建设各类保障性住房18500套，基本建成13200套。进一步扩大住房公积金覆盖面。做好弱势群体和困难群众的救助工作。

持续推进社会治理创新。健全落实重大决策社会稳定风险评估机制，加强和改进信访工作，认真开展“百日双百案”群众信访诉求化解专项活动，完善矛盾纠纷排查调处机制，及时就近化解社会矛盾，加强基层社会服务体系建设，健全村务公开、居务公开和民主管理制度，更好发挥社会组织在公共服务和社会治理中的作用。进一步完善网络舆情监管机制。加强社会治安综合治理，扎实推进“平安临汾”、“法治临汾”建设，严厉打击各类违法犯罪活动，提高人民群众的安全感。加强应急救援管理，提高公共安全和防灾救灾减灾能力。深化全民普法教育，做好法律援助，加强社区矫正和安置帮教工作。

（八）切实抓好安全生产。

我们要把安全生产放在经济社会发展全局的重要位置，牢固树立“红线”意识、责任意识和担当意识，坚持“三个决不能过高估计”的基本判断，严格执行安全生产法律法规，全面落实安全生产责任，完善安全生产长效机制。开展“知责、履责”活动，健全完善安全生产岗位责任制，明确安全生产职责，形成知责制度化、履责规范化的整体氛围。深入实施企业ABCD分级分类动态监管，建立科学监管长效机制。按照“全覆盖、零容忍、严执法、重实效”的要求，深入开展“打非治违”活动，坚决打击任何名目、任何形式的私挖滥采行为。持久开展安全生产大检查，切实抓好煤矿、非煤矿山、危险化学品、尾矿库、水库、道路交通、桥涵隧道、地质灾害、森林防火、食品药品、特种设备、建筑施工、学校等重点行业和领域的安全隐患排查治理。加大安全投入，强化人员培训，推进科技兴安。加快消防基础设施、消防装备和消防队伍建设。全面构建市县乡村四级食品药品安全监管体系，启动建设市食品药品检验检测中心。严格落实安全生产目标责任考核“一票否决制”，严格事故责任追究，努力减少一般事故，有效防范较大事故，坚决杜绝重特大事故，为改革发展提供安全保障。

在做好上述工作的同时，我们还要深入开展“双拥共建”活动，做好国防动员、人民防空、民兵预备役工作，促进军民融合式发展。支持工会、共青团、妇联等人民团体更好地开展工作。依法推进第十届村民委员会换届选举。搞好第三次全国经济普查和第一次全国地理国情普查。统筹做好民族宗教、外事侨务、对台、老龄和残疾人等工作，提升住房公积金、统计、气象、水文、档案、地方志和防震减灾等工作水平。

各位代表，民生问题始终是政府的工作重点。为群众办实事，政府责无旁贷。今年，我们要结合开展党的群众路线教育实践活动，实施“六大惠民工程”。

实施学前教育优质普惠工程。启动实施第二轮学前教育三年行动计划，做好民办及城镇小区配套幼儿园清理整顿工作，完善城镇小区配套幼儿园规划建设与使用管理办法，抓好新建小区配建幼儿园工作，努力增加公办幼儿园数量，完成新建、改扩建30所标准化公办幼儿园和改造33所农村幼儿园的任务，实现学前三年毛入园率达75%以上，提高学前教育优质普惠水平。

实施乡村医疗服务提质工程。进一步提高新农合保障水平，人均筹资标准由340元提高到390元，政策范围内住院费报销比例稳定在75%左右。完善落实基本药物制度。深入推进乡村卫生服务一体化管理，全面落实乡村医生多渠道补偿政策，稳定乡村医疗队伍。

实施农业强基工程。加强农田水利基础设施建设，结合全省"大水网"工程布局，搞好我市"小水网"配套工程，重点抓好中部引黄、禹门口东扩、引沁入汾浮山供水等工程建设，完成洪洞曲亭水库修复工程，完成11座中小型病险水库治理任务，不断提高防洪灌溉能力。扎实推进高标准基本农田建设，大力实施中低产田改造。投资1.55亿元，实施规模化节水、膜下滴灌、田面灌溉项目，逐步解决农民浇地"最后一公里"问题。创新农业耕种模式，提高农机装备和作业水平，推广机械化保护性耕作和农机深松整地技术。落实种粮直补、农资综合直补等各项惠农政策。

实施饮水安全工程。加强水源地保护、供水管网改造、水质检测等工作，让全市人民喝上安全水、放心水。全面排查整治水源地环境安全隐患，实施龙祠等饮用水源周边环境综合整治。市区新建城市供水网8.3公里，改建3.5公里，各县市新建城市供水网47.6公里，改建29.5公里。改善和提高5万农村人口饮水安全标准，加强农村饮用水检测，提高全市农村自来水入户率，落实农村供水工程水价补贴政策。

实施城市综合整治工程。突出治堵、治乱、治脏"三大环节"，全面推进城市管理上台阶。在治堵上，从公交优先、停车位建设等方面着手，多管齐下，最大限度缓解交通压力。优化城市公共交通结构，实现高铁车站、民航机场、城西一级客运站、火车站等重要交通节点的公交车、出租车的有效衔接。建立公安交警和城管执法联动机制，对车辆违章和违法占道经营等实施集中整治，规范城市交通秩序。在治乱上，深入开展门店招牌、户外广告、临街建筑门面等专项整治活动，建立长效管控机制。在治脏上，以主次干道、集贸市场、车站和城乡结合部为重点，严格落实沿街单位门前"五包"责任制，对临街污染大、脏乱突出的行业进行集中整顿，对城乡结合部垃圾堆放等问题进行彻底整治，认真做好垃圾收集、清运和处理工作。加快建设以数字化、网络化、智能化为主要特征的智慧城市，提升城市信息化管理水平。推广洪洞"六城联创"先进经验，加强县城城市管理，扮靓市容市貌，创造一个整洁、优美、舒适的工作生活环境。

实施就业创业援助工程。把就业放在更加突出的位置，制定出台就业扶持和就业援助实施办法，组织实施高校毕业生创业引领计划、"三支一扶"计划、就业见习计划，建设市、县、乡、村四级联网的城乡就业人才服务网络体系，开展就业咨询、信息发布、职业介绍等服务，举办不同形式、不同类型的人才招聘和交流活动，切实促进城乡就业。加大财政投入，有计划地开发购买公益性岗位，帮助零就业家庭人员、"4050"人员等就业困难人员实现就业。启动就业培训全覆盖计划，全年培训城镇失业人员8800人，农村劳动力23500人，新成长劳动力6000人，创业培训3000人，今年新增城镇就业岗位51000个。

各位代表，改善民生是政府一切工作的出发点和落脚点，我们就是要从群众最关心、最迫切的事情做起，把关系民生的工作一项一项抓紧抓好、一件一件落到实处，让人民群众得到更多的实惠，感受到更多的温暖和幸福！各位代表，打铁还需自身硬，完成今年各项发展任务，必须切实加强政府自身建设。我们一定按照“为民、务实、清廉”的要求，振奋精神，落实责任，努力建设法治政府、创新政府、务实政府、高效政府和廉洁政府，不断提高工作能力和服务水平。

建设法治政府。自觉接受人大及其常委会的法律监督与工作监督，自觉接受政协的民主监督，自觉接受社会公众和舆论监督。广泛听取民主党派、工商联、无党派人士意见，充分发挥工会、共青团、妇联等人民团体作用。支持法院、检察院依法独立公正行使职权。严格按照法定权限和程序行使权力、履行职责。坚持科学决策、民主决策、依法决策，加强调查研究，完善重大行政决策咨询论证和公众征询制度。

建设创新政府。坚持解放思想，深化改革，创新行政管理理念和方式，健全决策、执行、监督机制，大胆破除制约科学发展的各种障碍，推进精细化管理，不断提高工作决策指导能力和解决实际问题能力。

加快政府机构改革步伐，年内完成工商、质监行政管理体制调整和卫生与人口计生机构整合。加快事业单位分类改革，推进行业协会、商会与行政机关脱钩。加快政府向社会购买服务的改革，建立健全政府购买公共服务机制。

建设务实政府。扎实开展第二批党的群众路线教育实践活动，大力学习弘扬焦裕禄精神，自觉践行“三严三实”要求，着力解决“四风”突出问题，深入基层，深入一线，推动作风建设常态化、长效化。深入推行“一线工作法”，确保工作任务不折不扣落到实处。对主要指标、重点工作和重大项目实行目标责任制考核，强化目标刚性约束，真正以目标引领行动、用考核推动落实。切实改进文风会风，精简会议和文件，严格控制节庆、论坛、展会等活动。

建设高效政府。扎实推进简政放权，深化行政审批制度改革，在承接好中央、省里下放的审批事项的同时，要继续精简审批事项，市级审批事项在112项的基础上，再缩减10%。积极开展行政事业性收费项目专项整治，清理取消不合法、不合理的收费项目。充分发挥市行政服务监察中心作用，搭建行政审批、财政资金使用、公共资源交易等社会公共服务与纪律监察为一体的网络平台，健全完善“联合审批、限时办结、超时默许”工作机制，行政审批全部进大厅，所有公共资源交易一律阳光运行，简化办事程序，优化审批流程，缩短审批时限，推行“一站式”服务，一个窗口对外，面向社会公开，接受群众监督，方便群众办事，优化发展环境。设立市长信箱和市长热线电话，畅通群众诉求渠道。

建设廉洁政府。严格执行中央“八项规定”、国务院“约法三章”和省、市有关要求，落实好“一岗双责”，完善权力制衡机制，真正把权力关进制度的笼子。认真执行廉政准则，强化效能监察和审计监督。严格落实《市直机关会议费管理办法》，对会议费实行综合定额控制。严控“三公”经费支出和楼堂馆所建设，强化“三项治理”，把艰苦奋斗、厉行节约的要求，落实到政府运行各个环节。深入推进阳光政务，扩大政府信息公开范围。

各位代表，新的航程已经开启，前进的号角催人奋进。让我们紧密团结在以习近平同志为总书记的党中央周围，在市委的坚强领导下，团结和带领全市人民，攻坚克难，锐意进取，为率先转型，全力跨越，加快建设文明开放、富裕和谐的新临汾而努力奋斗！

临汾市2013年国民经济和社会发展统计公报

临汾市统计局

2014年3月10日

2013年,面对极为错综复杂的国内外环境,市委、市政府团结带领全市上下,深入贯彻党的十八大、十八届三中全会精神,牢牢把握"稳增长、调结构、促改革"的总基调,加快推进经济结构转型升级,着力稳增长、调结构、促改革、惠民生,经济社会发展取得新成就。

一、综合

初步核算,全年全市生产总值1223.6亿元,比上年增长8.5%。其中,第一产业增加值87亿元,增长4.8%,占生产总值的比重为7.1%;第二产业增加值732.6亿元,增长10.3%,占生产总值的比重为59.9%;第三产业增加值404亿元,增长5.8%,占生产总值的比重为33%。第三产业中,房地产业增加值26.3亿元,增长7.6%;批发和零售业增加值74.2亿元,增长6.5%;交通运输、仓储和邮政业增加值99.4亿元,增长8.2%。

人均地区生产总值27943元,按2013年平均汇率计算为4512美元。

图1 2009—2013年全市生产总值及其增长速度

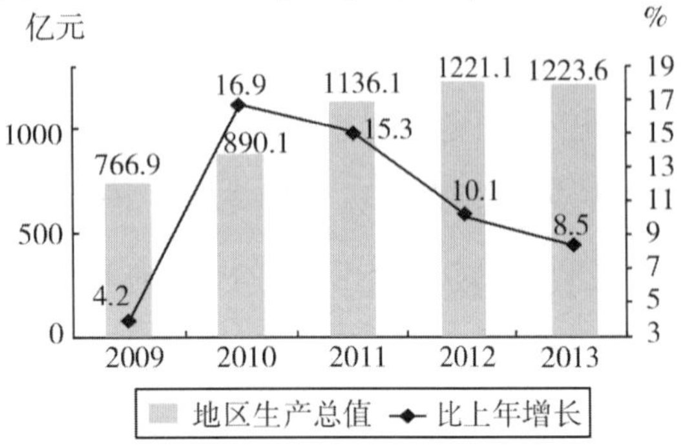

全年全市公共财政预算收入118.2亿元,增长6.7%。税收收入54.1亿元,增长4.9%,其中国内增值税、营业税、企业所得税、个人所得税、资源税和城建税共计完成税收42.8亿元,下降0.2%。公共财政预算支出264.3亿元,增长18.5%。其中农林水事务支出增长36.2%,社会保障和就业支出增长23.1%,医疗卫生支出增长24.6%,文化体育与传媒支出增长19.8%,公共安全支出增长11.7%,节能环保支出增长57.9%。

图2 2009—2013年财政总收入及其增长速度

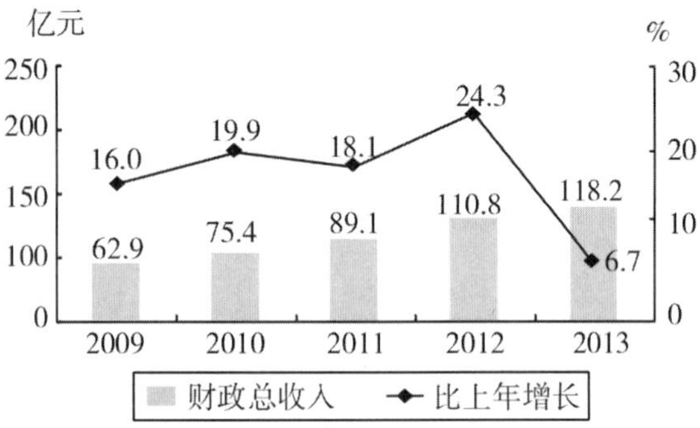

居民消费价格比上年上涨2.5%,其中,食品价格上涨5.5%。工业生产者出厂价格下降10.1%,其中生产资料价格下降10.3%,生活资料价格上涨2.8%。工业生产者购进价格下降8.4%。

表1 2013年居民消费价格比上年涨幅

单位:%

指　标	涨　幅
居民消费价格	2.5
食　品	5.5
烟　酒	0.9
衣　着	1.0
家庭设备用品及维修服务	1.0
医疗保健和个人用品	0.1
交通和通信	0.1
娱乐教育文化用品及服务	0.7
居　住	3.4

全年全市城镇新增就业6.31万人,转移农村劳动力6.04万人,年末城镇登记失业率2.84%,控制在4.2%的目标范围之内。

二、农业

全年全市农作物种植面积560.81千公顷,比上年增加0.98千公顷,增长0.2%。其中,粮食种植面积512.81千公顷,增加3.4千公顷;油料种植面积10.61千公顷,减少1.28千公顷;棉花种植面积1.31千公顷,减少1.78千公顷。在粮食种植面积中,玉米种植面积229.2千公顷,增加15.61千公顷;小麦种植面积226.86千公顷,减少8.84千公顷。

全年粮食产量232.3万吨,比上年增加10.1万吨,增产4.5%。其中,夏粮83.9万吨,减产14.6%;秋粮148.5万吨,增产19.7%。

表2 2013年主要农林产品产量及其增长速度

单位:吨、%

产品名称	产　量	比上年增长%
粮　食	2323478	4.5
其中:玉　米	1356431	22.4
小　麦	838785	-14.6
谷　子	39570	-8.7
豆　类	33583	持平
薯　类	43439	0.4
油　料	19864	-6.0
棉　花	1513	-62.7
蔬　菜	1172730	9.4
水　果	579290	11.7
其中:苹　果	456003	13.3
红　枣	35404	9.9
食用坚果	16597	-27.3
其中:核　桃	15679	-23.0

全年完成造林38.38千公顷。其中,荒山荒地造林面积36.94千公顷。经济林面积12.23千公顷。全年木材产量21403立方米,增长81.2%。

全年全市猪牛羊肉总产量10.4万吨,比上年增长5.6%。其中,猪肉产量9.1万吨,增长5.8%;牛肉产量0.6万吨,增长1.8%;羊肉产量0.7万吨,增长5.6%。年末生猪存栏82.9万头,生猪出猪109.5万头。牛奶产量3.8万吨,增长5.8%。禽蛋产量11.4万吨,增长5.8%。水产品产量0.7万吨,增长14.9%。

年末全市农业机械总动力458.4万千瓦,增长4.2%。机械耕地面积363.3千公顷,比上年下降1.1%,机械播种面积393.67千公顷,机械收获面积318.63千公顷,分别比上年增长2.2%和9.5%。全市农机化经营总收入达到12.9亿元,增长4.4%。

三、工业和建筑业

年末全市规模以上工业企业374家。全年规模以上工业增加值增长12.6%。

图3 2009—2013年规模以上工业增加值增长速度

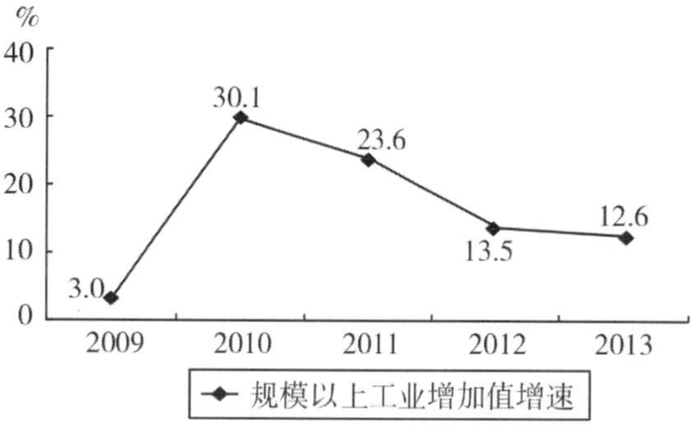

表3 2013年规模以上工业增加值增长速度

指　标	比上年增长%
规模以上工业	12.6
其中:轻工业	3.1
重工业	12.8
其中:国有及国有控股企业	9.0
其中:集体企业	32.5
股份制企业	11.4
外商及港澳台商投资企业	-9.0
其中:煤炭工业	14.7
焦炭工业	7.6
电力工业	5.5
冶金工业	10.6
化学工业	1.4
建材工业	1.7
装备制造业	33.8
医药工业	-7.3
食品工业	30.4

全社会原煤产量5598.8万吨，增长19.3%；规模以上工业企业发电量191.4亿千瓦时，增长9.0%；焦炭产量2079.9万吨，增长11.4%；钢材产量1320.7万吨，增长10.6%。

表4　2013年规模以上工业主要工业产品产量及其增长速度

产品名称	单　位	产　量	比上年增长%
原　煤(全社会)	万吨	5598.77	19.3
洗精煤	万吨	4667.67	17.4
发电量	亿千瓦小时	191.35	9.0
饮料酒	千升	2162.00	287.9
纱	吨	4731.54	8.9
软饮料	吨	6540.00	41.2
铁矿石原矿量	万吨	885.22	19.8
焦　炭	万吨	2079.85	11.4
机　焦	万吨	2079.85	11.4
焦　油	万吨	76.29	16.6
1-4丁二醇	万吨	6.98	-16.1
硫酸(折100%)	万吨	13.24	6.2
化肥(折纯)	万吨	10.28	-16.4
粗　苯	万吨	20.49	13.2
塑料制品	万吨	0.23	-7.1
水　泥	万吨	409.59	5.3
生　铁	万吨	1313.40	4.2
粗　钢	万吨	1287.27	7.5
钢　材	万吨	1320.70	10.6
精练铜	万吨	5.93	-7.5

规模以上工业企业实现主营业务收入1930.35亿元，下降3.0%。其中，煤炭、焦炭、冶金和电力工业分别实现主营业务收入556.47亿元、331.59亿元、807.97亿元和56.35亿元，分别增长-8.2%、-3.1%、2.4%和10.5%；化学、建材、装备制造、医药和食品工业分别实现主营业务收入79.43亿元、14.52亿元、50.12亿元、6.26亿元和15.66亿元，分别增长 22.6%、7.5%、4.1%、2.0%和6.1%。

规模以上工业实现利税106.38亿元，下降12.8%；实现利润27.08亿元，下降23.6%。

表5　2013年规模以上工业企业利润总额及其增长速度

单位:亿元

指　标	利润总额	比上年增长%
规模以上工业	27.08	-23.6
其中:国有及国有控股企业	0.85	-92.6
其中:集体企业	2.64	60.5
股份制企业	7.15	-71.1
外商及港澳台商投资企业	2.61	-234.4

全年全市建筑业实现增加值56.9亿元，比上年下降5.8%。具有建筑业资质等级的总承包和专业承包建筑业企业实现利润2.3亿元，下降16.8%。

四、固定资产投资

全年全市固定资产投资完成1036.3亿元，增长26%。其中，国有及国有控股投资完成537.8亿元，增长12.7%。

在全市固定资产投资中，内资企业投资完成1032.5亿元，增长26.2%；外商及港澳台商企业投资2.2亿元，增长1.94倍。

图4　2009—2013年全社会固定资产投资及其增长速度

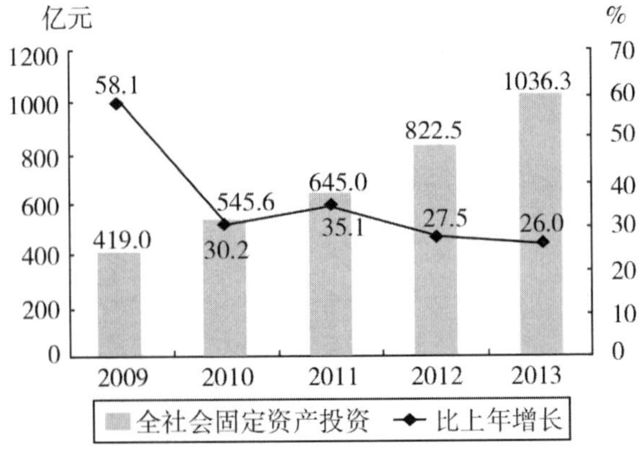

从三次产业看，第一产业投资完成54.1亿元，增长80.6%；第二产业投资完成468.1亿元，增长23.3%；第三产业投资完成514.1亿元，增长24.5%。在第二产业中，工业投资完成467.9亿元，

增长23.3%。其中,煤炭工业投资178.4亿元,增长1.3%,非煤产业投资289.5亿元,增长42.3%。传统产业(煤炭、焦炭、冶金、电力)投资合计246.8亿元,增长1.2%,非传统产业(食品、建材、化工、装备制造等)投资合计221.1亿元,增长62.8%。

表6 2013年分行业全社会固定资产投资及其增长速度

行 业	投资额	比上年增长%
总 计	**1036.27**	**26.0**
农林牧渔业	54.09	80.6
采矿业	211.23	18.4
制造业	172.13	17.8
电力、燃气及水的生产和供应业	84.53	53.9
建筑业	0.25	-
交通运输、仓储和邮政业	113.34	-7.6
信息传输、计算机服务和软件业	5.16	45.0
批发和零售业	24.43	154.7
住宿和餐饮业	8.15	98.5
金融业	0.96	133.4
房地产业	192.47	43.0
租赁和商务服务业	1.13	2.0
科学研究、技术服务和地质勘查业	1.13	-34.7
水利、环境和公共设施管理业	130.00	22.1
教 育	11.29	35.0
卫生、社会保障和社会福利业	11.63	28.3
文化、体育和娱乐业	10.14	24.9
公共管理和社会组织	3.98	24.5
居民服务和其他服务业	0.23	24.5

全年全市在建固定资产投资项目1586个。其中,5亿元以上项目51个,计划总投资632.3亿元,完成投资187.4亿元,占全市固定资产投资的比重为18%。

全年房地产开发投资65.6亿元,增长18%。其中,住宅投资48.4亿元,增长15.7%;商业营业用房投资9.8亿元,增长25.3%。

表7 2013年房地产开发和销售情况

指 标	单 位	绝对数	比上年增长%
投资完成额	亿元	65.6	18.0
其中:住 宅	亿元	48.4	15.7
房屋施工面积	万平方米	753.1	6.9
其中:住 宅	万平方米	546.7	-0.2
房屋新开工面积	万平方米	217.3	-11.9
其中:住 宅	万平方米	135.2	-26.7
房屋竣工面积	万平方米	98.8	-40.4
其中:住 宅	万平方米	83.5	-37.2
商品房销售面积	万平方米	135.8	25.1
其中:住 宅	万平方米	130.5	26.8

全年市级重点建设工程394项,计划总投资5268.58亿元,其中当年计划投资977亿元。

五、能源

全年全市一次能源生产折标准煤4242.06万吨,增长19.47%,二次能源生产折标准煤7460.05万吨,比上年增长15.29%。

全年全市向省外运输煤炭573.94万吨,下降13.9%,外运煤炭占煤炭产量9.66%。

全市能源工业投资完成271.72亿元,增长12.64%。其中,煤炭工业投资168.04亿元,增长8.38%;电力工业投资55.98亿元,增长65.46%;焦化工业投资10.33亿元,下降50.99%。

全年全市全社会用电总量179.85亿千瓦时。其中,第一产业用电4.31亿千瓦时,占全部用电量2.40%;第二产业用电144.23亿千瓦时,占全部用电量80.19%,其中工业用电142.05亿千瓦时;第三产业用电14.03亿千瓦时,占全部用电量7.80%;城乡居民用电17.28亿千瓦时,占全部用电量9.61%。

六、国内贸易

全年全市社会消费品零售总额475.5亿元，增长13.7%。按经营地统计，城镇消费品零售额398.2亿元，增长13.6%；乡村消费品零售额77.3亿元，增长14.3%。按消费形态统计，商品零售额438.1亿元，增长14.4%；餐饮收入额37.4亿元，增长6.5%。

表8　2013年社会消费品零售总额及其增长速度

单位：亿元

指　标	绝对数	比上年增长%
社会消费品零售总额	475.5	13.7
分地域：城　镇	398.2	13.6
其中：城　区	238.4	14.0
乡　村	77.3	14.3
分行业：批发业	44.7	18.7
零售业	393.0	14.0
住宿业	4.6	-14.2
餐饮业	33.2	9.3

表9　2013年限额以上批发零售业零售额及其增长速度

单位：亿元

指　标	绝对数	比上年增长%
汽车类	60.1	27.7
石油及制品类	58.5	8.9
金银珠宝类	1.9	12.2
家具类	4.6	20.7
通讯器材类	0.6	13.9
粮油、食品、饮料、烟酒类	11.7	14.7
服装、鞋帽、针纺织品类	9.4	18.5
化妆品类	0.7	17.8
文化办公用品类	0.7	-12.5

七、对外经济

全年全市海关进出口总额71704万美元，下降13.3%。其中，进口额55491万美元，增长0.9%；出口额16213万美元，下降41.5%。

表10　2013年海关进出口总额及其增长速度

单位：万美元

指　标	绝对数	比上年增长%
进出口总额	71704	-13.3
出口额	16213	-41.5
其中：一般贸易	15599	-42.9
加工贸易	415	16.3
其中：机电产品	8828	-29.1
高新技术产品	8	-86.3
其中：国有企业	4039	-8.9
外商投资企业	701	-16.5
进口额	55491	0.9
其中：一般贸易	28559	1.7
加工贸易	684	16.9
其中：机电产品	281	-82.1
高新技术产品	24	-94.3
其中：国有企业	48	29.9
外商投资企业	1	8.4

图5　2009—2013年海关进出口总额及其增长速度

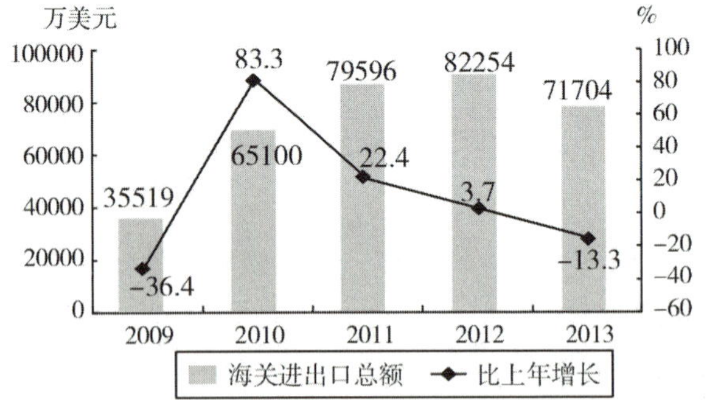

全年出口焦炭350吨，下降96.9%，出口金额10.5万美元，下降97.6%；出口钢材金额505万美元，下降30.9%，出口机电产品8828万美元，下降29.1%；出口高新技术产品8.3万美元，下降86.3%。

全年进口铁矿砂392.2万吨，下降6.3%，进口金额49015.5万美元，增长2.7%；进口机电产品

281 万美元,下降 82.1%。

表 11 2013 年与临汾有贸易往来的主要国家和地区进出口情况

单位:万美元

国家和地区	出口额	比上年增长%	进口额	比上年增长%
澳大利亚	43.4	-60.5	31102.7	35.4
巴 西	298.3	-63.3	7137.5	-44.3
美 国	3520.8	-42.3	1199.9	221.3
日 本	1867.6	-15.1	346.2	-50.5
德 国	918.4	-53.4	101.7	-68.9
印度尼西亚	46.8	-51.2	1708.7	-10.1
韩 国	1189.0	-34.7	308.0	218.1
欧盟组织	3541.8	-40.1	1695.7	-26.2
东盟组织	1231.0	-59.0	3263.0	41.7
非 洲	371.6	-54.3	0	-100.0

全年全市新设立外商直接投资企业 3 家;按全口径统计实际使用外商直接投资金额 13880 万美元,增长 2.0%。全年全市对外经济合作新签合同额 0.8 万美元。

八、交通、邮电和旅游

年末全市公路线路里程 18025 公里,其中高速公路 462 公里,与上年末持平。

年末全市民用汽车保有量 38.4 万辆(包括三轮汽车和低速货车 1.1 万辆),比上年末增长 15.1%,其中私人汽车 33.5 万辆,增长 16.6%。本年新注册汽车 6 万辆,增长 9.3%。年末轿车保有量 22.6 万辆,比上年末增长 20.1%,其中私人轿车 20.8 万辆,增长 21.8%。

表 12 2013 年客货运输量及其增长速度

指 标	单 位	绝对数	比上年增长%
旅客运输量	万人	4686	2.5
旅客运输周转量	亿人公里	27.83	2.3
货物运输量	万吨	11944	4.0
货物运输周转量	亿吨公里	203.82	9.4

全年全市完成邮电业务总量 36.35 亿元,增长 9.6%。其中,邮政业务总量 2.47 亿元,增长2.2%;电信业务总量 33.88 亿元,增长 10.1%。年末全市固定电话 53.9 万部,减少 8.8 万部,下降14.1%;新增移动电话用户 29.7 万户,年末达到 393.6 万户,其中,3G 移动电话用户达到 104.07 万户。移动电话普及率 89.88 部/百人。全市宽带接入用户64.37 万户,增长 21.3%。

图6 2009—2013年移动电话用户数

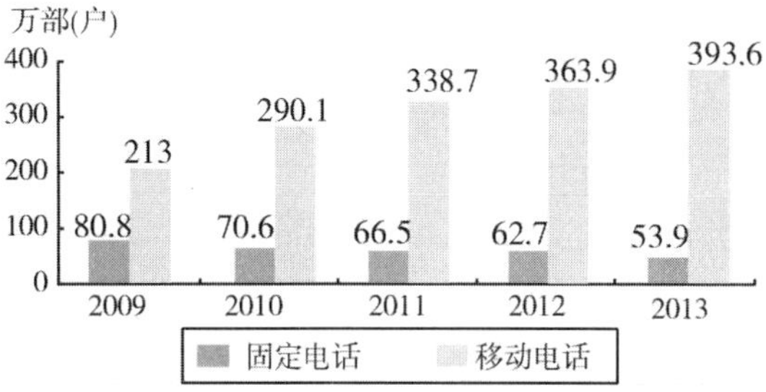

全年全市接待海外旅游者 16.3 万人次,接待国内旅游者 2126.4 万人次,分别增长 12.4% 和 22.2%;旅游外汇收入 3509.5 万美元,国内旅游收入 192.8 亿元,旅游总收入 195 亿元,分别增长 13.2%、22.1% 和 21.9%。

九、金融

年末全市金融机构本外币各项存款余额 1794 亿元,比年初增加 137.2 亿元,比年初增长 8.3%。各项贷款余额 845.7 亿元,比年初增加 96.1 亿元,增长 12.8%。

年末全市农村合作金融机构(农村信用社、农村合作银行、农村商业银行)人民币贷款余额 448.9 亿元,比年初增加 30.5 亿元,增长 7.3%;人民币存款余额 721.2 亿元,比年初增加 82.2 亿元,增长 12.9%。

表 13 2013 年年末金融机构本外币存贷款及其增长速度

单位:亿元

指 标	年末数	比年初增长%
各项存款余额	1794.0	8.3
其中:单位存款	544.3	6.3
城乡居民储蓄存款	1175.4	10.0
其中:人民币	1173.3	10.0
各项贷款余额	845.7	12.8
其中:短期贷款	409.0	14.2
中长期贷款	352.0	13.3
其中:个人消费性贷款(人民币)	54.2	29.8

年末全市共有上市公司 2 家。全市辖区证券市

图7　2009—2013年城乡居民储蓄存款余额及其增长速度

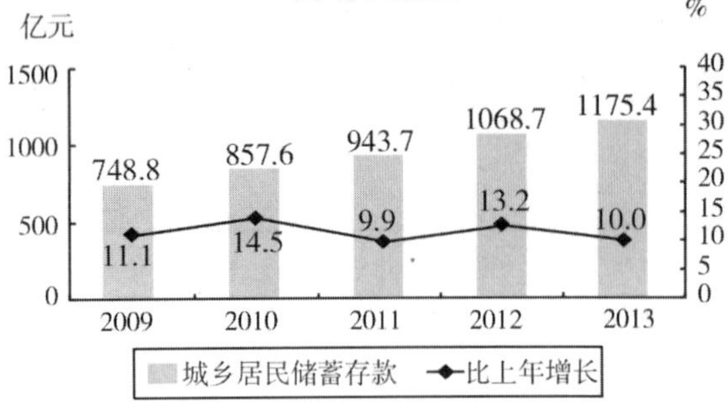

场各类证券成交额422.6亿元，增长4.7%。年末投资者资金账户累计开户数10.08万户，比上年末增长10.42%。

全年全市保费收入37.1亿元，增长4.7%。其中，寿险业务保费收入24.6亿元，增长0.3%；健康险业务保费收入1.6亿元；意外险业务保费收入0.7亿元；财产险业务保费收入12.5亿元，增长14.6%。全年支付各类赔款及给付13.5亿元，增长33.6%。

十、教育和科学技术

年末全市高等院校达到4所。中小学校舍维修改造项目进展顺利，改造面积22.36万平方米，改造项目学校313所，总投入资金7417万元。

表14　2013年各类教育发展情况

单位：人

指　标	招　生	在校生	毕业生
研究生	1086	3171	891
普通高等教育	13830	43263	11847
中等职业教育	11389	29508	10475
普通高中	32947	95641	31337
初　中	49351	156353	63828
小　学	47336	281344	53842
特殊教育	54	473	32
学前教育	46873	96166	34615

全年全市受理专利申请1190件，比上年增长43.37%。受理发明专利申请359件，比上年增长33.46%。全市累计认定高新技术企业23家；认定省级技术中心19家，市级企业技术中心22家；科技创新型企业36家。

年末全市共有市、县产品质量监督检验所7个，监督抽查了267家企业12类产品和商品。全市共有法定计量技术机构17个，全年完成强制检定计量器具34118台件。

全市有气象台（站）17个，开展121电话天气自动答询台（站）17个。气象系统开展人工影响天气业务的单位17个，防雹、增雨受益覆盖面积2万平方公里。全市有天气预报服务Intel网站2个，卫星云图接收站17个。

全市有专业综合地震台站17个，市级地震台网中心6个，数字测震地震台网1个，数字测震子台7个。

十一、文化、卫生和体育

年末全市共有群众艺术馆1个，文化馆17个，博物馆14个，艺术表演团体13个。广播电视台17座。广播人口覆盖率96.74%，电视人口覆盖率98.73%。全市共有公共图书馆17个，档案馆25个。目前有6个县级图书馆和8个文化馆达到国家三级标准以上。

我市群众文化活动丰富多彩，举办了“和谐临汾”春节系列文化活动、广场文化消夏月活动，设立了临汾文化艺术“梨花奖”，成功举办了首届“梨花奖”电视戏曲大赛；洪洞的“魅力百村欢乐行”、安泽的“乐在周五”、吉县的“社区消夏文艺晚会”办的有声有色，成为当地的“星光大道”；翼城《浑身板》角逐央视《我要上春晚》栏目获得好评；襄汾《丁陶鼍鼓》、眉户剧《背着妈妈上大学》在第十届中国艺术节上双双摘得群星奖；我市又摘得1朵小梅花，大小梅花总数增加到57朵，居全国地级市第一。非遗保护工作不断加强，有5个项目申报国家级名录，新增了17个省级项目，我市国家级非遗项目增加到18个，省级项目114个。

年末全市共有卫生机构（含诊所、村卫生室）4301家，其中妇幼保健院（所、站）18家。全市卫生机构共有床位1.8万张，其中医院床位1.3万张，卫生院床位4230张。卫生技术人员2.2万人。全市299万农民参加了合作医疗,参合率99.12%。

在山西省第十四届运动会资格赛上,我市体育代表团共获得金牌19枚、银牌30枚、铜牌39枚,总分980分,246人进入资格。全年共审批国家二级裁判员590名,审批国家二级运动员139名。全年销售体育彩票1.72亿元。

十二、人口、人民生活和社会保障

据2013年人口抽样调查,年末全市常住人口为439.08万人,比上年末增加2.25万人。全年全市出生人口4.83万人,人口出生率为11.02‰;死亡人口2.47万人,死亡率为5.63‰;自然增长率为5.39‰。人口性别比为106.02。

表15 2013年人口数及其构成

单位:人

指 标	年末数	比 重(%)
全市常住人口	4390837	-
其中:城 镇	2005292	45.67
乡 村	2385545	54.33
其中:男 性	2259605	51.46
女 性	2131232	48.54

全年城镇居民人均可支配收入21936元,比上年增长10.3%。全年农村居民人均纯收入7768元,增长12.6%;农村居民人均生活消费支出5119元,增长20.1%。农村占人口20%的低收入者收入3056元,增长13.8%。

图8 2009—2013年城镇居民人均可支配收入及其增长速度

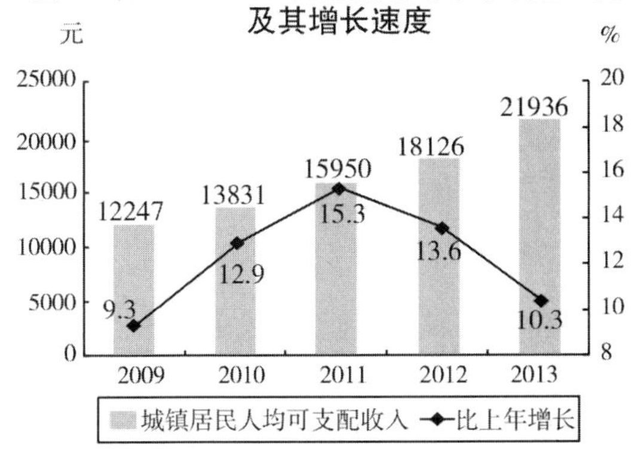

图9 2009—2013年农村居民人均纯收入及其增长速度

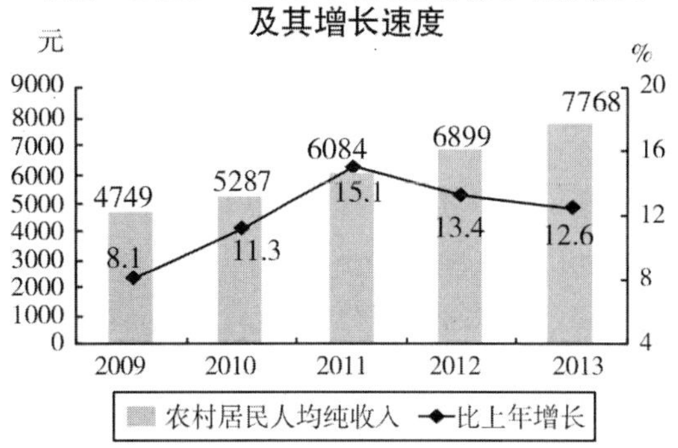

年末参加城镇基本养老保险的人数为60.87万人,比上年增加1.43万人;参加农村社会养老保险的人数为182.84万人,比上年增加4.02万人;参加城镇基本医疗保险的人数为103.36万人,比上年增加3.38万人;参加失业保险的人数为34.79万人,比上年增加0.64万人;参加工伤保险的人数为47.69万人,比上年增加3.59万人,其中农民工22.37万人;参加生育保险的人数为38.64万人,比去年增加4.19万人。

全年全市纳入城市最低生活保障的居民7.97万人,发放城市低保资金29916.8万元,比上年增加3333.2万元;纳入农村最低生活保障的居民1.35万人,发放农村低保资金24306.1万元,比上年增加449.13万元。

年末全市各类收养性单位床位数4390张,收养人数2069人。城镇建立各种社区服务机构119个。全年销售社会福利彩票3.2亿元,直接接收社会捐赠款142.9万元。

年末市区建成区新增绿化面积28.06万平方米,绿化覆盖率达到37.9%,人均公共绿地面积10.42平方米。全市建成区新增绿化面积469.96万平方米,绿化覆盖率达到35.65%,人均公共绿地面积9.96平方米。人均道路面积达到11.01平方米。

十三、资源、环境和安全生产

年末耕地保有量761.2万亩。年末全市7座中型水库蓄水总量6245万立方米。全市年平均降水量636毫米,比上年增加133毫米。

年末全市森林面积877.5万亩，森林覆盖率28.9%；全市已建成自然保护区3个，自然保护区面积62.66万亩，占全市国土面积的2.1%。

按《环境空气质量指数(AQI)技术规定(试行)(HJ633－2012)》评价，2013年市区空气质量好于二级以上天数167天，其中一级天数达到18天。

年末全市城市污水处理率82.15%，提高1.03个百分点；市区城市生活垃圾无害化处理率连续三年达到100%；全市集中供热普及率64.65%，提高9.65个百分点。

全年森林火灾受害率控制在0.5‰以内，达到了国家要求标准。林业有害生物成灾率1.4‰，严格控制在国家要求的4.5‰以内。

全年共发生生产经营性安全事故276起，死亡107人，相比2012年减少132起，减少44人。亿元GDP生产安全事故死亡率为0.085，比省下达年度控制指标(0.094)低0.009。煤矿百万吨死亡率为0.0609，比省下达年度控制指标(0.1814)低0.1205。

公报注释：

1. 本公报部分数据为初步统计数据。

2. 地区生产总值、各产业增加值绝对数按现价计算，增长速度按不变价格计算。

3. 所有增长或下降速度均为同上年相比较。

4. 部分数据因四舍五入的原因，存在与分项合计不等的情况。

5. 节能降耗指标单独发布。

一、综　合

资料整理人员

张增福　　苏彩凤　　尉文明

何晓华　　韩　梅　　孙　鹏

杨佳蓉

综　合

土地面积	20275	平方公里
煤炭探明保有资源储量	486	亿吨
铁矿石保有资源储量	1.33	亿吨
石膏保有资源储量	47763	万吨
人口密度	217	人/平方公里

土地面积构成(%)

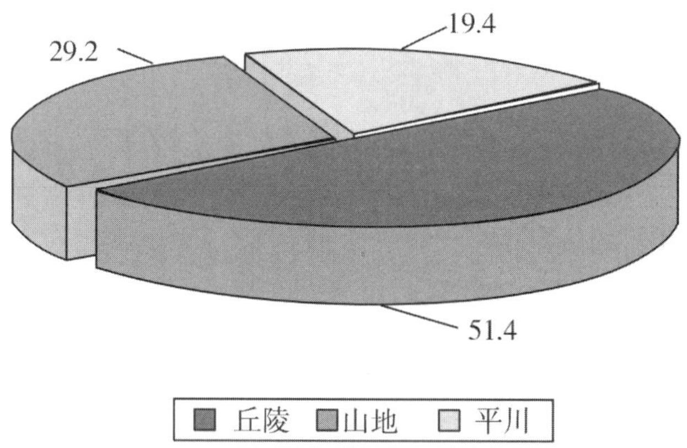

地区生产总值（亿元）

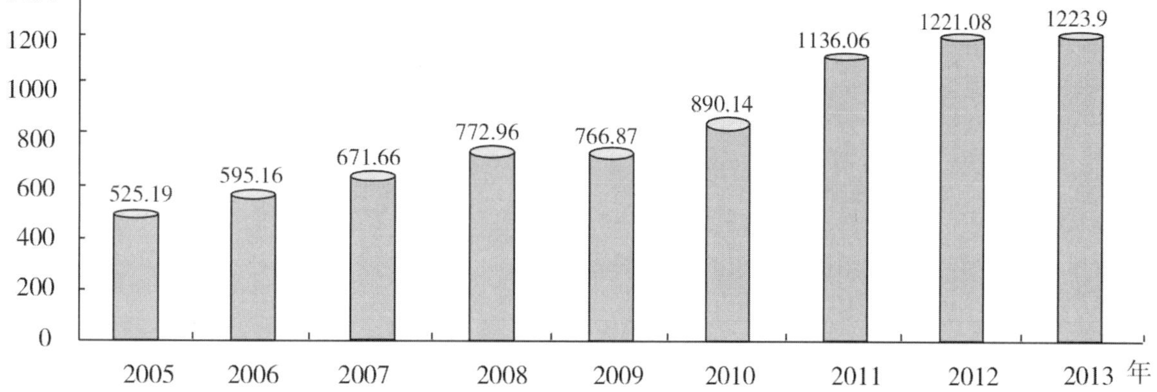

1—1 行政区划(2013 年)

县市名称	市辖区	县	县级市	街道办事处	镇	乡	社区居民委员会	村民委员会
	1	14	2	20	75	76	151	2961
尧都区	解放路街道办事处 鼓楼西街街道办事处 水塔街街道办事处 南街街道办事处 乡贤街街道办事处 辛寺街街道办事处 铁路东街街道办事处 车站街街道办事处 汾河街道办事处 滨河街道办事处 屯里镇 乔李镇 大阳镇 县底镇 刘村镇 金殿镇 吴村镇 土门镇 魏村镇 尧庙镇 段店乡 贺家庄乡 贾得乡 一平垣乡 枕头乡 河底乡							
曲沃县	乐昌镇 史村镇 曲村镇 高显镇 里村镇 北董乡 杨谈乡							
翼城县	唐兴镇 南梁镇 里砦镇 隆化镇 桥上镇 西阎镇 中卫乡 南唐乡 王庄乡 浇底乡							
襄汾县	新城镇 赵康镇 汾城镇 南贾镇 古城镇 襄陵镇 邓庄镇 陶寺乡 永固乡 景毛乡 西贾乡 南辛店乡 大邓乡							
洪洞县	大槐树镇 甘亭镇 曲亭镇 苏堡镇 广胜寺镇 明姜镇 赵城镇 万安镇 刘家垣镇 淹底乡 兴唐寺乡 堤村乡 辛村乡 龙马乡 山头乡 左木乡							
古县	岳阳镇 北平镇 古阳镇 旧县镇 石壁乡 永乐乡 南垣乡							
安泽县	府城镇 和川镇 唐城镇 冀氏镇 马壁乡 杜村乡 良马乡							
浮山县	天坛镇 响水河镇 张庄乡 东张乡 槐埝乡 北王乡 北韩乡 米家垣乡 寨圪塔乡							
吉县	吉昌镇 屯里镇 壶口镇 车城乡 文城乡 东城乡 柏山寺乡 中垛乡							
乡宁县	昌宁镇 光华镇 台头镇 管头镇 西坡镇 双鹤乡 关王庙乡 尉庄乡 西交口乡 枣岭乡							
大宁县	昕水镇 曲峨镇 三多乡 太德乡 徐家垛乡 太古乡							
隰县	龙泉镇 午城镇 黄土镇 阳头升乡 寨子乡 陡坡乡 下李乡 城南乡							
永和县	芝河镇 桑壁镇 阁底乡 南庄乡 打石腰乡 坡头乡 交口乡							
蒲县	蒲城镇 薛关镇 黑龙关镇 克城镇 山中乡 古县乡 红道乡 乔家湾乡 太林乡							
汾西县	永安镇 对竹镇 勍香镇 和平镇 僧念镇 佃坪乡 团柏乡 邢家要乡							
侯马市	路东街道办事处 路西街道办事处 浍滨街道办事处 上马街道办事处 张村街道办事处 新田乡 高村乡 凤城乡							
霍州市	鼓楼街道办事处 北环路街道办事处 南环路街道办事处 开元街道办事处 退沙街道办事处 白龙镇 辛置镇 大张镇 李曹镇 陶唐峪乡 三教乡 师庄乡							

1—2 人口和自然资源(2013 年)

项　　目	2013	项　　目	2013
全市总人口(万人)	439.1	土地面积(平方公里)	20275
城镇人口(万人)	200.5	水资源总量(2012 年)(亿立方米)	10.09
乡村人口(万人)	238.6	地表水资源量(亿立方米)	6.94
人口密度(人/平方公里)	217	煤炭探明保有资源储量(亿吨)	486
社会从业人员(万人)	216.4	铁矿石保有资源储量(亿吨)	1.33
#工业劳动者(万人)	26.9	石膏保有储量(万吨)	47763
农业劳动者(万人)	90.1	水泥灰岩保有储量(万吨)	10247

1—3 历届市人民代表大会代表人数

项　　目	第一届(2001)	第二届(2006)	第三届(2011)
代表总数(人)	393	403	396
#女代表	91	106	107
占代表总数(%)	23	26	27

1—4 历届市政治协商会议委员人数

项　　目	第一届(2001)	第二届(2006)	第三届(2011)
委员总数(人)	328	329	355
#中国共产党委员	120	128	142
占委员总数(%)	37	39	40

1—5 建国以来国民经济主要指标

年份	总人口（人）	人口自然增长率（‰）	社会从业人员（万人）	#职工人数	全市生产总值（万元）	第一产业	第二产业	第三产业
1949	1386715	11.33	56	1	9917	7427	348	2142
1952	1493178	14.84	63	2	15450	11503	852	3095
1957	1706885	17.06	73	5	22108	13288	3059	5761
1960	1852745	14.19	73	13	31246	9969	12896	8381
1962	1989326	25.97	76	8	22473	10579	5150	6744
1965	2151789	21.39	83	9	32376	15695	7907	8774
1970	2458590	22.39	94	14	41843	16947	15820	9076
1975	2771561	14.55	107	20	63083	25285	26393	11405
1978	2894823	10.72	111	24	83730	22621	42446	18663
1980	2975484	9.54	113	26	105445	29867	54039	21539
1985	3155759	7.71	134	31	201541	69597	88090	43854
1986	3195425	8.37	137	33	198246	58141	83112	56993
1987	3243898	8.38	142	34	216039	52760	95111	68168
1988	3310413	9.03	146	36	272106	71387	115899	84820
1989	3363220	10.07	149	39	318952	86664	140454	91834
1990	3466449	14.24	158	40	380878	115573	157550	107755
1991	3520212	11.09	161	41	388299	98959	160299	129041
1992	3582323	9.32	167	41	473468	128690	196126	148652
1993	3641242	10.31	168	41	635954	150540	297186	188228
1994	3684774	8.85	172	42	821400	205695	384459	231246
1995	3729449	8.44	178	42	993034	267503	429292	296239
1996	3789875	8.73	181	43	1249187	312662	555223	381302
1997	3842121	8.21	182	42	1479277	285626	699022	494629
1998	3872458	8.50	177	36	1679828	295612	817804	566412
1999	3936216	9.45	177	35	1739639	249424	857198	633017
2000	3955730	8.23	177	35	1908074	227546	952852	727676
2001	4001348	7.71	178	35	2191699	238334	1126392	826973
2002	4031537	7.30	179	32	2588376	257674	1391483	939219
2003	4061684	7.45	181	32	3380330	287118	1986372	1106840
2004	4091975	7.43	184	33	4487398	339461	2798794	1349143
2005	4120505	6.93	186	33	5251933	304605	3373365	1573963
2006	4147043	6.42	186	33	5951633	339655	3778170	1833808
2007	4172164	6.03	191	33	6716579	386005	4255573	2075001
2008	4198017	6.18	191	35	7729621	385620	4904000	2440001
2009	4221719	5.63	195	35	7668659	555442	4400173	2713044
2010	4320653	5.54	202	35	8901440	665758	5192778	3042904
2011	4344986	5.19	207	35	11360573	748323	7161423	3450827
2012	4367259	5.11	214	34	12210801	810355	7587766	3812680
2013	4390837	5.39	216	34	12239045	872247	7326725	4040073

1—5　续表　1

年　　份	人均地区生产总值（元）	农林牧渔业总产值（万元）	粮食产量（吨）	#小　麦	棉花产量（吨）	油料产量（吨）
1949	72	9801	348450	168610	8770	5829
1952	104	15178	400555	164195	21980	4714
1957	131	21076	410795	193015	29400	2429
1960	171	13997	410385	186920	13285	1308
1962	110	14482	513090	198495	10520	1338
1965	152	21028	655120	328325	25605	2686
1970	172	23278	501095	177405	20475	1710
1975	230	34648	874965	400940	16495	2387
1978	291	32439	861260	244560	14368	1627
1980	357	48987	839600	273725	18125	9380
1985	643	101287	1316487	768746	16746	41881
1986	624	87964	1125325	708310	13644	28422
1987	671	82005	936010	521359	13684	17917
1988	830	108466	1111569	485662	13543	26532
1989	956	131990	1401219	786216	19132	25018
1990	1115	170174	1502065	862708	21128	28396
1991	1112	158316	1199482	763104	20935	16255
1992	1333	195474	1378453	710594	21076	18621
1993	1761	224095	1565192	777719	14446	23798
1994	2242	307522	1442589	824775	17224	28766
1995	2679	401480	1524000	733502	16279	36747
1996	3323	466666	1711561	903427	12634	45096
1997	3877	431391	1518227	953987	5192	28866
1998	4355	454609	1714908	826007	6198	46037
1999	4456	396361	1530932	777536	3824	38470
2000	4835	378062	1208506	511027	2557	47693
2001	5509	391115	1216150	656739	6932	30215
2002	6444	427505	1373435	755124	5151	38151
2003	8353	480596	1501890	811859	7316	44635
2004	11007	567116	1725164	875524	9263	44352
2005	12790	543248	1356452	585301	5990	33413
2006	14398	571939	1667271	793936	7514	30557
2007	16147	669243	1720396	705117	7855	30870
2008	18469	953916	1706979	945496	6563	23937
2009	18215	1021958	1667399	810394	6435	22625
2010	20841	1238033	2073868	867362	4576	21476
2011	26220	1385663	2146040	911982	4395	18872
2012	28031	1517671	2222488	982160	4054	21131
2013	27949	1634563	2323478	838785	1513	19864

1—5 续表 2

年　份	水果产量（吨）	蔬菜产量（吨）	猪牛羊肉总产量（吨）	大牲畜年末数（头）	猪年末数（头）	羊年末数（只）	乡镇企业总产值（万元）
1949	5267	44847		184425	40902	230806	
1952	6853	46575		239595	59995	348923	
1957	10090	77762		271600	222515	762630	
1960	9321	144230		254461	208167	1091000	
1962	6854	90148		240245	239621	1137850	
1965	6393	74538		268198	436272	1168698	
1970	5947	101435		294009	388879	1471643	
1975	14275	139830		281550	584737	1477975	
1978	27897	188259	14929	275081	658457	1370590	17509
1980	25370	172445	18937	283809	665798	1468380	23925
1985	43540	331097	25353	378509	495921	507981	63898
1986	42491	327043	22242	396652	475297	525760	74988
1987	42026	362871	22564	398713	360810	599715	95258
1988	59117	424184	22835	409422	372628	776159	120944
1989	46719	374580	26523	423647	446830	950729	142721
1990	52121	384086	33800	433660	445248	929154	176437
1991	53654	343169	36166	442774	447840	913833	243358
1992	79585	447205	38599	458697	494615	968220	398400
1993	90168	462841	43385	489638	555450	1063358	92343
1994	101712	445232	53680	525090	645263	1217423	1656700
1995	136973	565233	68082	593569	790769	1425817	1993355
1996	152460	595394	83360	660816	854130	1627723	2218703
1997	179578	696826	60090	531612	594705	1391244	1325097
1998	204553	788937	64613	550104	645812	1440918	1439434
1999	202312	767076	67163	542136	668107	1428291	1909726
2000	196479	847640	70502	528048	704392	1360402	2380006
2001	188781	877458	72727	514897	709815	1322110	3100230
2002	196438	920591	76692	492012	764872	1333190	4085230
2003	213985	989920	82240	503609	832487	1395659	5709381
2004	239520	860065	91106	521290	940653	1440623	7904033
2005	220896	824812	99852	507662	1049647	1488794	10553346
2006	225946	827206	66533	168278	519373	623118	13296328
2007	244361	927869	70960	156827	581157	633692	9983910
2008	259606	784370	78571	164074	835326	772399	11012943
2009	294222	796934	87083	168124	978873	775182	8099465
2010	379563	854062	100658	167275	1045577	838143	10221360
2011	434725	972176	90987	109102	832453	749323	14358429
2012	518739	1071907	98706	95992	838352	805906	15604542
2013	579200	1172730	104188	95381	829852	813598	17112826

1—5 续表 3

年 份	规模以上工业增加值（万元）	轻工业	重工业	主要工业产品产量 原 煤（万吨）	焦 炭（万吨）	生 铁（万吨）	洗精煤（万吨）
1949				23	1		
1952				30	2		
1957				85	7		
1960				199	22	8	11
1962				162	4	…	8
1965				246	5		6
1970				335	11	5	9
1975				391	45	11	29
1978				553	67	17	28
1980				695	84	18	27
1985				1328	119	26	71
1986				1342	177	39	82
1987				1316	226	60	146
1988				1445	283	65	212
1989				1715	311	71	285
1990				1699	349	81	395
1991				1590	302	91	412
1992				1962	411	117	448
1993				2352	809	232	785
1994				2719	1355	340	968
1995	225925	25304	200621	3279	1674	363	1188
1996	285647	31707	253940	3110	1566	391	1348
1997	331927	36512	295415	2940	1678	437	1346
1998	333696	36706	296990	3222	1796	470	1329
1999	345844	36695	309149	2405	1382	474	1339
2000	378124	40120	338004	2540	1406	577	1381
2001	480598	38816	441782	2623	1477	749	1531
2002	654224	44813	609411	3394	1464	897	1663
2003	1161014	42941	1118249	3727	1705	924	1751
2004	1869960	44666	1825294	3884	1909	830	2092
2005	2424092	40804	2383288	5245	2174	1127	2432
2006	2784056	48433	2735624	5593	2432	1326	2884
2007	3297285	53943	3243342	4766	2312	1173	3039
2008	4429717	58540	4371177	4117	1865	767	2796
2009	3726171	51487	3674684	2635	1707	917	2772
2010	4651468	61245	4590223	3741	1814	890	2512
2011	6884379	68256	6816123	4831	1920	1053	3194
2012	7259333	98851	7160482	4971	1873	1261	3985
2013	6617901	158625	6459276	5599	2080	1313	4668

1—5 续表 4

年份	主要工业产品产量							
	发电量(万千瓦时)	钢(万吨)	化肥(吨)	水泥(万吨)	染料(吨)	纱(吨)	布(万米)	机制纸及纸板(吨)
1949	42						14	
1952	72						34	
1957	269						59	
1960	4183						54	712
1962	3293						58	553
1965	6124			0.1			148	556
1970	31100		2012	0.4		2448	1470	2734
1975	161913	0.3	10484	6.4		11635	4576	9282
1978	227165	0.5	20001	10.9		14661	7056	17650
1980	284927	0.2	18054	11.3		16747	8332	21287
1985	358714	0.2	28734	20.8	3551	14261	7586	30395
1986	354182	0.4	33359	24.8	5549	17712	8574	33520
1987	351431	0.9	97728	29.4	2794	19743	9407	47586
1988	347970	3.1	69066	31.7	3806	20398	9823	58036
1989	377884	8.3	63342	33.8	2857	15540	7631	73685
1990	368800	10.6	69531	35.7	3152	12271	6646	78788
1991	359846	15.1	68672	38.7	3125	12948	7234	72454
1992	334815	20.2	71663	53.9	3360	13494	1846	97227
1993	340603	22.8	70375	83.8	4675	10469	7074	75859
1994	352119	27.1	70076	85.0	4265	11210	6592	75456
1995	358007	33.0	73245	106.5	4113	11245	6962	93176
1996	367992	40.1	97552	110.2	5200	9408	6255	106624
1997	376903	43.4	108825	116.8	8172	11107	6391	88674
1998	337515	48.1	128069	106.7	11695	8162	4754	96670
1999	342070	56.5	140001	128.0	20716	9597	5297	80871
2000	364037	74.1	146083	146.9	20933	14200	7413	72600
2001	394372	103.9	139847	138.3	24404	14810	7159	78300
2002	430764	124.0	187984	188.5	29966	16661	7180	89300
2003	506024	247.9	175908	215.0	32234	10600	5788	76800
2004	570326	357.9	168600	205.5	27943	10800	5464	122500
2005	723200	436.9	169900	215.1	31149	14000	5303	105972
2006	1043700	488.2	181200	250.7	28765	15000	4735	87964
2007	1061700	526.2	176300	243.8	28592	11000	1843	57079
2008	685425	457.2	142379	214.5	23240	6936	334	31820
2009	640646	605.8	109116	273.5	28450	7628	332	*9305
2010	1055920	770.1	167206	371.3	30648	6834	414	*7871
2011	1500543	864.4	199394	488.7		5120	1234	3506
2012	1416337	1197.4	123059	430.8		6884	1066	182
2013	1913471	1287.3	102845	452.7		4732	912	

注:带“*”为规模以上口径。

1—5 续表 5

年 份	规模以上工业企业主要指标(万元)				公路通车里程(公里)	公路客运量(万人)	公路货运量(万吨)
	固定资产原价	固定资产净值	资产总计	利税总额			
1949					307	3	
1952					418	11	2
1957					825	34	8
1960					2706	104	308
1962					1911	95	37
1965					2918	117	168
1970					3524	180	137
1975					3671	263	279
1978	98037	78407		7376	3840	343	965
1980	101734	76231		8945	3281	436	1141
1985	202813	150796		16819	3345	1010	1855
1986	222374	163105		20409	3398	1417	1917
1987	244956	177818		21152	3429	1661	2851
1988	274564	198901		34095	3489	1729	2892
1989	325137	238044		40905	3521	1899	2915
1990	374292	273945		37319	3620	1607	3275
1991	419523	303068		30331	3635	1745	1795
1992	473071	304387		46551	3713	1858	2059
1993	549100	373700	906200	83500	3768	1919	2224
1994	651685	440099	1023977	69409	3832	2130	2614
1995	822172	525269	1245672	63622	3921	2337	3111
1996	940398	616800	1396230	90455	3960	3099	3943
1997	1061189	704258	1577159	103981	6690	3405	4628
1998	1168423	723392	1692703	99592	7734	4077	5357
1999	1268132	852472	1880183	84920	8355	4535	5555
2000	1442222	962069	2205262	103673	8714	4171	5773
2001	1747390	1144421	2476520	140869	8761	4683	6475
2002	2071850	1423831	2858387	211248	8872	5715	6904
2003	2572988	1839352	3958135	429311	8975	5679	7768
2004	2963928	2098645	5095250	938277	9013	5355	7978
2005	3821232	2722181	6343088	1061730	9556	5257	7968
2006	4506671	3202791	7378556	1166957	12884	5467	8100
2007	5190418	3707749	9060896	1433036	14379	5545	8310
2008	6064201	4182192	11271441	1561842	16082	4099	9651
2009	6683656	4778813	12307145	725569	16596	4118	8418
2010	8430337	5593526	14711472	1549764	17105	4280	9698
2011	9236311	5616932	17173745	1932475	17390	4480	10442
2012	11409128	6997596	20517156	1269464	17816	4570	11486
2013	12179394	7656318	22648235	1066857	18025	4686	11944

1—5 续表 6

年份	公路客运周转量（万人公里）	公路货物周转量（万吨公里）	邮电业务总量（万元）	固定电话（部）	全社会固定资产投资（万元）	国有经济	集体经济
1949	124	4	1		15	10	
1952	491	103	23	205	127	60	25
1957	1792	462	94	1400	1420	932	189
1960	5025	4777	312	8305	15917	12361	2600
1962	4616	1593	267	7797	2190	1490	357
1965	6085	3105	281	9695	4660	3989	301
1970	7864	3606	230	7239	14490	12668	820
1975	11621	6228	299	12241	11471	9440	814
1978	16957	11249	364	14494	22900	18117	993
1980	21742	25621	561	14180	19584	13724	1430
1985	44443	60273	729	16213	38554	24441	6645
1986	52758	62693	729	16257	47225	32336	5489
1987	59428	74568	785	18018	49850	35178	5765
1988	70947	87784	844	19037	55486	37377	7941
1989	81723	100913	1004	20090	47766	31082	5877
1990	68629	125139	2167	22394	63280	39861	6661
1991	87250	77240	2625	25355	80401	55234	9964
1992	94986	88809	3263	29865	90791	64768	8530
1993	96825	98664	4217	34449	137988	94781	15773
1994	108031	105471	7215	45340	165419	110534	12694
1995	115687	127585	12239	63965	154184	110447	9718
1996	140300	150073	19473	94850	225521	158909	14528
1997	145971	182952	25369	125175	243038	169525	16957
1998	166505	218162	36295	167633	346200	253075	26168
1999	167120	225389	50229	224577	421326	291699	14787
2000	175303	231581	71009	297958	451096	240824	21220
2001	200195	299960	78600	414936	518832	203534	23405
2002	231646	356123	107844	500226	655846	218258	29286
2003	219397	382320	160859	681143	1084871	212594	28539
2004	236474	427010	270333	824696	1261423	314533	36565
2005	255277	420697	319095	915215	1530558	595760	38563
2006	227807	430488	407201	917263	1909646	708692	70164
2007	233402	438045	522600	882230	2342429	972530	34640
2008	218929	1266316	603336	855499	2652993	1218777	9230
2009	233734	1295284	566902	808436	4189568	2050736	41822
2010	247831	1387063	655124	705973	5455783	2879399	52428
2011	266639	1620705	280129	665008	6449577	3857202	90977
2012	271970	1863810	331776	627243	8224503	4771034	302623
2013	278285	2038209	363490	538868	10362704	5377842	583872

1—5 续表 7

年 份	固定资产投资新增固定资产（万元）	财政总收入（万元）	#公共财政收入	公共财政支出（万元）	社会消费品零售总额（万元）	居民消费价格指数（%）	工业生产者出厂价格指数（%）
1949	12				3724		
1952	122	1679	1679	499	5359		
1957	1370	2488	2488	1673	9369		
1960	12501	6095	6095	8800	15913		
1962	1485	3084	3084	2758	13119		
1965	4913	4660	4660	3205	13950		
1970	10648	4172	4172	6827	19143		
1975	5582	7048	7048	9237	27532		
1978	14406	9411	9411	14188	33151		
1980	22459	9251	9251	12823	44334		
1985	26443	14943	14943	23048	79585		
1986	32786	16996	16996	28168	91262		
1987	41453	19792	19792	29159	102419		
1988	60291	23021	23021	34596	141046		
1989	39236	28380	28380	40303	135274		
1990	53878	30860	30860	43197	134538	101.1	
1991	71199	30513	30513	46479	148080	104.9	
1992	106272	33025	33025	51030	172337	105.8	
1993	87588	49123	26564	64443	199593	111.9	
1994	129003	59990	32466	79246	257282	120.7	
1995	123343	80578	44224	91729	356084	115.0	
1996	137665	100114	56977	110082	438957	106.4	
1997	206658	113220	62782	118638	516102	102.1	
1998	207789	126187	74533	135388	561188	97.9	
1999	386605	133988	81135	149994	618228	97.4	
2000	413990	149265	88205	171626	666388	99.6	
2001	452570	187777	105802	227036	725267	100.1	
2002	576363	260168	103145	269096	814082	99.2	107.5
2003	827185	372191	135985	319894	945521	102.6	135.4
2004	937497	588628	197009	439168	1153257	105.4	126.2
2005	1383049	830466	292650	574467	1320377	102.6	101.7
2006	1368171	1021975	399313	739646	1540191	102.1	97.3
2007	1728902	1234815	471259	904763	1856354	104.5	109.5
2008	1506487	1409072	542211	1094878	2240580	105.0	126.1
2009	3408546	1376666	629205	1320408	2582988	100.7	83.0
2010	4113508	1602989	754388	1597644	3064945	102.4	110.2
2011	3964703	1884053	891045	1871259	3606900	104.6	106.2
2012	7325176	2016408	1107773	2226858	4182209	102.8	91.8
2013	7927592	1994492	1181496	2652646	4755026	102.5	89.9

1—5 续表 8

年份	职工工资总额（万元）	#国有单位	职工平均货币工资（元）	农民人均纯收入（元）	农民人均生活消费支出（元）	城镇居民人均可支配收入（元）	城镇居民人均消费性支出（元）
1949	328	328	281			121	90
1952	788	754	348			146	110
1957	2586	2240	465			220	180
1960	5920	5459	485	45		231	194
1962	4523	3995	510	43			
1965	5144	4390	574	56		226	199
1970	7068	6201	576	43		206	181
1975	10997	9381	579	56		237	209
1978	13976	12302	585	57		260	236
1980	17519	15479	697	63		377	350
1985	29633	25272	983	335		636	598
1986	35567	30527	1114	283	256	745	692
1987	40164	34560	1212	313	271	787	732
1988	49023	42812	1417	384	330	836	786
1989	56850	49906	1614	440	354	932	780
1990	73201	64965	1898	501	390	1020	795
1991	80419	71093	2045	507	403	1208	946
1992	91439	81563	2291	573	403	1364	975
1993	108554	97551	2706	689	511	1610	1147
1994	142922	129843	3507	809	561	2153	1492
1995	174560	159645	4225	1130	613	2780	1940
1996	192699	175562	4652	1528	972	3178	2344
1997	201723	180820	4953	1872	990	3277	2527
1998	200281	176295	4969	2038	904	3405	2504
1999	214313	191424	6045	2012	964	3769	2679
2000	239060	214638	6790	2195	1048	4158	3073
2001	281080	237308	8082	2320	1115	4697	3330
2002	284493	221024	8823	2465	1199	5160	4064
2003	322870	241467	10079	2666	1332	5820	4329
2004	397948	281877	12347	2976	1657	6857	4924
2005	459941	325352	13962	3326	1846	7852	5481
2006	540126	368623	16506	3598	2089	8853	6181
2007	617522	416411	18729	4065	2528	9997	6982
2008	733331	511022	22307	4394	2864	11203	7944
2009	787288	544720	24217	4749	3083	12247	8436
2010	871524	599909	26601	5287	3381	13831	9466
2011	1000578	684251	30244	6084	4230	15950	11025
2012	1177074	694351	34761	6899	4429	18126	11618
2013	1363507	741827	39762	7768	5119	21936	11357

注:农民人均纯收入 1982 年以前不包括家庭经营收入;1995 年以后使用抽样调查数据。

1—5 续表 9

年 份	在校学生数(万人)		专任教师数(人)		毕业生数(万人)		医院床位数（张）	卫生技术人员数（人）
	小 学	普通中学	小 学	普通中学	小 学	普通中学		
1949	12.3	0.1	4000	199	1.1	0.1	31	325
1952	18.2	0.6	5252	369	1.9	0.1	162	642
1957	22.4	1.6	7128	866	3.4	0.3	527	1375
1960	29.6	3.3	9406	1858	4.2	0.8	1006	2378
1962	29.8	2.5	9921	1411	4.2	1.1	1364	2995
1965	34.9	2.6	11130	1648	4.4	0.7	2022	4109
1970	40.7	9.3	14045	5407	6.2	3.0	2774	5845
1975	47.2	16.1	16328	8947	8.3	6.1	5020	7671
1978	45.9	21.0	17733	12774	7.3	9.1	6010	8384
1980	47.0	21.1	19971	11704	7.1	2.6	7033	9785
1985	42.8	16.9	21153	10368	7.1	3.9	8872	12248
1986	40.8	16.6	21985	10614	7.3	4.1	9385	13260
1987	35.1	16.7	22475	11045	6.9	4.9	10104	13782
1988	39.2	16.6	22576	11819	6.8	4.7	10519	14146
1989	38.8	15.9	22760	11981	6.8	5.1	10539	14325
1990	38.6	16.1	22392	12245	6.8	4.9	10659	14645
1991	38.8	16.7	22026	12423	6.8	4.9	10814	15112
1992	39.7	17.2	22269	12589	6.8	4.9	10869	15388
1993	39.9	17.1	22487	12644	6.8	5.2	10716	15411
1994	40.4	18.0	22274	12914	7.2	5.1	10570	15138
1995	40.9	19.3	22287	12735	7.1	5.3	10767	14915
1996	42.1	20.9	21790	13272	7.4	5.8	7327	14595
1997	43.3	22.2	21620	13687	7.6	6.3	7458	14798
1998	43.9	23.7	21955	14041	7.8	6.6	7401	14957
1999	43.4	25.1	22410	14669	8.4	7.2	7594	15622
2000	43.0	26.6	22418	14955	8.4	7.6	7591	15360
2001	42.4	28.6	24174	16126	8.8	8.1	7473	15444
2002	44.7	30.4	22949	17254	9.0	8.7	7165	14994
2003	46.4	33.2	22994	18411	8.3	9.1	7886	14809
2004	44.8	33.3	23424	19578	8.3	10.3	8331	14625
2005	43.0	33.7	23775	20630	8.0	10.4	7982	14119
2006	40.9	34.2	23787	21445	8.2	10.7	8556	14639
2007	40.6	33.1	23454	21644	7.1	10.8	9131	16656
2008	39.7	31.1	23420	21548	6.5	11.2	10235	18066
2009	37.2	30.0	23426	21692	7.2	11.0	10852	19266
2010	35.4	29.6	23110	21640	6.9	9.9	11181	19760
2011	32.3	29.6	23046	21657	6.5	9.2	11112	20023
2012	31.0	27.4	22495	21967	5.9	9.6	12052	21000
2013	28.1	25.2	22405	21990	5.4	9.5	12947	22032

1—6 国民经济和社会

指　　标	总量指标								
	1980	1990	1995	2000	2005	2010	2011	2012	2013
一、年末总人口(万人)	**297.55**	**346.64**	**372.94**	**395.57**	**412.05**	**432.10**	**434.50**	**436.73**	**439.08**
二、全社会从业人员(万人)	**113.29**	**158.00**	**178.36**	**176.68**	**185.63**	**202.22**	**206.72**	**213.97**	**216.41**
#职工人数	26.07	40.00	42.22	35.27	33.08	35.04	35.15	33.90	34.45
三、地区生产总值(亿元)	**10.54**	**38.09**	**99.30**	**190.81**	**525.19**	**890.14**	**1136.05**	**1221.08**	**1223.90**
第一产业	2.99	11.56	26.75	22.75	30.46	66.57	74.83	81.04	87.22
第二产业	5.40	15.76	42.93	95.29	337.34	519.28	716.14	758.78	732.67
第三产业	2.15	10.78	29.62	72.77	157.39	304.29	345.08	381.27	404.01
四、农业生产									
主要农产品产量									
粮　食(万吨)	83.96	150.21	152.40	120.85	135.65	207.39	214.60	222.25	232.35
棉　花(万吨)	1.81	2.11	1.63	0.26	0.60	0.46	0.44	0.41	0.15
油　料(万吨)	0.94	2.84	3.67	4.77	3.34	2.15	1.89	2.11	1.99
肉类总产量(万吨)	1.91	3.83	7.50	7.74	10.99	11.39	10.72	11.58	12.20
大牲畜年末数(万头)	28.38	43.37	59.36	52.80	50.77	16.73	16.52	9.60	9.54
猪年末数(万头)	66.58	44.52	79.08	70.44	104.96	104.56	111.57	83.84	82.99
羊年末数(万只)	146.84	92.92	142.58	136.04	148.88	83.81	88.54	80.59	81.36
农业机械总动力(万千瓦特)	62.00	125.40	184.48	226.66	318.41	405.08	423.10	439.90	458.39
化肥施用量(折纯)(万吨)	3.46	8.84	11.81	13.20	14.19	15.75	16.70	17.00	17.84
五、工业生产									
规模以上工业增加值(亿元)			22.59	37.81	242.41	465.15	688.44	725.93	661.79
轻工业(亿元)			2.53	4.01	4.08	6.12	6.83	9.89	15.86
重工业(亿元)			20.06	33.80	238.33	459.02	681.61	716.05	645.93
主要工业产品产量									
原　煤(万吨)	695.1	1699.0	3278.8	2539.7	5244.7	3740.5	4831.0	4970.8	5598.8
洗精煤(万吨)	26.5	394.9	1187.7	1381.2	2431.9	2511.7	3194.5	3985.3	4667.7
焦　炭(万吨)	83.8	348.7	1674.1	1406.1	2173.5	1813.5	1920.1	1873.0	2079.8
发电量(亿千瓦时)	28.5	36.9	35.8	36.4	72.3	105.6	150.1	141.6	191.3
铁矿石原矿(万吨)	33.8	103.2	433.7	*161.2	*231.6	*222.3	*406.9	*741.1	*885.2
生　铁(万吨)	18.2	80.6	363.0	576.7	1127.3	890.5	1053.7	1260.7	1313.4
钢(万吨)	0.2	10.6	33.0	74.1	436.9	770.2	864.4	1197.4	1287.3
钢　材(万吨)	3.2	6.2	1.6	13.8	205.3	719.8	943.0	1195.7	1321.0
布(万米)	8332.0	6646.0	6962.0	7413.0	5303.0	414.0	1234.0	1066.0	912.0

注:带“*”为规模以上口径。

发展总量与速度指标

速度指标										
指数(2013 年为以下各年的%)					年平均增长速度(%)					
1990	1995	2000	2005	2010	“八五”	“九五”	“十五”	“十一五”	2006－2013	2011－2013
126.67	**117.74**	**111.00**	**106.56**	**101.62**	**1.5**	**1.2**	**0.8**	**1.0**	**0.8**	**0.5**
136.97	**121.33**	**122.49**	**116.58**	**107.02**	**2.5**	**－0.2**	**1.0**	**1.7**	**1.9**	**2.3**
86.12	81.59	97.67	104.14	98.31	1.1	－3.5	－1.3	1.2	0.5	－0.6
1362.93	**762.62**	**452.94**	**223.31**	**137.74**	**12.3**	**11.0**	**15.2**	**10.2**	**10.6**	**11.3**
259.28	204.68	189.46	151.53	114.09	4.8	1.6	4.6	5.8	5.3	4.5
2155.43	958.12	540.35	233.14	146.57	17.6	12.1	18.3	9.7	11.2	13.6
1385.33	794.22	422.32	222.80	127.78	11.8	13.5	13.6	11.8	10.5	－39.0
154.68	152.46	192.26	171.28	112.03	0.3	－4.5	2.3	8.9	7.0	3.9
7.17	9.28	58.19	25.22	32.89	－5.0	－30.7	18.2	－5.2	－15.8	－31.0
69.94	54.13	41.64	59.47	92.39	5.3	5.4	－6.9	－8.4	－6.3	－2.6
318.56	162.68	157.63	111.02	107.12	14.4	0.6	7.3	0.7	1.3	2.3
21.99	16.07	18.06	18.79	57.01	6.5	－2.3	－0.8	－19.9	－18.9	－17.1
186.40	104.94	117.81	79.06	79.37	12.2	－2.3	8.3	－0.1	－2.9	－7.4
87.56	57.06	59.81	54.65	97.08	8.9	－0.9	1.8	－10.9	－7.3	－1.0
365.54	248.48	202.24	143.96	113.16	8.0	4.2	7.0	4.9	4.7	4.2
201.80	151.05	135.15	125.72	113.27	6.0	2.3	1.5	2.1	2.9	4.2
		922.21	302.97	157.96			24.9	13.9	13.4	12.5
		134.08	107.28	128.66			4.6	－3.6	18.5	37.3
		1009.53	309.74	158.49			26.7	14.3	13.3	12.1
329.53	170.76	220.45	106.75	149.68	14.1	－5.0	15.6	－6.5	0.8	14.4
1181.99	393.00	337.94	191.94	185.84	24.6	3.1	12.0	0.6	8.5	22.9
596.46	124.24	147.92	95.69	114.69	36.9	－3.4	9.1	－3.6	－0.5	4.7
518.84	534.49	525.68	264.58	181.22	－0.6	0.3	14.7	7.9	12.9	21.9
857.75	204.10	549.13	382.21	398.20	33.3	－18.0	7.5	－0.8	18.2	58.5
1629.53	361.82	227.74	116.51	147.49	35.1	9.7	14.3	－4.6	1.9	13.8
12144.06	3900.82	1737.21	294.64	167.15	25.5	17.6	42.6	12.0	14.5	18.7
21267.36	85206.66	9577.25	643.18	183.48	－24.2	54.8	71.6	28.5	26.2	22.4
13.72	13.10	12.30	17.20	220.29	0.9	1.3	－6.5	－40.0	－19.8	30.1

1—6 续

指　　标	总量指标								
	1980	1990	1995	2000	2005	2010	2011	2012	2013
塑料制品(吨)	881	3614	7988	*7411	*10150	*10155	*390	*2525	*2347
水　泥(万吨)	11.3	35.7	106.5	146.9	215.1	371.3	488.7	430.8	452.7
六、公路运输邮电									
公路通车里程(公里)	3281	3620	3921	8714	9556	17105	17390	17816	18025.0
公路货运量(万吨)	1141	3275	3111	5773	7968	9698	10442	11486	11944.0
公路货物周转量(亿吨公里)	2.6	12.5	12.8	23.2	42.1	138.7	162.1	186.4	203.8
公路客运量(万人)	436	1607	2337	4171	5257	4280	4480	4570	4686.0
公路客运周转量(百万人公里)	217.4	686.3	1156.9	1753.0	2552.8	2478.3	2666.4	2719.7	2782.9
邮电业务总量(万元)	561	2167	12239	71009	319095	655124	323007	331776	363489.6
函　件(万件)	935.8	1143.6	2219.0	1741.1	1487.2	680.0	582.0	537.2	574.8
固定电话(万部)	1.4	2.2	6.4	29.8	91.5	70.6	66.5	62.7	53.9
移动电话(万部)			0.4	16.0	110.0	290.1	338.7	363.9	393.6
七、固定资产投资									
全社会固定资产投资(亿元)	2.0	6.3	15.4	45.1	153.1	545.6	645.0	822.5	1036.27
国　有	1.4	4.0	11.0	24.1	59.6	287.9	385.7	477.1	537.8
集　体	0.1	0.7	1.0	2.1	3.9	5.2	9.1	30.3	58.4
其　他	0.5	1.7	3.4	18.9	89.6	252.4	250.1	315.1	440.1
第一产业	0.1	0.1	0.1	1.7	2.5	22.7	21.0	29.9	54.1
第二产业	0.8	5.0	10.8	26.1	105.8	264.0	301.6	379.5	468.1
第三产业	1.1	1.2	4.6	17.3	44.8	258.9	322.4	413.0	514.0
新增固定资产	2.2	5.4	12.3	41.4	138.3	411.4	396.5	732.5	792.8
八、能源生产与消费									
原煤生产总量(万吨)	695.1	1699.0	3279.0	2539.7	5244.7	3741.0	4831.0	4970.8	5598.8
煤炭消费总量(万吨)	431.5	1097.6	2946.7	3044.6	6868.2	7626.0	9083.0	10274.5	12159.9
九、国内贸易									
社会消费品零售总额(亿元)	4.4	13.5	35.6	66.6	132.0	306.5	360.7	418.2	475.5
十、对外贸易									
海关进出口总额(万美元)			2206	4753	26547	65100	79596	82554	71704
出口额			2206	1019	17081	14550	21003	27725	16213
进口额				3734	9466	50550	58593	54829	55491
十一、财　政									
财政总收入(亿元)	0.9	3.1	8.1	14.9	83.1	160.3	188.4	201.6	199.4
公共财政收入(亿元)	0.9	3.1	4.4	8.8	29.3	75.4	89.1	110.8	118.1
公共财政支出(亿元)	1.3	4.3	9.2	17.2	57.5	159.8	187.1	222.7	265.3

表 1

速度指标										
指数(2013 年为以下各年的%)					年平均增长速度(%)					
1990	1995	2000	2005	2010	“八五”	“九五”	“十五”	“十一五”	2006－2013	2011－2013
64.9	29.4	31.7	23.1	23.1	17.2	－1.5	6.5	0.0	－16.7	－38.6
1268.1	425.1	308.2	210.5	121.9	24.4	6.6	7.9	11.5	9.7	6.8
497.9	459.7	206.9	188.6	105.4	1.6	17.3	1.9	12.3	8.3	1.8
364.7	383.9	206.9	149.9	123.2	－1.0	13.2	6.7	4.0	5.2	7.2
1629.3	1597.3	880.1	484.5	146.9	0.4	12.7	12.7	26.9	21.8	13.7
291.6	200.5	112.3	89.1	109.5	7.8	12.3	4.7	－4.0	－1.4	3.1
405.5	240.5	158.7	109.0	112.3	11.0	8.7	7.8	－0.6	1.1	3.9
16774.6	2969.9	511.9	113.9	55.5	41.4	42.1	35.1	15.5	1.6	－17.8
50.3	25.9	33.0	38.6	84.5	14.2	－4.7	－3.1	－14.5	－11.2	－5.4
2406.3	842.4	180.9	58.9	76.3	23.4	36.0	25.2	－5.1	－6.4	－8.6
	107016.3	2458.5	357.9	135.7		112.7	47.0	21.4	17.3	10.7
16370.8	6720.3	2297.2	677.0	189.9	19.5	23.9	27.7	28.9	27.0	23.8
13478.3	4871.2	2233.3	902.7	186.8	22.6	16.9	19.9	37.0	31.7	23.2
8714.5	6019.3	2754.1	1514.1	1113.7	7.7	16.9	12.7	6.3	40.4	123.3
26353.2	12906.1	2327.3	491.1	174.4	15.3	40.9	36.5	23.0	22.0	20.4
67616.1	108185.8	3126.8	2146.5	238.2	－9.0	103.1	7.8	55.2	46.7	33.5
9288.5	4350.7	1793.6	442.7	177.3	16.4	19.4	32.3	20.1	20.4	21.0
42482.5	11150.5	2974.8	1147.7	198.6	30.7	30.2	21.0	42.0	35.7	25.7
14708.0	6429.5	1914.9	573.2	192.7	18.0	27.4	27.3	24.4	24.4	24.4
329.5	170.7	220.5	106.8	149.7	14.1	－5.0	15.6	－6.5	0.8	14.4
1107.9	412.7	399.4	177.0	159.5	21.8	0.7	17.7	2.1	7.4	16.8
3535.3	1335.3	713.5	360.1	155.1	21.5	13.4	14.7	18.3	17.4	15.8
	3250.4	1508.6	270.1	110.1		16.6	41.1	19.7	13.2	3.3
	735.0	1591.1	94.9	111.4		－14.3	75.7	－3.2	－0.6	3.7
		1486.1	586.2	109.8			20.4	39.8	24.7	3.2
6454.7	2474.6	1335.9	240.2	124.4	21.1	13.1	40.9	14.1	11.6	7.6
3823.6	2673.1	1339.6	403.7	156.6	7.4	14.8	27.1	20.8	19.1	16.1
6140.4	2892.7	1545.8	461.7	166.0	16.2	13.4	27.3	22.7	21.1	18.4

1—6 续

指　　标	总量指标								
	1980	1990	1995	2000	2005	2010	2011	2012	2013
十二、物价指数(以上年为100)									
工业品出厂价格总指数					101.7	110.2	106.2	91.8	89.9
居民消费价格总指数		101.1	115.0	99.6	102.6	102.4	104.6	102.8	102.5
十三、工　资									
在岗职工工资总额(亿元)	1.8	7.3	17.5	23.9	46.0	87.2	100.1	117.7	136.4
在岗职工平均工资(元)	697	1898	4225	6790	13962	26601	30244	34761	39762
国有单位职工工资总额(亿元)	1.6	6.5	16.0	21.5	32.5	60.0	68.4	69.4	74.2
国有单位职工平均工资(元)	714	2030	4482	7175	13851	26705	30150	32487	35322
十四、人民生活									
城镇居民人均可支配收入(元)	377	1020	2780	4158	7852	13831	15950	18126	21936
城镇居民人均消费性支出(元)	350	795	1940	3073	5481	9466	11025	11618	11357
农民家庭人均纯收入(元)	63	501	1130	2195	3326	5287	6084	6899	7768
农民家庭人均生活费支出(元)		390	613	1048	1846	3381	3956	4429	5119
城乡居民储蓄存款年末余额(亿元)	0.7	21.1	73.6	155.3	430.2	857.6	941.7	1066.6	1173.3
十五、教育、文化									
高等学校数(所)	3	3	2	1	3	4	4	4	4
高等学校在校学生数(人)	3029	5060	6188	9435	25611	38337	41860	41359	46434
中等专业学校数(所)	6	9	9	10	4	6	7	7	7
中等专业学校在校学生数(人)	3399	5665	6371	14690	11857	13509	12730	12681	11639
普通中学学校数(所)	1003	414	386	393	403	324	301	295	297
普通中学在校学生数(人)	210707	161053	193367	266338	336955	296425	296425	274302	251994
职业中学学校数(所)	17	33	41	46	37	40	38	38	34
职业中学在校学生数(人)	758	5580	11054	13211	1193	29704	21849	18009	29508
小学学校数(所)	6346	6503	6130	4350	3225	1580	1367	1296	1249
小学在校学生数(人)	469625	385630	408601	429797	429696	353898	322695	310326	281344
文化馆个数(个)	17	18	18	18	18	18	18	18	18
公共图书馆(个)	14	17	17	17	17	17	17	17	17
十六、卫　生									
卫生机构数(个)	618	705	666	418	389	824	1166	1152	1176
卫生机构床位数(张)	7593	11097	11129	11622	11301	17051	16546	17254	17968
卫生技术人员(人)	9785	14645	14915	15360	14119	19760	19500	21010	22032

注:1995年以后“卫生机构”中不包括“门诊所”;2005年卫生部门数据缺部分单位。

表 2

速度指标										
指数(2013 年为以下各年的%)					年平均增长速度(%)					
1990	1995	2000	2005	2010	“八五”	“九五”	“十五”	“十一五”	2006 - 2013	2011 - 2013
			107.7	87.7						
								4.2	0.9	-4.3
		140.1	127.2	110.2	10.8	0.7	1.9	2.9	3.1	3.3
1862.7	780.9	570.3	296.5	156.5	19.0	6.5	14.0	13.6	14.6	16.1
2094.9	941.1	585.6	284.8	149.5	17.4	10.0	15.5	13.8	14.0	14.3
1141.3	464.8	345.7	228.0	123.7	19.7	6.1	8.7	13.0	10.8	7.3
1740.0	788.1	492.3	255.0	132.3	17.2	9.9	14.1	14.0	12.4	9.8
2151.3	789.2	527.5	279.4	158.6	22.2	8.4	13.6	12.0	13.7	16.6
1427.9	585.4	369.5	207.2	120.0	19.5	9.6	12.3	11.5	9.5	6.3
1550.5	687.4	353.9	233.6	146.9	17.7	14.2	8.7	9.7	11.2	13.7
1311.1	834.5	488.3	277.4	151.4	9.5	11.3	12.0	12.9	13.6	14.8
5567.3	1594.9	755.3	272.8	136.8	28.4	16.1	22.6	14.8	13.4	11.0
133.3	200.0	400.0	133.3	100.0	-7.8	-12.9	24.6	5.9	3.7	
917.7	750.4	492.1	181.3	121.1	4.1	8.8	22.1	8.4	7.7	6.6
77.8	77.8	70.0	175.0	116.7		2.1	-16.7	8.4	7.2	5.3
205.5	182.7	79.2	98.2	86.2	2.4	18.2	-4.2	2.6	-0.2	-4.8
71.7	76.9	75.6	73.7	91.7	-1.4	0.4	0.5	-4.3	-3.7	-2.9
156.5	130.3	94.6	74.8	85.0	3.7	6.6	4.8	-2.5	-3.6	-5.3
103.0	82.9	73.9	91.9	85.0	4.4	2.3	-4.3	1.6	-1.1	-5.3
528.8	266.9	223.4	2473.4	99.3	14.7	3.6	-38.2	90.2	49.3	-0.2
19.2	20.4	28.7	38.7	79.1	-1.2	-6.6	-5.8	-13.3	-11.2	-7.5
73.0	68.9	65.5	65.5	79.5	1.2	1.0	0.0	-3.8	-5.2	-7.4
100.0	100.0	100.0	100.0	100.0						
100.0	100.0	100.0	100.0	100.0						
166.8	176.6	281.3	302.3	142.7	-1.1	-8.9	-1.4	16.2	14.8	12.6
161.9	161.5	154.6	159.0	105.4	0.1	0.9	-0.6	8.6	6.0	1.8
150.4	147.7	143.4	156.0	111.5	0.4	0.6	-1.7	7.0	5.7	3.7

1—7 水资源总量(2012 年)

单位:万立方米

	水资源总量	地表水资源量	地下水资源量	重复计算量	年降水量(亿立方米)
全市	**100907**	**69434**	**92858**	**61385**	**102.20**
尧都区	13727	13009	13344	12626	5.98
曲沃县	2659	410	2656	407	1.96
翼城县	6760	2591	6603	2434	5.56
襄汾县	7030	1004	3889	863	5.20
洪洞县	14370	11720	14361	11711	7.17
古县	7239	3869	5789	2419	6.82
安泽县	13011	12716	10536	10241	10.38
浮山县	3683	3424	2669	2410	4.43
吉县	2245	2167	1785	1707	8.25
乡宁县	14602	2435	14018	1851	10.41
大宁县	1516	1473	1122	1079	4.96
隰县	2322	2180	1750	1609	8.04
永和县	2364	2294	1934	1864	6.26
蒲县	2453	2079	2056	1682	7.41
汾西	1141	520	1126	505	4.29
侯马市	842	174	734	66	0.90
霍州市	4942	7369	5483	7910	4.19

1—8 实际用水量(2013 年)

单位:万立方米

	总计	农田灌溉	工业	城镇生活	农村生活	林牧渔业	生态	建筑业	三产
全市	**73157**	**46326**	**9955**	**5989**	**3305**	**2661**	**2961**	**300**	**1661**
尧都区	16169	10969	884	1952	574	575	835	120	260
曲沃县	5869	4103	736	245	199	401	65	6	114
翼城县	4912	3395	732	347	257	58	44	21	57
襄汾县	12071	9037	820	440	351	145	1250	16	12
洪洞县	18298	12216	2836	925	541	523	517	86	654
古县	1122	375	520	95	81	10	20	11	10
安泽县	710	374	94	54	72	79	3		35
浮山县	740	178	142	111	123	159	20		7
吉县	390	6	35	95	122	95		3	33
乡宁县	1020	128	368	143	202	149	22	3	7
大宁县	331	152	8	50	40	64	5	4	8
隰县	547	269	10	70	53	100	27	3	15
永和县	290	176	11	35	45	19	1	1	2
蒲县	668	205	92	128	150	30	18	16	29
汾西	410	70	45	120	117	52	2	1	4
侯马市	3599	2100	339	649	205	111	35	5	155
霍州市	6013	2573	2283	530	173	91	98	5	260

1—9 平均每天主要社会经济活动

指 标	单 位	1980	1990	1995	2000	2005	2010	2011	2012	2013
一、全市每天创造财富										
地区生产总值	万元	288.9	1043.5	2720.6	5277.6	14388.9	24387.5	31124.9	33454.2	33531.6
农林牧渔业总产值	万元	134.2	466.2	1099.9	1035.8	1488.4	3391.9	3796.3	4158.0	4478.3
全部工业增加值	万元	126.2	389.2	1081.4	2344.6	8757.603	13003.6	18120.2	19211.9	18512.6
原 煤	吨	19044	46548	89831	69581	143690	102481	132355	136186	153391
焦 炭	吨	2296	9553	45865	38523	59548	49686	52605	51315	56982
生 铁	吨	499	2208	9945	15800	30885	24397	28867	34541	35984
洗精煤	吨	726	10819	32540	37841	66627	68813	87522	109186	127881
发电量	万千瓦时	780.6	1010.4	980.8	997.4	1981.4	2892.9	4111.1	3880.3	5242.4
水 泥	吨	310	978	2918	4024	5893	10172	13390	11802	12403
纱	吨	46	34	31	39	38	19	14	19	13
布	万米	22.8	18.2	19.1	20.3	14.5	1.1	3.4	2.9	2.5
机制纸及纸板	吨	58	216	255	199	290	22	9.6	0.5	
二、其他经济活动										
全社会固定资产投资	万元	63	173	422	1236	4193	14947	17670	22533	28391
施工房屋面积	平方米	3972	4858	5183	8337	8618	27588	14513	44025	50852
竣工房屋面积	平方米	3459	3730	3431	5231	4855	10525	7758	14740	14560
全市用电量	万千瓦时	183.5	443.4	687.7	986.0	2643.5	3664.0	4298.6	4738.1	4927.4
#人民生活用电	万千瓦时	9.2	38.0	83.9	84.0	162.4	352.6	412.4	455.3	473.5
煤炭消费量	吨	11822	30071	80732	83414	188170	208947	248852	285521	333147
财政总收入	万元	25.4	84.6	220.8	409.0	2275.3	4391.8	5161.8	5523.4	5464.4
社会消费品零售总额	万元	121.5	368.6	975.6	1825.7	3617.5	8397.1	9881.9	11732.1	13027.5
邮电业务量	万元	1.5	5.9	33.5	194.6	874.2	1794.9	884.9	909.0	995.9
公路客运量	人	11945	44000	64027	114272	144027	117260	122740	125206	128384
公路货运量	吨	31260	89726	85233	158164	218301	265699	286082	314685	327233
三、人口变动										
出生人口	人	124	182	131	244	147	127	126	129	132
死亡人口	人	47	49	46	77	68	62	65	68	68

1—10 社会经济主要指标人均水平

指　标	单位	1980	1990	1995	2000	2005	2010	2011	2012	2013
一、地区生产总值	元	**357**	**1115**	**2679**	**4835**	**12790**	**20841**	**26220**	**28031**	**27949**
二、农林牧渔业总产值	元	**165**	**491**	**1077**	**942**	**1318**	**2899**	**3198**	**3475**	**3723**
三、主要产品产量										
原　煤	千克	2355	4975	8845	6448	12773	8758	11150	11382	12751
焦　炭	千克	284	1021	4516	3570	5293	4246	4431	4289	4737
生　铁	千克	62	236	979	1464	2745	2085	2432	2887	2991
洗精煤	千克	90	1156	3204	3506	5922	5881	7373	9125	10630
发电量	千瓦时	965	1080	966	924	1761	2472	3463	3243	4358
水　泥	千克	38	105	287	373	524	869	1128	986	1031
纱	千克	6.0	4.0	3.0	4.0	3.0	1.6	1.2	1.6	1.1
布	米	28	19	19	19	13	1	3	2	2
机制纸及纸板	千克	7	23	25	18	26	2	1	0	
粮　食	千克	284	440	411	307	329	486	495	509	529
棉　花	千克	6	6	4	1	1	1	1	1	0
油　料	千克	3	8	10	11	8	5	4	5	5
水　果	千克	9	15	37	49	54	89	100	119	132
肉类总产量	千克	6	11	20	19	27	27	26	27	24
四、财政总收入	元	**31**	**90**	**217**	**379**	**2022**	**3753**	**4348**	**4616**	**4542**
五、社会消费品零售总额	元	**150**	**394**	**961**	**1692**	**3216**	**7176**	**8325**	**9805**	**10829**
六、邮电业务量	元	**2**	**6**	**33**	**180**	**777**	**1534**	**745**	**760**	**828**
固定电话	部/百人	…	1	2	8	22	16	15	14	12
移动电话	部/百人			…	4	27	67	78	83	90
七、人民生活										
职工平均货币工资	元	697	1898	4225	6790	13962	26601	30244	34761	39762
#国有单位	元	714	2030	4482	7175	13851	26705	30150	32487	35322
农民人均纯收入	元	63	501	1130	2195	3326	5287	6084	6899	7768
农民家庭生活消费支出	元		390	613	1048	1846	3381	3956	4429	5119
城镇居民人均可支配收入	元	377	1020	2780	4158	7852	13831	15950	18126	21936
城镇居民消费性支出	元	350	795	1940	3074	5481	9466	11025	11618	11357

1—11 国民经济主要比例关系

单位:%

指　　标	1990	1995	2000	2005	2010	2011	2012	2013
一、地区生产总值中三次产业比例	**100**	**100**	**100**	**100**	**100**	**100**	**100**	**100**
第一产业	30.34	26.94	11.92	5.80	7.48	6.59	6.64	7.13
第二产业	41.37	43.23	49.94	64.23	58.34	63.04	62.14	59.86
第三产业	28.29	29.83	38.14	29.97	34.18	30.37	31.22	33.01
二、工业总产值中轻重工业比例	**100**	**100**	**100**	**100**	**100**	**100**	**100**	**100**
轻工业	23.30	16.71	9.91	1.71	1.64	1.36	1.62	1.83
重工业	76.70	83.29	90.09	98.29	98.36	98.64	98.38	98.17
三、农林牧渔业总产值内部比例	**100**	**100**	**100**	**100**	**100**	**100**	**100**	**100**
农　业	79.27	73.61	71.93	66.63	65.20	67.25	68.28	69.11
林　业	4.23	4.23	5.23	2.87	6.19	6.05	5.18	5.21
牧　业	16.16	21.82	22.22	27.48	26.54	24.29	24.00	23.06
渔　业	0.34	0.34	0.62	0.60	0.70	0.71	0.73	0.8
农林牧渔服务业				2.42	1.36	1.71	1.81	1.82
四、固定资产投资中三次产业比重	**100**	**100**	**100**	**100**	**100**		**100**	**100**
第一产业	1.29	0.30	3.83	1.64	4.16	3.26	3.64	5.22
第二产业	79.59	69.76	57.86	69.08	48.39	46.75	46.15	45.18
采矿业			4.83	17.09	22.26	21.14	21.70	20.38
制造业			36.14	35.52	12.11	19.27	17.77	16.61
电力燃气及水的生产和供应业			16.89	16.47	14.02	6.34	6.68	8.16
第三产业	19.12	29.94	38.31	29.28	47.45	49.99	50.21	49.60
五、能源使用比例	**100**	**100**	**100**	**100**	**100**	**100**	**100**	**100**
第一产业				0.99	1.06	1.12	2.42	2.40
第二产业				90.82	85.01	83.74	80.79	80.20
第三产业				3.60	6.62	7.93	7.18	7.80
人民生活				4.59	7.31	7.21	9.61	9.61

1—12 人民物质文化生活提高情况

指　　标	单　位	1990	1995	2000	2005	2010	2011	2012	2013
一、城乡居民收入									
农民人均纯收入	元	501	1130	2195	3326	5287	6084	6899	7768
城镇居民人均可支配收入	元	1020	2780	4158	7852	13831	15950	18126	21936
在岗职工平均货币工资	元	1898	4225	6790	13962	26601	30244	34716	39762
二、平均每人住房面积(抽样)									
农民家庭	平方米	15.4	19.2	21.9	27.9	30.4	32	33	
城镇居民	平方米	12.0	13.0	14.8	29.8	31.6	35	35	
三、交通、文化、教育、卫生									
每百户拥有(抽样)									
自行车									
农　民	辆	102	125	118	105	106		71	
城镇居民	辆	217	219	172	132				
摩托车									
农　民	辆	1	6	24	72	84	81	80	
城镇居民	辆	3	19	45	68	63	54	54	
洗衣机									
农　民	台	9	19	50	82	94	93	95	
城镇居民	台	79	90	93	96	99	100	102	
电冰箱									
农　民	台	1	2	8	22	32	48	50	
城镇居民	台	15	32	60	71	92	97	97	
彩色电视机									
农　民	台	4	18	56	96	109	109	111	
城镇居民	台	56	84	102	103	109	106	108	
移动电话									
农　民	部			0.2	44.5	106.8	178	187	
城镇居民	部			7.1	121.2	175.0	212	217	
电视人口覆盖率	%	85.9	86.0	92.9	97.6	97.9	98.9	98.3	98.7
每千人拥有医院床位数	张	3.2	3.0	2.9	2.7	3.8	3.8	3.9	4.0
每千人拥有卫生技术人员	人	4.3	4.0	3.9	3.4	4.6	4.6	4.7	5.0
四、储　蓄									
城乡居民储蓄存款余额	亿元	21.08	73.57	155.34	430.18	857.62	941.7	1066.6	1173
人均储蓄存款	元	617	1984	3944	10476	19849	21735	24422	26723

1—13 主要年份总产出

按当年价格计算　　　　单位:万元

年份	总产出	第一产业	第二产业	#工业	第三产业	#交通运输、仓储邮政业	#批零住宿餐饮业
1949	14369	9801	912	897	3656	749	1231
1952	21921	15178	2167	2040	4576	616	1814
1957	37596	21076	6835	5415	9685	570	3417
1962	39741	14482	13555	11365	11704	1950	4019
1965	58450	21028	20567	16330	16855	2246	5821
1970	83402	23278	42077	27587	18047	1870	6762
1975	125859	34648	70956	59485	20255	2458	7167
1978	173389	32439	108240	87050	32710	5349	10352
1980	204134	48987	117877	98882	37270	7621	10306
1985	424962	101287	220181	181215	103494	25156	25556
1990	870161	170174	480947	422013	219040	48288	63009
1995	2898318	404849	1877853	1739738	615616	157161	191994
2000	5109965	385730	3166572	2821733	1557663	428694	499531
2001	6071721	399008	3875569	3512373	1797144	538143	567627
2002	7207294	435616	4723441	4289604	2048237	638647	634402
2003	9470064	480596	6671723	6104008	2317745	685577	722340
2004	11316607	567116	8062711	7424880	2686780	721163	963710
2005	13659465	546248	9976793	9277411	3136424	846709	1043598
2006	15886532	597848	11596787	10714731	3691897	967822	1238343
2007	18322677	689314	13448286	12370770	4185077	983051	1423182
2008	20635591	717341	14901574	13629431	5016676	1131872	1719402
2009	20245927	1021959	13736674	12330040	5487294	1197527	1931593
2010	23071874	1238033	15521239	13804062	6312602	1366280	2292373
2011	30430456	1385663	21398942	19237300	7645851	1818185	2687160
2012	32205669	1517671	22229883	19941278	8458115	2009818	2935622
2013	33126996	1634563	22487224	20084703	9005209	2182709	3137473

1—14 主要年份总产出构成

单位:%

年份	总产出	第一产业	第二产业	#工业	第三产业	#交通运输、仓储邮政业	#批零住宿餐饮业
1949	100.00	68.21	6.35	6.24	25.44	5.21	8.57
1952	100.00	69.24	9.89	9.31	20.87	2.81	8.28
1957	100.00	56.06	18.18	14.40	25.76	1.52	9.09
1962	100.00	36.44	34.11	28.60	29.45	4.91	10.11
1965	100.00	35.97	35.19	27.94	28.84	3.84	9.96
1970	100.00	27.91	50.45	33.08	21.64	2.24	8.11
1975	100.00	27.53	56.38	47.26	16.09	1.95	5.69
1978	100.00	18.71	62.42	50.21	18.87	3.08	5.97
1980	100.00	24.00	57.74	48.44	18.26	3.73	5.05
1985	100.00	23.84	51.81	42.64	24.35	5.92	6.01
1990	100.00	19.56	55.27	48.50	25.17	5.55	7.24
1995	100.00	13.97	64.79	60.03	21.24	5.42	6.62
2000	100.00	7.55	61.97	55.22	30.48	8.39	9.78
2001	100.00	6.57	63.83	57.85	29.60	8.86	9.35
2002	100.00	6.04	65.54	59.52	28.42	8.86	8.80
2003	100.00	5.08	70.45	64.46	24.47	7.24	7.63
2004	100.00	5.01	71.25	65.61	23.74	6.37	8.52
2005	100.00	4.00	73.04	67.92	22.96	6.20	7.64
2006	100.00	3.76	73.00	67.45	23.24	6.09	7.79
2007	100.00	3.76	73.40	67.52	22.84	5.37	7.77
2008	100.00	3.48	72.21	66.05	24.31	5.49	8.33
2009	100.00	5.05	67.85	60.90	27.10	5.91	9.54
2010	100.00	5.37	67.27	59.83	27.36	5.92	9.94
2011	100.00	4.55	70.32	63.22	25.13	5.97	8.83
2012	100.00	4.71	69.03	61.92	26.26	6.24	9.12
2013	100.00	4.94	67.88	60.63	27.18	6.59	9.47

1—15 主要年份总产出指数

1949年=100　　　　单位:%

年 份	总产出	第一产业	第二产业	#工 业	第三产业	#交通运输、仓储邮政业	#批零住宿餐饮业
1949	100.0	100.0	100.0	100.0	100.0	100.0	100.0
1952	145.0	142.4	237.7	227.1	132.0	82.2	147.4
1957	211.0	164.1	716.4	593.0	256.2	98.7	288.7
1962	176.9	108.8	1071.8	963.9	225.7	343.7	292.4
1965	250.4	147.2	1594.4	1409.4	315.7	391.7	471.0
1970	293.9	137.0	2958.8	2020.4	255.9	318.8	526.0
1975	438.8	207.3	4918.8	4321.5	271.1	418.5	505.6
1978	579.3	191.3	7496.2	6427.5	383.2	909.8	682.2
1980	588.5	207.0	7316.3	6440.5	413.0	1296.9	533.0
1985	977.4	366.1	11507.4	10417.0	745.3	4280.1	933.9
1990	1396.8	374.6	18033.5	17428.2	1129.1	4566.7	915.4
1995	3123.4	481.5	49967.2	50101.2	1782.4	7956.3	1516.6
2000	5179.8	493.9	85252.5	82630.3	3352.0	16345.1	3123.5
2001	5967.1	505.8	101535.7	100395.8	3677.2	18911.3	3414.0
2002	6939.8	560.9	120827.5	118768.2	4074.3	21521.0	3700.7
2003	8168.1	605.8	145113.8	140977.9	4652.8	23393.4	4229.9
2004	9662.9	654.9	174281.7	171993.0	5406.6	29662.8	4703.7
2005	11266.9	644.4	208615.2	207939.5	6179.7	42388.1	5084.7
2006	12911.9	702.4	238864.4	236635.2	7143.8	47601.8	5949.1
2007	14758.3	743.1	273977.4	270000.7	8172.5	50124.7	6823.6
2008	15629.0	772.9	280552.9	273240.7	9578.1	56590.8	8010.9
2009	16332.3	809.2	288969.5	275153.4	10382.7	59363.8	8723.9
2010	19108.8	902.2	343006.8	327707.7	11763.6	66665.5	10224.4
2011	22242.7	923.9	409893.1	393577.0	13128.2	74665.4	11574.0
2012	24600.4	989.5	456211.0	441593.4	14362.2	82355.9	12453.6
2013	26937.4	1039.0	506850.4	496792.5	15252.7	89273.8	13288.0

1—16 主要年份总产出指数

上年＝100　　　　单位:%

年份	总产出	第一产业	第二产业	#工业	第三产业	#交通运输、仓储邮政业	#批零住宿餐饮业
1952	116.0	113.4	136.4	138.0	123.2	141.1	120.5
1957	98.7	91.9	105.8	105.5	111.2	105.4	106.2
1962	77.1	108.5	67.9	76.8	62.2	52.1	77.3
1965	119.4	114.4	114.8	129.3	132.1	107.0	152.6
1970	129.2	87.5	205.9	159.2	117.2	100.1	153.9
1975	110.0	112.4	110.2	117.8	105.4	107.0	96.3
1978	115.7	102.7	123.7	123.7	108.2	115.3	111.3
1980	93.8	94.1	94.3	94.8	91.9	118.6	77.2
1985	110.6	89.7	121.3	112.3	115.3	147.7	128.9
1990	107.3	109.3	108.9	109.1	105.3	91.2	94.4
1995	112.7	112.6	114.3	114.5	111.9	117.6	106.5
2000	110.5	96.9	111.9	113.2	110.8	115.7	110.1
2001	115.2	102.4	119.1	121.5	109.7	115.7	109.3
2002	116.3	110.9	119.0	118.3	110.8	113.8	108.4
2003	117.7	108.0	120.1	118.7	114.2	108.7	114.3
2004	118.3	108.1	120.1	122.0	116.2	126.8	111.2
2005	116.6	98.4	119.7	120.9	114.3	142.9	108.1
2006	114.6	109.0	114.5	113.8	115.6	112.3	117.0
2007	114.3	105.8	114.7	114.1	114.4	105.3	114.7
2008	105.9	104.0	102.4	101.2	117.2	112.9	117.4
2009	104.5	104.7	103.0	100.7	108.4	104.9	108.9
2010	117.0	111.5	118.7	119.1	113.3	112.3	117.2
2011	116.4	102.4	119.5	120.1	111.6	112.0	113.2
2012	110.6	107.1	111.3	112.2	109.4	110.3	107.6
2013	109.5	105.0	111.1	112.5	106.2	108.4	106.7

1—17 主要年份地区生产总值

按当年价格计算

年 份	地区生产总值（万元）	第一产业	第二产业	#工 业	第三产业	#交通运输、仓储邮政业	#批零住宿餐饮业	人均地区生产总值（元）
1949	9917	7427	348	327	2142	188	1091	72
1952	15450	11503	852	815	3095	281	1571	104
1957	22108	13288	3059	2492	5761	298	2764	131
1962	22473	10579	5150	4370	6744	927	2279	110
1965	32376	15695	7907	6425	8774	1094	3715	152
1970	41843	16947	15820	10829	9076	957	3801	172
1975	63083	25285	26393	22393	11405	1203	4030	230
1978	83730	22621	42446	35120	18663	2649	6052	291
1980	105445	29867	54039	46074	21539	3904	5176	357
1985	201541	69597	88090	73573	43854	12264	9300	643
1990	380878	115573	157550	142053	107755	25108	22668	1115
1995	993034	267503	429292	394724	296239	68030	72958	2679
2000	1908074	227546	952852	855775	727676	187213	182700	4835
2001	2191699	238334	1126392	1021394	826973	221758	206703	5509
2002	2588376	257674	1391483	1278685	939219	263394	229764	6444
2003	3380330	287118	1986372	1838766	1106840	301599	269641	8353
2004	4487398	339461	2798794	2636720	1349143	388016	312091	11007
2005	5251933	304605	3373365	3196525	1573963	464640	330979	12790
2006	5951633	339655	3778170	3556651	1833808	527766	386119	14398
2007	6716579	386005	4255573	3986194	2075001	555061	450674	16147
2008	7729621	385620	4904000	4612000	2440001	635000	530000	18469
2009	7668659	555442	4400173	4026171	2713044	662007	616030	18215
2010	8901440	665758	5192778	4746312	3042904	743051	716714	20841
2011	11360573	748323	7161423	6613879	3450827	832847	837638	26220
2012	12210801	810355	7587766	7012333	3812680	917544	916348	28031
2013	12239045	872247	7326725	6757104	4040073	994215	976025	27949

1—18 主要年份地区生产总值构成

单位:%

年份	地区生产总值	第一产业	第二产业	#工业	第三产业	#交通运输、仓储邮政业	#批零住宿餐饮业
1949	100.0	74.9	3.5	3.3	21.6	1.9	11.0
1952	100.0	74.5	5.5	5.3	20.0	1.8	10.2
1957	100.0	60.1	13.8	11.3	26.1	1.3	12.5
1962	100.0	47.1	22.9	19.4	30.0	4.1	10.1
1965	100.0	48.5	24.4	19.8	27.1	3.4	11.5
1970	100.0	40.5	37.8	25.9	21.7	2.3	9.1
1975	100.0	40.1	41.8	35.5	18.1	1.9	6.4
1978	100.0	27.0	50.7	41.9	22.3	3.2	7.2
1980	100.0	28.3	51.3	43.7	20.4	3.7	4.9
1985	100.0	34.5	43.7	36.5	21.8	6.1	4.6
1990	100.0	30.3	41.4	37.3	28.3	6.6	6.0
1995	100.0	27.0	43.2	39.7	29.8	6.9	7.3
2000	100.0	11.9	49.9	44.9	38.2	9.8	9.6
2001	100.0	10.9	51.4	46.6	37.7	10.1	9.4
2002	100.0	10.0	53.7	49.4	36.3	10.2	8.9
2003	100.0	8.5	58.8	54.4	32.7	8.9	8.0
2004	100.0	7.6	62.3	58.8	30.1	8.6	7.0
2005	100.0	5.8	64.2	60.9	30.0	8.8	6.3
2006	100.0	5.7	63.5	59.8	30.8	8.9	6.5
2007	100.0	5.7	63.4	59.3	30.9	8.3	6.7
2008	100.0	5.0	63.4	59.7	31.6	8.2	6.9
2009	100.0	7.2	57.4	52.5	35.4	8.6	8.0
2010	100.0	7.5	58.3	53.3	34.2	8.3	8.1
2011	100.0	6.6	63.0	58.2	30.4	7.3	7.4
2012	100.0	6.7	62.1	57.4	31.2	7.5	7.5
2013	100.0	7.1	59.9	55.2	33.0	8.1	8.0

1—19 主要年份地区生产总值指数

1949 年 = 100

单位:%

年份	地区生产总值	第一产业	第二产业	#工业	第三产业	#交通运输、仓储邮政业	#批零住宿餐饮业	人均地区生产总值
1949	100.0	100.0	100.0	100.0	100.0	100.0	100.0	100.0
1952	145.3	142.2	241.8	243.7	145.6	147.5	141.8	135.9
1957	185.6	143.3	845.4	736.2	264.4	114.1	240.8	152.8
1962	170.0	105.7	1173.4	1000.7	240.2	285.6	167.8	121.9
1965	241.4	147.4	1835.9	1437.5	296.5	310.1	216.4	157.4
1970	282.3	133.8	3172.6	2232.4	291.1	264.4	198.8	161.2
1975	403.3	203.8	4790.6	4591.0	324.0	242.5	167.4	204.3
1978	466.8	184.6	7378.5	7239.7	456.0	508.9	194.4	225.9
1980	528.9	190.1	8913.0	9012.5	521.1	709.7	143.0	249.3
1985	860.3	333.9	12475.9	12855.4	938.5	1768.0	211.2	381.7
1990	1065.0	364.9	14903.5	17831.0	1496.8	1975.4	190.6	434.3
1995	1903.3	462.2	33527.4	42481.9	2610.7	3129.8	385.5	716.0
2000	3204.6	499.3	59449.1	72608.3	4909.7	6428.2	808.0	1132.5
2001	3632.5	523.3	69117.6	85172.3	5509.5	7576.4	895.5	1273.2
2002	4178.8	567.2	81532.9	101403.4	6226.4	8566.3	1021.6	1450.8
2003	4847.9	615.5	97380.4	120499.5	7052.4	9436.1	1162.7	1670.6
2004	5647.2	663.5	115102.5	143770.4	8199.5	11901.8	1312.4	1931.6
2005	6499.9	624.3	137784.2	173530.9	9306.4	13818.0	1389.8	2206.7
2006	7435.9	680.6	157467.2	197455.7	10767.6	15434.7	1730.3	2508.1
2007	8231.6	717.4	175761.0	219487.6	11812.0	15959.5	1898.1	2758.7
2008	8651.4	722.0	177403.3	220011.5	13560.2	17842.7	2184.8	2881.0
2009	9014.7	754.5	181128.8	220671.6	14672.1	18699.2	2372.6	2984.8
2010	10538.2	829.2	219165.9	268998.7	16227.4	20849.6	2749.9	3441.5
2011	12150.6	852.4	261903.2	322798.4	17963.7	23101.3	3096.4	3909.5
2012	13377.8	901.8	291236.4	361211.4	19598.4	25295.9	3331.7	4284.8
2013	14514.9	946.0	321233.7	403111.9	20735.1	27370.2	3542.7	4623.3

1—20 主要年份地区生产总值指数

上年＝100 单位:%

年 份	地区生产总值	第一产业	第二产业	#工业	第三产业	#交通运输、仓储邮政业	#批零住宿餐饮业	人均地区生产总值
1952	115.3	113.4	144.7	144.9	119.0	117.1	118.5	112.4
1957	86.3	77.3	99.9	100.5	108.0	106.1	100.1	84.3
1962	95.6	112.7	78.3	86.5	73.5	48.2	68.3	92.5
1965	113.5	114.5	113.0	124.2	112.3	106.1	123.2	111.0
1970	115.2	85.9	185.5	153.9	112.7	103.1	148.8	111.2
1975	107.3	112.5	103.8	119.9	101.8	103.5	98.1	105.2
1978	109.1	108.2	127.8	133.6	107.0	116.1	110.8	107.7
1980	101.9	95.5	105.5	106.4	103.5	117.2	73.5	100.5
1985	105.8	89.6	117.4	109.4	114.1	139.2	108.5	104.4
1990	107.1	115.2	105.8	110.1	101.7	102.1	93.2	104.7
1995	110.2	112.5	109.0	109.0	110.7	111.8	112.7	108.9
2000	109.3	96.8	110.9	112.8	111.7	114.2	112.0	108.2
2001	113.4	104.8	116.3	117.3	112.2	117.9	110.8	112.4
2002	115.0	108.4	118.0	119.1	113.0	113.1	114.1	114.0
2003	116.0	108.5	119.4	118.8	113.3	110.2	113.8	115.1
2004	116.5	107.8	118.2	119.3	116.3	126.1	112.9	115.6
2005	115.1	94.1	119.7	120.7	113.5	116.1	105.9	114.2
2006	114.4	109.0	114.3	113.8	115.7	111.7	124.5	113.7
2007	110.7	105.4	111.6	111.2	109.7	103.4	109.7	110.0
2008	105.1	100.6	100.9	100.2	114.8	111.8	115.1	104.4
2009	104.2	104.5	102.1	100.3	108.2	104.8	108.6	103.6
2010	116.9	109.9	121.0	121.9	110.6	111.5	115.9	115.3
2011	115.3	102.8	119.5	120.0	110.7	110.8	112.6	113.6
2012	110.1	105.8	111.2	111.9	109.1	109.5	107.6	109.6
2013	108.5	104.9	110.3	111.6	105.8	108.2	106.3	107.9

1—21 支出法地区生产总值

按当年价格计算　　　　单位:万元

指　　标	2013	2012	2013 年为 2012 年%
总　　计	**12239045**	**12210801**	**108.5**
一、最终消费	5403621	5262151	108.6
居民消费	3874827	3704164	110.1
农村居民	1417851	1290893	114.6
城镇居民	2456976	2413271	107.7
政府消费	1528794	1557987	105.0
二、资本形成总额	7099603	7187408	108.4
固定资本形成总额	6404764	6481733	108.4
存货增加	694839	705675	108.1
三、货物和服务净流出	-264179	-238758	

1—22 支出法地区生产总值构成

单位:%

指　　标	2013	2012
总　　计	**100.0**	**100.0**
一、最终消费	44.2	43.1
居民消费	31.7	30.3
农村居民	11.6	10.6
城镇居民	20.1	19.8
政府消费	12.5	12.8
二、资本形成总额	58.0	58.9
固定资本形成总额	52.3	53.1
存货增加	5.7	5.8
三、货物和服务净流出	-2.2	-2.0

1—23 主要年份最终消费与资本形成总额

按当年价格计算　　　　单位:万元

年　　份	最终消费	居民消费	政府消费	资本形成总　　额	固定资本形　　成	存货增加
1949	9320	8603	717	471	432	39
1952	13916	12518	1398	1454	1280	174
1957	18336	16014	2322	3410	2794	616
1962	20221	17528	2693	2523	3056	-533
1965	26315	23297	3018	5519	4543	976
1970	25658	21432	4226	16850	14284	2566
1975	39943	31378	8565	23293	17779	5514
1978	45999	32752	13247	38053	29462	8591
1980	61616	44839	16777	44230	36121	8109
1985	134601	104778	29823	70241	54103	16138
1990	232864	176850	56014	153359	80610	72749
1995	576178	441885	134293	437401	316725	120676
2000	1065224	735128	330096	863034	667286	195748
2001	1195800	810011	385789	1018525	791934	226591
2002	1369941	915573	454368	1232858	986963	245895
2003	1714677	1106162	608515	1678978	1342159	336819
2004	2137877	1326551	811326	2340079	1837276	502803
2005	2341116	1479527	861589	2900250	2235813	664437
2006	2657842	1679939	977903	3303709	2610989	692720
2007	3026856	1956011	1070845	3697387	3139870	557517
2008	3417098	2240098	1177000	4314435	3664370	650065
2009	3587524	2388872	1198652	4108961	3619760	489201
2010	3970164	2717675	1252489	4945476	4406277	539199
2011	4971891	3499315	1472576	6511576	5837672	673904
2012	5262151	3704164	1557987	7187408	6481733	705675
2013	5403621	3874827	1528794	7099603	6404764	694839

1—24 主要年份最终消费与资本形成总额构成

单位:%

年份	最终消费	居民消费	政府消费	资本形成总额	固定资本形成	存货增加
1949	95.39	88.05	7.34	4.82	4.42	0.40
1952	90.81	81.69	9.12	9.49	8.35	1.14
1957	84.49	73.79	10.70	15.71	12.87	2.84
1962	89.11	77.24	11.87	11.12	13.47	-2.35
1965	82.89	73.38	9.51	17.38	14.31	3.07
1970	60.55	50.58	9.97	39.77	33.71	6.06
1975	63.29	49.72	13.57	36.91	28.17	8.74
1978	54.89	39.08	15.81	45.41	35.16	10.25
1980	58.39	42.49	15.90	41.92	34.23	7.69
1985	66.62	51.86	14.76	34.77	26.78	7.99
1990	61.07	46.38	14.69	40.22	21.14	19.08
1995	58.02	44.50	13.52	44.05	31.90	12.15
2000	55.83	38.53	17.30	45.23	34.97	10.26
2001	54.56	36.96	17.60	46.47	36.13	10.34
2002	52.93	35.37	17.56	47.63	38.13	9.50
2003	50.73	32.73	18.00	49.67	39.71	9.96
2004	47.64	29.56	18.08	52.15	40.94	11.21
2005	44.58	28.17	16.41	55.23	42.58	12.65
2006	44.66	28.23	16.43	55.51	43.87	11.64
2007	45.10	29.14	15.96	55.08	46.78	8.30
2008	44.27	29.02	15.25	55.90	47.48	8.42
2009	46.73	31.12	15.61	53.53	47.16	6.37
2010	44.60	30.53	14.07	55.56	49.50	6.06
2011	43.76	30.80	12.96	57.32	51.39	5.93
2012	43.10	30.34	12.76	58.86	53.08	5.78
2013	44.15	31.66	12.49	58.01	52.33	5.68

1—25 主要年份最终消费与资本形成总额指数

上年=100　　单位:%

年份	最终消费	居民消费	政府消费	资本形成总额	固定资本形成	存货增加
1949	100.0	100.0	100.0	100.0	100.0	100.0
1952	113.6	113.4	118.6	193.5	191.3	203.1
1957	100.8	101.2	96.9	97.7	86.5	265.8
1962	93.8	98.6	70.7	28.9	59.1	-10.7
1965	117.1	118.2	106.3	106.8	81.1	118.6
1970	95.2	92.7	116.1	196.6	392.1	68.2
1975	107.6	104.6	114.3	104.8	101.4	166.8
1978	102.5	103.0	99.9	116.2	115.3	117.9
1980	100.8	100.7	101.0	87.2	94.5	65.5
1985	102.7	102.6	102.9	108.0	109.9	105.7
1990	101.5	101.6	101.1	103.6	99.1	109.0
1995	107.2	108.6	104.0	111.2	108.8	118.2
2000	111.9	112.1	111.5	108.0	110.0	101.5
2001	111.3	109.6	115.1	117.2	117.9	115.0
2002	110.5	108.1	115.5	119.8	123.3	107.3
2003	112.0	108.9	117.9	119.0	119.4	117.2
2004	113.0	110.6	117.4	118.2	118.8	115.8
2005	108.6	110.5	105.7	121.6	119.3	130.8
2006	111.3	111.2	111.5	116.5	116.2	117.4
2007	114.8	117.9	109.4	107.9	120.0	67.9
2008	104.4	105.1	103.0	105.9	105.2	109.7
2009	104.5	106.1	101.5	104.0	107.5	84.0
2010	110.3	113.4	104.3	122.1	123.7	110.4
2011	114.9	119.0	106.1	117.5	118.3	110.6
2012	105.3	105.1	105.8	115.6	116.2	110.6
2013	108.6	110.1	105.0	108.4	108.4	108.1

1—26 主要年份最终消费总额及构成

单位:万元、%

年 份	最终消费	居民消费			政府消费	构 成			
						以最终消费为100		以居民消费为100	
		合 计	农村居民	城镇居民		居民消费	政府消费	农村居民	城镇居民
1949	9320	8603	7679	924	717	92.31	7.69	89.26	10.74
1952	13916	12518	10828	1690	1398	89.95	10.05	86.50	13.50
1957	18336	16014	12966	3048	2322	87.34	12.66	80.97	19.03
1962	20221	17528	13122	4406	2693	86.68	13.32	74.86	25.14
1965	26315	23297	18523	4774	3018	88.53	11.47	79.51	20.49
1970	25658	21432	15349	6083	4226	83.53	16.47	71.62	28.38
1975	39943	31378	21188	10190	8565	78.56	21.44	67.53	32.47
1978	45999	32752	21895	10857	13247	71.20	28.80	66.85	33.15
1980	61616	44839	31721	13118	16777	72.77	27.23	70.74	29.26
1985	134601	104778	74015	30763	29823	77.84	22.16	70.64	29.36
1990	232864	176850	119885	56965	56014	75.95	24.05	67.79	32.21
1995	576178	441885	285198	156687	134293	76.69	23.31	64.54	35.46
2000	1065224	735128	431665	303463	330096	69.01	30.99	58.72	41.28
2001	1195800	810011	450085	359926	385789	67.74	32.26	55.57	44.43
2002	1369941	915573	499048	416525	454368	66.83	33.17	54.51	45.49
2003	1714677	1106162	545769	560393	608515	64.51	35.49	49.34	50.66
2004	2137877	1326551	578988	747563	811326	62.05	37.95	43.65	56.35
2005	2341116	1479527	622580	856947	861589	63.20	36.80	42.08	57.92
2006	2657842	1679939	682425	997514	977903	63.21	36.79	40.62	59.38
2007	3026856	1956011	793733	1162278	1070845	64.62	35.38	40.58	59.42
2008	3417098	2240098	861613	1378485	1177000	65.56	34.44	38.46	61.54
2009	3587524	2388872	894423	1494449	1198652	66.59	33.41	37.44	62.56
2010	3970164	2717675	972436	1745239	1252489	68.45	31.55	35.78	64.22
2011	4971891	3499315	1264577	2234738	1472576	70.38	29.62	36.14	63.86
2012	5262151	3704164	1290893	2413271	1557987	70.39	29.61	34.85	65.15
2013	5403621	3874827	1417851	2456976	1528794	71.71	28.29	36.59	63.41

1—27 主要年份居民人均消费水平及指数

按当年价格计算　　　　单位：万元、%

年份	居民总消费	农村居民	城镇居民	以上年为100			以1949年为100		
				居民总消费	农村居民	城镇居民	居民总消费	农村居民	城镇居民
1949	63	59	129				100.0	100.0	100.0
1952	85	78	189	112.9	115.5	101.6	140.0	143.6	123.6
1957	95	84	202	99.2	96.5	111.1	165.2	185.5	170.0
1962	90	73	278	98.6	94.9	111.3	95.9	94.4	141.2
1965	110	95	262	107.0	118.6	97.7	142.4	171.9	167.4
1970	88	70	270	98.3	81.2	130.8	141.3	131.6	200.1
1975	114	86	340	103.5	104.7	99.1	158.6	152.0	221.1
1978	114	86	325	101.6	101.1	99.3	171.9	155.4	230.8
1980	152	123	352	99.4	103.2	88.3	170.3	163.6	188.3
1985	334	277	663	101.1	101.9	96.9	190.5	175.3	206.8
1990	503	411	968	99.2	100.0	97.2	211.6	197.4	212.7
1995	1192	942	2310	107.3	106.3	107.9	343.7	291.3	333.5
2000	1863	1439	3205	110.9	107.0	109.3	510.1	410.4	472.8
2001	2036	1545	3376	108.7	105.9	106.4	554.4	434.7	503.0
2002	2280	1740	3627	107.1	105.3	105.7	593.7	457.9	531.6
2003	2734	1949	4495	108.1	105.5	106.8	641.7	482.9	568.0
2004	3254	2078	5793	109.7	106.6	111.4	704.2	514.6	632.8
2005	3603	2277	6249	109.7	109.1	106.4	772.5	561.5	673.3
2006	4064	2548	6853	110.5	109.6	107.4	853.6	615.4	723.1
2007	4702	2984	7749	110.6	109.2	109.8	943.7	671.8	794.2
2008	5353	3276	8865	104.5	103.2	103.4	986.0	693.1	821.3
2009	5674	3418	9381	105.4	104.1	105.1	1039.3	721.5	863.2
2010	6363	3765	10337	111.7	109.6	110.0	1160.9	790.8	949.6
2011	8076	4997	12402	117.3	123.3	110.5	1361.7	975.1	1049.3
2012	8503	5220	12813	104.6	104.1	102.5	1424.3	1015.1	1075.5
2013	8848	5873	12503	109.6	117.4	103.2	1561.1	1191.7	1109.9

1—28 地区生产总值构成项目(2013年)

单位:万元

指 标	总 计	劳动者报 酬	生产税净 额	固定资产折 旧	营业盈余
地区生产总值	**12239045**	**4494306**	**2299427**	**2177473**	**3267839**
第一产业	**872247**	**690782**	**-14378**	**20229**	**175614**
农、林、牧、渔、农林牧渔服务业	872247	690782	-14378	20229	175614
第二产业	**7326725**	**2198098**	**1933622**	**1472322**	**1722683**
工 业	6757104	1892895	1839122	1400721	1624366
建筑业	569621	305203	94500	71601	98317
第三产业	**4040073**	**1605426**	**380183**	**684922**	**1369542**
交通运输、仓储和邮政业	994215	264761	62902	152831	513721
信息传输、计算机服务和软件业	197720	51407	11863	71179	63271
批发和零售业	742204	162543	204106	88322	287233
住宿和餐饮业	233821	67574	20576	18472	127199
金融保险业	381750	145057	46972	19580	170141
房地产业	263026	26314	15569	206327	14816
租赁和商务服务业	52783	28661	3273	8234	12615
科学研究、技术服务和地质勘查业	21740	14174	1130	2326	4110
水利、环境和公共设施管理业	25521	19421	587	4466	1047
居民服务和其他服务业	184739	58378	6466	7390	112505
教 育	334606	282742	1673	32457	17734
卫生、社会保障和社会福利业	155015	104015	1240	13486	36274
文化、体育和娱乐业	44599	29212	1784	4727	8876
公共管理和社会组织	408334	351167	2042	55125	

1—29 按行业划分的法人单位及产业活动单位数(2013年)

单位:个

指　　标	法人单位				产业活动单位	
	单位数	单产业法人	多产业法人	#规模、资质或限额以上单位	单位数	#多产业法人所属的产业活动单位
总　计	**28258**	**24124**	**4134**	**1077**	**40249**	**16124**
农、林、牧、渔业	7259	7245	14		7336	91
采矿业	920	909	11	178	945	36
制造业	1987	1948	39	181	2096	148
电力、热力、燃气及水生产和供应业	118	110	8	11	247	137
建筑业	467	431	36	159	758	327
批发和零售业	4418	4179	239	256	5868	1689
交通运输、仓储和邮政业	599	569	30	36	946	377
住宿和餐饮业	319	311	8	75	373	62
信息传输、软件和信息技术服务业	96	88	8	3	439	351
金融业	222	180	42		1191	1010
房地产业	610	584	26	154	703	119
租赁和商务服务业	1326	1274	52	13	1567	293
科学研究和技术服务业	726	696	30	4	1060	364
水利、环境和公共设施管理业	254	244	10	3	399	155
居民服务、修理和其他服务业	264	260	4	1	325	65
教　育	1220	1085	135		2470	1385
卫生和社会工作	710	677	33	2	4127	3457
文化、体育和娱乐业	573	561	12	1	634	73
公共管理、社会保障和社会组织	6170	2773	3397		8765	5985

1—30 按登记注册类型划分的法人单位及产业活动单位数(2013年)

单位:个

指 标	法人单位数	单产业法人	多产业法人	产业活动单位数
总 计	**28258**	**24124**	**4134**	**40249**
内资企业	28226	24095	4131	40018
国有企业	4785	3803	982	9963
集体企业	518	437	81	2068
股份合作企业	53	45	8	104
联营企业	27	24	3	67
国有联营企业	8	7	1	21
集体联营企业	8	8		21
国有与集体联营企业	3	1	2	4
其他联营企业	8	8		21
有限责任公司	2332	2224	108	2914
国有独资公司	57	50	7	78
其他有限责任公司	2275	2174	101	2836
股份有限公司	181	150	31	869
私营企业	9178	8939	239	10082
私营独资企业	2972	2945	27	3294
私营合伙企业	203	201	2	221
私营有限责任公司	5878	5672	206	6407
私营股份有限公司	125	121	4	160
其他企业	11152	8473	2679	13951
港、澳、台商投资企业	15	14	1	101
合资经营企业(港或澳、台资)	14	13	1	15
合作经营企业(港或澳、台资)				1
港、澳、台商独资经营企业	1	1		84
港、澳、台商投资股份有限公司				1
外商投资企业	17	15	2	130
中外合资经营企业	7	6	1	9
中外合作经营企业				
外资企业	2	2		102
外商投资股份有限公司	2	1	1	13

主要统计指标解释

地区生产总值 是按市场价格计算的一个地区所有常住单位在一定时期内生产活动的最终成果。地区生产总值有三种表现形态,即价值形态、收入形态和产品形态。从价值形态看,它是所有常住单位在一定时期内所生产的全部货物和服务价值超过同期投入的全部非固定资产货物和服务价值的差额,即所有常住单位的增加值之和;从收入形态看,它是所有常住单位在一定时期内所创造并分配给常住单位和非常住单位的初次分配收入之和;从产品形态看,它是最终使用的货物和服务减去进口货物和服务。在核算中,地区生产总值的三种表现形态表现为三种计算方法,即生产法、收入法和支出法。三种方法分别从不同的方面反映地区生产总值及其构成。

三次产业 三次产业的划分是世界上较为通用的产业结构分类,但各国的划分不尽一致。我国的三次产业划分是:

第一产业:农业(包括种植业、林业、牧业、渔业和农林牧渔服务业)。

第二产业:工业(包括采矿业,制造业,电力、煤气及水的生产和供应业)和建筑业。

第三产业:除第一、二产业以外的其他各业。

总产出 指一定时期内一个地区常住单位生产的所有货物和服务的价值,既包括新增价值,也包括被消耗的货物和服务价值以及固定资产的转移价值。总产出按生产者价格计算,它反映常住单位生产活动的总规模。

中间投入 指常住单位在生产或提供货物与服务过程中,消耗和使用的所有非固定资产货物和服务的价值。中间投入也称为中间消耗,一般按购买者价格计算。

增加值 指常住单位生产过程创造的新增价值和固定资产的转移价值。它可以按生产法计算,也可以按收入法计算,按生产法计算,它等于总产出减去中间投入;按收入法计算,它等于劳动者报酬、生产税净额、固定资产折旧和营业盈余之和。

劳动者报酬 指劳动者因从事生产活动所获得的全部报酬。包括劳动者获得的各种形式的工资、奖金和津贴,既有货币形式的,也有实物形式的,还包括劳动者所享受的公费医疗和医药卫生费、上下班交通补贴、单位支付的社会保险费、住房公积金等。对于个体经济来说,其所有者所获得的劳动报酬和经营利润不易区分,这两部分统一作为劳动者报酬处理。

生产税净额 指生产税减生产补贴后的差额。生产税指政府对生产单位从事生产、销售和经营活动以及因从事生产活动使用某些生产要素(如固定资产、土地、劳动力)所征收的各种税、附加费和规费。生产补贴与生产税相反,指政府对生产单位的单方面转移支付,因此视为负生产税,包括政策性亏损补贴、价格补贴等。

固定资产折旧 指一定时期内为弥补固定资产损耗按照规定的固定资产折旧率提取的固定资产折旧,或按国民经济核算统一规定的折旧率虚拟计算的固定资产折旧。它反映了固定资产在当期生产中的转移价值。各类企业和企业化管理的事业单位的固定资产折旧是指实际计提的折旧费;不计提折旧的政府机关、非企业化管理的事业单位和居民住房的固定资产折旧是按照统一规定的折旧率和固定资产原值计算的虚拟折旧。原则上,固定资产折旧应按固定资产的重置价值计算,但是目前我国尚不具备对全社会固定资产进行重估价的基础,所以暂时还不能采用这种办法。

营业盈余 指常住单位创造的增加值扣除劳动者报酬、生产税净额和固定资产折旧后的余额。它相当于企业的营业利润加上生产补贴,但要扣除从利润中开支的工资和福利等。

支出法地区生产总值 指一个地区所有常住单位在一定时期内用于最终消费、资本形成总额,以及货物和服务净出口的总额,它反映本期生产的地区生产总值的使用情况。

最终消费 指常住单位在一定时期内对于货物和服务的全部最终消费支出,也就是说常住单位为满足物质、文化和精神生活的需要,从本地区经济领土和地区外购买的货物和服务的支出,不包括非常住单位在本地区经济领土内的消费支出。最终消费分为居民消费和政府消费。

居民消费 指常住住户对货物和服务的全部最终消费支出。它除了常住住户直接以货币形式购买货物和服务的消费之外,还包括以其他方式获得的货物和服务的消费,即单位以实物报酬及实物转移的形式提供给劳动者的货物和服务;住户生产并由住户自己消费的货物和服务,其中的服务仅指住户的自有住房服务和付酬的家庭服务;金融机构提供的金融媒介服务;保险公司提供的保险服务。

政府消费 指政府部门为全社会提供公共服务的消费支出和免费或以较低价格向住户提供的货物消费和服务的净支出。前者等于政府服务的产出价值减去政府单位所获得的经营收入后的价值,政府服务的产出价值等于它的经常性业务支出加上固定资产折旧;后者等于政府部门免费或以较低价格向住户提供的货物和服务的市场价值减去向住户收取的价值。

资本形成总额 指常住单位在一定时期内获得的减去处置的固定资产加存货的净变动额,包括固定资本形成总额和存货增加。

固定资本形成总额 指生产者在一定的时期内获得的固定资产减处置的固定资产的价值总额。固定资产是通过生产活动生产出来的,其使用年限在一年以上,单位价值在规定标准以上的资产,不包括自然资产。固定资本形成总额分有形固定资本形成总额和无形固定资本形成总额。有形固定资本形成总额包括一定时期内完成的建筑工程、安装工程、设备工器具购置(减处置)价值以及土地改良、新增役、种、奶、毛、娱乐用牲畜和新增经济林木价值。无形固定资本形成总额包括矿藏的勘探、计算机软件等获得减处置。

存货增加 指常住单位存货实物量变动的市场价值,即期末价值减期初价值的差额,再扣除当期由于价格变动而产生的持有收益。存货增加可以是正值,也可以是负值;正值表示存货增加,负值表示存货减少。它包括生产单位购进的原材料、燃料和储备物资等存货,以及生产单位生产的产成品、在制品存货等。

货物和服务净出口 指货物和服务出口减货物和服务进口的差额。出口包括常住单位向非常住单位出售或无偿转让的各种货物和服务的价值;进口包括常住单位从非常住单位购买或无偿得到的各种货物和服务的价值。由于服务活动的提供与使用同时发生,因此服务的进出口业务并不发生出入境现象,一般把常住单位从国外得到的服务作为进口,常住单位向国外提供的服务作为出口。

临汾统计年鉴

二、人口、从业人员和劳动报酬

资料整理人员

师先明　梁　燕　崔　婷

人　口

总户数	117.09	万户
总人口数	439.08	万人
男　性	225.96	万人
女　性	213.12	万人
出生人口	4.83	万人
死亡人口	2.47	万人

人口构成（%）

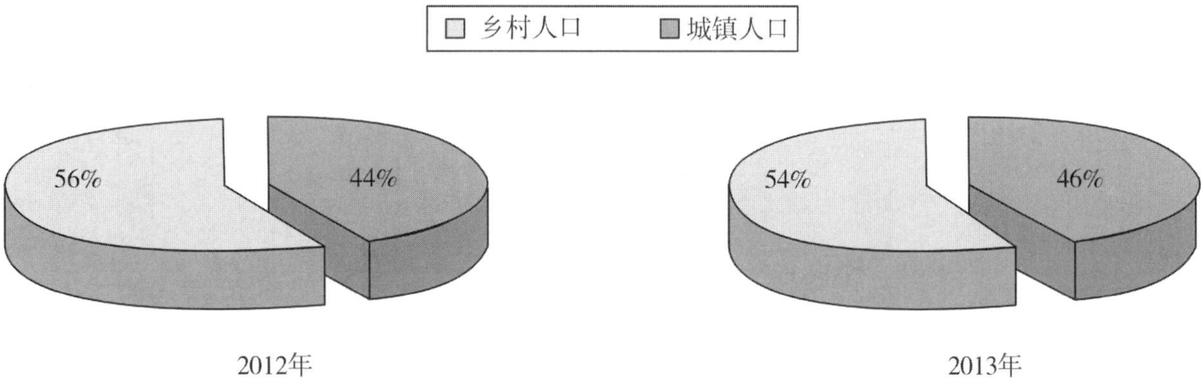

人口出生率、死亡率、自然增长率（‰）

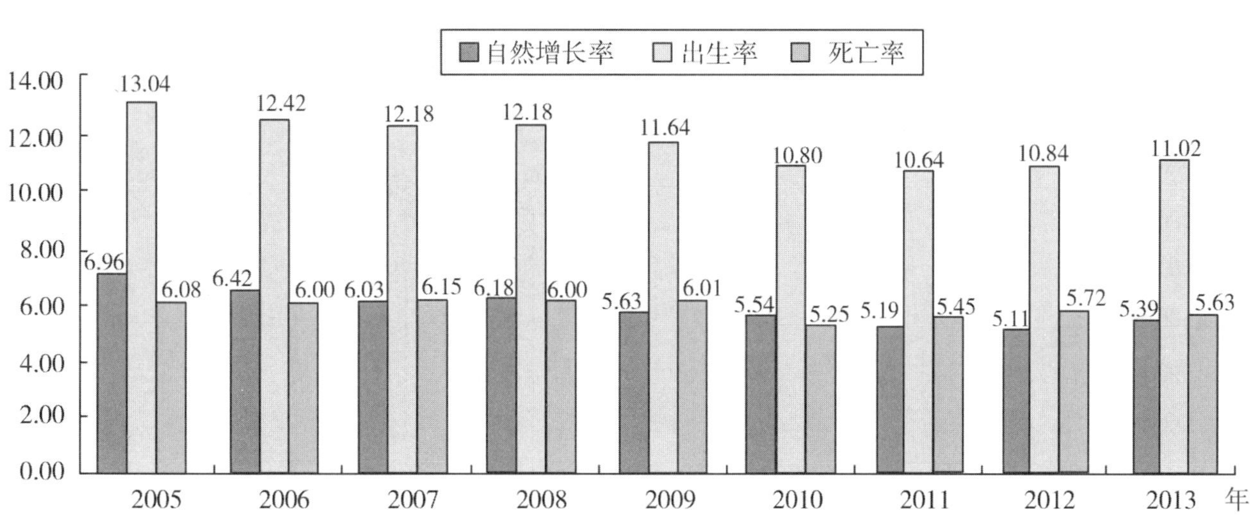

社会从业人员和劳动报酬

社会从业人员	216.41	万人
第一产业	86.86	万人
第二产业	51.50	万人
第三产业	78.05	万人
非私营单位在岗职工人数	34.45	万人
非私营单位在岗职工工资总额	136.35	亿元

社会从业人员和职工人数（万人）

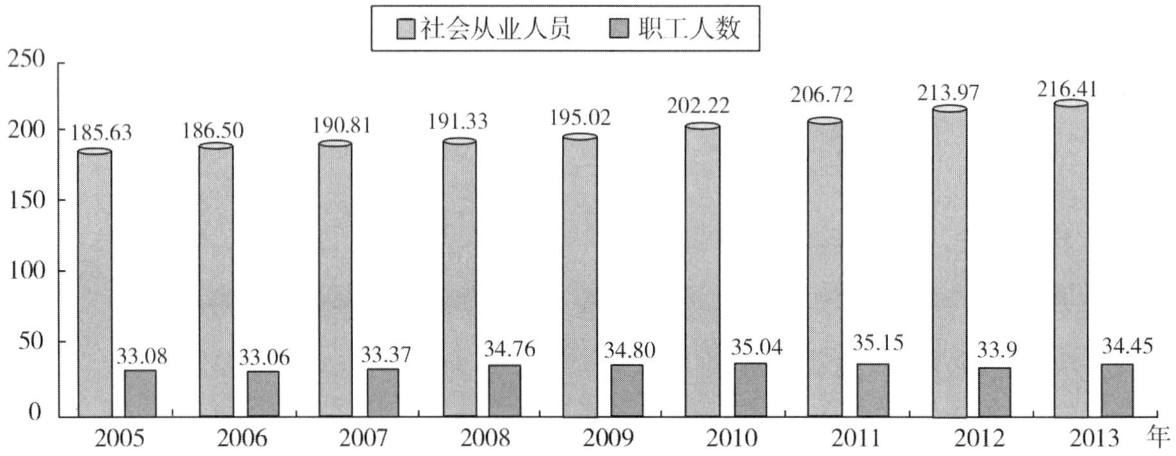

职工平均工资（元）

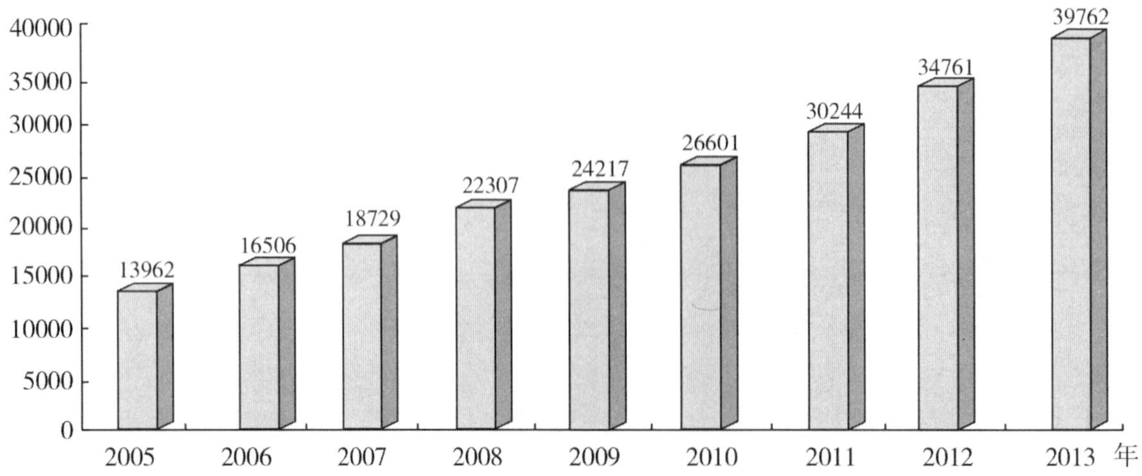

2—1 主要年份总户数、总人口

单位:人

年份	总户数(户)	总人口	按性别分		按城镇乡村分	
			男性	女性	城镇人口	乡村人口
1952	366584	1493178	770426	722752	155367	1337541
1957	399841	1706885	891889	814996	231124	1475761
1962	458431	1989326	1021614	967712	266159	1723167
1965	473172	2151789	1100690	1051099	134832	2016957
1970	534943	2458590	1262196	1196394	229210	2229380
1975	589663	2771561	1426370	1345191	341219	2430342
1978	626326	2894823	1483295	1411528	382455	2512368
1980	651279	2975484	1522853	1452631	471009	2504475
1985	705140	3155759	1625139	1530620	1836560	1319199
1995	918776	3729449	1908923	1820526	2354533	1374916
2000	1048142	3955730	2015355	1940375	1062905	2892825
2001	995074	4001348	2051587	1949761	1069311	2932037
2002	1022622	4031537	2067359	1964178	1227555	2803982
2003	1049297	4061684	2072819	1988865	1265975	2795709
2004	1078579	4091975	2100296	1991679	1314957	2777018
2005	1105548	4120505	2103185	2017320	1427872	2692633
2006	1136176	4147043	2112876	2034167	1483100	2663943
2007	1179856	4172164	2128852	2043312	1516999	2655165
2008	1213300	4198017	2150156	2047861	1571700	2626317
2009	1238806	4221719	2176574	2045145	1614812	2606907
2010	1149647	4320653	2202879	2117774	1761950	2558703
2011	1154664	4344986	2218016	2126970	1841843	2503143
2012	1160603	4367259	2252407	2114852	1924856	2442403
2013	1170889	4390837	2259605	2131232	2005292	2385545

注:总户数指家庭户总户数,不包括集体户。

2—2 主要年份人口自然变动

单位:人

年份	出生		死亡		自然增长	
	人数	出生率(‰)	人数	死亡率(‰)	人数	增长率(‰)
1952	37554	25.46	15656	10.62	21898	14.84
1957	46821	27.74	18019	10.68	28802	17.06
1962	69480	35.61	18812	9.64	50668	25.97
1965	64963	30.55	19467	9.16	45496	21.39
1970	71833	29.64	17568	7.25	54265	22.39
1975	56157	21.51	19150	6.96	40007	14.55
1978	46679	16.24	15853	5.52	30826	10.72
1980	45129	15.29	16973	5.75	28156	9.54
1985	40794	13.01	16610	5.30	24184	7.71
1995	47994	12.95	16714	4.51	31280	8.44
2000	54557	13.83	21118	5.35	33439	8.48
2001	53738	13.51	23060	5.80	30678	7.71
2002	53442	13.31	24117	6.01	29325	7.30
2003	53471	13.21	23320	5.76	30151	7.45
2004	54387	13.34	24096	5.91	30291	7.43
2005	53565	13.04	25004	6.08	28561	6.96
2006	51325	12.42	24787	6.00	26538	6.42
2007	50722	12.18	25591	6.15	25131	6.03
2008	50980	12.18	25130	6.00	25850	6.18
2009	49003	11.64	25302	6.01	23701	5.63
2010	46522	10.80	22634	5.25	23888	5.54
2011	46081	10.64	23630	5.45	22451	5.19
2012	47210	10.84	24931	5.72	22279	5.11
2013	48258	11.02	24671	5.63	23587	5.39

2—3 城乡劳动力资源配置情况

单位：人、%

指　　标	2013	2012
年末劳动力资源总数	**3013184**	**2988750**
年末劳动力配置		
一、从业人员	2164109	2139726
按经济类型分组		
国有经济	217750	223345
集体经济	1403491	1404092
私营经济	192998	176828
个体经济	215035	201429
联营经济	513	
股份制经济	22174	24132
外商投资经济	3476	2510
港澳台投资经济	2343	1824
其他经济	106329	105566
按国民经济行业分组		
农、林、牧、渔业	868602	874324
采矿业	153433	131175
制造业	178837	190717
电力、燃气及水的生产和供应业	21792	21375
建筑业	160984	170668
批发和零售业	216139	199978
交通运输、仓储和邮政业	133039	136309
住宿和餐饮业	75175	71643
信息传输、软件和信息技术服务业	28640	23699
金融业	18815	18596
房地产业	5558	6099
租赁和商务服务业	13164	7980
科学研究、技术服务和地质勘查业	6908	4918
水利、环境和公共设施管理业	11665	9298
居民服务和其他服务业	17945	22490
教　育	64654	62875
卫生和社会工作	26150	23775
文化、体育和娱乐业	14500	13500
公共管理、社会保障和社会组织	148109	150307
按三次产业分组		
第一产业	868602	874324
第二产业	515046	513935
第三产业	780461	751467
二、城镇登记失业人员	16648	14511
三、城镇登记失业率	2.8	3.1
四、16 岁以上在校学生	168412	168284
五、其他劳动者	673355	666240
#家务劳动者	126155	127189

2—4 主要年份从业人员年末人数

单位:人

年份	从业人员合计	职工人数				其他从业人员	城镇私营企业及个体从业人员	农村经济从业人员
		合计	国有单位	集体单位	其他单位			
1952	627207	23811	22773	1038			11053	592343
1957	734839	60033	50893	9140			1560	673246
1962	763426	78424	66730	11694			252	684750
1965	834694	94433	76646	17787			292	739969
1970	941784	136321	116881	19440			80	805383
1975	1065445	199230	163000	36230			71	866144
1978	1113986	242851	209907	32944			26	871109
1980	1132912	260719	224453	36266			1238	870955
1985	1341726	312025	250808	61217			18663	1011038
1995	1783620	422224	361692	56022	4510	12499	51674	1297223
2000	1766820	352701	299960	26622	26119	7641	45342	1361136
2001	1780196	352804	282293	23881	46630	8179	45453	1373760
2002	1793762	322165	241585	21676	58904	29866	57731	1384000
2003	1808513	323587	237495	23082	63010	29893	57872	1397161
2004	1837020	326134	236228	23237	66669	30532	70014	1410340
2005	1856339	330754	236808	20435	73511	28601	70095	1426889
2006	1864958	330606	235987	19341	75278	7465	78102	1428785
2007	1908141	333664	233567	18700	81397	6589	89778	1458110
2008	1913312	347624	253732	17307	76585	7715	96667	1461306
2009	1950245	348018	244773	15208	88037	8080	107151	1486996
2010	2022207	350431	247333	15627	87471	7883	148876	1515017
2011	2067219	351507	249039	15209	87259	13898	137993	1563821
2012	2139726	338998	214587	15553	108858	35636	190927	1574165
2013	2164109	344490	210919	14754	118817	24731	211896	1582992

2—5 主要年份工农业劳动者人数

单位:人

年份	工农业劳动者合计	工业劳动者	农业劳动者	劳动者构成(%)	
				工业劳动者	农业劳动者
1990	1170167	268772	901395	23.0	77.0
1995	1214442	371778	842664	30.6	69.4
2000	1179730	314115	865615	26.6	73.4
2001	1178860	320602	858258	27.2	72.8
2002	1185559	325638	859921	27.5	72.5
2003	1195012	339190	855822	28.4	71.6
2004	1195642	344735	850907	28.8	71.2
2005	1200210	349402	850808	29.1	70.9
2006	1198596	347644	850952	29.0	71.0
2007	1207723	357516	850207	29.6	70.4
2008	1185190	330517	854673	27.9	72.1
2009	1183145	316181	866964	26.7	73.3
2010	1200050	329272	870778	27.4	72.6
2011	1206417	329040	877377	27.3	72.7
2012	1217591	343267	874324	28.2	71.8
2013	1222664	354062	868602	29.0	71.0

2—6 城镇非私营单位从业人员(2013 年)

单位:人

指　　标	从业人员	#女　性	在岗职工	劳务派遣人员	其他从业人员
总　　计	**369221**	**138551**	**344490**	**9970**	**14761**
按企业、事业、机关分组					
企　业	188186	52630	167717	9504	10965
事　业	116420	64722	113628	193	2599
机　关	64218	20925	62753	273	1192
按国民经济行业分组					
农、林、牧、渔业	3682	1133	3675		7
采矿业	65836	9802	64237	273	1326
制造业	46287	15873	44560	1053	674
电力、燃气及水的生产和供应业	10142	3410	9888	10	244
建筑业	19505	2133	10347	3205	5953
批发和零售业	12831	5090	11577	878	376
交通运输、仓储和邮政业	10358	4316	10206	127	25
住宿和餐饮业	1455	851	1411	2	42
信息传输、软件和信息技术服务业	4865	2809	2149	1671	1045
金融业	14869	7635	12051	1698	1120
房地产业	1240	466	1177	5	58
租赁和商务服务业	4336	1099	3504	752	80
科学研究、技术服务业	3524	1167	3355	10	159
水利、环境和公共设施管理业	9483	4964	9208		275
居民服务、修理和其他服务业	846	362	844		2
教　育	57752	37475	56555	48	1149
卫生和社会工作	19662	12096	18928		734
文化、体育和娱乐业	4225	2115	4096		129
公共管理、社会保障和社会组织	78323	25755	76722	238	1363

2—7 城镇非私营单位从业人员劳动报酬(2013 年)

单位:万元

指　　标	从业人员劳动报酬	在岗职工工资总额	劳务派遣人员劳动报酬	其他从业人员劳动报酬	在岗职工平均工资(元)
总　　计	**1418921**	**1363507**	**30845**	**24569**	**39762**
按企业、事业、机关分组					
企　业	823906	775775	30042	18089	46396
事　业	378659	373428	368	4863	33087
机　关	215251	213209	435	1608	34135
按国民经济行业分组					
农、林、牧、渔业	9745	9728		17	26941
采矿业	366296	362490	1471	2336	58045
制造业	158752	154309	3070	1373	34077
电力、燃气及水的生产和供应业	63763	62802	14	948	64858
建筑业	47762	29912	9251	8598	26506
批发和零售业	38832	35284	2853	695	30349
交通运输、仓储和邮政业	25568	25273	263	33	24775
住宿和餐饮业	2643	2584	11	49	18427
信息传输、软件和信息技术服务业	19620	13604	4552	1464	64170
金融业	96282	86082	7773	2428	72210
房地产业	3188	3091	16	81	26737
租赁和商务服务业	10843	9558	1120	165	27671
科学研究、技术服务业	12648	12101	13	533	36242
水利、环境和公共设施管理业	17796	17414		381	19390
居民服务、修理和其他服务业	1659	1656		3	19617
教　育	216491	213930	53	2508	38004
卫生和社会工作	61531	60568		963	32166
文化、体育和娱乐业	10835	10591		245	26028
公共管理、社会保障和社会组织	254667	252531	386	1749	33066

2—8 国有单位从业人员(2013 年)

单位:人

指　　标	从业人员	#女　性	在岗职工	劳务派遣人员	其他从业人员
总　　计	**217750**	**98225**	**210919**	**1899**	**4932**
按隶属关系分组					
中　央	16294	6295	14543	965	786
省	26351	9059	25288	323	740
市	24720	10346	24000	559	161
县及县以下	150385	72525	147088	52	3245
按企业、事业、机关分组					
企　业	40265	14329	37651	1433	1181
#地　方	26537	8921	25362	734	441
事　业	113267	62971	110515	193	2559
#地　方	112760	62768	110024	178	2558
机　关	64218	20925	62753	273	1192
#地　方	62159	20241	60990	22	1147
按国民经济行业分组					
农、林、牧、渔业	3682	1133	3675		7
采矿业	7801	1171	7541		260
制造业	4677	2089	4677		
电力、燃气及水的生产和供应业	7274	2651	7042		232
建筑业	3231	257	2638	583	10
批发和零售业	5334	2183	4961	194	179
交通运输、仓储和邮政业	6800	2839	6658	127	15
住宿和餐饮业	1019	567	1017		2
信息传输、软件和信息技术服务业	578	211	487	91	
金融业	5556	2899	4450	614	492
房地产业	564	245	556	4	4
租赁和商务服务业	1874	687	1807		67
科学研究、技术服务业	3095	993	2963		132
水利、环境和公共设施管理业	9241	4824	9057		184
居民服务、修理和其他服务业	563	259	561		2
教　育	56261	36503	55064	48	1149
卫生和社会工作	18138	11156	17431		707
文化、体育和娱乐业	3739	1803	3612		127
公共管理、社会保障和社会组织	78323	25755	76722	238	1363

2—9 国有单位从业人员劳动报酬(2013 年)

单位:万元

指　　标	从业人员劳动报酬	在岗职工工资总额	劳务派遣人员劳动报酬	其他从业人员劳动报酬	在岗职工平均工资(元)
总　　计	**756889**	**741827**	**5852**	**9210**	**35322**
按隶属关系分组					
中　央	94629	88882	4294	1453	61540
省	108135	105459	763	1913	41330
市	71689	70787	713	189	28882
县及县以下	482436	476699	82	5655	32753
按企业、事业、机关分组					
企　业	170764	162921	5049	2794	43078
#地　方	85938	83364	1169	1405	32522
事　业	370874	365697	368	4809	33325
#地　方	368901	363748	347	4806	33295
机　关	215251	213209	435	1608	34135
#地　方	207421	205833	42	1546	33915
按国民经济行业分组					
农、林、牧、渔业	9745	9728		17	26941
采矿业	38513	37691		822	52167
制造业	8949	8949			18679
电力、燃气及水的生产和供应业	51514	50617		898	71817
建筑业	5932	5171	742	20	17966
批发和零售业	18620	17660	448	512	34922
交通运输、仓储和邮政业	17466	17191	263	13	25639
住宿和餐饮业	1702	1700		2	16589
信息传输、软件和信息技术服务业	2374	2187	187		45552
金融业	30652	26362	3761	529	59509
房地产业	1192	1169	13	11	21130
租赁和商务服务业	5367	5215		153	29546
科学研究、技术服务业	11518	10997		521	37189
水利、环境和公共设施管理业	17357	17064		293	19320
居民服务、修理和其他服务业	927	924		3	16474
教　育	213167	210605	53	2508	38438
卫生和社会工作	57287	56367		920	32502
文化、体育和娱乐业	9941	9700		241	27011
公共管理、社会保障和社会组织	254667	252531	386	1749	33066

2—10 城镇集体单位从业人员(2013 年)

单位:人

指　　标	从业人员	#女　性	在岗职工	劳务派遣人员	其他从业人员
总　　计	**16636**	**8026**	**14754**	**947**	**935**
按企业、事业分组					
企　业	14609	6990	12767	947	895
事　业	2027	1036	1987		40
按国民经济行业分组					
采矿业	983	167	971	2	10
制造业					
建筑业	1597	241	1461	106	30
批发和零售业	1700	710	1672		28
交通运输、仓储和邮政业	225	78	225		
住宿和餐饮业	87	58	87		
金融业	5982	2764	5006	758	218
房地产业	74	30	53		21
租赁和商务服务业	591	230	578		13
科学研究、技术服务业	210	82	173	10	27
水利、环境和公共设施管理业	60	13	46		14
居民服务、修理和其他服务业	21	6	21		
教　育	386	195	386		
卫生和社会工作	1228	697	1206		22
文化、体育和娱乐业	157	71	157		
公共管理、社会保障和社会组织					

2—11 集体单位从业人员劳动报酬(2013年)

单位:万元

指标	从业人员劳动报酬	在岗职工工资总额	劳务派遣人员劳动报酬	其他从业人员劳动报酬	在岗职工平均工资(元)
总计	**75318**	**69991**	**3092**	**2234**	**47545**
按企业、事业分组					
企业	69575	64302	3092	2180	50662
事业	5743	5689		54	28447
按国民经济行业分组					
采矿业	2369	2322	1	46	24677
制造业					
建筑业	5781	5498	184	99	36027
批发和零售业	2472	2463		9	14953
交通运输、仓储和邮政业	575	575			25776
住宿和餐饮业	167	167			20096
金融业	44099	40606	2613	880	82449
房地产业	159	143		16	27019
租赁和商务服务业	1510	1498		13	25908
科学研究、技术服务业	436	410	13	12	23580
水利、环境和公共设施管理业	159	142		17	30891
居民服务、修理和其他服务业	32	32			15238
教育	1322	1322			33391
卫生和社会工作	3511	3476		35	29018
文化、体育和娱乐业	158	158			10234
公共管理、社会保障和社会组织					

2—12 其他非私营单位从业人员(2013年)

单位:人

指　　标	从业人员	#女　性	在岗职工	劳务派遣人员	其他人员
总　　计	**134835**	**32300**	**118817**	**7124**	**8894**
按登记注册类型分组					
内　资	129016	30121	114301	5857	8858
股份合作	225	98	225		
联　营	513	13	513		
有限责任公司	104902	21801	93261	4351	7290
#国有独资	42127	10434	40298	780	1049
股份有限公司	21949	7249	18880	1506	1563
其　他	1427	960	1422		5
港、澳、台商投资	2343	426	2318		25
外商投资	3476	1753	2198	1267	11
按企业、事业分组					
企　业	133413	31342	117400	7124	8889
事　业	1126	715	1126		
民间非盈利组织	296	243	291		5
按国民经济行业分组					
采矿业	57052	8464	55725	271	1056
制造业	38275	11100	37171	982	122
电力、燃气及水的生产和供应业	2868	759	2846	10	12
建筑业	14677	1635	6248	2516	5913
批发和零售业	5797	2197	4944	684	169
交通运输、仓储和邮政业	3333	1399	3323		10
住宿和餐饮业	349	226	307	2	40
信息传输、软件和信息技术服务业	4287	2598	1662	1580	1045
金融业	3331	1972	2595	326	410
房地产业	602	191	568	1	33
租赁和商务服务业	1871	182	1119	752	
科学研究和技术服务业	219	92	219		
水利、环境和公共设施管理业	182	127	105		77
居民服务、修理和其他服务业	262	97	262		
教　育	1105	777	1105		
卫生和社会工作	296	243	291		5
文化、体育和娱乐业	329	241	327		2
公共管理、社会保障和社会组织					

2—13 其他非私营单位从业人员劳动报酬(2013年)

单位:万元

指　　标	从业人员劳动报酬	在岗职工工资总额	劳务派遣人员劳动报酬	其他从业人员劳动报酬	在岗职工平均工资(元)
总　　计	**586714**	**551689**	**21900**	**13125**	**46681**
按登记注册类型分组					
内　资	563852	533242	17552	13058	46915
股份合作	337	337			16429
联　营	1056	1056			21541
有限责任公司	459345	435348	13497	10501	47055
#国有独资	218368	214347	2667	1354	54258
股份有限公司	100332	93728	4055	2549	49258
其　他	2783	2774		9	19547
港、澳、台商投资	7111	7091		20	30446
外商投资	15751	11356	4348	46	51808
按企业、事业分组					
企　业	583939	548923	21900	13116	47010
事　业	2042	2042			18148
民间非盈利组织	733	724		9	25055
按国民经济行业分组					
采矿业	325415	322477	1470	1468	59406
制造业	137235	134180	2789	265	35558
电力、燃气及水的生产和供应业	12249	12186	14	50	46245
建筑业	36049	19244	8326	8479	27967
批发和零售业	17741	15161	2405	174	30803
交通运输、仓储和邮政业	7527	7507		20	22937
住宿和餐饮业	774	716	11	47	24364
信息传输、软件和信息技术服务业	17246	11418	4365	1464	69619
金融业	21531	19113	1399	1019	74486
房地产业	1837	1779	3	55	32347
租赁和商务服务业	3965	2845	1120		25611
科学研究和技术服务业	694	694			33365
水利、环境和公共设施管理业	280	209		71	20243
居民服务、修理和其他服务业	700	700			26698
教　育	2002	2002			18136
卫生和社会工作	733	724		9	25055
文化、体育和娱乐业	737	733		4	22633
公共管理、社会保障和社会组织					

2—14 主要年份职工平均工资及指数

单位:元、%

年份	全部职工平均工资	指数(以上年为100)		国有单位职工平均工资	指数(以上年为100)		城镇集体单位职工平均工资	指数(以上年为100)	
		货币工资	实际工资		货币工资	实际工资		货币工资	实际工资
1949	281			281					
1952	348	108.4		348	108.1		343	114.0	
1957	465	102.2		477	102.8		396	98.3	
1960	485	104.5		492	104.5		417	105.3	
1962	510	108.0		535	108.3		453	108.1	
1965	574	98.5		542	98.2		459	102.5	
1970	576	99.8		558	100.0		475	96.1	
1975	579	100.2		594	100.7		483	100.2	
1978	585	104.3		604	104.1		490	99.2	
1980	697	105.3		714	105.0		594	108.4	
1985	983	103.5		1036	104.4		756	98.7	
1986	1114	113.3		1184	114.3		821	108.6	
1987	1212	108.8		1279	108.0		915	111.4	
1988	1417	116.9		1519	118.8		969	105.9	
1989	1614	113.9	98.4	1729	113.8	98.4	1090	112.5	97.2
1990	1898	117.6	116.3	2030	117.4	116.1	1254	115.0	113.8
1991	2045	107.7	102.7	2165	106.7	101.7	1436	114.5	109.2
1992	2291	112.0	105.9	2431	112.3	106.1	1547	107.7	101.8
1993	2706	118.1	105.6	2863	117.8	105.2	1805	116.7	104.3
1994	3507	129.6	107.4	3757	131.2	108.7	2066	114.5	94.8
1995	4225	120.5	104.8	4482	119.3	103.7	2582	125.0	108.7
1996	4652	110.1	103.5	4889	109.1	102.5	3001	116.2	109.2
1997	4953	106.5	104.3	5263	107.6	105.4	3219	107.3	105.1
1998	4969	100.3	102.5	5823	110.6	113.0	3529	109.6	112.0
1999	6045	121.7	124.9	6376	109.5	112.4	3869	109.6	112.6
2000	6790	112.3	112.8	7175	112.5	113.0	4304	111.2	111.7
2001	8082	119.0	118.9	8517	118.7	118.6	5314	123.5	123.3
2002	8823	109.2	110.0	9084	106.7	107.5	8451	159.0	160.3
2003	10079	114.2	111.3	10199	112.3	109.4	8203	97.1	94.6
2004	12347	122.5	116.2	11999	117.6	111.6	10423	127.1	120.6
2005	13962	113.1	110.2	13851	115.4	112.5	13029	125.0	121.8
2006	16506	118.2	115.8	15742	113.7	111.4	16488	126.6	124.0
2007	18729	113.5	108.6	18058	114.7	109.8	18914	114.7	109.8
2008	22307	119.1	113.5	21932	121.5	115.8	24516	129.6	123.5
2009	24217	108.6	107.8	24443	111.4	110.6	27292	111.3	110.5
2010	26601	109.8	107.2	26705	109.3	106.7	32758	120.0	117.2
2011	30244	113.7	111.3	30150	112.9	110.5	37131	113.3	111.0
2012	34761	114.9	111.7	32487	107.7	105.1	41586	111.9	108.8
2013	39762	114.4	111.6	35322	108.7	106.0	47545	114.3	111.5

注:1989 年以前没有实际工资统计。

2—15 私营单位从业人员和劳动报酬(2013年)

指　　标	期末人数(人)	平均人数(人)	工资总额(万元)	平均工资(元)
总　　计	**150503**	**148391**	**385039**	**25948**
采矿业	14893	14514	51265	35321
制造业	53636	53689	156435	29137
电力、燃气及水的生产和供应业	880	783	2600	33204
建筑业	19306	18104	47664	26328
批发和零售业	16359	16263	32397	19920
交通运输、仓储和邮政业	3084	3131	8819	28168
住宿和餐饮业	9967	10055	17844	17747
信息传输、计算机服务和软件业	64	64	89	13922
金融业	208	208	564	27135
房地产业	2906	2861	9055	31648
租赁和商务服务业	7911	7851	18561	23642
科学研究、技术服务和地质勘查业	2549	2583	5852	22654
水利、环境和公共设施管理业	1752	1702	2077	12203
居民服务和其他服务业	1920	1629	3069	18838
教　育	9967	9968	20192	20256
卫生、社会保障和社会福利业	4671	4546	7817	17196
文化、体育和娱乐业	430	440	741	16841

主要统计指标解释

总人口 指一定时点、一定地区范围内有生命的个人总和。

年度统计的年末人口数 指每年 12 月 31 日 24 时的常住人口数。

人口变动抽样调查的对象包括:1、在抽中调查小区居住并且户口在本乡(镇、街道)的人口;2、在抽中调查小区居住半年以上,户口在外乡(镇、街道)的人口;3、在抽中调查小区居住不满半年,离开户口登记地半年以上的人口;4、在抽中调查小区居住,户口待定的人口。

城镇人口和乡村人口 城镇人口指居住在城镇范围内的全部常住人口;乡村人口是除上述人口以外的全部人口。

城镇包括城区和镇区。城区指在市辖区和不设区的市中,街道办事处所辖的居民委员会地域;城市公共设施、居住设施等连接到的其他居民委员会地域和村民委员会地域。

镇区指在城区以外的镇和其他区域,其包括镇所辖的居民委员会地域;镇的公共设施、居住设施等连接到的村民委员会地域。

出生人数 指胎儿脱离母体时(不管怀孕月数),有过呼吸或其他生命现象的活产婴儿数。

出生率 指在一年内平均每千人中所在地出生的人数,用千分率表示。计算公式:

出生率 = 年出生人数/年平均人数 ×1000‰。

年平均人数 指年初、年末人口的平均数。

死亡人数 指无论何种原因造成停止呼吸人数,包括出生后随即死亡的婴儿数。

死亡率 指在一年内平均每千人中所在地死亡的人数。用千分率表示。计算公式:

死亡率 = 年死亡人数/年平均人数 ×1000‰。

人口自然增长率 指在一年内自然增加的人数(出生人数减死亡人数)与年平均人数之比。用千分率表示。计算公式:

人口自然增长率 =(本年出生人数 - 本年死亡人数)/年平均人数 ×1000‰。

劳动力资源总数 指在劳动年龄内,具有劳动能力,在正常情况下,可能或实际参加社会劳动的人口数。劳动力资源的范围为:劳动年龄内(16 周岁以上),有劳动能力,实际参加社会劳动和未参加社会劳动的人员。劳动力资源也可划分为:经济活动人口和非经济活动人口。劳动力资源不包括下列人员:(1)在押犯人;(2)劳动年龄内丧失劳动能力的人员;(3)16 岁以下实际参加社会劳动的人员。

从业人员 指从事一定社会劳动并取得劳动报酬或经营收入的人员。从业人员按就业身份分组包括:职工;再就业的离退休人员;私营业主;个体户主;私营企业和个体从业人员;乡镇企业从业人员;农村从业人员;其他从业人员。其他从业人员中包括现役军人。

单位从业人员 指在各级国家机关、政党机关、社会团体及企业、事业单位中工作,取得工资或其他形式的劳动报酬的全部人员。包括:在岗职工、再就业的离退休人员、民办教师以及在各单位中工作的外方人员和港澳台方人员、兼职人员、借用的外单位人员和第二职业者。不包括离开本单位仍保留劳动关系的职工。

职　工 指在国有经济、城镇集体经济、联营经济、股份制经济、外商和港、澳、台投资经济、其他经济单位及其附属机构工作,并由其支付工资的各类人员,不包括返聘的离退休人员、民办教师、在国有经济单位工作的外方人员和港、澳、台人员(1998 年以后的数据均为在岗职工数据,其他相关指标如职工工资总额、职工平均工资等指标也从 1998 年按此口径进行了相应调整)。

在岗职工 指在本单位工作并由单位支付工资

的人员，以及有工作岗位，但由于学习、病伤产假等原因暂未工作仍由单位支付工资的人员。

离开本单位仍保留劳动关系的职工 指由于各种原因，已经离开本人的生产或工作岗位，并已不在本单位从事其他工作，但仍与用人单位保留劳动关系的职工。

下岗职工 指实行劳动合同制以前参加工作的正式职工(不含从农村招收的临时合同工)，以及实行劳动合同制以后参加工作且合同期未满的职工，由于企业的生产和经营状况等原因，已经离开本人的生产和工作岗位，并已不在本企业从事其他工作，但尚未与企业解除劳动关系，没有在社会找到其它工作的人员。

职工平均工资 指企业、事业、机关等单位的职工在一定时期内平均每人所得的货币工资额。它表明一定时期职工工资收入的高低程度，是反映职工工资水平的主要指标。计算公式为：

职工平均工资 = 报告期实际支付的全部职工工资总额/报告期全部职工平均人数

职工平均实际工资 指扣除的物价变动因素后的职工平均工资。计算公式为：

职工平均实际工资 = 报告期职工平均工资/报告期职工生活费价格指数 ×100%

职工平均工资 指数指报告期平均工资与基期平均工资的比率，是反映不同时期职工货币工资水平变动情况的相对数。它表明报告期平均工资比基期平均工资提高或降低程度。计算公式为：

职工平均工资 指数 = 报告期职工平均工资/基期职工平均工资 ×100%

城镇登记失业人员 指有非农业户口，在一定的劳动年龄内(16 周岁至退休年龄)，有劳动能力，无业而要求就业，并在当地劳动保障部门进行失业登记的人员。

城镇登记失业率 指城镇登记失业人数同城镇从业人数与城镇登记失业人数之和的比。计算公式为:城镇登记失业率 = 城镇登记失业人数/(城镇从业人数 + 城镇登记失业人数) ×100%。

三、固定资产投资

资料整理人员

王福勤　刘　炜　李　丁

固定资产投资

固定资产投资	1036.27	亿元
第一产业	54.09	亿元
第二产业	468.14	亿元
第三产业	514.04	亿元
本年新增固定资产	792.76	亿元
竣工房屋面积	531.4	万平方米
#住　宅	322.8	万平方米

固定资产投资总额构成(%)

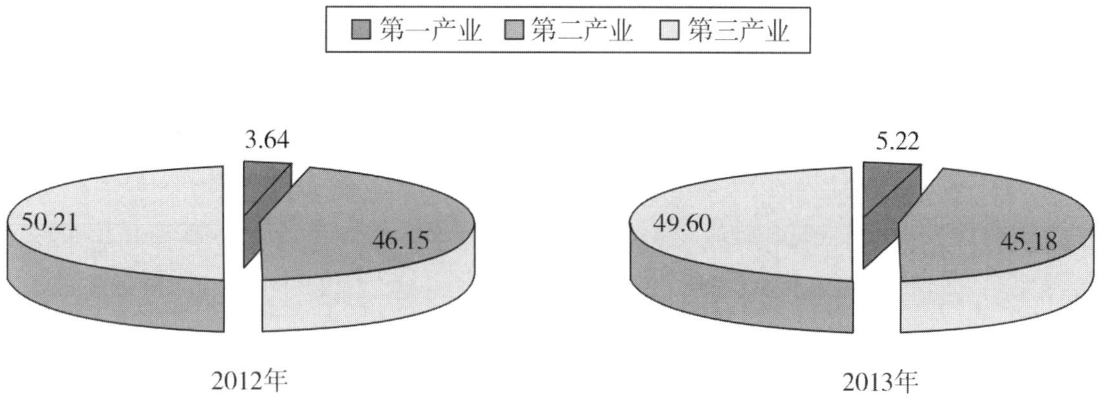

固定资产投资额增速(%)(上年=100)

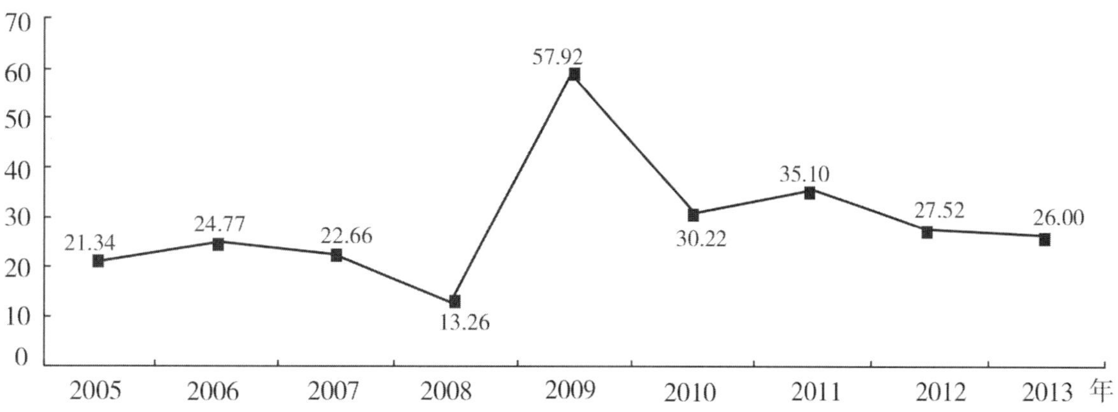

3—1 全社会固定资产投资

单位:万元

年份	全社会固定资产投资	国有	非国有	新增固定资产	房屋施工面积(万平方米)	房屋竣工面积(万平方米)	#住宅(万平方米)
1949	15	10	5	12	0.3	0.3	
1952	127	60	67	122	2.4	1.8	0.2
1957	1420	932	488	1370	15.8	13.0	2.7
1960	15917	12361	3556	12501	107.3	94.4	22.9
1962	2190	1490	700	1485	15.7	9.6	0.7
1965	4660	3989	671	4913	34.4	24.7	4.4
1970	14490	12668	1822	10648	54.1	21.4	5.7
1975	11471	9440	2031	5582	66.1	41.9	6.5
1978	22900	18117	4783	14406	132.6	103.7	7.7
1980	19584	13724	5860	22459	145.0	126.2	10.4
1985	38554	24441	14113	26443	258.7	205.8	12.9
1990	63280	39861	23419	53878	177.3	136.2	19.7
1995	154184	110447	43737	123343	189.2	125.2	10.6
2000	451096	240824	210272	413990	304.3	190.9	42.5
2001	518832	203534	315298	452570	314.0	197.5	138.8
2002	655846	218258	437588	576363	411.8	219.0	91.0
2003	1084871	212594	872277	827185	303.7	198.5	104.7
2004	1261423	314533	946890	937497	338.4	212.6	115.4
2005	1530558	595760	934798	1372072	314.5	177.2	89.4
2006	1909646	708692	1200954	1368171	446.6	206.1	89.8
2007	2342429	972530	1369899	1728902	466.1	197.9	117.2
2008	2652993	1218777	1434216	1506487	428.0	137.3	74.1
2009	4189568	2050736	2138832	3408546	718.5	185.0	118.7
2010	5455783	2879399	2576384	4113508	1007.0	384.2	227.7
2011	6449577	3332344	3117233	3964703	1094.9	392.9	204.8
2012	8224503	3897139	4327364	7325176	1606.9	538.0	371.2
2013	10362704	4595698	5767006	7927592	1856.1	531.4	322.8

3—2 主要年份全社会固定资产投资

单位:万元

年份	全社会固定资产投资	按经济类型分			按产业分		
		国有及国有控股	集体	其他	第一产业	第二产业	第三产业
恢复时期	310	163	44	103	1	77	232
"一五"时期	3383	2341	466	576	401	1072	1910
"二五"时期	38892	29882	5765	3245	5595	19603	13694
调整时期	13101	10181	1448	1472	1065	8135	3901
"三五"时期	32272	26529	2584	3159	2018	21510	8744
"四五"时期	69358	55420	5018	8920	3689	47463	18206
"五五"时期	93933	70934	5445	17554	8171	55021	30741
"六五"时期	124808	74461	20908	29439	3060	53290	68458
"七五"时期	263607	175834	31733	56040	5844	138609	119154
"八五"时期	628783	435764	56679	136340	5616	336424	286743
"九五"时期	1687181	1114032	93660	479489	31646	761015	894520
1996	225521	158909	14528	52084	1504	125602	98415
1997	243038	169525	16957	56556	1653	113563	127822
1998	346200	253075	26168	66957	3663	101209	241328
1999	421326	291699	14787	114840	7526	159627	254173
2000	451096	240824	21220	189052	17300	261014	172782
2001	518832	203534	23405	291893	17081	289197	212554
2002	655846	218258	29286	408302	16116	367808	271922
2003	1084871	212594	28539	843738	18629	747641	318601
2004	1261423	314533	36565	910325	11126	849572	400725
2005	1530558	595760	38563	896235	25154	1057511	447893
2006	1909646	708692	70164	1130790	40575	1215563	653508
2007	2342429	972530	34640	1335259	66108	1457950	818371
2008	2652993	1218777	9230	1424986	83593	1527313	1042087
2009	4189568	2050736	41822	2097010	149741	2110722	1929105
2010	5455783	2879399	52428	2523956	227123	2639916	2588744
2011	6449577	3857202	90977	2501398	210154	3015454	3223969
2012	8224503	4771034	327669	3125800	299477	3795269	4129757
2013	10362704	5377842	583872	4400990	540929	4681391	5140384

注:本表2010年以前"国有控股"口径为国有及国有独资。

3—2 续表

单位:万元

年份	新增固定资产(万元)	房屋施工面积(平方米)	房屋竣工面积(平方米)	#住宅
恢复时期	297		40743	3332
“一五”时期	3130		274138	57331
“二五”时期	26612		2603431	607770
调整时期	11458		522667	94400
“三五”时期	19498		1202935	164146
“四五”时期	40609		2879642	376659
“五五”时期	63685		4603806	371922
“六五”时期	105632		8232695	557748
“七五”时期	227644		7281945	821477
“八五”时期	519405		7181780	738248
“九五”时期	1352707		9052397	2278698
1996	137665	2155518	1507794	284071
1997	206658	2356492	1543440	367287
1998	207789	3123379	1811711	466179
1999	386605	3195079	2280184	736127
2000	413990	3042926	1909268	425034
2001	452570	3140412	1974950	1387511
2002	576363	4117926	2189865	910399
2003	827185	3036461	1985437	1047381
2004	937497	3384103	2125618	1154282
2005	1383049	3145435	1772060	894615
2006	1368171	4465921	2061049	897514
2007	1728902	4660711	1979135	1171558
2008	1506487	4280299	1372573	740519
2009	3408546	7184719	1850219	1186571
2010	4113508	10069697	3841705	2276940
2011	3964703	10948661	3929530	2048189
2012	7325176	16068723	5380228	3711913
2013	7927592	18560951	5314227	3227663

3—3 固定资产投资建设规模和新增生产能力(2013 年)

指　　标	计量单位	建设规模	本　　年 施工规模	本　年 新开工	累　计 生产能力 (或效益)	本年新增
原煤开采	万吨/年	6260	6260	915	1980	1980
洗　煤	万吨/年	1900	1900	820	1000	1000
焦　炭	万吨/年	270	270		150	150
天然原油开采	万吨/年					
天然气开采	亿立方米/年	10.16	10.16	4.66	10.16	10.16
铁矿开采(原矿)	万吨/年	479.8	479.8	444	414.8	414.8
铁矿选矿处理原矿量	万吨/年	128	128	128	118	118
铁矿石成品矿	万吨/年					
生　铁	万吨/年					
粗　钢	万吨/年	131	91	80		
铁合金	万吨/年					
钢　材	万吨/年	340	340	100	240	240
水力发电	万千瓦	0.5	0.5	0.5	0.5	0.5
火力发电	万千瓦	62.16	62.16	2.16	2.16	2.16
其他发电	万千瓦	250.8	250.8	237.9	73.2	73.2
输电线路长度(110KV 及以上)	公里	713.65	713.65	555.65	505.65	505.65
水　泥	万吨/年	697.5	697.5	372.5	347.5	347.5
石墨及炭素制品	吨/年					
精甲醇	吨/年					
白　酒	万吨/年	0.4	0.4			
其他酒	万吨/年	1	1	0.5		
程控交换机（指安装能力）	万线/年	461	461	461	461	461
新建铁路里程	公里	80.72	80.72	19.9		
新建公路	公里	258.33	238.69	38.59	106.65	99.01
其中:高速公路	公里	138.44	130.8		9.25	1.61
一级公路	公里	37.3	25.3	8.3	20.3	20.3
二级公路	公里	67.1	67.1	14.8	67.1	67.1
改建公路	公里	2208.98	2149.3	1288.92	1722.26	1722.26
其中:高速公路	公里	2	2	2		
一级公路	公里	206.26	154.26	21.6	63.06	63.06
二级公路	公里	998.79	996.29	817.46	753.56	753.56
新建独立公路桥梁	延长米	800	800		800	800
新建独立公路桥梁	座	1	1		1	1
新(扩)建公路客、货运站	个	4	4	2	2	2
新(扩)建公路客、货运站	平方米	115267	115267	43232	43232	43232
民航机场跑道	条	1	1			
民航机场跑道	米	2600	2600			
候机楼	座	1	1			
候机楼	平方/米	4200	4200			
城市自来水供水能力	万吨/日	1.11	1.11	1.11	1.11	1.11
城市污水处理能力	万吨/日	9.41	9.41	3.4	3.41	3.41

3—4 2011－2013年分行业固定资产投资完成情况

单位:万元

	2011	2012	2013
总　　计	**6449577**	**8224503**	**10362704**
一、按三次产业分			
第一产业	210154	299477	540929
第二产业	3015454	3795269	4681391
其中:工业	3014884	3795269	4678843
第三产业	3223969	4129757	5140384
二、按国民经济行业分			
农、林、牧、渔业	210154	299477	540929
农　业	87384	63788	202974
林　业	34744	96666	123385
畜牧业	52449	112060	139096
渔　业		980	12734
农、林、牧、渔服务业	35577	25983	62740
采矿业	1363231	1784493	2112281
煤炭开采和洗选业	1209920	1550415	1680394
石油和天然气开采业	45156	133400	135197
黑色金属矿采选业	96502	67321	253520
有色金属矿采选业	3500	3500	2000
非金属矿采选业	8153	3857	16370
开采辅助活动		26000	24800
其他开采业			
制造业	1242954	1461712	1721297
农副食品加工业	47785	132524	195577
食品制造业	11139	18180	34028
酒、饮料和精制茶制造业	21060	24306	49179
烟草制品业			
纺织业	7141		13270
纺织服装和服饰业		4500	17500
皮革、毛皮、羽毛(绒)及其制品业		1960	1900
木材加工及木、竹、藤、棕、草制品业	2215		3811
家具制造业	2060	940	8907

注:本表含房地产开发投资、固定资产投资项目为计划总投资500万元以上的。

3—4 续表1

单位:万元

	2011	2012	2013
造纸及纸制品业	13975	17800	16990
印刷业和记录媒介的复制			
文教体育用品制造业	2200		
石油加工、炼焦及核燃料加工业	207174	210774	103308
化学原料及化学制品制造业	108620	76229	217955
医药制造业	8571	21358	43408
化学纤维制造业			
橡胶和塑料制品业		13436	22310
非金属矿制品业	160900	247257	329283
黑色金属冶炼和压延加工业	188397	337970	124369
有色金属冶炼和压延加工业	27177	4050	20250
金属制品业	4915	37426	114559
通用设备制造业	183123	66318	77100
专用设备制造业	36459	77153	142161
汽车制造业	52757	39886	36302
铁路、船舶、航空航天等制造业			950
电气机械及器材制造业	113571	67282	92507
计算机、通信和其他电子设备制造业		20000	3000
仪器仪表制造业			15312
其他制造业	8935	865	
废弃资源综合利用业	34780	41498	28361
金属制品、机械和设备修理业			9000
电力、热力、燃气及水的生产和供应业	408699	549064	845265
电力、热力的生产和供应业	343127	338334	559801
燃气生产和供应业	48308	179310	238535
水的生产和供应业	17264	31420	46929
建筑业	570		2548
房屋建筑业	570		
土木工程建筑业			2548
建筑安装业			
建筑装饰和其他建筑业			

3—4 续表2

单位:万元

	2011	2012	2013
批发和零售业	220713	95889	244264
批发业	91680	35950	25721
零售业	129033	59939	218543
交通运输、仓储和邮政业	1392315	1226778	1133387
铁路运输业	103192	174700	116151
道路运输业	1257281	1007666	876536
水上运输业			
航空运输业		19690	63342
管道运输业			
装卸搬运和运输代理业		8381	
仓储业		16341	77358
邮政业			
住宿和餐饮业	10854	41075	81529
住宿业	10244	40235	78507
餐饮业	610	840	3022
信息传输、软件和信息技术服务业	53762	35610	51629
电信、广播电视和卫星传输服务业	53762	35610	40529
互联网和相关服务业			
软件和信息技术服务业			11100
金融业	3886	4130	9640
货币金融业	3886	4130	9640
资本市场业			
保险业			
其他金融业			
房地产业	724387	1346103	1924700
房地产业	724387	1346103	1924700
租赁和商务服务业	2603	11077	11297
租赁业			
商务服务业	2603	11077	11297

3—4　续表3

单位:万元

	2011	2012	2013
科学研究和技术服务业	35000	17260	11279
研究与试验发展		500	730
专业技术服务业		3260	900
科技交流和推广服务业		13500	9649
水利、环境和公共设施管理业	542921	1064350	1299929
水利管理业	108071	239163	115876
生态保护和环境治理业	63773	82332	213672
公共设施管理业	371077	742855	970381
居民服务和其他服务业	3683		2300
居民服务业	511		
机动车、电子产品和日用产品修理业			2300
其他服务业	3172		
教　育	120104	83622	112884
教　育	120104	83622	112884
卫生和社会工作	67210	90665	116320
卫　生	65806	72981	108656
社会工作	1404	17684	7664
文化、体育和娱乐业	33461	81232	101443
新闻和出版业			
广播、电视、电影和影视录音制作业	2617	7174	
文化艺术业	25625	47411	79867
体　育	5219	18467	20026
娱乐业		8180	1550
公共管理和社会组织	13070	31966	39783
中国共产党机关			
国家机构	11976	30471	34730
人民政协和民主党派			
社会保障			2633
群众团体、社会团体和其他成员组织	1094	400	1250
基层群众自治组织		1095	1170
国际组织			
国际组织			

3—5 2011－2013年计划总投资5亿元以上项目投资完成情况

单位:万元

	2011	2012	2013
一、计划总投资			
1. 计划总投资	6607370	7858177	7283954
其中:本年新开工项目	1993628	1359842	1702474
2. 自开始建设累计完成投资	4199011	5458404	4693449
二、本年完成投资(或自年初累计完成投资)	1996992	1761164	2009984
其中:住宅	85429	74351	116436
1. 按登记注册类型划分			
内资企业	1996992	1749868	2009984
国有企业	1110118	897461	1090679
集体企业			
股份合作企业			18722
有限责任公司	698909	554410	448843
国有独资公司	118010	17429	25222
其他有限责任公司	580899	536981	423621
股份有限公司	22468		
私营企业	165497	297997	451740
私营合伙企业		12000	39993
私营有限责任公司		285997	411747
外商投资企业		11296	
中外合资经营企业		11296	
2. 按建设性质分			
新　建	1488509	917293	801937
扩　建	320360	451539	474008
改建和技术改造	81254	238986	572575
单纯建造生活设施		19000	1700
3. 按构成分			
建筑工程	1318221	1198488	1251721
安装工程	147590	96724	80468
设备工器具购置	288245	272142	279573
其他费用	242936	193810	398222

注:本表含房地产开发投资。

3—5 续表

单位:万元

	2011	2012	2013
4.按国民经济行业分			
农、林、牧、渔业	19085		68267
农　业	19085		
林　业			68267
采矿业	74145	297369	437614
煤炭开采和洗选业	74145	297369	437614
制造业	466125	367527	368593
农副食品加工业		20716	8700
石油加工、炼焦及核燃料加工业	171994	99580	15540
化学原料及化学制品制造业	54946	32596	137369
非金属矿制品业		12000	81067
黑色金属冶炼和压延加工业	101122	81308	64270
有色金属冶炼和压延加工业			
金属制品业		21706	
专用设备制造业	10063	17929	
汽车制造业		7500	23100
电气机械及器材制造业	104000	52192	38547
废弃资源综合利用业	24000	22000	
电力、热力、燃气及水的生产和供应业	142611	142811	126899
电力、热力的生产和供应业	142611	54811	93588
燃气生产和供应业		88000	33311
批发和零售业			16189
零售业			16189
交通运输、仓储和邮政业	1025780	795437	509917
铁路运输业	49692	174700	100166
道路运输业	976088	620737	346409
航空运输业			63342
房地产业	106869	92237	137644
房地产业	106869	92237	137644
水利、环境和公共设施管理业	141509	46715	327041
生态保护和环境治理业	30010	17232	87535
公共设施管理业	111499	29483	239506
卫生和社会工作	20868	19068	17820
卫　生	20868	19068	17820

3—6 2011－2013年计划总投资亿元以上项目投资完成情况

单位:万元

	2011	2012	2013
一、计划总投资			
1. 计划总投资	11621131	15608233	15866107
其中:本年新开工项目	4833845	5364467	5586097
2. 自开始建设累计完成投资	7462758	11129044	11436520
二、本年完成投资(或自年初累计完成投资)	4284661	5867554	6543002
其中:住宅	501257	770378	965612
1. 按登记注册类型划分			
内资企业	4275481	5852758	6527531
国有企业	2138376	2751920	3037106
集体企业		99504	169433
股份合作企业	26942	47265	19502
有限责任公司	1550544	1678364	1506290
国有独资公司	185014	59646	100974
其他有限责任公司	1365530	1618718	1405316
股份有限公司	163613	110149	125705
私营企业	378726	1165556	1645895
私营独资企业		14132	55732
私营合伙企业		41870	47581
私营有限责任公司		1103554	1474624
私营股份有限公司		6000	67958
其他企业	17280		23600
港、澳、台商投资企业	8400	3500	14902
合资经营企业(港或澳、台资)	7500	3500	14902
其他港、澳、台商投资企业	900		
外商投资企业	780	11296	569
中外合资经营企业	780	11296	569
2. 按建设性质分			
新　建	1816377	1633269	1444903
扩　建	1014561	1323108	1679776
改建和技术改造	886245	1900522	2055622
单纯建造生活设施		489769	772394

注:本表含房地产开发投资。

3—6 续表1

单位:万元

	2011	2012	2013
3. 按构成分			
建筑工程	2572008	3706357	4127420
安装工程	338827	323230	358852
设备工器具购置	873522	1107382	1108111
其他费用	500304	730585	948619
4. 按国民经济行业分			
农、林、牧、渔业	47211	137074	194732
农　业	21032	1213	73865
林　业	15040	75511	68267
畜牧业	4000	60350	4600
渔　业			
农、林、牧、渔服务业	7139		48000
采矿业	883508	1424331	1617325
煤炭开采和洗选业	838352	1268931	1327175
石油和天然气开采业	45156	125400	117444
黑色金属矿采选业		30000	147906
开采辅助活动			24800
其他开采业			
制造业	849855	1105080	960106
农副食品加工业	11030	70188	57587
酒、饮料和精制茶制造业	17760	16740	19955
纺织服装和服饰业			17500
造纸及纸制品业	13975	17800	7845
石油加工、炼焦及核燃料加工业	204761	180694	66349
化学原料及化学制品制造业	86746	58796	183054
医药制造业	3563	10240	33760
非金属矿制品业	78906	151551	129974
黑色金属冶炼和压延加工业	150836	311640	107871
有色金属冶炼和压延加工业	1600		
金属制品业	2025	27776	101467
通用设备制造业	106004	54324	40150
专用设备制造业	16563	64753	118195
汽车制造业	28086	38386	34852
铁路、船舶、航空航天等制造业			
电气机械及器材制造业	104000	52192	38547
计算机、通信和其他电子设备制造业		17000	3000
废弃资源综合利用业	24000	33000	

3—6　续表2

单位:万元

	2011	2012	2013
电力、热力、燃气及水的生产和供应业	253590	361213	506041
电力、热力的生产和供应业	247606	226903	359100
燃气生产和供应业	5984	124310	146941
水的生产和供应业		10000	
批发和零售业	115727	13242	115326
批发业	73825	1300	
零售业	41902	11942	115326
交通运输、仓储和邮政业	1138665	983681	847377
铁路运输业	94692	174700	105016
道路运输业	1043973	789291	659861
航空运输业		19690	63342
仓储业			19158
住宿和餐饮业	1704	18000	60597
住宿业	1704	18000	60597
信息传输、软件和信息技术服务业	38580	22429	43937
电信、广播电视和卫星传输服务业	38580	22429	32837
软件和信息技术服务业			11100
房地产业	565453	988446	1343781
房地产业	565453	988446	1343781
租赁和商务服务业			6912
商务服务业			6912
科学研究和技术服务业	30000	10000	
专业技术服务业	30000		
科技交流和推广服务业		10000	
水利、环境和公共设施管理业	286894	726990	758879
水利管理业	39590	130150	
生态保护和环境治理业	30010	58542	195053
公共设施管理业	217294	538298	563826
教　育	29949	9000	10010
教　育	29949	9000	10010
卫生和社会工作	43525	44583	54464
卫　生	43525	35481	54464
社会工作		9102	
文化、体育和娱乐业		23485	23515
文化艺术业		23485	23515

3—7 2011－2013年民间投资完成情况

单位:万元

	2011	2012	2013
一、计划总投资			
1. 计划总投资	5056451	7858097	9530175
其中:本年新开工项目	1757761	2931582	4420309
2. 自开始建设累计完成投资	3346155	5568247	7246854
二、本年完成投资(或自年初累计完成投资)	2074329	3452475	5005515
其中:住宅	366282	632662	727046
1. 按登记注册类型划分			
内资企业	2067257	3413961	4983101
国有企业			
集体企业	90977	250180	544794
股份合作企业	45716	48265	20602
联营企业	4040	4178	3378
国有联营企业			
集体联营企业		4178	3378
国有与集体联营企业			
其他联营企业	4040		
有限责任公司	1589102	1359463	1396903
国有独资公司			
其他有限责任公司	1589102	1359463	1396903
股份有限公司	60341	12800	29438
私营企业	256821	1724805	2903439
私营独资企业		53172	235096
私营合伙企业		59196	135358
私营有限责任公司		1565908	2341217
私营股份有限公司		46529	191768
其他企业		14270	84547
港、澳、台商投资企业	4104	2300	6800
合资经营企业(港或澳、台资)	4104	2300	6800
合作经营企业(港或澳、台资)			
港、澳、台商独资经营企业			
港、澳、台商投资股份有限公司			
其他港、澳、台商投资企业			
外商投资企业	780	11296	569
中外合资经营企业	780	11296	569
中外合作经营企业			
外资企业			
外商投资股份有限公司			
其他外商投资企业			
个体经营	2188		
个体户	2188		
个人合伙			

注:本表含房地产开发投资、固定资产投资项目为计划总投资500万元以上的。

3—7 续表1

单位:万元

	2011	2012	2013
2. 按建设性质分			
新　建	516490	1096945	1736095
扩　建	766549	874878	1391776
改建和技术改造	350081	602000	704397
单纯建造生活设施		269911	506014
3. 按构成分			
建筑工程	1117684	2024860	3117810
安装工程	180311	253298	276119
设备工器具购置	591907	894020	1141556
其他费用	184427	280297	470030
4. 按国民经济行业分			
农、林、牧、渔业	96318	224405	469615
农　业	65737	41607	176212
林　业	7025	69878	99163
畜牧业	22256	108440	127646
渔　业		980	12734
农、林、牧、渔服务业	1300	3500	53860
采矿业	348965	509054	767957
煤炭开采和洗选业	280931	380564	467900
石油和天然气开采业	45156	55400	29197
黑色金属矿采选业	18148	65733	252490
有色金属矿采选业	3500	3500	2000
非金属矿采选业	1230	3857	16370
开采辅助活动			
其他开采业			
制造业	880667	1398942	1492485
农副食品加工业	28910	128972	193059
食品制造业	690	18180	34028
酒、饮料和精制茶制造业	17300	24306	49179
烟草制品业			
纺织业			13270
纺织服装和服饰业		4500	
皮革、毛皮、羽毛(绒)及其制品业		1960	1900
木材加工及木、竹、藤、棕、草制品业	2215		2948
家具制造业	2060	940	8907
造纸及纸制品业	13975	17800	16990
印刷业和记录媒介的复制			
文教体育用品制造业	1200		
石油加工、炼焦及核燃料加工业	177013	192796	83811
化学原料及化学制品制造业	66138	68429	74355
医药制造业	6571	21358	43408
化学纤维制造业			
橡胶和塑料制品业		13436	22310
非金属矿制品业	122182	246707	327703
黑色金属冶炼和压延加工业	171604	337970	124369

3—7　续表2

单位:万元

	2011	2012	2013
有色金属冶炼和压延加工业	14197	4050	20250
金属制品业	2890	37426	104262
通用设备制造业	117386	65634	77100
专用设备制造业	30293	44947	109204
汽车制造业	52757	39886	36302
铁路、船舶、航空航天等制造业			950
电气机械及器材制造业	9571	67282	92507
计算机、通信和其他电子设备制造业		20000	3000
仪器仪表制造业			15312
其他制造业		865	
废弃资源综合利用业	34780	41498	28361
金属制品、机械和设备修理业			9000
电力、热力、燃气及水的生产和供应业	55876	130987	238114
电力、热力的生产和供应业	34146	58187	103980
燃气生产和供应业	13800	57050	109771
水的生产和供应业	7930	15750	24363
建筑业			2548
房屋建筑业			
土木工程建筑业			2548
建筑安装业			
建筑装饰和其他建筑业			
批发和零售业		69586	218813
批发业		26167	21642
零售业		43419	197171
交通运输、仓储和邮政业	63502	112232	204943
铁路运输业	45000	78000	83581
道路运输业	5290	15960	47494
水上运输业			
航空运输业			
管道运输业			
装卸搬运和运输代理业	5600	8381	
仓储业	7612	9891	73868
邮政业			
住宿和餐饮业	3024	40755	79167
住宿业	2414	39915	78507
餐饮业	610	840	660
信息传输、软件和信息技术服务业			11100
电信、广播电视和卫星传输服务业			
互联网和相关服务业			
软件和信息技术服务业			11100

3—7 续表3

单位:万元

	2011	2012	2013
金融业	3106		6020
货币金融业	3106		6020
资本市场业			
保险业			
其他金融业			
房地产业	435748	809836	1125973
房地产业	435748	809836	1125973
租赁和商务服务业			
租赁业			
商务服务业			
科学研究和技术服务业	5000	14860	4759
研究与试验发展		500	730
专业技术服务业		860	
科技交流和推广服务业	5000	13500	4029
水利、环境和公共设施管理业	65414	102656	316526
水利管理业	2200	19600	5498
生态保护和环境治理业			12399
公共设施管理业	63214	83056	298629
居民服务和其他服务业			
居民服务业			
机动车、电子产品和日用产品修理业			
其他服务业			
教　育	2650	12230	17268
教　育	2650	12230	17268
卫生和社会工作		12602	11437
卫　生		3500	6837
社会工作		9102	4600
文化、体育和娱乐业	8620	14330	37090
新闻和出版业			
广播、电视、电影和影视录音制作业		3000	
文化艺术业	8620	3150	30940
体　育			5200
娱乐业		8180	950
公共管理和社会组织	1040		1700
中国共产党机关			
国家机构			600
人民政协和民主党派			
社会保障			
群众团体、社会团体和其他成员组织			1100
基层群众自治组织	1040		
国际组织			
国际组织			

3—8 2011－2013年本年新开工项目投资情况

单位:万元

	2011	2012	2013
一、计划总投资	7312212	8469873	9893287
二、本年完成投资	4399952	5636711	7266223
其中:住　宅	347750	764492	941117
1. 按登记注册类型分			
内资企业	4383280	5609493	7229476
国有企业	2060551	2747045	3144543
集体企业	88393	239452	527674
股份合作企业	38528	48265	1100
联营企业	4040	4178	3378
国有联营企业			
集体联营企业		4178	3378
国有与集体联营企业			
其他联营企业	4040		
有限责任公司	1475367	1250391	1233643
国有独资公司	156302	58158	69052
其他有限责任公司	1319065	1192233	1164591
股份有限公司	158969	112939	86829
私营企业	547472	1192953	2150192
其他企业	9960	14270	82117
港、澳、台商投资企业	13704	2300	21702
合资经营企业(港或澳、台资)	12804	2300	21702
合作经营企业(港或澳、台资)			
港、澳、台商独资经营企业			
港、澳、台商投资股份有限公司	900		
外商投资企业	780		
中外合资经营企业	780		
中外合作经营企业			
外资企业			
外商投资股份有限公司			
个体经营	2188		
个体户	2188		
个人合伙			
2. 按建设性质分			
(1)新建	1275306	977358	1690690
(2)扩建	1305645	1528065	1883640
(3)改建和技术改造	1444748	2183388	2326977
3. 按构成分			
建筑工程	2603978	3703537	4725092
安装工程	289922	264146	311489
设备工器具购置	1012912	1067958	1254018
其他费用	493140	601070	975624

注:本表含房地产开发投资,固定资产投资项目均为计划总投资500元以上项目。

3—8 续表1

单位:万元

	2011	2012	2013
4.按国民经济行业分			
农、林、牧、渔业	181588	261767	526672
农　业	81288	50176	198623
林　业	30219	87560	123385
畜牧业	44164	100852	129875
渔　业		980	12734
农、林、牧、渔服务业	25917	22199	62055
采矿业	1160249	1119961	1104048
煤炭开采和洗选业	1040229	910400	708425
石油和天然气开采业	45156	109000	113753
黑色金属矿采选业	63934	67321	238700
有色金属矿采选业	3500	3500	2000
非金属矿采选业	7430	3740	16370
其他采矿业		26000	24800
制造业	909576	1011019	1211579
农副食品加工业	34875	73446	155995
食品制造业	11139	15300	33092
饮料制造业	17810	21166	27160
烟草制品业			
纺织业	7141		13270
纺织服装、鞋、帽制造业		4500	17500
皮革、毛皮、羽毛(绒)及其制品业		1960	1900
木材加工及木、竹、藤、棕、草制品业	1980		3811
家具制造业	2060		8907
造纸及纸制品业	13975	17800	9145
印刷业和记录媒介的复制			
文教体育用品制造业	2200		
石油加工、炼焦及核燃料加工业	144556	103222	28430
化学原料及化学制品制造业	50260	32433	206435
医药制造业	7008	11118	26018
化学纤维制造业			
橡胶和塑料制品业		13436	21006
非金属矿物制品业	150288	214238	258799
黑色金属冶炼及压延加工业	205744	302792	39514
有色金属冶炼及压延加工业	14467	4050	11800
金属制品业	45647	9650	113559
通用设备制造业	11750	65634	26000
专用设备制造业	18730	48176	112671
交通运输设备制造业	39634	20900	2400
电气机械及器材制造业	3987	11700	51160
通信设备、计算机及其他电子设备制造业	106610	20000	
仪器仪表及文化、办公用机械制造业			11212
工艺品及其他制造业	8935		
废弃资源和废旧材料回收加工业	10780	19498	22795

3—8 续表2

单位:万元

	2011	2012	2013
电力、燃气及水的生产和供应业	229924	445562	657860
电力、热力的生产和供应业	173413	242943	425514
燃气生产和供应业	46468	171199	187907
水的生产和供应业	10043	31420	44439
建筑业	570		2548
房屋和土木工程建筑业	570		
建筑安装业			
建筑装饰业			
其他建筑业			
交通运输、仓储和邮政业	843527	504135	659468
铁路运输业	103192	78000	21085
道路运输业	712008	386176	561025
城市公共交通业			
水上运输业			
航空运输业		19690	
管道运输业			
装卸搬运和其他运输服务业	5600	8381	
仓储业	22227	11888	
邮政业	500		
信息传输、计算机服务和软件业	52496	35305	39814
电信和其他信息传输服务业	52496	35305	39814
计算机服务业			
软件业			
批发和零售业	203466	71972	221032
批发业	86605	33246	20168
零售业	116861	38726	200864
住宿和餐饮业	7500	30350	75463
住宿业	6890	29510	73101
餐饮业	610	840	2362
金融业	3496	4130	7350
银行业	3496	4130	7350
证券业			
保险业			
其他金融活动			
房地产业	374253	992618	1383170
房地产业	374253	992618	1383170
租赁和商务服务业	2603	11077	11297
租赁业			
商务服务业	2603	11077	11297

3—8 续表3

单位:万元

	2011	2012	2013
科学研究和技术服务业	30000	7260	9649
研究与试验发展		500	
专业技术服务业	30000	3260	
科技交流和推广服务业		3500	9649
水利、环境和公共设施管理业	280412	940163	1084009
水利管理业	91817	225958	105971
环境管理业	11730	82152	126137
公共设施管理业	176865	632053	851901
居民服务和其他服务业	1172		2300
居民服务业			
其他服务业	1172		2300
教　育	58098	59764	88149
教　育	58098	59764	88149
卫生和社会工作	28609	59930	72584
卫　生	27799	42246	65070
社会工作	810	17684	7514
文化、体育和娱乐业	22474	55690	80357
新闻出版业			
广播、电视、电影和音像业		6808	
文化艺术业	18215	36784	60973
体　育	4259	3918	17834
娱乐业		8180	1550
公共管理和社会组织	9939	26008	28874
中国共产党机关			
国家机构	8899	24513	24621
人民政协和民主党派			
群众团体、社会团体和宗教组织		400	1100
基层群众自治组织	1040	1095	520
国际组织			
国际组织			
三、新增固定资产(万元)	2400623	3805359	5167534
四、项目个数(个)			
1. 施工项目个数	782	924	1254
其中:本年新开工	782	924	1254
2. 本年投产项目个数	584	685	997
五、房屋建筑面积(万平方米)			
1. 施工面积	2979259	9006962	9634852
其中:住　宅	1652716	5995028	5452191
2. 竣工面积	1474902	2734862	3199401
其中:住　宅	607434	1716536	1890971

3—9 2011－2013年非国有控股投资分行业情况

单位:万元

	2011	2012	2013
总　　计	**2592375**	**3453469**	**4984862**
农、林、牧、渔业	120141	224405	469615
农　业	69647	41607	176212
林　业	7025	69878	99163
畜牧业	42669	108440	127646
渔　业		980	12734
农、林、牧、渔服务业	800	3500	53860
采矿业	493170	509054	767957
煤炭开采和洗选业	339859	380564	467900
石油和天然气开采业	45156	55400	29197
黑色金属矿采选业	96502	65733	252490
有色金属矿采选业	3500	3500	2000
非金属矿采选业	8153	3857	16370
制造业	1150297	1398942	1492485
农副食品加工业	47785	128972	193059
食品制造业	13939	18180	34028
饮料制造业	21060	24306	49179
纺织业	7141		13270
木材加工及木、竹、藤、棕、草制品业	2215		2948
家具制造业	2060	940	8907
造纸及纸制品业	13975	17800	16990
印刷业和记录媒介的复制			
文教体育用品制造业	2200		
石油加工、炼焦及核燃料加工业	177013	192796	83811
化学原料及化学制品制造业	75238	68429	74355
医药制造业	8571	21358	43408
塑料制品业		13436	83811
非金属矿物制品业	149400	246707	74355
黑色金属冶炼及压延加工业	158604	337970	43408
有色金属冶炼及压延加工业	21177	4050	20250
金属制品业	4915	37426	104262
通用设备制造业	199668	65634	77100
专用设备制造业	35293	44947	109204
交通运输设备制造业	52757	39886	37252
电气机械及器材制造业	113571	67282	92507
仪器仪表及文化、办公用机械制造业			15312
工艺品及其他制造业	8935	865	
废弃资源和废旧材料回收加工业	34780	41498	28361
电力、燃气及水的生产和供应业	60636	131981	238114
电力、热力的生产和供应业	38906	59181	103980
燃气生产和供应业	13800	57050	109771
水的生产和供应业	7930	15750	24363

3—9 续表

单位:万元

	2011	2012	2013
建筑业			2548
交通运输、仓储和邮政业	74957	112232	204943
铁路运输业	45000	78000	83581
道路运输业	4610	15960	47494
城市公共交通业			
装卸搬运和其他运输服务业	5600	8381	
仓储业	19747	9891	73868
信息传输、计算机服务和软件业			11100
计算机服务业			11100
批发和零售业	137743	69586	218813
批发业	35240	26167	21642
零售业	102503	43419	197171
住宿和餐饮业	10674	40755	79167
住宿业	10064	39915	78507
餐饮业	610	840	660
金融业	3106		6020
银行业	3106		6020
房地产业	447369	809836	1105320
房地产业	447369	809836	1105320
租赁和商务服务业			
商务服务业			
科学研究、技术服务和地质勘查业	5000	14860	4759
科技交流和推广服务业	5000	13500	4029
地质勘查业			
水利、环境和公共设施管理业	73206	102656	316526
水利管理业	2200	19600	5498
环境管理业	117		12399
公共设施管理业	70889	83056	298629
居民服务和其他服务业	3172		
其他服务业	3172		
教　育	2650	12230	17268
教　育	2650	12230	17268
卫生、社会保障和社会福利业	594	12602	11437
卫　生		3500	6837
社会福利业	594	9102	4600
文化、体育和娱乐业	8620	14330	37090
文化艺术业	8620	3150	30940
娱乐业		8180	950
公共管理和社会组织	1040		1700
基层群众自治组织	1040		1100

3—10 分行业固定资产投资(2013年)

单位:万元、平方米

指标	计划总投资	本年完成投资	#住宅	本年新增固定资产	本年施工房屋面积	#住宅	本年竣工房屋面积	#住宅
总计	**18917573**	**9706903**	**898167**	**7664431**	**11708114**	**6817854**	**4325871**	**2392590**
农、林、牧、渔业	703059	540929	300	478537	257472	600	178502	
农业	303510	202974		142882	127810		107800	
林业	122552	123385		123385				
畜牧业	200731	139096	300	135961	32520	600	23560	
渔业	12734	12734		12734	500		500	
农、林、牧、渔服务业	63532	62740		63575	96642		46642	
采矿业	4292991	2112281	81	1561995	162974	500	16974	500
煤炭开采和洗选业	3779566	1680394		1165864	145244			
石油和天然气开采业	184753	135197		159303				
黑色金属矿采选业	284112	253520	81	195573	17154	500	16654	500
有色金属矿采选业	1800	2000		2000				
非金属矿采选业	17960	16370		14455	576		320	
开采辅助活动	24800	24800		24800				
制造业	4006592	1721297	5976	1615385	906044	19046	451650	6241
农副食品加工业	365055	195577	2638	167363	216839	14305	84328	1500
食品制造业	38979	34028	200	27918	29542	2000	22750	2000
酒、饮料和精制茶制造业	110529	49179		40979	24300		6500	
纺织业	12300	13270		13270	1000		1000	
纺织服装、服饰业	17500	17500		17500	40000		40000	
皮革、毛皮、羽毛及其制品和制鞋业	1900	1900		1900	4235			
木材加工和木、竹、藤、棕、草制品业	3811	3811		3811	2079			
家具制造业	9700	8907	3070	6970	9000	2500	2500	2500
造纸和纸制品业	34790	16990		34790	3895			
石油加工、炼焦和核燃料加工业	218797	103308		112745	5000			
化学原料和化学制品制造业	1076930	217955		83407	73018		24918	
医药制造业	64371	43408		48269	36800		36800	
橡胶和塑料制品业	26920	22310		19520	19000		10000	
非金属矿物制品业	613424	329283	68	258056	126450	241	92310	241
黑色金属冶炼和压延加工业	282384	124369		187134	33000		33000	
有色金属冶炼和压延加工业	30700	20250		19400	4038		2038	
金属制品业	235710	114559		89457	136900			
通用设备制造业	104951	77100		88300	34671		32529	
专用设备制造业	235747	142161		154920	25000		8500	
汽车制造业	176310	36302		51670				
铁路、船舶、航空航天和其他运输设备制造业	950	950		950	1300		1300	
电气机械和器材制造业	272458	92507		131280	39200		12400	
计算机、通信和其他电子设备制造业	20000	3000		3000				
仪器仪表制造业	15312	15312		15312				
废弃资源综合利用业	28464	28361		28464	32777		32777	
金属制品、机械和设备修理业	8600	9000		9000	8000		8000	
电力、热力、燃气及水生产和供应业	1401966	845265		779147	92953		16919	
电力、热力生产和供应业	903500	559801		425637	71529		1819	
燃气生产和供应业	435113	238535		305781	21152		15100	
水的生产和供应业	63353	46929		47729	272			
建筑业	4292	2548			19264			
土木工程建筑业	4292	2548			19264			
批发和零售业	384763	244264	400	151256	1047118	89743	304621	
批发业	33316	25721		33326	143678		61486	
零售业	351447	218543	400	117930	903440	89743	243135	
交通运输、仓储和邮政业	2987320	1133387	9020	624701	333642	37000	264890	37000
铁路运输业	543522	116151		65006	144480		144480	

注:本表不含房地产开发投资。

3—10 续表

单位：万元、平方米

指　　标	计　划总投资	本年完成投资	#住　宅	本　年新增固定资产	本　年施工房屋面积	#住　宅	本　年竣工房屋面积	#住　宅
道路运输业	2246982	876536	9020	508065	74370	37000	74370	37000
航空运输业	81682	63342						
仓储业	115134	77358		51630	114792		46040	
住宿和餐饮业	144495	81529	1250	89745	218318	15982	84298	15982
住宿业	140675	78507	1250	85885	215118	15982	81098	15982
餐饮业	3820	3022		3860	3200		3200	
信息传输、软件和信息技术服务业	57037	51629		50737	21903			
电信、广播电视和卫星传输服务	45937	40529		39637	21903			
软件和信息技术服务业	11100	11100		11100				
金融业	11710	9640		9730	22308		3848	
货币金融服务	11710	9640		9730	22308		3848	
房地产业	1996158	1268899	863790	897499	6881215	6208650	2379442	2286534
房地产业	1996158	1268899	863790	897499	6881215	6208650	2379442	2286534
租赁和商务服务业	15716	11297		4385	16946			
商务服务业	15716	11297		4385	16946			
科学研究和技术服务业	19509	11279		6949	16207		3300	
研究和试验发展	1580	730			3325			
专业技术服务业	6500	900			8182			
科技推广和应用服务业	11429	9649		6949	4700		3300	
水利、环境和公共设施管理业	2175790	1299929	13750	955807	120520	38333	46133	38333
水利管理业	161084	115876		107525				
生态保护和环境治理业	450665	213672		125538				
公共设施管理业	1564041	970381	13750	722744	120520	38333	46133	38333
居民服务、修理和其他服务业	2300	2300		2300	4600			
机动车、电子产品和日用产品修理业	2300	2300		2300	4600			
教　育	173700	112884		125208	441266		199671	
教　育	173700	112884		125208	441266		199671	
卫生和社会工作	293262	116320	3600	150507	807685	408000	222147	8000
卫　生	255175	108656		145907	393036		212647	
社会工作	38087	7664	3600	4600	414649	408000	9500	8000
文化、体育和娱乐业	173636	101443		127119	199133		125173	
文化艺术业	120675	79867		89645	147472		97900	
体　育	50368	20026		36874	50461		27273	
娱乐业	2593	1550		600	1200			
公共管理、社会保障和社会组织	73277	39783		33424	138546		28303	
国家机构	63487	34730		31511	121236		28303	
社会保障	3737	2633		1393	10631			
群众团体、社会团体和其他成员组织	3560	1250			6679			
基层群众自治组织	2493	1170		520				

3—11 按控股情况分行业固定资产投资(2013年)

单位:万元

指　　标	总　计	国有控股	集体控股	私人控股	港澳台商控股	外商控股	其　他
总　　计	**9706903**	**5340446**	**583872**	**3426056**			**356529**
农、林、牧、渔业	540929	71314	62296	393349			13970
农　业	202974	26762	40826	132326			3060
林　业	123385	24222	7145	92018			
畜牧业	139096	11450	13725	106071			7850
渔　业	12734		600	12134			
农、林、牧、渔服务业	62740	8880		50800			3060
采矿业	2096501	1344324	7178	686490			58509
煤炭开采和洗选业	1664614	1212494	7178	420407			24535
石油和天然气开采业	135197	106000		9197			20000
黑色金属矿采选业	253520	1030		239316			13174
有色金属矿采选业	2000			2000			
非金属矿采选业	16370			15570			800
开采辅助活动	24800	24800					
制造业	1721297	228812	47600	1293535			151350
农副食品加工业	195577	2518	3800	151057			38202
食品制造业	34028		3000	31028			
酒、饮料和精制茶制造业	49179		2180	46999			
纺织业	13270			2410			10860
纺织服装、服饰业	17500	17500					
皮革、毛皮、羽毛及其制品和制鞋业	1900			1900			
木材加工和木、竹、藤、棕、草制品业	3811	863		2948			
家具制造业	8907			8907			
造纸和纸制品业	16990			16990			
石油加工、炼焦和核燃料加工业	103308	19497		66271			17540
化学原料和化学制品制造业	217955	143600	2790	69005			2560
医药制造业	43408			43408			
橡胶和塑料制品业	22310			22310			
非金属矿物制品业	329283	1580	25032	276422			26249
黑色金属冶炼和压延加工业	124369			123800			569
有色金属冶炼和压延加工业	20250			20250			
金属制品业	114559	10297		77762			26500
通用设备制造业	77100			58580			18520
专用设备制造业	142161	32957	10798	98406			
汽车制造业	36302			36302			
铁路、船舶、航空航天和其他运输设备制造业	950						950
电气机械和器材制造业	92507			92507			
计算机、通信和其他电子设备制造业	3000			3000			
仪器仪表制造业	15312			15312			
废弃资源综合利用业	28361			18961			9400
金属制品、机械和设备修理业	9000			9000			
电力、热力、燃气及水生产和供应业	852145	607151	7230	228685			9079
电力、热力生产和供应业	570481	455821	2000	105181			7479
燃气生产和供应业	234735	128764	5230	99141			1600
水的生产和供应业	46929	22566		24363			
建筑业	2548			2548			
土木工程建筑业	2548			2548			
批发和零售业	244264	25451	57730	157190			3893
批发业	25721	4079	5300	14342			2000
零售业	218543	21372	52430	142848			1893

注:本表不含房地产开发投资。

3—11　续表

单位:万元

指　　标	总　计	国有控股	集体控股	私人控股	港澳台商控　股	外商控股	其　他
交通运输、仓储和邮政业	1043613	838670	11840	177914			15189
铁路运输业	116151	32570		83581			
道路运输业	786762	739268	11840	33754			1900
航空运输业	63342	63342					
仓储业	77358	3490		60579			13289
住宿和餐饮业	81529	2362		79167			
住宿业	78507			78507			
餐饮业	3022	2362		660			
信息传输、软件和信息技术服务业	51629	40529		11100			
电信、广播电视和卫星传输服务	40529	40529					
软件和信息技术服务业	11100			11100			
金融业	9640	3620	6020				
货币金融服务	9640	3620	6020				
房地产业	1274039	787124	335892	94538			56485
房地产业	1274039	787124	335892	94538			56485
租赁和商务服务业	9497	9497					
商务服务业	9497	9497					
科学研究和技术服务业	11279	6520		4759			
研究和试验发展	730			730			
专业技术服务业	900	900					
科技推广和应用服务业	9649	5620		4029			
水利、环境和公共设施管理业	1393463	1068037	18288	263034			44104
水利管理业	115876	110378	4598	900			
生态保护和环境治理业	221672	201273		20399			
公共设施管理业	1055915	756386	13690	241735			44104
居民服务、修理和其他服务业	2300	2300					
机动车、电子产品和日用产品修理业	2300	2300					
教　育	112884	95616	2101	15167			
教　育	112884	95616	2101	15167			
卫生和社会工作	116320	104883	6037	4600			800
卫　生	108656	101819	2237	4600			
社会工作	7664	3064	3800				800
文化、体育和娱乐业	101443	64353	21060	13980			2050
文化艺术业	79867	48927	17840	12000			1100
体　育	20026	14826	3220	1980			
娱乐业	1550	600					950
公共管理、社会保障和社会组织	41583	39883	600				1100
国家机构	36530	35930	600				
社会保障	2633	2633					
群众团体、社会团体和其他成员组织	1250	150					1100
基层群众自治组织	1170	1170					

3—12 按隶属关系分行业固定资产投资(2013年)

单位:万元

指标	总计	中央	省属	市属	县属	其他
总计	**9706903**	**417482**	**1589224**	**221781**	**3110684**	**4367732**
农、林、牧、渔业	540929	1176	14420		77486	447847
农业	202974		14420		30670	157884
林业	123385	1176			30191	92018
畜牧业	139096				7910	131186
渔业	12734					12734
农、林、牧、渔服务业	62740				8715	54025
采矿业	2096501	253377	760643	41254	361233	679994
煤炭开采和洗选业	1664614	122577	760643	41254	340203	399937
石油和天然气开采业	135197	106000			20000	9197
黑色金属矿采选业	253520				1030	252490
有色金属矿采选业	2000					2000
非金属矿采选业	16370					16370
开采辅助活动	24800	24800				
制造业	1721297	10297	169138		120704	1421158
农副食品加工业	195577				2518	193059
食品制造业	34028				9092	24936
酒、饮料和精制茶制造业	49179				2064	47115
纺织业	13270					13270
纺织服装、服饰业	17500				17500	
皮革、毛皮、羽毛及其制品和制鞋业	1900				1900	
木材加工和木、竹、藤、棕、草制品业	3811				863	2948
家具制造业	8907					8907
造纸和纸制品业	16990				6689	10301
石油加工、炼焦和核燃料加工业	103308		17538		1959	83811
化学原料和化学制品制造业	217955		143600			74355
医药制造业	43408				530	42878
橡胶和塑料制品业	22310					22310
非金属矿物制品业	329283				6650	322633
黑色金属冶炼和压延加工业	124369				5982	118387
有色金属冶炼和压延加工业	20250					20250
金属制品业	114559	10297				104262
通用设备制造业	77100					77100
专用设备制造业	142161		8000		59957	74204
汽车制造业	36302					36302
铁路、船舶、航空航天和其他运输设备制造业	950					950
电气机械和器材制造业	92507				5000	87507
计算机、通信和其他电子设备制造业	3000					3000
仪器仪表制造业	15312					15312
废弃资源综合利用业	28361					28361
金属制品、机械和设备修理业	9000					9000
电力、热力、燃气及水生产和供应业	852145	78342	298957	16404	148100	310342
电力、热力生产和供应业	570481	78342	196121	13785	85555	196678
燃气生产和供应业	234735		91547	2619	50168	90401
水的生产和供应业	46929		11289		12377	23263
建筑业	2548				2548	
土木工程建筑业	2548				2548	

注:本表不含房地产开发投资。

3—12 续表

单位:万元

指标	总计	中央	省属	市属	县属	其他
批发和零售业	244264			353	20783	223128
批发业	25721			353	5626	19742
零售业	218543				15157	203386
交通运输、仓储和邮政业	1043613	5397	257568	90170	501640	188838
铁路运输业	116151				65006	51145
道路运输业	786762	5397	257568	26828	431944	65025
航空运输业	63342			63342		
仓储业	77358				4690	72668
住宿和餐饮业	81529				11242	70287
住宿业	78507				8880	69627
餐饮业	3022				2362	660
信息传输、软件和信息技术服务业	51629	37737	715		13177	
电信、广播电视和卫星传输服务	40529	37737	715		2077	
软件和信息技术服务业	11100				11100	
金融业	9640	3450			6190	
货币金融服务	9640	3450			6190	
房地产业	1274039	19989	62790	31018	597988	562254
房地产业	1274039	19989	62790	31018	597988	562254
租赁和商务服务业	9497			6912	2585	
商务服务业	9497			6912	2585	
科学研究和技术服务业	11279			900	5620	4759
研究和试验发展	730					730
专业技术服务业	900			900		
科技推广和应用服务业	9649				5620	4029
水利、环境和公共设施管理业	1393463	6020	5425	2400	1008169	371449
水利管理业	115876			2400	95793	17683
生态保护和环境治理业	221672		1800		200353	19519
公共设施管理业	1055915	6020	3625		712023	334247
居民服务、修理和其他服务业	2300				2300	
机动车、电子产品和日用产品修理业	2300				2300	
教育	112884		4500	9644	76674	22066
教育	112884		4500	9644	76674	22066
卫生和社会工作	116320		15068	17820	70965	12467
卫生	108656		12154	17820	70815	7867
社会工作	7664		2914		150	4600
文化、体育和娱乐业	101443				55501	45942
文化艺术业	79867				40075	39792
体育	20026				14826	5200
娱乐业	1550				600	950
公共管理、社会保障和社会组织	41583	1697		4906	27779	7201
国家机构	36530	1697		4906	24346	5581
社会保障	2633				2633	
群众团体、社会团体和其他成员组织	1250				150	1100
基层群众自治组织	1170				650	520

3—13 按登记注册类型分

指　标	总　计	内　资企　业	国　有企　业	集　体企　业	股份合作企业
总　计	**9706903**	**9684489**	**4466949**	**544794**	**20602**
农、林、牧、渔业	540929	540929	71314	61196	1100
农　业	202974	202974	26762	40826	
林　业	123385	123385	24222	7145	
畜牧业	139096	139096	11450	12625	1100
渔　业	12734	12734		600	
农、林、牧、渔服务业	62740	62740	8880		
采矿业	2096501	2096501	763646	3800	
煤炭开采和洗选业	1664614	1664614	691816	3800	
石油和天然气开采业	135197	135197	46000		
黑色金属矿采选业	253520	253520	1030		
有色金属矿采选业	2000	2000			
非金属矿采选业	16370	16370			
其他采矿业	24800	24800	24800		
制造业	1628790	1628221	220622	18080	18722
农副食品加工业	195577	195577	2518	3800	
食品制造业	34028	34028		3000	
饮料制造业	49179	49179		2180	
纺织业	13270	13270			
纺织服装、鞋、帽制造业	17500	17500	17500		
皮革、毛皮、羽毛(绒)及其制品业	1900	1900			
木材加工及木、竹、藤、棕、草制	3811	3811	863		
家具制造业	8907	8907			
造纸及纸制品业	16990	16990			
石油加工、炼焦及核燃料加工业	103308	103308	17538		
化学原料及化学制品制造业	217955	217955	137369	2790	
医药制造业	43408	43408			
橡胶制品业	22310	22310			
塑料制品业	329283	329283	1580	6310	18722
非金属矿物制品业	124369	123800			
黑色金属冶炼及压延加工业	20250	20250			
有色金属冶炼及压延加工业	114559	114559	10297		
金属制品业	77100	77100			
通用设备制造业	142161	142161	32957		
专用设备制造业	36302	36302			
交通运输设备制造业	950	950			
电气机械及器材制造业	3000	3000			
通信设备、计算机及其他电子设备	15312	15312			
工艺品及其他制造业	28361	28361			
废弃资源和废旧材料回收加工业	9000	9000			
电力、燃气及水的生产和供应业	852145	845345	511447	6450	780
电力、热力的生产和供应业	570481	563681	383999	2000	
燃气生产和供应业	234735	234735	104882	4450	780
水的生产和供应业	46929	46929	22566		
建筑业	2548	2548			
建筑安装业	2548	2548			

注:本表不含房地产开发投资。

行业固定资产投资（2013 年）

单位：万元

联营企业	集体联营企业	有限责任公司	国有独资公司	其他有限责任公司	股份有限公司
3378	**3378**	**2041910**	**100974**	**1940936**	**146289**
		65743		65743	
		47746		47746	
		13637		13637	
		4360		4360	
3378	3378	931796	92392	839404	75668
3378	3378	824067	41392	782675	75668
		88753	51000	37753	
		14376		14376	
		4600		4600	
		376595		376595	15419
		70552		70552	
		7982		7982	
		2064		2064	5200
		10860		10860	
		1900		1900	
					888
		7189		7189	
		21499		21499	
		13720		13720	6231
		90998		90998	3100
		14663		14663	
		2900		2900	
		31100		31100	
		38520		38520	
		47848		47848	
		1450		1450	
		950		950	
		3000		3000	
		9400		9400	
		155650	1882	153768	12000
		96198		96198	
		53282	1882	51400	12000
		6170		6170	
		2548		2548	
		2548		2548	

3－13 续

指　　标	私营企业	私营独资企业	私营合伙企业	私营有限责任公司	私营股份有限公司	其他企业
总　　计	**2376020**	**227374**	**135358**	**1831470**	**181818**	**84547**
农、林、牧、渔业	338516	52324	44170	189454	52568	3060
农　业	84580	26150	6157	52273		3060
林　业	92018	3838	1360	86820		
畜牧业	100284	20836	35423	39457	4568	
渔　业	12134		1230	10904		
农、林、牧、渔服务业	49500	1500			48000	
采矿业	318213	25420	5610	281183	6000	
煤炭开采和洗选业	65885	14130		45755	6000	
石油和天然气开采业	444			444		
黑色金属矿采选业	238114	7390		230724		
有色金属矿采选业	2000			2000		
非金属矿采选业	11770	3900	5610	2260		
其他采矿业						
制造业	978253	101886	65898	753391	57078	530
农副食品加工业	118707	26501		86370	5836	
食品制造业	23046	5610		16936	500	
饮料制造业	39735	580		39155		
纺织业	2410	1610	800			
纺织服装、鞋、帽制造业						
皮革、毛皮、羽毛(绒)及其制品业						
木材加工及木、竹、藤、棕、草制	2060	1200		860		
家具制造业	8907	5070		3837		
造纸及纸制品业	9801			9801		
石油加工、炼焦及核燃料加工业	64271	30200		16071	18000	
化学原料及化学制品制造业	57845	9962		47883		
医药制造业	42878	1491		41387		530
橡胶制品业	22310			22310		
塑料制品业	208573	16652	45623	129566	16732	
非金属矿物制品业	109137	1500		105577	2060	
黑色金属冶炼及压延加工业	17350			9350	8000	
有色金属冶炼及压延加工业	73162		1987	71175		
金属制品业	38580			32630	5950	
通用设备制造业	61356	1510	6000	53846		
专用设备制造业	34852		7588	27264		
交通运输设备制造业						
电气机械及器材制造业						
通信设备、计算机及其他电子设备	15312			15312		
工艺品及其他制造业	18961		3900	15061		
废弃资源和废旧材料回收加工业	9000			9000		
电力、燃气及水的生产和供应业	159018	4452		113408	41158	
电力、热力的生产和供应业	81484			57984	23500	
燃气生产和供应业	59341	2752		38931	17658	
水的生产和供应业	18193	1700		16493		
建筑业						
建筑安装业						

表1

单位:万元

港、澳、台商投资企业	合资经营企业(港或澳、台资)	外商投资企业	中外合资经营企业	个体经营	个体户
6800	**6800**	**569**	**569**	**15045**	**15045**
		569	569		
		569	569		

3—13 续

指　　标	总　计	内　资 企　业	国　有 企　业	集　体 企　业	股份合 作企业
交通运输、仓储和邮政业	1287877	1287877	824846	65270	
铁路运输业	25721	25721	4079	5300	
道路运输业	218543	218543	21372	48130	
城市公共交通业	116151	116151	2510		
水上运输业	786762	786762	730053	11840	
管道运输业	63342	63342	63342		
邮政业	77358	77358	3490		
信息传输、计算机服务和软件业	81529	77919	2362		
计算机服务业	78507	74897			
软件业	3022	3022	2362		
批发和零售业	51629	51629	6977		
批发业	40529	40529	6977		
零售业	11100	11100			
住宿和餐饮业	9640	9640	2220	6020	
住宿业	9640	9640	2220	6020	
金融业	1274039	1262604	735481	335892	
保险业	1274039	1262604	735481	335892	
房地产业	9497	9497	9497		
房地产业	9497	9497	9497		
租赁和商务服务业	1630	1630	900		
租赁业	730	730			
商务服务业	900	900	900		
科学研究、技术服务和地质勘查业	1403112	1403112	1027145	18288	
研究与试验发展	9649	9649	5620		
专业技术服务业	115876	115876	108866	4598	
科技交流和推广服务业	221672	221672	156273		
地质勘查业	1055915	1055915	756386	13690	
水利、环境和公共设施管理业	2300	2300	2300		
环境管理业	2300	2300	2300		
居民服务和其他服务业	221540	221540	197435	4338	
居民服务业	112884	112884	95616	2101	
其他服务业	108656	108656	101819	2237	
教　育	7664	7664	3064	3800	
教　育	7664	7664	3064	3800	
卫生、社会保障和社会福利业	79867	79867	33684	17840	
社会福利业	79867	79867	33684	17840	
文化、体育和娱乐业	58106	58106	50056	3820	
新闻出版业	20026	20026	13526	3220	
广播、电视、电影和音像业	1550	1550	600		
体育	36530	36530	35930	600	
公共管理和社会组织	5053	5053	3953		
中国共产党机关	2633	2633	2633		
国家机构	1250	1250	150		
人民政协和民主党派	1170	1170	1170		

表 2

单位:万元

联营企业	集体联营企业	有限责任公司	国有独资公司	其他有限责任公司	股份有限公司
		214882		214882	8250
		5000		5000	
		56203		56203	
		108791		108791	
		34089		34089	
		10799		10799	8250
		13886		13886	
		13886		13886	
		11100		11100	33552
					33552
		11100		11100	
					1400
					1400
		52419	6700	45719	
		52419	6700	45719	
		730		730	
		730		730	
		158258		158258	
		2412		2412	
		54500		54500	
		101346		101346	
		1430		1430	
		1430		1430	
		15243		15243	
		15243		15243	
		2250		2250	
		1300		1300	
		950		950	

3－13　续

指　　标	私营企业	私营独资企业	私营合伙企业	私营有限责任公司	私营股份有限公司	其他企业
交通运输、仓储和邮政业	172729	450	7360	158124	6795	1900
铁路运输业	11342			11342		
道路运输业	92838			92838		
城市公共交通业	4850			4850		
水上运输业	8880		7360	1520		1900
管道运输业						
邮政业	54819	450		47574	6795	
信息传输、计算机服务和软件业	61671			61671		
计算机服务业	61011			61011		
软件业	660			660		
批发和零售业						
批发业						
零售业						
住宿和餐饮业						
住宿业						
金融业	64755	24898	12320	17398	10139	74057
保险业	64755	24898	12320	17398	10139	74057
房地产业						
房地产业						
租赁和商务服务业						
租赁业						
商务服务业						
科学研究、技术服务和地质勘查业	197421	12394		179327	5700	2000
研究与试验发展	4029	4029				
专业技术服务业						
科技交流和推广服务业	10899			10899		
地质勘查业	182493	8365		168428	5700	2000
水利、环境和公共设施管理业						
环境管理业						
居民服务和其他服务业	18337	5550		10407	2380	
居民服务业	13737	5050		6307	2380	
其他服务业	4600	500		4100		
教　育						800
教　育						800
卫生、社会保障和社会福利业	12000			12000		1100
社会福利业	12000			12000		1100
文化、体育和娱乐业	1980			1980		
新闻出版业	1980			1980		
广播、电视、电影和音像业						
体育						
公共管理和社会组织						1100
中国共产党机关						
国家机构						1100
人民政协和民主党派						

表3

单位:万元

港、澳、台商投资企业	合资经营企业(港或澳、台资)	外商投资企业	中外合资经营企业	个体经营	个体户
			3610	3610	
			3610	3610	
			11435	11435	
			11435	11435	

3—14 按构成分行业固定资产投资(2013 年)

指　　标	总　计	#住　宅	建筑工程	安装工程	设备工器具购置	其他费用
总　　计	**9706903**	**898167**	**6335673**	**437562**	**1791623**	**1142045**
农、林、牧、渔业	540929	300	393421	8529	56968	82011
农　业	202974		151749	2195	19057	29973
林　业	123385		81435	1000	8240	32710
畜牧业	139096	300	109789	2773	18107	8427
渔　业	12734		8682		842	3210
农、林、牧、渔服务业	62740		41766	2561	10722	7691
采矿业	2096501	81	1127484	159120	586101	223796
煤炭开采和洗选业	1664614		901633	132281	419968	210732
石油和天然气开采业	135197		121963	2291	10593	350
黑色金属矿采选业	253520	81	72611	18336	150364	12209
有色金属矿采选业	2000		1450	100	450	
非金属矿采选业	16370		9987	1152	4726	505
开采辅助活动	24800		19840	4960		
制造业	1721297	5976	804911	98092	666960	151334
农副食品加工业	195577	2638	137002	4809	46666	7100
食品制造业	34028	200	19035	2926	10770	1297
酒、饮料和精制茶制造业	49179		43113	290	2282	3494
纺织业	13270		2720	300	9355	895
纺织服装、服饰业	17500		15700	1500	200	100
皮革、毛皮、羽毛及其制品和制鞋业	1900		1900			
木材加工和木、竹、藤、棕、草制品业	3811		3094	107	610	
家具制造业	8907	3070	4462	453	3227	765
造纸和纸制品业	16990		14061	325	2604	
石油加工、炼焦和核燃料加工业	103308		46135	9459	40636	7078
化学原料和化学制品制造业	217955		42957	7195	73572	94231
医药制造业	43408		25432	1422	16234	320
橡胶和塑料制品业	22310		6556	2037	11047	2670
非金属矿物制品业	329283	68	158471	17020	138547	15245
黑色金属冶炼和压延加工业	124369		47795	16525	59192	857
有色金属冶炼和压延加工业	20250		8981	1165	10104	
金属制品业	114559		39493	6448	67818	800
通用设备制造业	77100		21922	6250	45928	3000
专用设备制造业	142161		81970	8120	47961	4110
汽车制造业	36302		25414	1888	9000	
铁路、船舶、航空航天和其他运输设备制造业	950		150		800	
电气机械和器材制造业	92507		43733	6619	33933	8222
计算机、通信和其他电子设备制造业	3000			500	2500	
仪器仪表制造业	15312		2955	910	11447	
废弃资源综合利用业	28361		9240	324	18447	350
金属制品、机械和设备修理业	9000		2620	1500	4080	800
电力、热力、燃气及水生产和供应业	852145		446752	112367	264442	28584
电力、热力生产和供应业	570481		276241	73875	197775	22590
燃气生产和供应业	234735		145730	34673	49784	4548
水的生产和供应业	46929		24781	3819	16883	1446
建筑业	2548		2548			
土木工程建筑业	2548		2548			

注:本表不含房地产开发投资。

3—14 续表

单位:万元

指 标	总 计	#住 宅	建筑工程	安装工程	设备工器具购置	其他费用
批发和零售业	244264	400	193347	655	2973	47289
批发业	25721		23835	105	993	788
零售业	218543	400	169512	550	1980	46501
交通运输、仓储和邮政业	1043613	9020	899317	8857	71181	64258
铁路运输业	116151		76820	5245	26281	7805
道路运输业	786762	9020	743911	1870	13152	27829
航空运输业	63342		31842		12000	19500
仓储业	77358		46744	1742	19748	9124
住宿和餐饮业	81529	1250	56288	2972	6846	15423
住宿业	78507	1250	53396	2972	6846	15293
餐饮业	3022		2892			130
信息传输、软件和信息技术服务业	51629		3771	3429	38157	6272
电信、广播电视和卫星传输服务	40529		3771	3429	27057	6272
软件和信息技术服务业	11100				11100	
金融业	9640		9570	70		
货币金融服务	9640		9570	70		
房地产业	1274039	863790	1020617	12716	23731	216975
房地产业	1274039	863790	1020617	12716	23731	216975
租赁和商务服务业	9497		9497			
商务服务业	9497		9497			
科学研究和技术服务业	11279		6712	158	2852	1557
研究和试验发展	730		730			
专业技术服务业	900		900			
科技推广和应用服务业	9649		5082	158	2852	1557
水利、环境和公共设施管理业	1393463	13750	1062403	16012	42886	272162
水利管理业	115876		110169	1029	2353	2325
生态保护和环境治理业	221672		210229	1270	2719	7454
公共设施管理业	1055915	13750	742005	13713	37814	262383
居民服务、修理和其他服务业	2300		1485		215	600
机动车、电子产品和日用产品修理业	2300		1485		215	600
教 育	112884		94480	1400	8321	8683
教 育	112884		94480	1400	8321	8683
卫生和社会工作	116320	3600	82761	3113	15315	15131
卫 生	108656		78776	3058	14725	12097
社会工作	7664	3600	3985	55	590	3034
文化、体育和娱乐业	101443		85086	8991	1912	5454
文化艺术业	79867		66253	7441	1442	4731
体 育	20026		17283	1550	470	723
娱乐业	1550		1550			
公共管理、社会保障和社会组织	41583		35223	1081	2763	2516
国家机构	36530		30486	1071	2640	2333
社会保障	2633		2320	10	120	183
群众团体、社会团体和其他成员组织	1250		1250			
基层群众自治组织	1170		1167		3	

3—15 按建设性质分行业固定资产投资(2013 年)

指　　标	总　计	新　建	扩　建	改 建 和 技术改造	单纯建造 生活设施	迁　建	恢　复	单纯购置
总　　计	**9706903**	**2522755**	**2746244**	**3114851**	**1245886**	**4025**	**23820**	**49322**
农、林、牧、渔业	540929	347507	180194	12708				520
农　业	202974	108939	92335	1700				
林　业	123385	83506	38479	1400				
畜牧业	139096	89781	45555	3760				
渔　业	12734	12134	600					
农、林、牧、渔服务业	62740	53147	3225	5848				520
采矿业	2096501	111713	921773	1045865				17150
煤炭开采和洗选业	1664614	43227	611746	992491				17150
石油和天然气开采业	135197	51444	63753	20000				
黑色金属矿采选业	253520	2722	218224	32574				
有色金属矿采选业	2000	2000						
非金属矿采选业	16370	12320	3250	800				
开采辅助活动	24800		24800					
制造业	1721297	952934	502797	221496	4000		23820	16250
农副食品加工业	195577	124110	71467					
食品制造业	34028	20826	10102	3100				
酒、饮料和精制茶制造业	49179	41495	6319	1365				
纺织业	13270	2410		10860				
纺织服装、服饰业	17500		17500					
皮革、毛皮、羽毛及其制品和制鞋业	1900	1900						
木材加工和木、竹、藤、棕、草制品业	3811	2948		863				
家具制造业	8907	8907						
造纸和纸制品业	16990	4416	4729	7845				
石油加工、炼焦和核燃料加工业	103308	22110	66139	11059	4000			
化学原料和化学制品制造业	217955	209446	8509					
医药制造业	43408	29139	13760	509				
橡胶和塑料制品业	22310	15200	7110					
非金属矿物制品业	329283	207836	77220	44227				
黑色金属冶炼和压延加工业	124369	21771	82814	19784				
有色金属冶炼和压延加工业	20250	5550	6700	8000				
金属制品业	114559	33357	40105	41097				
通用设备制造业	77100	24680	13570	33850				5000
专用设备制造业	142161	65406	51798	24957				
汽车制造业	36302	30688	1450	4164				
铁路、船舶、航空航天和其他运输设备制造业	950	950						
电气机械和器材制造业	92507	48327	18360				23820	2000
计算机、通信和其他电子设备制造业	3000	3000						
仪器仪表制造业	15312	10567	645					4100
废弃资源综合利用业	28361	8895	4500	9816				5150
金属制品、机械和设备修理业	9000	9000						
电力、热力、燃气及水生产和供应业	852145	229553	299547	322343				702
电力、热力生产和供应业	570481	127700	161811	280268				702
燃气生产和供应业	234735	100013	126722	8000				
水的生产和供应业	46929	1840	11014	34075				
建筑业	2548		2548					
土木工程建筑业	2548		2548					

注:本表不含房地产开发投资。

3—15 续表

单位：万元

指　　标	总　计	新　建	扩　建	改 建 和 技术改造	单纯建造 生活设施	迁　建	恢　复	单纯购置
批发和零售业	244264	115474	83116	45674				
批发业	25721	16192	6829	2700				
零售业	218543	99282	76287	42974				
交通运输、仓储和邮政业	1043613	312520	156547	574546				
铁路运输业	116151	35160	72366	8625				
道路运输业	786762	214742	72931	499089				
航空运输业	63342			63342				
仓储业	77358	62618	11250	3490				
住宿和餐饮业	81529	57927	21240	2362				
住宿业	78507	57927	20580					
餐饮业	3022		660	2362				
信息传输、软件和信息技术服务业	51629	3477	37052					11100
电信、广播电视和卫星传输服务	40529	3477	37052					
软件和信息技术服务业	11100							11100
金融业	9640		9640					
货币金融服务	9640		9640					
房地产业	1274039	31514	4733	5140	1232652			
房地产业	1274039	31514	4733	5140	1232652			
租赁和商务服务业	9497	2585	6912					
商务服务业	9497	2585	6912					
科学研究和技术服务业	11279	7779	800	2700				
研究和试验发展	730	730						
专业技术服务业	900	900						
科技推广和应用服务业	9649	6149	800	2700				
水利、环境和公共设施管理业	1393463	220118	315652	848959	8734			
水利管理业	115876		19643	96233				
生态保护和环境治理业	221672		20975	200697				
公共设施管理业	1055915	220118	275034	552029	8734			
居民服务、修理和其他服务业	2300		2300					
机动车、电子产品和日用产品修理业	2300		2300					
教　育	112884	40424	59227	10733	500			2000
教　育	112884	40424	59227	10733	500			2000
卫生和社会工作	116320	60010	51688	3022				1600
卫　生	108656	55410	48624	3022				1600
社会工作	7664	4600	3064					
文化、体育和娱乐业	101443	17419	67376	16648				
文化艺术业	79867	11526	53673	14668				
体　育	20026	4943	13103	1980				
娱乐业	1550	950	600					
公共管理、社会保障和社会组织	41583	11801	23102	2655		4025		
国家机构	36530	11151	19799	1555		4025		
社会保障	2633		2633					
群众团体、社会团体和其他成员组织	1250		150	1100				
基层群众自治组织	1170	650	520					

3—16 按行业分固定资产投资项目及资金来源(2013年)

单位:个、万元

指标	施工项目	#本年新开工	本年投产项目个数	本年资金来源	国家预算内资金	国内贷款	债券	利用外资	自筹资金	其他资金来源
总计	**1643**	**1254**	**1198**	**8331371**	**556090**	**393678**			**6953207**	**71498**
农、林、牧、渔业	162	150	141	501226	33052	13828			444854	424
农业	48	43	35	182753	11289	2420			168844	
林业	24	24	24	109745	14175				95570	
畜牧业	74	68	66	133419	252	11408			112891	
渔业	4	4	4	12734					12734	
农、林、牧、渔服务业	12	11	12	62575	7336				54815	424
采矿业	228	137	162	1933635	51000	93715			1756789	
煤炭开采和洗选业	155	76	95	1501854		82215			1387962	
石油和天然气开采业	9	7	9	134197	51000	11500			71243	
黑色金属矿采选业	49	39	44	254714					254714	
有色金属矿采选业	1	1	1	2000					2000	
非金属矿采选业	13	13	12	15870					15870	
开采辅助活动	1	1	1	25000					25000	
制造业	300	227	234	1551405	2936	33377			1415523	180
农副食品加工业	55	44	47	153063		1640			145775	
食品制造业	14	13	10	32568	1156				31232	180
酒、饮料和精制茶制造业	16	9	10	46193	200	300			44043	
纺织业	4	4	4	12910		2170			10740	
纺织服装、服饰业	1	1	1	17500					17500	
皮革、毛皮、羽毛及其制品和制鞋业	1	1	1	1900					1900	
木材加工和木、竹、藤、棕、草制品业	4	4	4	3711					3711	
家具制造业	3	3	2	7370					7370	
造纸和纸制品业	5	4	5	16990					9145	
石油加工、炼焦和核燃料加工业	13	7	12	87991		17538			68389	
化学原料和化学制品制造业	19	17	11	109702					104702	
医药制造业	8	5	6	43279					39339	
橡胶和塑料制品业	4	3	3	24504					24504	
非金属矿物制品业	70	62	56	324795	1580	1150			304841	
黑色金属冶炼和压延加工业	19	8	12	135767					110112	
有色金属冶炼和压延加工业	5	2	3	21300					13850	
金属制品业	11	9	6	115661		2000			113357	
通用设备制造业	11	6	8	78436		500			76770	
专用设备制造业	13	9	10	140793					130866	
汽车制造业	4	1	3	36564					28050	
铁路、船舶、航空航天和其他运输设备制造业	1	1	1	950					950	
电气机械和器材制造业	9	6	9	85780					85780	
计算机、通信和其他电子设备制造业	1		1	3000						
仪器仪表制造业	3	3	3	15312		5179			10133	
废弃资源综合利用业	5	4	5	26366		2900			23464	
金属制品、机械和设备修理业	1	1	1	9000					9000	
电力、热力、燃气及水生产和供应业	123	101	95	801545	28406	138950			616065	
电力、热力生产和供应业	69	60	54	532255	18732	119620			390696	
燃气生产和供应业	39	30	28	221051	8764	19330			179620	
水的生产和供应业	15	11	13	48239	910				45749	
建筑业	1	1		1520					1520	
土木工程建筑业	1	1		1520					1520	

注:本表不含房地产开发投资。

3—16 续表

单位：个、万元

指标	施工项目	#本年新开工	本年投产项目个数	本年资金来源	国家预算内资金	国内贷款	债券	利用外资	自筹资金	其他资金来源
批发和零售业	41	34	29	204898	353				190569	9476
批发业	12	9	12	23221	353				21668	
零售业	29	25	17	181677					168901	9476
交通运输、仓储和邮政业	144	118	105	963873	78187	48117			684555	30902
铁路运输业	6	4	1	116791		29785			85706	
道路运输业	115	93	89	751722	77587	17832			534045	8402
航空运输业	1			28810						22500
仓储业	22	21	15	66550	600	500			64804	
住宿和餐饮业	12	9	9	43186		500			41306	
住宿业	10	8	7	40764		500			39544	
餐饮业	2	1	2	2422					1762	
信息传输、软件和信息技术服务业	6	5	5	47672	1400				45557	
电信、广播电视和卫星传输服务	6	5	5	36572	1400				34457	
软件和信息技术服务业				11100					11100	
金融业	6	4	5	10630	680				8550	
货币金融服务	6	4	5	10630	680				8550	
房地产业	204	160	118	1038953	100050				882046	21548
房地产业	204	160	118	1038953	100050				882046	21548
租赁和商务服务业	3	3	2	7363	46					7317
商务服务业	3	3	2	7363	46					7317
科学研究和技术服务业	6	4	3	10519	1310				9209	
研究和试验发展	1			730					730	
专业技术服务业	1			700					700	
科技推广和应用服务业	4	4	3	9089	1310				7779	
水利、环境和公共设施管理业	241	184	171	902965	211674	46511			628319	1122
水利管理业	63	51	49	110353	74372	860			32436	1122
生态保护和环境治理业	16	13	13	173569	54782	9600			105919	
公共设施管理业	162	120	109	619043	82520	36051			489964	
居民服务、修理和其他服务业	2	2	2	2300	2300					
机动车、电子产品和日用产品修理业	2	2	2	2300	2300					
教　育	51	35	42	94413	6602				75095	79
教　育	51	35	42	94413	6602				75095	79
卫生和社会工作	33	21	22	94849	6186	18680			65574	
卫　生	27	18	20	87819	6036	18680			58694	
社会工作	6	3	2	7030	150				6880	
文化、体育和娱乐业	41	33	32	84969	22053				62546	
文化艺术业	28	24	23	65840	10794				55006	
体　育	11	7	8	18079	11159				6590	
娱乐业	2	2	1	1050	100				950	
公共管理、社会保障和社会组织	39	26	21	35450	9855				25130	450
国家机构	32	21	19	30767	9300				21007	450
社会保障	3	3	1	2658	405				2253	
群众团体、社会团体和其他成员组织	2	1		850	150				700	
基层群众自治组织	2	1	1	1175					1170	

3—17 按行业分固定资产投资房屋面积和价值(2013年)

单位:平方米、万元

指　　标	本年施工房屋面积	#住　宅	本年竣工房屋面积	#住　宅	本年竣工房屋价值	#住　宅
总　　计	**11708114**	**6817854**	**4337871**	**2392590**	**923445**	**485699**
农、林、牧、渔业	257472	600	178502		10811	
农　业	127810		107800		3290	
林　业						
畜牧业	32520	600	23560		3023	
渔　业	500		500		50	
农、林、牧、渔服务业	96642		46642		4448	
采矿业	162974	500	16974	500	1655	81
煤炭开采和洗选业	145244					
石油和天然气开采业						
黑色金属矿采选业	17154	500	16654	500	1623	81
有色金属矿采选业						
非金属矿采选业	576		320		32	
开采辅助活动						
制造业	906044	19046	463650	6241	100161	1242
农副食品加工业	216839	14305	84328	1500	10205	300
食品制造业	29542	2000	22750	2000	3830	410
酒、饮料和精制茶制造业	24300		6500		1302	
纺织业	1000		1000		150	
纺织服装、服饰业	40000		40000		12000	
皮革、毛皮、羽毛及其制品和制鞋业	4235					
木材加工和木、竹、藤、棕、草制品业	2079					
家具制造业	9000	2500	2500	2500	510	510
造纸和纸制品业	3895					
石油加工、炼焦和核燃料加工业	5000					
化学原料和化学制品制造业	73018		24918		3268	
医药制造业	36800		36800		7500	
橡胶和塑料制品业	19000		10000		1124	
非金属矿物制品业	126450	241	92310	241	23342	22
黑色金属冶炼和压延加工业	33000		33000		4290	
有色金属冶炼和压延加工业	4038		2038		300	
金属制品业	136900					
通用设备制造业	34671		32529		3442	
专用设备制造业	25000		20500		18175	
汽车制造业						
铁路、船舶、航空航天和其他运输设备制造业	1300		1300		145	
电气机械和器材制造业	39200		12400		4314	
计算机、通信和其他电子设备制造业						
仪器仪表制造业						
废弃资源综合利用业	32777		32777		5304	
金属制品、机械和设备修理业	8000		8000		960	
电力、热力、燃气及水生产和供应业	92953		16919		2128	
电力、热力生产和供应业	71529		1819		202	
燃气生产和供应业	21152		15100		1926	
水的生产和供应业	272					
建筑业	19264					
土木工程建筑业	19264					

注:本表不含房地产开发投资。

3—17 续表

单位:平方米、万元

指标	本年施工房屋面积	#住宅	本年竣工房屋面积	#住宅	本年竣工房屋价值	#住宅
批发和零售业	1047118	89743	304621		57782	
批发业	143678		61486		8448	
零售业	903440	89743	243135		49334	
交通运输、仓储和邮政业	333642	37000	264890	37000	75207	9020
铁路运输业	144480		144480		47337	
道路运输业	74370	37000	74370	37000	19620	9020
航空运输业						
仓储业	114792		46040		8250	
住宿和餐饮业	218318	15982	84298	15982	34930	3150
住宿业	215118	15982	81098	15982	34290	3150
餐饮业	3200		3200		640	
信息传输、软件和信息技术服务业	21903					
电信、广播电视和卫星传输服务	21903					
软件和信息技术服务业						
金融业	22308		3848		500	
货币金融服务	22308		3848		500	
房地产业	6881215	6208650	2379442	2286534	473393	456776
房地产业	6881215	6208650	2379442	2286534	473393	456776
租赁和商务服务业	16946					
商务服务业	16946					
科学研究和技术服务业	16207		3300		690	
研究和试验发展	3325					
专业技术服务业	8182					
科技推广和应用服务业	4700		3300		690	
水利、环境和公共设施管理业	120520	38333	46133	38333	14990	13750
水利管理业						
生态保护和环境治理业						
公共设施管理业	120520	38333	46133	38333	14990	13750
居民服务、修理和其他服务业	4600					
机动车、电子产品和日用产品修理业	4600					
教　育	441266		199671		33257	
教　育	441266		199671		33257	
卫生和社会工作	807685	408000	222147	8000	98076	1680
卫　生	393036		212647		95896	
社会工作	414649	408000	9500	8000	2180	1680
文化、体育和娱乐业	199133		125173		14520	
文化艺术业	147472		97900		12960	
体　育	50461		27273		1560	
娱乐业	1200					
公共管理、社会保障和社会组织	138546		28303		5345	
国家机构	121236		28303		5345	
社会保障	10631					
群众团体、社会团体和其他成员组织	6679					
基层群众自治组织						

3—18 房地产开发完成情况

指　　标	2008	2009	2010	2011	2012	2013
本年完成投资(万元)	223111	389268	313690	373874	555646	655801
#商品住宅	177811	338718	255478	301763	418718	484284
本年新增固定资产(万元)	77445	74179	273874	225160	390449	263161
本年商品房屋销售额(万元)	155687	179566	172322	320357	321275	476368
#商品住宅	150636	162140	141130	272608	285996	449323
本年销售面积(平方米)	644653	664415	675029	1107902	1085558	1358123
#商品住宅	632208	630424	601045	1006578	1028854	1304922
本年施工房屋面积(平方米)	2581226	4161590	5807573	5651274	7041808	7530548
#商品住宅	2236183	3542084	4844969	4537008	5475803	5467377
本年新开工施工房屋面积(平方米)	1472980	2280251	1694669	1442843	2465557	2173168
#商品住宅	1273043	1901410	1306280	1089010	1845064	1352422
本年竣工房屋面积(平方米)	497949	358378	1314411	1098294	1658343	988356
#商品住宅	414473	322816	1163045	915331	1330769	835073
本年竣工房屋价值(万元)	86838	75949	259523	219883	360485	253765
#商品住宅	67559	60680	229696	172199	285807	214602

3—19 房地产开发投资(2013 年)

指　　标	企业数（个）	计　划总投资	累计完成投　资	本年完成投　资	#建　筑工　程	#安　装工　程	#设备工器具购置
总　　计	**154**	**2657498**	**1634160**	**655801**	**478103**	**77900**	**8387**
按登记注册类型分							
内　资	153	2643498	1619258	640899	467836	77900	8387
国有企业	2	45538	40737	27775	23024	2847	1339
集体企业	1						
有限责任公司	21	387772	227433	108404	78065	7265	166
国有独资公司	1	21822	15872	15872	13654	1318	
其他有限责任公司	20	365950	211561	92532	64411	5947	166
股份有限公司							
私营企业	129	2210188	1351088	504720	366747	67788	6882
私营独资							
私营合伙							
私营有限责任公司	126	2189188	1341138	494770	357497	67788	6882
私营股份有限公司	3	21000	9950	9950	9250		
港澳台商投资企业	1	14000	14902	14902	10267		
按隶属关系分							
省	1						
市	4	41657	32575	6980	4510	1070	
县	7	49644	46764	31504	26122	2847	1339
村委会	1						
其　他	141	2566197	1554821	617317	447471	73983	7048

3—19 续表

单位:万元

指 标	其 他 费 用	#旧建筑 物购置费	#土地 购置费	住 宅	#90 平方米 以下	#144 平方米 以上	办公楼	商业营业 用 房	其 他	本年新增 固定资产
总 计	**91411**	**320**	**61549**	**484284**	**108287**	**70762**	**26148**	**98423**	**46946**	**263161**
按登记注册类型分										
内 资	86776	320	59014	484284	108287	70762	26148	83521	46946	263161
国有企业	565		565	20056					2697	5022
集体企业										1440
有限责任公司	22908		20800	80402	19056	7539	6311	4839	16852	34784
国有独资公司	900			11184	11184		1988	500	2200	
其他有限责任公司	22008		20800	69218	7872	7539	4323	4339	14652	34784
股份有限公司										
私营企业	63303	320	37649	383826	89231	63223	19837	75985	25072	226937
私营独资										
私营合伙										
私营有限责任公司	62603	320	37049	379616	89231	63223	19837	70245	25072	226937
私营股份有限公司	700		600	4210				5740		
港澳台商投资企业	4635		2535					14902		
按隶属关系分										
省										
市	1400		950	5798	3035			120	1062	900
县	1196		565	23785				2697	5022	1440
村委会										
其 他	88815	320	60034	454701	105252	70762	26148	95606	40862	260821

3—20 房地产开发施工、销售和待售情况(2013 年)

单位:套、平方米、万元

指　　标	合　计	住　宅	#90 平方米以下住房	办公楼	商业营业用　　房	其　他
房屋施工面积	7530548	5467377	1161316	274253	1097352	691566
#本年新开工面积	2173168	1352422	307725	76016	477120	267610
房屋竣工面积	988356	835073	69714	21820	68139	63324
#不可销售面积	25932	5613			1582	18737
商品住宅竣工套数		6551	829			
竣工房屋价值	253765	214602	15763	5753	19786	13624
出租房屋面积						
商品房销售面积	1358123	1304922	109556	6783	46418	
现房销售面积	527972	500509	40774		27463	
期房销售面积	830151	804413	68782	6783	18955	
商品房销售额	476368	449323	32652	4283	22762	
现房销售额	157962	146683	10962		11279	
期房销售额	318406	302640	21690	4283	11483	
商品住宅销售套数		10782	1302			
现房销售套数		3948	475			
期房销售套数		6834	827			
平均销售价格	3508	3443	2980	6314	4904	
现　房	2992	2931	2688		4107	
期　房	3836	3762	3153	6314	6058	
待售面积	528997	337409	1659	24320	49302	117966
待售 1－3 年面积	104142	63787	900		29355	11000
待售 3 年以上面积						

3—21 房地产开发资金来源情况(2013年)

单位:万元

指　　标	本年资金来源合计	上年末结余资金	本年资金来源小计	国内贷款	利用外资	自筹资金	其他资金来源	#定金及预收款
总　　计	**874833**	**53988**	**820845**	**15698**		**493725**	**311422**	**236438**
按登记注册类型分								
内　资	860994	53954	807040	15698		479920	311422	236438
国有企业	27855		27855			2885	24970	24720
集体企业	418		418				418	418
有限责任公司	119745	7864	111881	7400		62945	41536	38359
国有独资公司	17469		17469	7400		10019	50	50
其他有限责任公司	102276	7864	94412			52926	41486	38309
股份有限公司								
私营企业	712976	46090	666886	8298		414090	244498	172941
私营独资								
私营合伙								
私营有限责任公司	705676	46090	659586	7498		407590	244498	172941
私营股份有限公司	7300		7300	800		6500		
港澳台商投资企业	13839	34	13805			13805		
按隶属关系分								
省								
市	8843	73	8770			7490	1280	580
县	30356	60	30296			2885	27411	27161
村委会								
其　他	835634	53855	781779	15698		483350	282731	208697

3—22 房地产开发企业财务状况(2013 年)

单位:万元

指　　标	固定资产原　　价	固定资产累计折旧	#本年折旧	资　产总　计	负　债总　计	所有者权益合计	主营业务收　　入
总　　计	**65358**	**12711**	**3917**	**2874202**	**2488256**	**385946**	**233757**
按登记注册类型分							
内　资	65311	12671	3916	2853595	2468764	384831	233757
国有企业	212	96	7	5890	57207	170	2443
集体企业	2	…	…	2119	1914	205	500
有限责任公司	3886	740	122	820364	769569	50794	44659
国有独资公司				33523	31406	2117	1726
其他有限责任公司	3886	740	122	786840	738163	48677	42933
股份有限公司							
私营企业	61211	11836	3787	2025222	1691561	333662	186156
私营独资							
私营合伙							
私营有限责任公司	48815	9906	2735	1929075	1601323	327752	176733
私营股份有限公司	12396	1929	1051	96148	90237	5910	9422
港澳台商投资企业	48	40	1	20607	19492	1115	
按隶属关系分							
省	81	41	11	14894	14014	880	847
市	363	129	32	73309	62439	10871	367
县	3251	535	33	38817	21580	17237	16944
村委会				3455	776	2680	
其　他	61664	12006	3840	2743726	2389448	354279	215600

3—22 续表

单位:万元

指 标				营业成本	主营业务成本	营业税金及附加	主营业务税金及附加	营业利润	利润总额	应交所得税
	商品房屋销售收入	房屋出租收入	其他收入							
总 计	**229971**	**2339**	**1447**	**204864**	**203579**	**19972**	**19718**	**-34588**	**-35844**	**1993**
按登记注册类型分										
内 资	229971	2339	1447	204864	203579	18909	18656	-26308	-27564	3872
国有企业	2443			2153	2153	110	110	-12	-12	
集体企业	500			400	400	47	47	13	13	3
有限责任公司	42808	38	87	34480	33211	3573	3572	-5531	-5567	-5
国有独资公司										
其他有限责任公司	42808	38	87	34480	33211	3573	3572	-5531	-5567	-5
股份有限公司										
私营企业	182494	2301	1360		166434		14831	-20975	-22192	3826
私营独资										
私营合伙										
私营有限责任公司	173497	1879	1358	157584	157573	14533	14281	-19482	-20642	3810
私营股份有限公司	8998	423	2	8866	8861	550	550	-1492	-1550	16
港澳台商投资企业						1062	1062	-8280	-8280	-1879
按隶属关系分										
省	842		6	371	371	48	47	26	26	6
市	285		82	437	437	294	294	-882	-903	59
县	16944			10954	10954	966	966	392	393	153
村委会						14	14	-64	-67	
其 他	211901	2339	1360	193102	191817	18649	18397	-34060	-35293	1774

3—23 房地产开发企业土地购置、开发和待售情况(2013 年)

单位:平方米

指　　标	待开发土地面积	本年购置土地面积	本年土地成交价款(万元)	#拆迁补偿费(万元)	#土地使用权出让金(万元)	契　税(万元)
总　　计	**569142**	**508670**	**91450**	**1080**	**82476**	**2232**
按登记注册类型分						
内　资	569142	508670	91450	1080	82476	2232
国有企业						
集体企业						
有限责任公司	51479	35402	13605		13605	
国有独资公司						
其他有限责任公司	51479	35402	13605		13605	
股份有限公司						
私营企业	517663	473268	77845	1080	68871	2232
私营独资						
私营合伙						
私营有限责任公司	517663	473268	77845	1080	68871	2232
私营股份有限公司						
港澳台商投资企业						
按隶属关系分						
省						
市	37208					
县						
村委会						
其　他	531934	508670	91450	1080	82476	2232

主要统计指标解释

固定资产投资

本年完成投资　指从本年1月1日起至本年最后一天止完成的全部投资额。实际完成投资额是以货币表示的工作量指标,包括实际完成的建筑安装工程价值,设备、工具、器具的购置费,以及实际发生的其他费用。

没用到工程实体的建筑材料、工程预付款和没有进行安装的需要安装的设备等,都不计算投资完成额。

计算投资额所依据的价格:建筑安装工程投资额一般按预算价格计算。实行招标的工程,按中标价格计算。凡经建设单位与施工单位双方协商同意的工程价差、量差,且经建设银行同意拨款的,应视同修改预算价格。建筑安装工程应按修改后的预算价格计算投资完成额。设备、工具、器具购置投资额一律按实际价格,即支出的全部金额计算。外购设备、工具、器具除设备本身的价格外,还应包括运杂费、仓库保管费等。自制的设备、工具、器具,按实际发生的全部支出计算。其他费用的价格:一般按财务部门实际支付的金额计算。

住　宅　指专供居住使用的房屋,包括职工家属宿舍、职工单身宿舍、学生宿舍等。建设单位填自己建造的住宅,不包括购置的商品住宅。

本年新增固定资产　指报告期内交付使用的固定资产价值。包括本年内建成投入生产或交付使用的工程投资和达到固定资产标准的设备、工具、器具的投资及有关应摊入的费用。属于增加固定资产价值的其他建设费用,应随同交付使用的工程一并计入新增固定资产。

本年施工房屋面积　指报告期内施工的全部房屋建筑面积。包括本期新开工的面积和上期开工跨入本期继续施工的房屋面积,以及上期已停建在本期复工的房屋面积。本期竣工和本期施工后又停缓建的房屋,其建筑面积仍计入本期施工房屋面积中。

本年竣工房屋面积　指在报告期内房屋建筑按照设计要求已全部完工,达到住人和使用条件,经验收鉴定合格(或达到竣工验收标准),可正式移交使用的各栋房屋建筑面积的总和。

本年新增生产能力　指在本年度内按照新增生产能力(或工程效益)的计算条件和标准,实际建成投入生产或交付使用的生产能力(或工程效益)。新增生产能力(或工程效益),指通过固定资产投资活动而增加的设计能力。计算新增生产能力(或工程效益)是以能独立发挥生产能力(或工程效益)的工程为对象,如一座矿井、一座转炉、一套化工装置、一条铁路专用线等。当工程建成,经有关部门验收鉴定合格,正式移交投入生产,即应计算新增生产能力(或效益)。

下列情况不能计算新增生产能力:

(1)主体工程虽已建成,但设备尚不配套或缺乏正常生产所必需的附属辅助工程,因而不具备正常生产条件的工程;

(2)生产作业线尚未建成,采取临时措施(如厂房尚未建成,临时安装部分设备,或缺乏主体配套设备,临时利用代用设备等)进行生产,虽能生产设计规定的产品,但不能保持正常生产的工程。

与固定资产投资统计有关的名词解释

民间固定资产投资　民间固定资产投资是指具有集体、私营、个人性质的内资企事业单位以及由其控股(包括绝对控股和相对控股)的企业单位在中华人民共和国境内建造或后置固定资产的投资。

民间固定资产投资统计范围根据固定资产投资项目单位的工商登记注册类型和控股情况来确定，包括：

1. 工商登记注册的集体、股份、私营独资、私营合伙、私营有限责任公司、个体户、个人合伙等纯民间主体的固定资产投资；

2. 工商登记注册的混合经济成分中由集体、私营、个人控股的投资主体单位的全部固定资产投资。

房地产开发

计划总投资 指房地产开发企业(单位)在建的房屋建设工程或正在开发的土地开发工程，按照总体设计规定的内容全部建成计划(或按设计概算或预算)需要的总投资。

本年计划投资 指经计划部门同意安排的当年计划投资额(以立项报告为准)。

本年完成投资 指从本年1月1日起至本年最后一天止完成的全部用于房屋建设工程、土地开发工程的投资额以及公益性建筑和土地购置费等的投资。其中土地购置费在实际统计工作中如难以区分，计入“商品房建设投资额”中。

商品房建设投资额 指房地产开发企业(单位)开发建设的供出售、出租用的商品住宅、厂房、仓库、饭店、度假村、写字楼、办公楼等房屋工程及其配套的服务设施所完成的投资额(含拆迁、回迁还建用房)。

土地开发投资额 指房地产开发企业完成的前期工程投资，即路通、水通、电通、场地平整等(也称七通一平)所完成的投资。一般指生地开发成熟地的投资。在旧城区(老区拆迁)的开发中，如果有统一的规划，如政府有关部门批准的小区建设的前期工程中，有场地平整，原有建筑物、构筑物拆除，供水供电工程等工作量也可计算。未进行开发工程、只进行单纯的土地交易活动不作为土地开发投资统计。土地开发投资额在房屋用途分组中能分摊的部分就分摊，不能分摊的全部计入其他。

建筑工程 指各种房屋、建筑物的建造工程，又称建筑工作量。这部分投资额必须兴工动料，通过施工活动才能实现。

安装工程 指各种设备、装置的安装工程，又称安装工作量。

设备、工器具购置 指工业企业生产的产品转化为固定资产的购置活动，包括建设单位或企、事业单位购置或自制的，达到固定资产标准的设备、工具、器具的价值。

其他费用 指在固定资产建造和购置过程中发生的，除建筑安装工程和设备、工器具购置投资完成额以外的费用，不指经营中财务上的其他费用。包括土地出让金、大市政费、四源费(煤、热、自来水、污水)、不可预见费、旧房屋购置，基本畜禽支出，林木支出，退耕退牧还林还草、土壤改良、城市绿化，办公生活用家具、器具购置，建设单位管理费，土地征用、购置及迁移补偿费，政府收费，勘察设计费，研究实验费，可行性研究费，临时设施费，施工机械转移费，设备检验费，负荷联合试车费，土地占用、使用费，建设期应付利息，包干结余，企业债券发行费，合同公证费及工程质量监测费，国外借款手续费及承诺费，汇兑损益，调整器材调拨价格折价，坏帐损失，固定资产亏损及损失等。

土地购置费 指房地产开发企业为取得土地使用权而支付的费用。土地购置费按当期发生数计入投资，如土地购置费为分期付款的，可分期计入投资，不计入新增固定资产。土地购置费支出包括：①通过划拨方式取得的土地使用权所支付的土地补偿费、附着物和青苗补偿费、安置补偿费及土地征收管理费等；②通过出让方式取得土地使用权所支付的出让金。

投资额按房屋工程用途分组 指投资额中用于各类房屋建设的投资。

(1)住宅：指专供居住的房屋，包括别墅、公寓、职工家属宿舍和集体宿舍(包括职工单身宿舍和学生宿舍)等。但不包括住宅楼中作为人防用、不住人的地下室等。

(2)办公楼:指企业、事业、机关、团体、学校、医院等单位使用的各类办公用房(又称写字楼)。

(3)商业营业用房:指商业、粮食、供销、饮食服务业等部门对外营业的用房,如度假村、饭店、商店、门市部、粮店、书店、供销店、饮食店、菜店、加油站、日杂等房屋。

(4)其他:凡不属于上述各项用途的房屋建筑物,如中小学教学用房、托儿所、幼儿园、图书馆、体育馆等。

本年新增固定资产 指房地产开发公司进行开发经营活动的最终成果,即为社会提供的固定资产,而且是在报告期内新增加的。不是反映房地产开发企业本身固定资产的增加。

本年购置土地面积 指在本年内通过各种方式获得土地使用权的土地面积。

本年土地成交价款 指进行土地使用权交易活动的最终金额。在土地一级市场,是指土地最后的划拨款和出让价;在土地二级市场是指土地转让、出租、抵押等最后确定的合同价格。土地成交价款与土地购置面积同口径,目的是正确计算平均土地购置价格。

本年完成开发土地面积 指报告期内对土地进行开发并已完成七通一平等前期开发工程,具备进行房屋建筑物施工或出让条件的土地面积。

房屋施工面积 指报告期内施工的全部房屋建筑面积。包括本期新开工的面积和上年开工跨入本期继续施工的房屋面积,以及上期已停建在本期恢复施工的房屋面积。本期竣工和本期施工后又停建缓建的房屋面积仍包括在施工面积中,多层建筑应填各层建筑面积之和。

房屋新开工面积 指在报告期内新开工建设的房屋面积。不包括上期跨入报告期继续施工房屋面积和上期停缓建而在本期恢复施工的房屋面积。

房屋竣工面积 指报告期内房屋建筑按照设计要求已全部完工,达到住人和使用条件,经验收鉴定合格或达到竣工验收标准(实行房地产开发小区综合验收的城市,应经小区综合验收合格),可正式移交使用的各栋房屋建筑面积的总和。

竣工房屋价值 指在报告期内竣工房屋本身的建造价值。竣工房屋的价值一般按房屋设计和预算规定的内容计算。包括竣工房屋本身的基础、结构、屋面、装修以及水、电、卫等附属工程的建筑价值,也包括作为房屋建筑组成部分而列入房屋建筑工程预算内的设备(如电梯、通风设备等)的购置和安装费用;不包括厂房内的工艺设备、工艺管线的购置和安装,工艺设备基础的建造;办公和生活用家具的购置等费用;购置土地的费用;迁移补偿费和场地平整的费用及城市建设配套投资。竣工房屋价值一般按结算价格计算。

商品房销售面积 指报告期内出售商品房屋的合同总面积(即双方签署的正式买卖合同中所确定的建筑面积)。由现房销售面积和期房销售建筑面积两部分组成。2004 年以前指实际销售面积。

实际销售面积 指报告期已竣工的房屋面积中已正式交付给购房者或已签订(正式)销售合同的商品房屋面积。不包括已签订预售合同正在建设的商品房屋面积,但包括报告期或报告期以前签订了预售合同,在报告期又竣工的商品房屋面积。

空置面积 指报告期末已竣工的可供销售或出租的商品房屋建筑面积中,尚未销售或出租的商品房屋建筑面积,包括以前年度竣工和本期竣工的房屋面积,但不包括报告期已竣工的拆迁还建、统建代建、公共配套建筑、房地产公司自用及周转房等不可销售或出租的房屋面积。注意:未竣工的烂尾楼不能算空置面积。

资产总计 指企业拥有或控制的能以货币计量的经济资源,包括各种财产、债权和其他权利。资产按其流动性(即资产的变现能力和支付能力)划分为:流动资产、长期投资、固定资产、无形资产、递延资产和其他资产。根据会计“资产负债表”中“资产总计”项的年末数填列。

负债合计 指企业所承担的能以货币计量,将以资产或劳务偿付的债务,偿还形式包括货币、资产或提供劳务。负债一般按偿还期长短分为流动负债和长期负债。根据会计“资产负债表”中“负债合计”的年末数填列。

所有者权益合计 指企业投资人对企业净资产的所有权。企业净资产为企业全部资产与企业全部负债的差额,包括实收资本、资本公积、盈余公积、未分配利润等。根据会计“资产负债表”中“所有者权益”项的年末数填列。

利润总额 指企业在生产经营过程中各种收入扣除各种耗费后的盈余,反映企业在报告期内实现的盈亏总额,包括营业利润、补贴收入、投资净收益和营业外收支净额。根据会计“利润表”中的对应指标年末数填列。

四、对外经济贸易

资料整理人员

张增福　韩　梅

对外经济贸易

海关进出口总额	71704	万美元
出口总额	16213	万美元
进口总额	55491	万美元
实际利用外资额	13880	万美元

海关进出口总额（万美元）

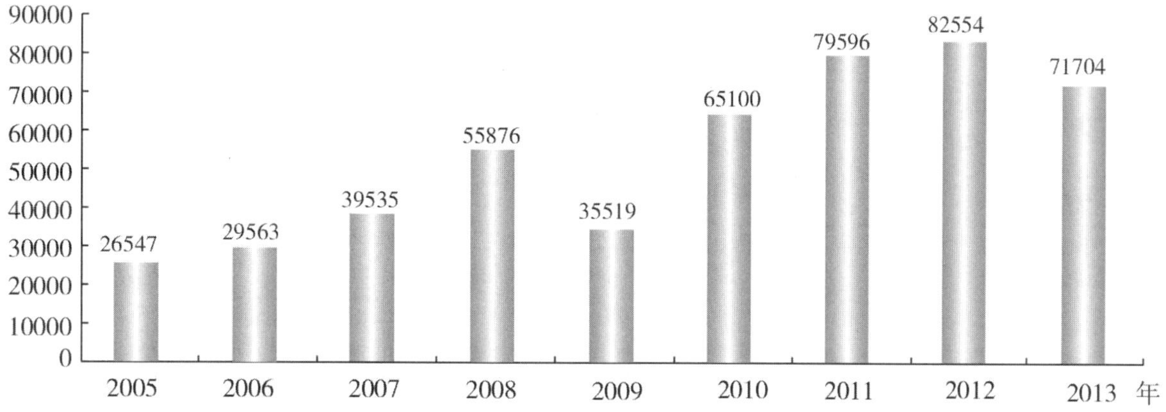

实际利用外资额（万美元）

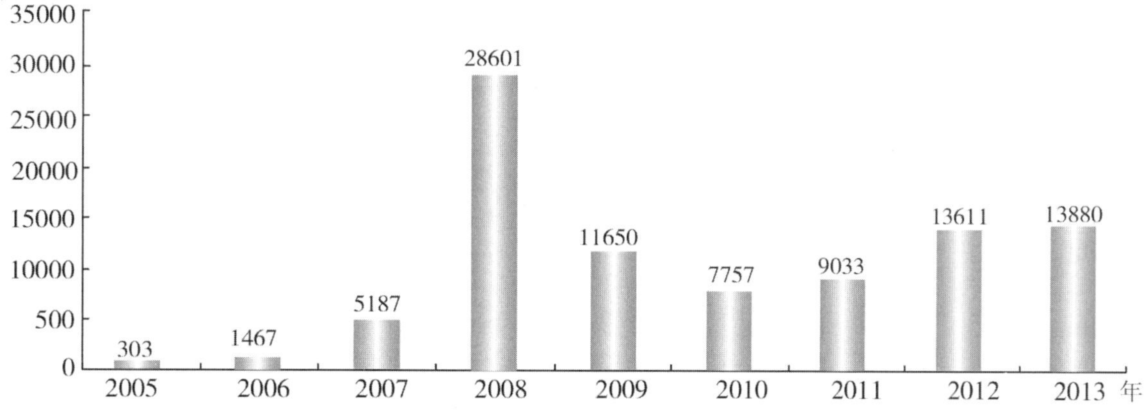

4—1 主要年份海关进出口贸易总额

单位:万美元

年　份	进出口总　额	出口总额	进口总额
1993	779	729	50
1994	1269	1269	
1995	2206	2206	
1996	2704	1952	752
1997	3225	2712	513
1998	4246	2781	1465
1999	1743	1316	427
2000	4753	1019	3734
2001	6410	4245	2165
2002	7216	5688	1528
2003	11338	8304	3034
2004	22831	18626	4205
2005	26547	17081	9466
2006	29563	20165	9398
2007	39535	22520	17015
2008	55876	32056	23820
2009	35519	8687	26832
2010	65100	14550	50550
2011	79596	21003	58593
2012	82554	27725	54829
2013	71704	16213	55491

4—2 海关进出口贸易总额(2013年)

单位:万美元

指　标	进出口总额	出口总额	进口总额
总　计	**71704**	**16213**	**55491**
一、按企业性质分			
#国有企业	4086	4039	47
三资企业	703	701	2
私　营	56463	4105	52358
二、按贸易方式分			
#一般贸易	44158	15599	28559
进料加工贸易	1026	371	656

4—3 海关进出口商品分类总额(2013年)

单位:万美元

指　标	出口总额	进口总额
总　计	**16213**	**55491**
植物产品	83	
食品、饮料、酒及醋;烟草及制品	21	6
矿产品	328	4455
化学工业及其相关工业的产品	2231	1207
塑料及其制品;橡胶及其制品	697	3
纸浆;纸,纸板及其制品	149	
纺织原料及纺织制品	19	
石料及其制品;陶瓷玻璃及制品	13	
贱金属及其制品	655	32
机器、电子产品、电气设备及其零件	2458	225
车辆、航空器、船舶及运输设备	5397	
杂项制品	854	2

4—4 海关分国别(地区)进出口贸易总额(2013年)

单位:万美元

国别(地区)	进出口总额	出口总额	进口总额
总　计	**71704**	**16213**	**55491**
亚　洲	17714	12250	5464
#香　港	69	69	
台　湾	487	60	428
印　度	3872	175	3697
日　本	2214	1868	346
韩　国	1497	1189	308
印度尼西亚	1756	47	1709
马来西亚	943	209	733
新加坡	1238	647	591
菲律宾	290	60	230
泰　国	244	244	
土耳其	1430	10	1420
阿联酋	341	216	126
伊　朗	2282	30	2252
非　洲	372	372	
#南　非	116	116	
欧　洲	7730	4692	3038
#英　国	443	344	99
德　国	1020	918	102
法　国	765	731	34
意大利	553	501	52
荷　兰	1301	94	1207
西班牙	357	157	201
俄罗斯	379	379	
乌克兰	1367	26	1341
拉丁美洲	9310	1409	7900
#阿根廷	122	122	
巴　西	7436	298	7138
墨西哥	1548	785	763
北美洲	5038	3839	1200
#加拿大	318	318	
美　国	4721	3521	1200
大洋洲	31199	96	31103
#澳大利亚	31146	43	31103
新西兰	51	51	
东盟组织	4494	1231	3263
欧盟组织	5238	3542	1696

4—5 主要年份实际利用外资额

单位:万美元

年份	利用外资总额	#外商直接投资
1984	12	12
1985		
1986		
1987		
1988	87	87
1989	13	13
1990		
1991	293	293
1992	134	134
1994	626	626
1995	2903	2903
1996	1360	1360
1997	449	449
1998	2220	2220
1999	74	74
2000	51	51
2001	245	245
2002	2439	2439
2003	1792	1792
2004	438	438
2005	303	303
2006	1467	1467
2007	5187	5187
2008	28601	28601
2009	11650	11650
2010	7757	7757
2011	9033	1255
2012	13611	13611
2013	13880	13880

4—6 按国别(地区)分利用外商直接投资额(2013年)

单位:万美元

国别(地区)	合同项目(个)	合同利用外资金额	实际使用外资金额
总计	**3**	**3760**	**13880**
香港	2	3752	
台湾	1	8	8
开曼群岛	1		47
其他			13825

注:“其他”指临汾奥特莱斯芭蕾雨现代服务产业园项目

主要统计指标解释

进出口总额　指实际进出我国国境的货物总金额。包括对外贸易实际进出口货物,来料加工装配进出口货物,国家间、联合国及国际组织无偿援助物资和赠送品,华侨、港澳台同胞和外籍华人捐赠品,租赁期满归承租人所有的租赁货物,进料加工进出口货物,边境地方贸易及边境地区小额贸易进出口货物(边民互市贸易除外),中外合资经营企业,中外合作经营企业,外商独资经营企业进出口货物和公用物品,到、离岸价格在规定限额以上的进出口货样和广告品(无商业价值、无使用价值和免费提供出口的除外),从保税仓库提取在中国境内销售的进出口货物,以及其他进出口货物。进出口总额用以观察一个国家在对外贸易方面的总规模。我国规定出口货物按离岸价格统计,进口货物按到岸价格统计。

实际利用外资　指各级政府、部门、企业和其他经济组织通过对外借款、吸收外商直接投资以及用其他方式筹措的境外现汇、设备、技术等。

对外借款　是利用外资的主要部分。包括我国通过外国政府贷款、国际金融组织贷款、外国银行商业贷款、出口信贷以及对外发行债券、股票等方式,从境外筹措的资金。

外商直接投资　指外国企业和经济组织或个人(包括华侨、港澳台同胞以及我国在境外注册的企业)按我国有关政策、法规,用现汇、实物、技术等在我市境内开办外商独资企业,与我市境内的企业或经济组织共同举办中外合资经营企业、合作经营企业或合作开发资源的投资(包括外商投资收益的再投资)以及经政府有关部门批准的项目投资总额内,企业从境外借入的资金。

五、能源消费与库存

资料整理人员

杨晓春　李海娟　王斌良　薛　耿

能源消费与库存

煤炭生产量	11669.6	万吨
煤炭销售量	9730.9	万吨
煤炭消费量	12159.9	万吨
社会用电量	179.9	亿千瓦时
焦炭生产量	2079.9	万吨
焦炭销售量	1925.6	万吨

煤炭生产量（万吨）

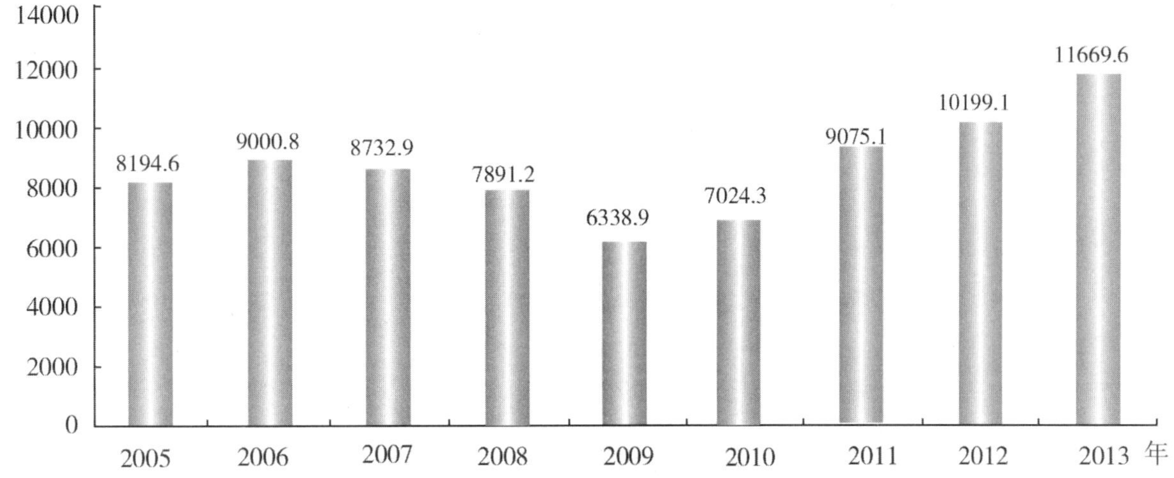

焦炭生产量（万吨）

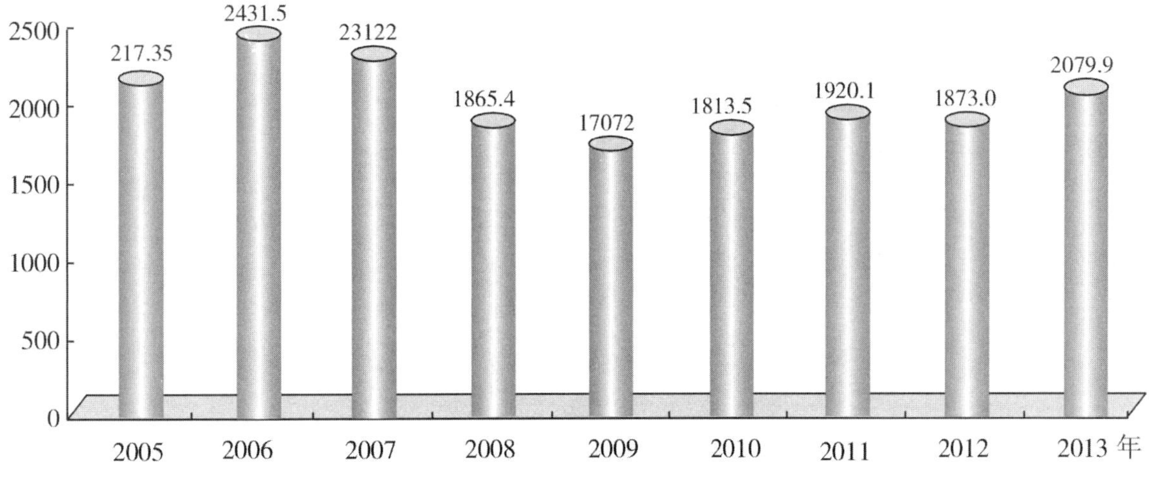

5—1 主要年份煤炭产品产、销、存

单位:万吨

年份	年初库存	生产量	销售量			年末库存
			合计	省内地销	销售外省	
1980	68.0	332.8	349.8	310.7	39.1	47.1
1985	306.4	1061.2	761.3	691.4	69.9	434.3
1986	401.4	986.7	728.7	663.6	65.1	474.0
1987	477.4	1026.1	971.1	918.4	52.7	266.8
1988	266.2	1112.1	996.8	920.9	75.9	215.0
1989	215.0	1910.0	1726.0	1335.0	391.0	248.0
1990	248.0	2190.4	1610.6	1238.9	371.7	395.7
1991	395.7	2189.6	1621.8	1258.2	363.6	455.8
1992	453.2	2478.7	1944.3	1523.1	421.2	346.6
1993	355.3	3089.7	2532.0	2075.4	456.6	286.8
1994	286.8	3879.1	3186.5	2804.0	382.5	264.0
1995	264.1	4265.6	3490.5	3138.0	352.5	289.6
1996	289.6	4802.1	3950.3	3702.6	247.7	331.8
1997	331.9	4578.4	3843.2	3436.2	407.0	220.2
1998	220.2	4695.7	3754.7	3307.2	447.5	225.3
1999	225.8	4028.8	3067.7	2518.0	526.3	237.2
2000	237.2	4103.5	3156.5	2612.6	550.9	182.0
2001	182.0	4404.3	3570.5	2783.9	743.0	98.5
2002	111.8	5337.5	3956.2	3205.3	623.3	168.2
2003	168.2	5865.8	4458.0	3672.0	408.4	143.2
2004	143.2	6048.2	4583.6	3537.7	980.1	155.6
2005	155.6	8194.6	6410.1	5335.4	1074.2	239.8
2006	239.7	9000.8	6965.0	5673.2	1291.9	191.4
2007	191.4	8732.9	6615.6	5414.7	1200.9	187.2
2008	187.2	7891.2	5880.7	4547.5	1333.2	266.2
2009	266.2	6338.9	5221.2	3919.0	1302.2	294.3
2010	294.3	7024.3	5769.4	4922.3	847.1	282.3
2011	282.3	9075.1	7807.9	6959.2	847.7	281.2
2012	281.2	10199.1	8758.4	8091.8	666.6	306.9
2013	306.9	11669.6	9730.9	9159.3	571.6	508.4

5—2 主要年份焦炭产品产、销、存

单位:万吨

年份	年初库存	生产量	销售量			年末库存
			合计	省内地销	销售外省	
1980	3.2	53.1	39.8	38.8	1.0	4.0
1985	16.0	71.5	65.1	46.5	18.7	18.6
1986	18.6	81.8	71.7	60.5	11.3	25.7
1987	25.7	118.2	121.0	90.4	30.6	19.9
1988	19.9	148.9	129.8	115.7	14.1	32.9
1989	6.7	99.1	70.2	29.9	40.3	10.3
1990	37.1	242.3	227.6	182.4	45.2	37.6
1991	37.6	193.9	181.7	150.0	31.7	42.9
1992	42.9	297.8	284.2	231.6	52.6	49.8
1993	57.7	807.2	752.3	678.5	73.8	82.0
1994	82.0	1318.6	1292.4	1197.2	95.2	83.5
1995	83.9	1670.1	1603.2	1260.2	343.0	115.7
1996	115.7	1551.1	1506.3	1293.7	212.6	115.3
1997	115.3	1776.1	1739.5	1550.8	188.7	102.1
1998	102.1	1795.5	1734.6	1578.0	156.6	111.0
1999	111.0	1381.3	1375.6	1092.5	168.7	112.1
2000	112.1	1406.1	1415.2	1177.0	255.0	96.9
2001	96.9	1477.2	1499.7	1191.2	308.5	70.1
2002	70.1	1464.0	1463.7	935.3	506.7	37.1
2003	37.1	1705.3	1653.8	1048.2	553.0	44.1
2004	44.1	1873.1	1797.1	1011.7	744.9	85.3
2005	85.3	2173.5	2052.9	1088.6	923.9	118.6
2006	118.6	2431.5	2289.4	1212.2	1038.8	151.8
2007	151.8	2312.2	2239.5	1115.1	1094.6	139.7
2008	139.7	1865.4	1819.2	905.8	913.3	140.4
2009	140.4	1707.2	1707.1	820.4	886.7	85.3
2010	85.3	1813.5	2103.9	1032.8	1071.1	62.6
2011	62.6	1920.1	1815.7	867.5	948.2	60.4
2012	60.4	1873.0	1737.9	784.3	953.6	80.5
2013	80.5	2079.9	1925.6			135.0

5—3 主要年份煤炭消费量

单位:万吨

年 份	煤炭消费量	生产建设消费				生活消费		入洗原煤
		消费量	比 重（%）	发电用煤	炼焦用煤	消费量	比 重（%）	
1978	356.0	267.7	75.2	135.2	121.2	88.3	24.8	42.2
1980	431.5	338.4	78.4	146.5	146.7	93.1	21.6	43.9
1985	672.4	566.7	84.3	196.4	190.7	105.7	15.7	111.5
1990	1097.6	976.3	88.9	204.7	551.1	121.3	11.1	602.6
1995	2946.7	2795.7	94.9	214.9	2080.8	151.0	5.2	1603.2
1996	3026.8	2873.9	94.9	214.3	2059.6	152.9	5.1	1967.9
1997	3177.8	3024.2	95.2	215.8	2258.3	153.6	4.8	2021.1
1998	3264.9	3111.5	95.3	202.7	2410.2	153.4	4.7	1993.8
1999	2964.3	2810.8	94.8	195.9	2003.6	153.5	5.2	1907.7
2000	3044.6	2893.9	95.1	225.9	2038.9	150.7	4.9	1968.3
2001	4640.2	4491.9	96.8	238.0	1972.3	148.3	3.2	2281.6
2002	4839.2	4699.0	97.1	248.9	1965.8	140.2	2.9	2484.3
2003	5622.3	5486.9	97.6	302.6	2557.9	135.4	2.4	2626.4
2004	6108.7	5998.1	98.2	332.4	2526.2	110.6	1.8	3139.5
2005	6868.2	6777.4	98.7	378.1	2963.2	90.8	1.3	3436.1
2006	7972.9	7851.0	98.5	461.8	3297.4	121.9	1.5	4070.2
2007	8846.2	8715.4	98.5	445.5	3248.6	130.8	1.5	4406.0
2008	7494.2	7363.3	98.2	154.7	2706.3	130.9	1.8	4166.3
2009	7591.18	7465.08	98.3	306.12	2771.9	126.1	1.7	4347.3
2010	7626.6	7469.4	97.9	491.86	2545.2	157.1	2.1	4003.2
2011	9083.1	8949.0	98.5	709.7	2702.7	134.1	1.5	5060.2
2012	10274.5	10123.9	98.5	723.9	2620.7	150.6	1.5	6206.9
2013	12159.9	12009.3	98.8	811.6	2937.8	150.6	1.2	7527.9

5—4 主要年份用电量及分类

单位:万千瓦时

年份	社会用电量	全行业用电量				人民生活用电		
		合计	第一产业	第二产业	第三产业	合计	城镇	乡村
1978	56026	52999	11354	40093	1552	3027	1842	1185
1980	66992	63653	13856	47536	2261	3339	1983	1356
1985	99067	91203	12139	75537	3527	7864	5329	2640
1990	161836	148108	18760	123088	6260	13728	9000	4728
1995	250991	226038	26744	188358	10936	24953	15095	9858
1996	270835	242908	25940	204873	12095	26795	16191	10604
1997	295128	264644	31784	220103	12757	26176	15077	11099
1998	300917	268318	28476	226442	13400	26549	11323	15226
1999	315537	286750	29219	235955	21576	28787	16683	12104
2000	359882	329259	30423	270948	27888	30623	17918	12705
2001	426151	390632	30815	326705	33112	34010	20168	13842
2002	506751	468952	16355	391458	61139	37799	21218	16581
2003	582684	539617	11249	460710	67658	43067	24130	18937
2004	678863	631821	10166	541958	79696	47042	25931	21111
2005	964873	905586	38323	794083	73180	59287	38647	20639
2006	1189111	1109605	28004	1024182	57419	79506	53411	26095
2007	1326506	1245276	26513	1129841	88922	81230	46807	34423
2008	1158305	1066161	28269	973941	63951	92144	43501	48643
2009	1214884	1096737	36233	966744	93760	118147	58762	59385
2010	1337376	1208684	41103	1068663	98918	128692	68429	60263
2011	1568978	1418436	42484	1262952	113000	150542	79100	71442
2012	1729423	1563233	41806	1397250	124177	166190	84852	81338
2013	1798514	1625700	43121	1442325	140254	172814	87523	85291

5—5 主要年份工业行业用电量

单位:万千瓦时

年份	煤炭工业	黑色金属	有色金属	金属加工	建材工业	化工工业	纺织工业	造纸工业	其它
1978	5948	7174	291	3476	1459	10035	3714	2022	5373
1980	8251	7720	700	3884	1324	14431	4112	2532	3945
1985	11547	10758	261	5073	2504	30935	4406	3154	5709
1990	18098	26083	2447	7191	3460	45764	4723	4473	9060
1995	26764	52369	1966	12837	7637	46626	7017	5396	26795
1996	30701	56013	2629	12268	8406	55436	7154	6556	39086
1997	29428	63528	1414	10218	10241	63115	7362	6973	42418
1998	27349	66360	1161	10851	8425	70039	6301	6490	27610
1999	25573	72685	2531	11508	10679	74596	6641	6476	23311
2000	26385	87484	7000	12552	12122	78597	7987	7122	26020
2001	27457	112251	14343	12820	14257	88197	7879	7311	69672
2002	31779	127131	17482	19032	26527	93470	17885	9073	45563
2003	37584	184566	20791	21169	42993	93994	16723	7615	47689
2004	47018	221885	16450	16450	25263	100757	15344	6005	82127
2005	81197	326809	31747	25478	27735	154268	7699	6432	130706
2006	152371	416671	39689	32217	36460	191065	10713	6749	135545
2007	131886	532932	47655	42731	37973	198357	6604	6683	121299
2008	76767	445083	43695	50254	36257	176298	2570	3266	134145
2009	113473	421009	40428	49780	43194	157966	2810	1226	136858
2010	123407	430290	20211	25736	46505	193392	2279	1865	214562
2011	145283	511038	26104	31500	49835	237975	2756	2697	231208
2012	137800	589773	27428	28370	53911	228563	3507	2260	301178
2013	175945	557305	27328	19273	55303	272744	2793	1769	308033

5—6 主要年份能源工业固定资产投资及构成

年 份	工业投资（万元）	能源工业投资（万元）				占工业比重（%）	能源工业投资构成（%）		
		合 计	煤 炭	电 力	炼 焦		煤 炭	电 力	焦 炭
1952	29	8	2	6		27.6	25.0	75.0	
1957	382	242	225	17		63.4	93.0	7.0	
1962	1154	676	675	1		58.6	99.8	0.2	
1965	3170	868	638	230		27.4	73.5	26.5	
1970	7332	2534	643	1641	250	34.6	25.4	64.8	9.8
1975	7203	2677	882	795	1000	37.2	32.9	29.7	37.4
1978	15216	7370	1763	3451	2156	48.4	23.9	46.8	29.3
1980	10000	5734	2818	934	1982	57.3	49.2	16.3	34.5
1985	18126	10001	8122	1459	420	55.2	81.2	14.6	4.2
1990	29848	21982	17962	2512	1508	73.6	81.7	11.4	6.9
1991	41650	24954	17218	4666	3070	59.9	69.0	18.7	12.3
1992	47485	30611	22404	5413	2794	64.5	73.2	17.7	9.1
1993	63868	39274	30769	8261	244	61.5	78.4	21.0	0.6
1994	61718	41646	31229	9565	852	67.5	75.0	23.0	2.0
1995	75182	47610	31261	6712	9637	63.3	65.7	14.1	20.2
1996	93000	48500	32200	6500	9800	52.2	66.4	13.4	20.2
1997	112536	69600	40400	6500	22700	61.9	58.1	9.3	32.6
1998	98850	45574	19348	10515	15711	46.1	42.5	23.0	34.5
1999	157471	74040	24068	19047	30925	47.0	32.5	25.7	41.8
2000	260734	142197	16469	65963	59765	54.5	11.6	46.4	42.0
2001	286891	158505	20195	59359	78951	55.2	12.7	37.5	49.8
2002	364929	144610	29475	57977	57158	39.6	20.4	40.1	39.5
2003	745386	338499	39977	69702	228820	45.4	11.8	20.6	67.6
2004	848332	610243	91381	217260	301602	71.9	15.0	35.6	49.4
2005	1057233	705517	253406	252017	200094	66.7	35.9	35.7	28.4
2006	1212172	702320	190259	298160	213901	57.9	27.1	42.5	30.4
2007	1457520	786970	369528	250758	166684	54.0	46.9	31.9	21.2
2008	1531605	948648	322486	490476	135666	61.9	33.9	51.7	14.4
2009	2110722	1348381	649612	598473	100296	63.9	48.2	44.4	7.4
2010	2639916	1669941	964186	654963	50792	63.3	57.7	39.3	3.0
2011	3016272	1853685	1209920	343127	207174	61.5	65.3	18.5	11.2
2012	3795269	2412232	1550415	338334	210774	63.6	64.3	14.0	8.7
2013	4678843	2717235	1680394	559801	103308	58.1	61.8	20.6	3.8

5—7 主要年份能源产品产量

年份	原煤（万吨）	#霍州煤电集团	#市营以下	发电量（万千瓦时）	#水电	#火电	焦炭（万吨）	#机焦
1949	23.3		23.3	42		42	1.0	
1952	30.0		30.0	72		72	1.6	
1957	84.7	6.6	65.3	269	4	265	6.8	
1960	199.2	50.0	113.5	4183	188	3995	22.2	
1962	161.6	70.0	65.6	3293	296	2997	4.4	
1965	246.4	109.6	108.8	6124	751	5373	4.5	
1970	334.5	152.3	159.4	31100	599	30501	10.8	
1975	391.0	135.0	242.0	161913	452	161461	45.0	19.3
1978	553.0	141.0	398.0	227165	246	226919	67.0	20.8
1980	695.1	144.0	548.3	284927	248	284679	83.8	44.0
1985	1328.0	252.8	1069.9	358714	549	358165	119.2	70.4
1986	1342.3	300.5	1036.8	354182	236	353946	177.3	72.8
1987	1316.4	304.0	1007.7	351431	131	351300	226.3	83.0
1988	1445.3	312.2	1129.4	347970	322	347638	282.6	80.8
1989	1714.9	365.1	1343.7	377884	351	377533	310.8	79.3
1990	1699.0	450.0	1238.9	368800	373	368427	348.7	85.3
1991	1591.9	500.6	1081.3	358150	198	357952	302.0	83.7
1992	1961.7	502.1	1449.5	333540	150	333390	410.8	86.3
1993	2352.4	401.7	1943.5	340603	219	340384	808.6	84.9
1994	2719.3	451.7	2259.3	352119	386	351733	1354.5	94.2
1995	3278.8	448.6	2814.4	358007	354	357953	1674.1	110.9
1996	3110.2	484.9	2617.2	367992	605	367387	1566.4	134.1
1997	2939.9	480.9	2453.3	376903	281	376622	1678.1	144.4
1998	3221.6	598.2	2614.9	337515	56	337459	1795.5	180.2
1999	2405.4	600.0	1797.3	342070	52	343748	1381.9	198.4
2000	2539.7	604.3	1926.1	364037	40	369337	1406.1	255.5
2001	2623.0	661.7	1949.7	394372	54	395518	1477.2	516.1
2002	3394.0	803.2	2578.4	430764	14	430750	1464.0	686.9
2003	3727.4	916.9	2797.7	506024	45	505679	1705.3	1156.5
2004	3884.2	1159.1	2710.1	570338	12	570326	1909.3	1755.1
2005	5244.7	1335.6	3897.0	723210	10	723200	2173.5	2114.3
2006	5592.9	1548.9	4035.4	1043709	9	1043700	2431.5	2226.0
2007	4766.4	1610.1	3144.9	1061708	8	1061700	2312.2	2287.9
2008	4116.7	1562.4	2551.6	685425	8	656810	1865.4	1865.4
2009	2634.7	1121.2	1513.5	640646	26	640620	1707.2	1707.2
2010	3740.5	1162.8	2577.7	1055920	5	1055915	1813.5	1813.5
2011	4813.1	1188.4	3624.7	1500543		1500543	1920.1	1920.1
2012	4970.7	1178.3	3792.4	1741694	3	1741691	1873.0	1873.0
2013	5598.8	1253.4	4345.4	1922233	23	1922210	2079.9	2033.1

5—8 综合能源消费量

指 标	2012年			2013年		
	综合能源消费量（吨标准煤）	工业总产值（万元）	产值单耗（吨标准煤/万元）	综合能源消费量（吨标准煤）	工业总产值（万元）	产值单耗（吨标准煤/万元）
工业消费合计	**21109952**	**19215839**	**1.10**	**22343672**	**19557279**	**1.14**
按轻重工业分						
轻工业	47432	309412	0.15	42656	371496	0.11
重工业	21062520	18906427	1.11	22301016	19185783	1.16
按工业行业分						
采矿业	4661117	6999375	0.67	5192787	7458393	0.70
煤炭开采和洗选业	4591738	6226826	0.74	5090281	6230812	0.82
黑色金属矿采选业	67591	771119	0.09	100290	1224703	0.08
非金属矿采选业	1788	1430	1.25	2216	2878	0.77
制造业	12980322	11693357	1.11	13416942	11513408	1.17
农副食品加工业	3297	101660	0.03	3415	112420	0.03
食品制造业	3811	24030	0.16	4097	35165	0.12
饮料制造业	1844	11445	0.16	1516	36032	0.04
纺织业	2640	15003	0.18	2424	15802	0.15
纺织服装、鞋、帽制造业	7	2708		16	3267	
造纸及纸制品业						
印刷业和记录媒介的复制业						
文教体育用品制造业	27	2054	0.01	31	1667	0.02
石油加工炼焦及核燃料	4157146	2972489	1.40	4613459	2797857	1.65
化学原料及化学制品制造	1014742	547207	1.85	892816	451476	1.98
医药制造业	8057	60543	0.13	5716	63627	0.09
橡胶、塑料制品业	726	40688	0.02	683	56890	0.01
非金属矿物制品业	161362	149164	1.08	158698	149587	1.06
黑色金属冶炼及压延	7454821	6654699	1.12	7624385	6661553	1.14
有色金属冶炼及压延	64341	523786	0.12	56313	479952	0.12
金属制品业	8148	20286	0.40	7573	20982	0.36
通用设备制造业						
专用设备制造业	24201	391897	0.06	28492	491780	0.06
交通运输设备制造业	70594	76724	0.92	13461	54859	0.25
电气机械及器材制造业	842	62229	0.01	557	49318	0.01
工艺品及其他制造业	2058	18234	0.11	786	21857	0.04
废弃资源综合利用业	1656	18512	0.09	2502	9317	0.27
电力、煤气及水的生产等	3468512	523107	6.63	3733943	585479	6.38
电力、热力的生产和供应	3466723	510635	6.79	3732154	571470	6.53
燃气的生产和供应业	189	6734	0.03	202	8449	0.02
水的生产和供应业	1600	5737	0.28	1588	5560	0.29

主要指标解释

能源生产总量 指一定时期内一次能源生产量的总和，是观察能源生产水平、规模、构成和发展速度的总量指标。一次能源生产量包括原煤，原油，天然气，水电、核能及其他动力能（如风能、地热能等）发电量，不包括低热值燃料生产量、生物质能、太阳能等的利用和由一次能源加工转换而成的二次能源产量。

能源消费总量 指一定时期内物质生产部门、非物质生产部门和生活消费的各种能源的总和，是观察能源消费水平、构成和增长速度的总量指标。能源消费总量包括原煤和原油及其制品、天然气、电力，不包括低热值燃料、生物质能和太阳能等的利用。能源消费总量分为终端能源消费量、能源加工转换损失量和损失量三部分。

(1)终端能源消费量：指一定时期内生产和生活消费的各种能源在扣除了用于加工转换二次能源消费量和损失量以后的数量。

(2)能源加工转换损失量：指一定时期内投入加工转换的各种能源数量之和与产出各种能源产品之和的差额，是观察能源在加工转换过程中损失量变化的指标。

(3)能源损失量：指一定时期内能源在输送、分配、储存过程中发生的损失和由客观原因造成的各种损失量，不包括各种气体能源放空、放散量。

能源生产弹性系数 是研究能源生产增长速度与国民经济增长速度之间关系的指标。计算公式为：

能源生产弹性系数＝能源生产总量年平均增长速度/国民经济年平均增长速度

国民经济年平均增长速度，可根据不同的目的或需要，用国民生产总值、国内生产总值等指标来计算，本年鉴是采用国内生产总值指标计算的。

电力生产弹性系数 是研究电力生产增长速度与国民经济增长速度之间关系的指标。一般来说，电力的发展应当快于国民经济的发展，也就是说电力应超前发展。计算公式为：

电力生产弹性系数＝电力生产量年平均增长速度/国民经济年平均增长速度

能源消费弹性系数 是反映能源消费增长速度与国民经济增长速度之间比例关系的指标。计算公式为：

能源消费弹性系数＝能源消费量年平均增长速度/国民经济年平均增长速度

电力消费弹性系数 反映电力消费增长速度与国民经济增长速度之间比例关系的指标。计算公式为：

电力消费弹性系数＝电力消费量年平均增长速度/国民经济年平均增长速度

能源加工转换效率 指一定时期内能源经过加工、转换后，产出的各种能源产品的数量与同期内投入加工转换的各种能源数量的比率。它是观察能源加工转换装置和生产工艺先进与落后、管理水平高低等的重要指标。计算公式为：

能源加工转换效率＝能源加工、转换产出量/能源加工、转换投入量×100%

六、物 价

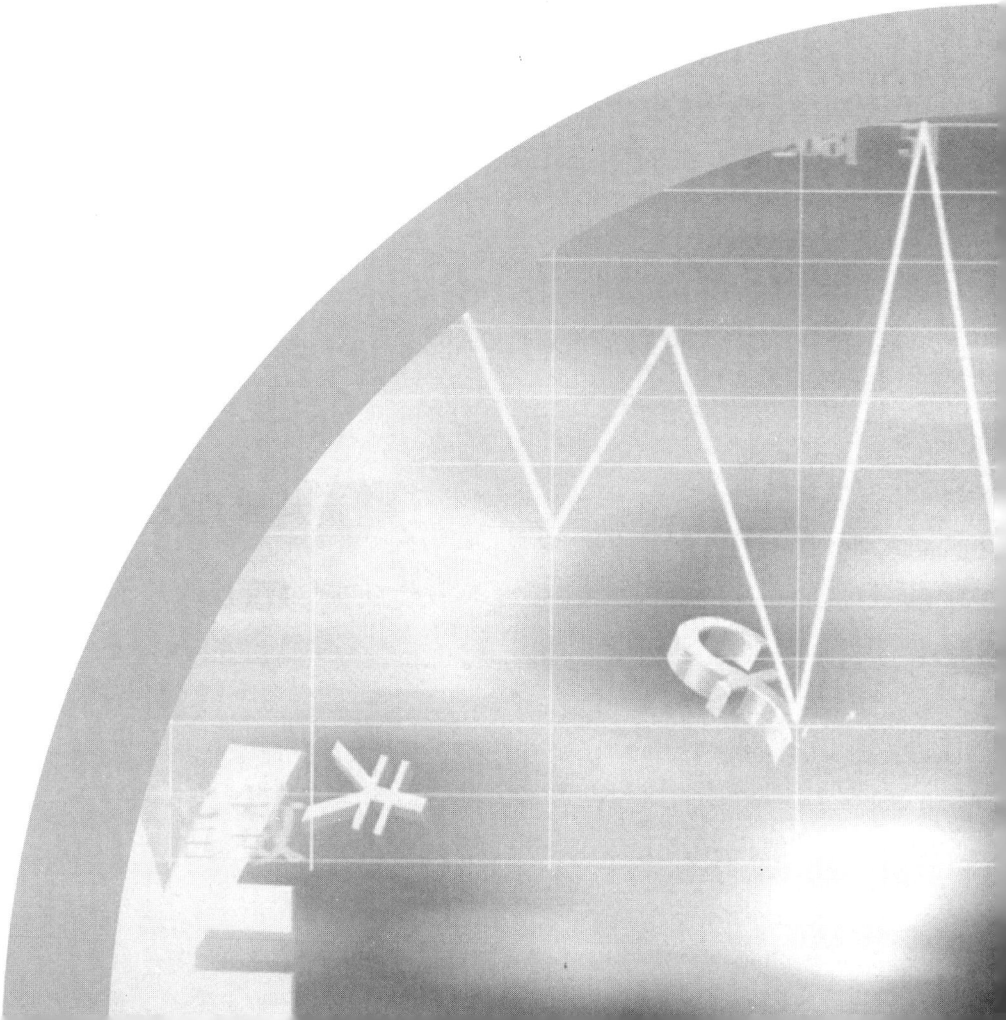

资料整理人员

裴欣丽　吉海燕　乔淑芳

物　价

居民消费价格指数	102.5	%
工业生产者购进价格指数	91.6	%
工业生产者出厂价格指数	89.9	%

居民消费价格指数(上年=100)

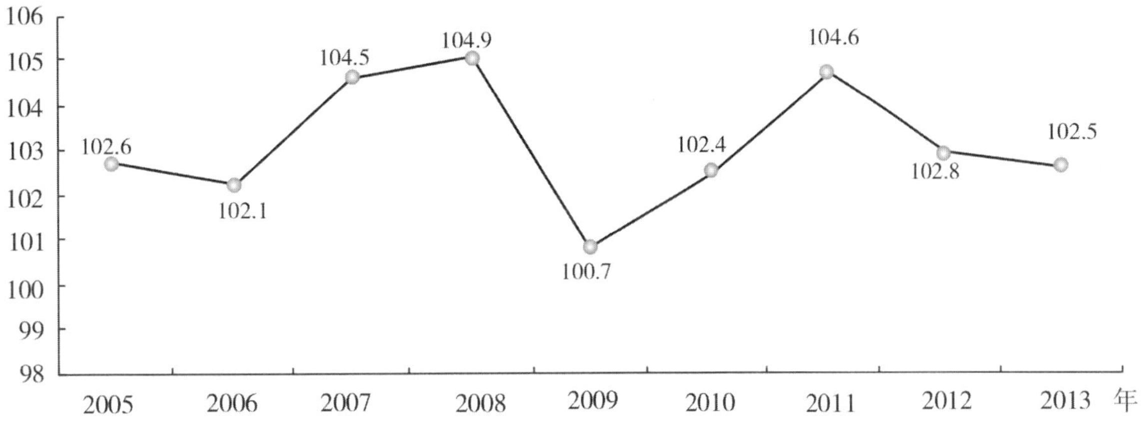

工业生产者出厂价格指数(上年=100)

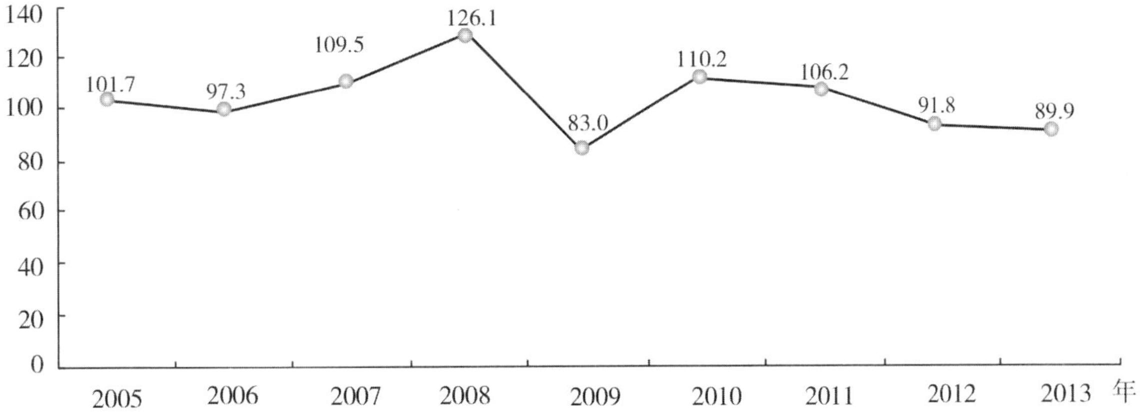

6—1 主要年份物价总指数

上年价格 = 100

年份	全市商品零售价格总指数	全市居民消费价格总指数
1952		
1957		
1962		
1965		
1970		
1975		
1978		
1980		
1985		
1990	100.1	101.1
1995	114.7	115.0
2000	98.0	99.6
2001	99.3	100.1
2002	99.4	99.2
2003	101.3	102.6
2004	105.5	105.4
2005	101.2	102.6
2006	101.4	102.1
2007	103.9	104.5
2008	105.0	104.9
2009	100.2	100.7
2010	102.5	102.4
2011		104.6
2012		102.8
2013		102.5

6—2 居民消费价格分类指数(2013 年)

上年价格 = 100

指　　标	全　市	市政府驻地(尧都区)
居民消费价格总指数	**102.5**	**102.4**
一、食品	**105.5**	**104.7**
粮 食	107.4	108.7
淀粉及制品	98.0	98.4
干豆类及豆制品	108.1	109.0
油　脂	98.3	101.5
肉禽及其制品	101.5	99.9
食用畜肉及副产品	102.0	100.1
禽	100.7	98.2
加工肉禽	100.3	99.8
蛋	103.6	104.2
水产品	99.5	101.5
鱼	98.9	101.7
其他水产品	101.2	101.0
菜	113.8	109.0
鲜　菜	113.7	108.8
干菜及菜制品	99.2	99.3
调味品	106.0	109.8
糖	104.1	101.3
茶及饮料	101.6	102.4
茶　叶	99.6	100.0
饮　料	102.0	103.2
干鲜瓜果	113.8	106.3
鲜瓜果	113.1	109.3
干(坚)果	116.6	100.5
糕点饼干面包	103.9	102.3
液体乳及乳制品	105.1	105.3
在外用膳食品	104.1	104.5
主　食	105.5	106.4
炒　菜	101.9	103.2
地方小吃	111.2	107.9
其他食品	99.9	101.2
二、烟酒	**100.9**	**101.0**
烟　草	100.1	99.7
酒	103.0	104.1
三、衣　着	**101.0**	**101.9**
服　装	101.4	102.8
男式服装	101.8	102.7
女式服装	101.2	104.6
儿童服装	101.3	93.3
衣着材料	99.9	100.2
鞋袜帽	99.2	98.8
鞋	98.9	98.5
袜　子	99.5	101.3
帽　子	101.8	104.1

6—2 续表

上年价格=100

指　　标	全　市	市政府驻地(尧都区)
衣着加工服务费	114.7	124.0
四、家庭设备用品及维修服务	**101.0**	**101.9**
耐用消费品	100.4	101.8
家　具	104.6	106.0
家庭设备	97.5	100.0
室内装饰品	99.3	101.1
床上用品	98.3	104.2
家庭日用杂品	101.6	101.4
家庭服务及加工维修服务	106.8	102.7
五、医疗保健和个人用品	**100.1**	**100.6**
医疗保健	100.2	101.0
医疗器具及用品	101.1	100.0
中药材及中成药	103.7	105.4
西　药	100.4	99.9
保健器具及用品	99.6	100.0
医疗保健服务	98.5	100.5
个人用品及服务	99.9	99.5
化妆美容用品	99.9	99.6
清洁化妆用品	102.6	103.2
个人饰品	94.8	95.5
个人服务	102.6	102.9
六、交通和通信	**100.1**	**99.8**
交　通	101.0	100.0
交通工具	100.0	100.1
车用燃料及零配件	99.4	99.0
车辆使用及维修费	109.4	100.0
市区公共交通费	100.7	100.0
城市间交通费	100.0	101.2
通　信	99.2	99.5
通信工具	95.8	93.6
通信服务	99.8	100.0
七、娱乐教育文化用品及服务	**100.7**	**100.8**
文娱用耐用消费品及服务	93.5	95.5
教　育	101.4	101.2
教材及参考书	107.6	107.3
教育服务	101.0	100.4
文化娱乐类	102.9	103.3
文化娱乐用品	101.2	100.5
书报杂志	100.6	100.0
文娱费	105.4	107.6
旅　游	102.7	101.6
八、居　住	**103.4**	**102.8**
建房及装修材料	101.7	102.5
住房租金	105.3	104.0
自有住房	103.1	103.3
水、电、燃料	104.5	101.5

6—3 工业生产者购进价格指数

上年价格 = 100

类别	2005	2006	2007	2008	2009	2010	2011	2012	2013
总指数	**104.81**	**96.89**	**111.84**	**124.14**	**88.95**	**111.99**	**107.16**	**95.09**	**91.61**
一、燃料动力类	105.91	94.45	112.02	136.02	92.48	108.50	106.22	94.84	85.39
二、黑色金属材料类	101.04	93.32	116.58	132.05	77.21	113.96	106.75	90.95	94.04
钢 材	106.38	98.73	110.19	119.69	95.43	107.16	99.35	97.43	95.09
其 它	99.89	92.09	118.04	134.69	72.42	116.29	109.84	88.31	93.46
三、有色金属材料和电线类	125.45	151.62	108.83	93.00	74.49	145.47	111.56	87.29	86.17
四、化工原料类	110.13	103.13	108.13	120.74	91.26	105.86	108.27	100.83	97.99
五、木材及纸浆类	108.51	100.67	104.18	111.24	107.51	103.51	102.76	102.29	103.73
六、建筑材料及非金属矿类	123.15	103.56	102.78	105.99	100.79	99.76	98.28	105.27	101.02
七、其他工业原材料及半成品类	103.00	99.13	104.65	101.87	100.05	107.06	112.74	97.40	95.87
八、农副产品类	95.94	104.84	112.74	109.80	105.78	114.67	105.48	99.66	104.49
九、纺织原料类				92.21	98.23	109.04	115.38	89.65	99.75

6—4 工业生产者出厂价格指数

上年价格＝100

指　　标	2005	2006	2007	2008	2009	2010	2011	2012	2013
全部工业品	**101.65**	**97.34**	**109.49**	**126.13**	**82.96**	**110.17**	**106.22**	**91.84**	**89.90**
轻工业	102.97	101.56	100.42	104.95	97.20	105.95	108.02	98.68	101.62
以农产品为原料	101.38	99.43	100.46	104.05	95.01	110.68	111.13	97.56	102.23
以非农产品为原料	104.58	102.64	100.85	106.60	99.77	101.86	102.65	100.84	100.61
重工业	101.50	97.22	109.92	127.79	82.15	110.35	106.15	91.56	89.45
采掘工业	106.26	92.27	105.90	131.96	90.35	107.05	105.82	91.38	83.45
原料工业	101.38	98.07	110.48	127.43	80.10	111.53	105.83	91.75	88.85
加工工业	98.78	97.99	111.51	124.65	80.83	109.15	107.33	91.17	95.45
生产资料	101.66	97.31	109.69	127.05	82.53	110.32	106.27	91.62	89.68
采掘工业	111.16	96.02	105.38	131.47	91.04	106.04	105.82	91.38	83.45
原料工业	99.22	97.56	111.45	127.20	78.61	112.78	105.83	91.75	88.85
加工工业	99.44	98.65	110.03	121.37	82.59	109.11	107.77	91.45	95.90
生活资料	100.39	99.84	99.29	103.32	95.90	103.06	103.44	103.45	102.78
食　品	100.13	99.60	99.65	102.25	94.43	104.45	101.44	103.42	104.10
衣　着				102.23	95.47	93.54			
一般日用品	100.12	100.46	96.99	104.45	98.85	103.17	100.94	100.36	100.65
耐用消费品	103.12	101.51	104.91	111.10	98.97	102.83	109.84	105.64	101.45
按工业部门分									
冶金工业	98.98	97.72	111.20	124.46	75.40	114.78	108.18	86.71	93.47
电力工业	109.31	109.99	110.14	107.55	107.89	105.10	100.11	104.97	100.87
煤炭及炼焦工业	102.96	94.64	108.45	136.24	85.29	108.00	104.97	92.16	83.29
石油工业	118.75	100.54					102.27	101.59	100
化学工业	105.08	104.79	113.88	108.57	83.10	106.20	108.50	95.45	94.27
机械工业	109.48	107.33	103.44	112.27	94.38	104.43	106.85	97.58	96.43
建筑材料工业	103.99	100.28	100.54	104.97	105.07	99.25	109.03	100.22	97.46
森林工业		103.81	108.64	100.74		100.70			
食品工业	99.90	100.07	100.57	101.85	92.49	108.99	104.21	105.80	106.83
纺织工业	102.28	100.33	100.36	99.65	97.06	125.33	115.81	90.77	99.00
缝纫工业				102.23	95.47	93.54			
皮革工业									
造纸工业	103.64	99.41	98.57	106.38	98.16	103.46	112.54	101.78	100.00
文教艺术用品工业	102.36	101.17	104.25	114.88	98.80	105.68	119.18	108.34	103.05
其它工业	103.34	118.17	98.37	101.41	100.00	117.28	97.39	97.95	98.60

6—5 工业生产者分行业出厂价格指数

上年价格 = 100

指 标	2005	2006	2007	2008	2009	2010	2011	2012	2013
煤炭开采和洗选业	111.91	96.30	105.18	133.75	92.41	105.56	105.28	94.26	83.66
石油和天然气开采业									
黑色金属矿采选业	105.28	93.43	107.04	118.42	80.30	112.01	102.83	94.72	98.50
有色金属矿采选业									
非金属矿采选业				105.62	102.90	98.22	100.00	100.00	100.00
其他采矿业									
农副食品加工业	100.07	96.90	108.19	112.99	96.12	112.78	109.43	106.55	105.50
食品制造业	98.15	95.51	115.43	112.60	63.58	100.00	102.35	101.96	102.90
饮料制造业	101.87	100.57	97.28	98.33	93.37	98.80	94.75	105.39	110.90
烟草制品业	100.00								
纺织业	102.28	100.33	100.36	99.65	97.06	125.33	115.81	90.77	99.00
纺织服装、鞋、帽制造业				102.23	95.47	93.54			
皮革、毛皮、羽毛(绒)及其制品业									
木材加工及木、竹、藤、棕、草制品业		103.81	108.64	100.74					
家具制造业						100.70			
造纸及纸制品业	103.64	99.41	98.57	106.38	98.16	103.46	112.54	101.78	100.00
印刷业和记录媒介的复制业	100.79	100.33	99.59	100.01	110.42	100.00			
文教体育用品制造业	103.24	101.58	105.36	116.24	98.43	105.86	119.18	108.34	103.00
石油加工、炼焦及核燃料加工业	96.05	92.87	111.82	140.33	78.88	111.31	104.41	91.33	86.10
化学原料及化学制品制造业	104.94	105.46	116.20	109.98	81.20	106.90	108.77	95.04	93.90
医药制造业	100.05	100.00	97.57	104.39	98.24	100.05	105.63	102.56	99.30
化学纤维制造业									
橡胶制品业								100.00	
塑料制品业	113.57	100.47	100.43	102.32	94.99	100.13	100.00		100.00
非金属矿物制品业	105.29	106.75	99.58	103.46	105.55	99.55	107.10	97.98	96.40
黑色金属冶炼及压延加工业	97.62	91.17	111.49	128.83	74.40	110.89	107.88	86.36	92.90
有色金属冶炼及压延加工业	124.47	173.44	110.31	97.31	79.08	142.17	116.06	90.97	95.04
金属制品业	101.45	97.35	105.42	109.39	100.19	102.28	96.84	94.45	94.44
通用设备制造业	108.22	109.88	104.86	122.47	93.56	102.38	112.32	103.15	100.75
专用设备制造业	107.26	105.67	101.51	105.83	102.01	104.85	102.03	96.59	98.25
交通运输设备制造业	114.17	103.39	105.78	119.08	78.41	101.83	106.90	96.49	93.86
电气机械及器材制造业	105.93	95.23	104.19	108.97	99.52	107.88	101.04	100.78	98.21
通信设备、计算机及其他电子设备制造业									
仪器仪表及文化、办公用机械制造业									
工艺品及其他制造业									
废弃资源和废旧材料回收加工业									
电力、热力的生产和供应业	109.31	111.43	110.19	106.84	108.22	105.12	99.93	105.49	101.15
燃气生产和供应业	100.00	100.00	100.00			99.83	96.22	100.00	100.00
水的生产和供应业	99.03	99.17	101.99	102.79	100.00	117.28	97.60	100.00	99.75

主要统计指标解释

居民消费价格指数 是度量消费商品及服务项目价格水平随着时间而变动的相对数,反映居民家庭购买的消费品及服务价格水平的变动情况。它是宏观经济分析和决策、价格总水平监测和调控以及国民经济核算的重要指标。其按年度计算的变动率通常被用来作为反映通货膨胀(或紧缩)程度的指标。调查内容是城乡居民购买并用于日常生活消费的商品和服务项目的价格。调查内容根据全国城乡居民家庭消费支出调查资料以及居民消费结构和消费习惯确定,按用途划分为8个大类,262个基本分类,包括食品、烟酒、衣着、家庭设备用品及维修服务、医疗保健和个人用品、交通和通信、娱乐教育文化用品及服务、居住。

食品 可供人类食用或饮用的物质,包括加工食品,半成品和未加工食品,不包括烟草或只作药品用的物质。

烟酒 包括烟草、酒。

烟草 包括高档卷烟和中低档卷烟等。各地可根据当地消费情况划分卷烟级别并自行选取规格品。

酒 指用高粱、大麦、米、葡萄或其他水果发酵制成的含酒精饮料。主要有白酒、葡萄酒、啤酒等。

衣着类 指各种穿戴用品,包括棉、麻、丝、毛和各种人造纤维、合成纤维纺织的各种布匹、呢绒和绸缎加工而成的服装,各种鞋、袜、帽等,此外还包括衣着加工服务。

家庭设备及维修服务类 包括耐用消费品、室内装饰品、床上用品、家庭日用杂品及家庭服务及加工维修服务。

医疗保健和个人用品类 医疗保健包括医疗器具及用品、中药材及中成药、西药、保健器具及用品和医疗保健服务。个人用品及服务包括化妆美容用品、清洁类化妆品、护肤品、个人饰品及个人服务。

交通和通信类 交通包括交通工具、车用燃料及零配件、车辆使用及维修费市区公共交通费和城市间交通费。通信包括通信工具和通信服务。

娱乐教育文化用品及服务类 包括文娱用耐用消费品及服务、教育、文化娱乐类及旅游。

居住类包括建房及装修材料、租房、自有住房及水电燃料。

工业生产者出厂价格指数 是反映全部工业产品出厂价格总水平的变动趋势和程度的相对数,包括工业企业售给本企业以外所有单位的各种产品和直接售给居民用于生活消费的产品。通过工业生产者出厂价格指数能观察出厂价格变动对工业总产值的影响。

工业生产者购进价格指数 是反映工业企业购进主要原材料、燃料、动力价格水平变动趋势和程度的相对数。根据全省部分重点企业主要原材料、燃料、动力购进价格的定期调查资料,按加权算术平均公式计算。

七、人民生活

资料整理人员

贺彦杰

人民生活

城镇居民家庭人均可支配收入	18126	元
城镇居民家庭人均消费性支出	11618	元
城镇居民人均住房建筑面积	35	平方米
农民人均纯收入	6899	元
农村住户人均生活消费支出	4429	元
农村居民人均居住面积	33	平方米

城乡居民收入(元)

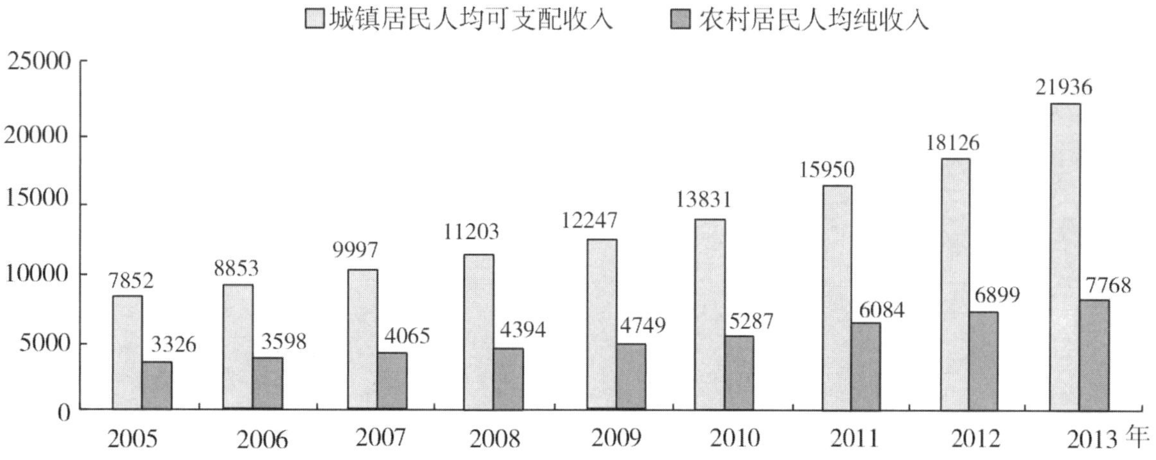

7—1 主要年份城镇居民人均可支配收入增长情况

年份	可支配收入（元）	比上年增加额（元）	比上年增长（%）	城镇居民消费价格指数（以上年为100）	扣除物价上涨因素后	
					实际收入（元）	比上年增长（%）
1952	146					
1957	220					
1965	226					
1978	260					
1980	377					
1985	636					
1990	1020	88	9.5	101.1	1009	8.3
1995	2780	627	29.1	115.0	2417	12.3
2000	4158	389	10.3	99.6	4175	10.8
2001	4697	539	13.0	100.1	4692	12.8
2002	5160	463	9.8	99.2	5201	10.7
2003	5820	660	12.8	102.6	5672	9.9
2004	6857	1037	17.8	105.4	6506	11.8
2005	7852	995	14.5	102.6	7653	11.6
2006	8853	1001	12.7	102.1	8671	10.4
2007	9997	1144	12.9	104.5	9567	8.1
2008	11203	1206	12.1	104.9	10223	6.9
2009	12247	1044	9.3	100.7	12162	8.6
2010	13831	1584	12.9	102.4	13507	10.3
2011	15950	2119	15.3	104.6	15249	10.3
2012	18126	2176	13.6	102.8	17632	10.5
2013	21936	3810	10.3	102.5		

7—2 主要年份农村住户每人平均纯收入

单位:元

年份	全年纯收入	按纯收入来源分					按纯收入性质分	
		基本收入	工资性收入	家庭经营纯收入	转移性收入	财产性收入	生产性收入	非生产性收入
1980	63	44	11	33	17	2	44	19
1985	335	300	21	279	31	4	300	35
1990	501	467	123	344	30	4	467	34
1995	1130	1089	269	820	36	5	1089	41
2000	2195	2135	884	1251	54	6	2135	60
2001	2320	2272	1016	1256	41	7	2272	48
2002	2465	2410	1132	1278	45	10	2410	55
2003	2666	2625	1208	1417	33	8	2625	41
2004	2976	2920	1251	1669	43	13	2920	56
2005	3326	3242	1441	1801	64	20	3242	84
2006	3598	3472	1614	1858	104	22	3472	126
2007	4065	3913	1756	2157	118	34	3913	152
2008	4394	4156	1918	2238	196	42	4156	238
2009	4749	4427	2037	2390	274	48	4427	322
2010	5287	4917	2293	2624	295	75	4917	370
2011	6084	5544	2990	2554	459	81	5544	540
2012	6899	6376	3709	2667	468	55	6376	523
2013	7768							

主要统计指标解释

一、城镇住户

城镇家庭人口 指居住在一起，经济上合在一起共同生活的家庭成员。凡计算为家庭人口的成员其全部收支都包括在本家庭中。

城镇就业面 指就业人口占家庭人口的百分比。

城镇就业者负担人数 指家庭人口与就业人口之比。

城镇家庭总收入 指家庭成员得到的工薪收入、经营净收入、财产性收入、转移性收入之和，不包括出售财物收入和借贷收入。

城镇家庭可支配收入 指家庭成员得到可用于最终消费支出和其它非义务性支出以及储蓄的总和，即居民家庭可以用来自由支配的收入。它是家庭总收入扣除交纳的个人所得税、个人交纳的社会保障支出以及记账补贴后的收入。计算公式为：

可支配收入 = 家庭总收入 - 交纳个人所得税 - 个人交纳的社会保障支出 - 记账补贴

城镇家庭总支出 指除借贷支出以外的全部家庭支出。包括消费性支出、购房建房支出、转移性支出、财产性支出、社会保障支出。

城镇家庭消费性支出 指家庭用于日常生活的支出，包括食品、衣着、居住、家庭设备用品及服务、医疗保健、交通和通信、娱乐教育文化服务、其他商品和服务等八大类支出。

城镇家庭服务性消费支出 指家庭用于支付社会提供的各种非商品性服务费用。

城镇家庭收入分组方法是将所有调查户按户人均可支配收入由低到高排队，按 10%，10%，20%，20%，20%，10%，10% 的比例依次分成：最低收入户、低收入户、中等偏下收入户、中等收入户、中等偏上收入户、高收入户、最高收入户等七组。总体中最低 5% 的户为困难户。

恩格尔系数 指食物支出金额在消费性总支出金额中所占的比例。计算公式为：

$$\text{恩格尔系数} = \frac{\text{食品支出金额}}{\text{消费性总支出金额}} \times 100\%$$

二、农村住户

农村住户 指农村常住户。农村常住户指长期（一年以上）居住在乡镇（不包括城关镇）行政管理区域内的住户，以及长期居住在城关镇所辖行政村范围内的农村住户。户口不在本地而在本地居住一年及以上的住户也包括在本地农村常住户范围内；有本地户口，但举家外出谋生一年以上的住户，无论是否保留承包耕地都不包括在本地农村住户范围内。

常住人口 指全年经常在家或在家居住 6 个月以上，而且经济和生活与本户连成一体的人口。外出从业人员在外居住时间虽然在 6 个月以上，但收入主要带回家中，经济与本户连为一体，仍视为家庭常住人口；在家居住，生活和本户连成一体的国家职工、退休人员也为家庭常住人口。但是现役军人、中专及以上（走读生除外）的在校学生、以及常年在外（不包括探亲、看病等）且已有稳定的职业与居住场所的外出从业人员，不算家庭常住人口。家庭常住人口主要作为计算农村住户平均每人收入、消费和积累水平及分析家庭人口状况的依据。

整、半劳动力 整劳动力指男子 18 周岁到 50 周岁，女子 18 周岁到 45 周岁；半劳动力指男子 16 周岁到 17 周岁，51 周岁到 60 周岁；女子 16 周岁到 17 周岁，46 周岁到 55 周岁，同时具有劳动能力的人。虽然在劳动年龄之内，但已丧失劳动能力的人，不应算为劳动力；超过劳动年龄，但能经常参加劳动，计入半劳动力数内。常住人口中的职工，若这些职工为劳动力，就包括在本户的整半劳动力中。

总收入 指调查期内农村住户和住户成员从各

种来源渠道得到的收入总和。按收入的性质划分为工资性收入、家庭经营收入、财产性收入和转移性收入。

工资性收入 指农村住户成员受雇于单位或个人,靠出卖劳动而获得的收入。

家庭经营收入 指农村住户以家庭为生产经营单位进行生产筹划和管理而获得的收入。农村住户家庭经营活动按行业划分为农业、林业、牧业、渔业、工业、建筑业、交通运输业邮电业、批发和零售贸易餐饮业、社会服务业、文教卫生业和其他家庭经营。

财产性收入 指金融资产或有形非生产性资产的所有者向其他机构单位提供资金或将有形非生产性资产供其支配,作为回报而从中获得的收入。

转移性收入 指农村住户和住户成员无须付出任何对应物而获得的货物、服务、资金或资产所有权等,不包括无偿提供的用于固定资本形成的资金。一般情况下,是指农村住户在二次分配中的所有收入。

现金收入 指农村住户和住户成员在调查期内得到以现金形态表现的收入。按来源分成工资性收入、家庭经营现金收入、财产性收入、转移性收入。

纯收入 指农村住户当年从各个来源得到的总收入相应地扣除所发生的费用后的收入总和。计算方法:

纯收入 = 总收入 - 税费支出 - 家庭经营费用支出 - 生产性固定资产折旧 - 赠送农村内部亲友支出

纯收入主要用于再生产投入和当年生活消费支出,也可用于储蓄和各种非义务性支出。“农民人均纯收入”是按人口平均的纯收入水平,反映的是一个地区农村居民的平均收入水平。

总支出 指农村住户用于生产、生活和再分配的全部支出。包括家庭经营费用支出、购置生产性固定资产支出、税费支出、生活消费支出、财产性支出和转移性支出。

临汾统计年鉴

八、农村经济

资料整理人员

王华峰　苏志敏　程冬凤　郭　敏

农村经济

农作物播种面积	560.81	千公顷
#粮食	512.81	千公顷
粮食产量	2323478	吨
油料产量	19864	吨
肉类产量	122007	吨
水果产量	579290	吨

农林牧渔业总产值构成

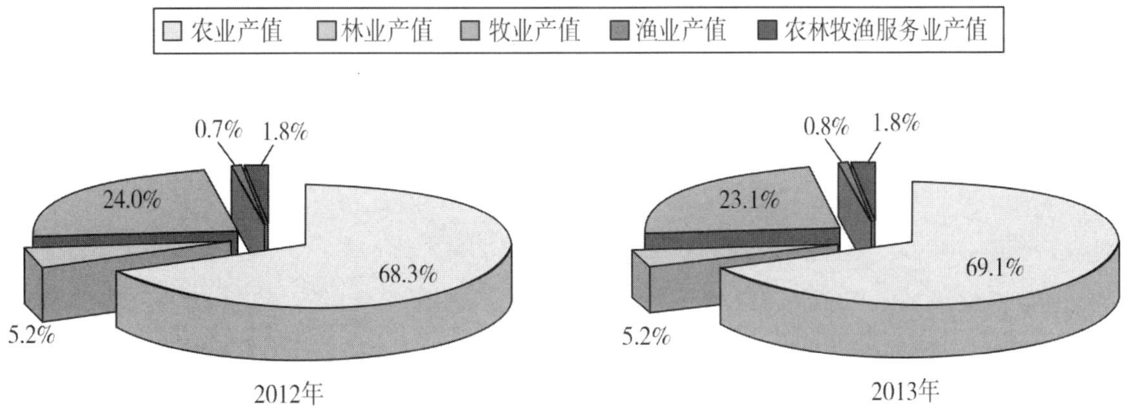

农林牧渔业总产值(亿元)

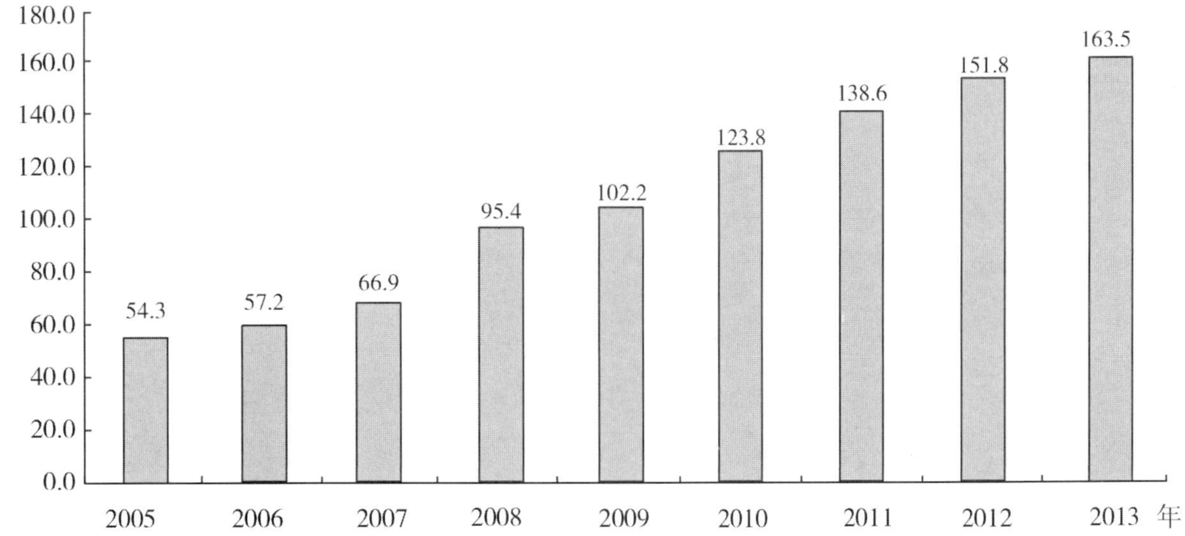

8—1 农村基层组织情况

指标	单位	1995	2000	2005	2010	2011	2012	2013
一、农村基层组织情况								
乡镇政府个数	个	249	248	161	161	161	161	161
乡政府	个	178	171	86	86	86	86	86
#农业办事处	个	7	5	10	10	10	10	10
镇政府	个	71	77	75	75	75	75	75
村民委员会个数	个	3372	3375	2966	2968	2960	2960	2961
二、农村社会基础设施								
自来水受益村数	个	1546	1853	2089	2563	2682	2715	2758
通汽车村数	个	3185	3309	2957	2968	2960	2960	2961
通电话村数	个	918	2184	2616	2900	2925	2921	2932
通电村数	个	3330	3361	2963	2968	2960	2960	2961
通公路村数	个		3358	2965	2968	2960	2960	2961
通公路乡数	个	249	248	161	161	161	161	161
三、乡村户数	户	719347	741460	767818	806170	910235	939181	957667
四、乡村人口数	人	2997567	3075054	3173160	3268244	3307046	3315505	3326814
五、乡村劳动力资源总数	人	1715302	1801336	1883104	1957023	1988086	1990882	2000519
六、乡村实有劳动力	人	1297241	1361136	1426889	1515017	1563821	1574165	1582992
按性别分组								
男劳动力	人	713029	746484	795751	850451	875010	883550	889116
女劳动力	人	584212	614652	631138	664566	688811	690615	693876
按部门分组								
农林牧渔业劳动力	人	836757	858935	844958	864498	870934	867903	861409
农村工业劳动力	人	190117	188418	220842	208249	210137	206264	207110
建筑业劳动力	人	59924	70816	82523	105982	122935	129107	134730
交通运输仓储和邮电通讯	人	77187	89070	101900	102660	104590	102904	105059
批发、零售贸易餐饮业	人	54770	68992	94738	141966	153487	158789	112273
其他	人	78486	84905	81928	91662	101738	109198	162411

8—2 主要年份农林牧渔业总产值

按当年价格计算　　　　单位:万元

年份	农林牧渔业总产值	农业产值	林业产值	牧业产值	渔业产值	农林牧渔服务业产值
1952	15178	13999	234	945		
1957	21076	18626	630	1820		
1962	14482	12654	301	1527		
1965	21028	18295	654	2078	1	
1970	23278	19784	705	2785	4	
1975	34648	28231	2650	3762	5	
1978	32439	26967	1535	3932	5	
1980	48987	41915	1495	5567	10	
1985	101287	80068	7562	13595	62	
1990	170174	134897	7195	27507	575	
1995	401480	295533	16973	87627	1347	
2000	378062	271926	19764	84016	2356	
2001	391115	282956	17195	88800	2164	
2002	427505	311549	20029	93652	2275	
2003	480596	339120	21068	108584	2414	9410
2004	567116	400098	19177	134037	2643	11161
2005	543248	361982	15606	149261	3271	13128
2006	571939	432243	18009	107940	2702	11045
2007	669243	486658	18994	147650	4315	11626
2008	953916	564299	99117	269567	7075	13858
2009	1021958	599350	110717	288921	7428	15542
2010	1238033	807258	76603	328613	8704	16855
2011	1385663	931853	83811	336530	9836	23633
2012	1517671	1036212	78573	364238	11115	27533
2013	1634563	1129610	85208	376883	13086	29777

注:2008 年、2009 年重新调整了农林牧渔业总产值。

8—3 农林牧渔业总产值、中间消耗、增加值

按当年价格计算 单位:万元

指　　标	1995	2000	2005	2010	2011	2012	2013
一、农林牧渔业总产值	**401480**	**378062**	**543248**	**1238033**	**1385663**	**1517671**	**1634563**
农　业	295533	271926	361982	807258	931853	1036212	1129610
林　业	16973	19764	15606	76603	83811	78573	85208
牧　业	87627	84016	149261	328613	336530	364238	376883
渔　业	1347	2356	3271	8704	9836	11115	13086
农林牧渔服务业			13128	16855	23633	27533	29777
二、农林牧渔业中间消耗	**135863**	**154874**	**238643**	**572275**	**637340**	**707316**	**762316**
农　业	93882	110268	161735	370469	422581	478543	522952
林　业	4425	5727	5064	37284	41759	39457	42670
牧　业	37322	38471	64745	152139	156652	169987	175420
渔　业	234	408	741	4056	4663	5348	6059
农林牧渔服务业			6358	8327	11684	13981	15216
三、农林牧渔业增加值	**265617**	**223188**	**304605**	**665758**	**748323**	**810355**	**872247**
农　业	201651	161658	200247	436789	509271	557669	606658
林　业	12548	14037	10542	39319	42052	39116	42538
牧　业	50305	45545	84516	176474	179878	194251	201463
渔　业	1113	1948	2530	4648	5173	5767	7027
农林牧渔服务业			6770	8528	11949	13552	14561

注:2008 年、2009 年重新调整了总产值、中间消耗、增加值。

8—4 主要年份农作物播种面积

单位:千公顷

年　份	总播种面积	粮食作物	#谷　物	油　料	棉　花	烟　叶	蔬　菜
1952	548.32	462.02	410.49	9.22	65.32	2.36	3.02
1957	565.19	451.83	406.00	7.92	88.28	1.95	5.63
1962	540.80	467.97	416.83	5.41	43.04	2.23	5.85
1965	536.84	441.59	396.98	5.53	66.47	1.91	3.93
1970	551.43	458.93	414.08	4.31	65.73	0.95	6.14
1975	541.25	450.04	423.13	4.85	64.67	1.33	5.90
1978	536.71	458.01	418.62	4.63	48.99	1.33	6.08
1980	515.01	422.35	392.12	9.57	56.63	0.50	5.91
1985	478.45	388.07	357.97	35.30	25.70	0.24	8.68
1990	490.31	426.28	375.70	19.41	25.09	1.57	9.80
1995	504.74	431.59	384.97	23.81	25.40	3.07	13.61
2000	512.99	440.46	374.12	30.56	3.66	3.37	22.07
2001	478.35	402.90	342.26	23.34	8.22	2.39	25.65
2002	487.08	401.57	337.18	27.43	5.92	1.72	26.34
2003	474.28	383.67	321.25	27.04	7.40	1.05	27.73
2004	499.87	416.83	365.53	24.76	9.00	0.83	22.77
2005	511.71	436.98	392.58	20.98	6.09	0.74	21.29
2006	524.00	454.46	410.37	19.16	7.36	0.84	21.16
2007	539.53	471.11	424.80	17.89	7.14	0.87	23.65
2008	550.68	486.33	445.84	17.07	6.27	0.82	21.95
2009	564.23	504.36	467.57	15.98	5.91	0.92	19.56
2010	560.20	508.89	471.36	14.17	4.05	0.92	18.72
2011	562.97	511.53	474.28	12.78	3.84	0.87	21.36
2012	559.83	509.41	473.74	11.89	3.09	0.87	22.23
2013	560.81	512.81	478.74	10.61	1.31	0.94	22.57

8—5 分品种农作物播种面积

单位:千公顷

指　　标	1995	2000	2005	2010	2011	2012	2013
农作物总播种面积	**504.74**	**512.99**	**511.71**	**560.20**	**562.97**	**559.83**	**560.81**
一、粮　食	431.59	440.46	436.98	508.89	511.53	509.41	512.81
谷　物	384.97	374.12	392.58	471.36	474.28	473.74	478.74
#稻　谷	0.53	0.42	0.06	0.03	0.03	0.02	0.03
小　麦	246.46	246.16	231.30	246.85	242.38	235.70	226.86
玉　米	98.59	88.08	137.46	199.49	207.34	213.59	229.20
谷　子	20.26	21.02	16.83	16.58	16.52	16.34	15.45
高　粱	5.73	4.07	1.19	1.44	1.02	0.94	1.77
莜　麦	0.79	0.81	0.38	0.30	0.24	0.33	0.33
豆　类	25.92	41.62	26.94	26.11	25.62	24.10	22.44
#大　豆	15.35	24.99	15.38	11.95	12.18	11.59	10.69
薯　类	20.70	24.72	17.46	11.42	11.63	11.57	11.63
#马铃薯	6.93	10.54	9.26	6.77	7.22	6.88	7.32
二、油　料	23.81	30.56	20.98	14.17	12.78	11.89	10.61
花　生	4.32	3.42	2.13	1.50	1.25	1.36	1.07
油菜籽	1.05	0.39	0.59	0.42	0.26	0.32	0.31
芝　麻	1.75	1.97	0.76	0.67	0.72	0.57	0.47
胡　麻	1.83	1.43	0.85	0.50	0.32	0.35	0.36
向日葵	8.64	18.36	11.90	8.59	7.86	7.16	6.40
三、棉　花	25.40	3.66	6.09	4.05	3.84	3.09	1.31
四、麻　类	0.05	0.03	0.01	0.01	0.02		
五、甜　菜							
六、烟　叶	3.07	3.37	0.74	0.92	0.87	0.87	0.94
七、药　材	0.86	5.77	9.73	4.84	4.68	5.30	5.41
八、蔬菜、瓜类	16.75	26.23	24.77	21.59	24.29	25.18	25.47
#蔬 菜	13.61	22.07	21.29	18.72	21.36	22.23	22.57
九、其他作物	3.21	2.91	12.41	5.73	4.99	4.09	4.25
#青饲料	3.04	2.76	12.35	5.66	4.94	4.07	3.81

8—6 主要年份主要

年份	粮食	谷物	稻谷	小麦	玉米	谷子	高粱
1952	400555	362996		164195	112355	48515	15255
1957	410795	374414		193015	105535	38465	14300
1962	513090	455694		198495	154000	46290	14305
1965	655120	606976		328325	207730	37115	16710
1970	501095	454831		177405	188400	46065	16915
1975	874965	822687		400940	299405	56265	32915
1978	861260	779796		244560	389000	68560	39655
1980	839600	789700	3670	273725	418920	52055	16590
1985	1316487	1231281	2779	768746	363780	52420	25744
1990	1502065	1390535	2847	862708	429790	52953	28665
1995	1524000	1389297	3204	733502	537425	65479	25576
2000	1208506	1040231	2794	511027	422417	61197	15323
2001	1216150	1078935	1997	656739	360925	38189	11428
2002	1373435	1220174	1063	755124	388133	49242	11455
2003	1501890	1331778	999	811859	439668	52662	11017
2004	1725164	1592607	374	875524	658326	40398	6405
2005	1356452	1256020	459	585301	616609	41105	4390
2006	1667271	1563730	509	793936	699567	54272	5287
2007	1720396	1606869	487	705117	829384	55576	5335
2008	1706979	1638974	476	945496	648716	32518	3116
2009	1667399	1596665	213	810394	732801	39224	3756
2010	1930835	1856673	147	867362	935441	38598	5424
2011	2146040	2065472	141	911982	1094862	43485	3477
2012	2222488	2145630	103	982160	1108236	43331	2811
2013	2323478	2246456	150	838785	1356431	39570	1765

注:2010 年粮食、谷物、玉米产量进行了重新调整。

农作物产量

单位:吨

豆类	薯类	油料	棉花	麻类	烟叶	蔬菜
28769	8790	4714	21980	141	2918	46575
25871	10510	2429	29400	195	1633	77762
23401	33995	1338	10520	173	1187	90148
26134	22010	2686	25605	130	559	74538
23979	22285	1710	20475	106	531	101435
20998	31280	2387	16495	108	488	139830
26704	54760	1627	14368	89	568	188259
17755	32145	9380	18125	67	295	172445
24841	60365	41881	16746	145	548	331097
56054	55476	28396	21128	33	2635	384086
46696	88007	36747	16279	34	4745	565233
73324	94951	47693	2557	30	6226	847640
47029	90186	30215	6932	20	4281	877458
55774	97487	38151	5151	21	2824	920591
63079	107033	44635	7316	14	2106	989920
49933	82624	44352	9263	14	1866	860065
39387	61045	33413	5990	5	1688	824812
47948	55593	30557	7514	6	2199	827206
54290	59237	30870	7855		2189	927869
33473	34532	23937	6563		1693	784370
34022	36712	22625	6435	8	2157	796934
36994	37168	21476	4576	16	2218	854062
39163	41405	18872	4395	2	2140	972176
33584	43274	21131	4054	2	2293	1071907
33583	43439	19864	1513	1	2256	1172730

8—7 主要年份主要农

年份	粮食	谷物					
			稻谷	小麦	玉米	谷子	高粱
1952	870	884		630	1590	1106	1123
1957	915	922		750	1665	985	1199
1962	1095	1093		825	1980	1176	1421
1965	1485	1529		1380	2175	1110	1850
1970	1095	1098		765	1965	1225	1585
1975	1950	1944		1695	2820	1570	2469
1978	1875	1863		1080	3555	1832	2506
1980	1995	2014	4493	1245	3705	1776	2020
1985	3390	3440	5955	3180	4650	2661	3481
1990	3525	3701	5550	3428	4965	2643	4266
1995	3531	3609	6045	2976	5451	3232	4464
2000	2744	2780	6652	2076	4796	2911	3765
2001	3018	3152	7988	2842	4432	2136	3401
2002	3420	3619	6644	3411	4631	2493	3648
2003	3915	4146	7685	3866	5308	2944	4304
2004	4139	4357	6233	4025	5234	2923	3905
2005	3104	3199	7650	2530	4486	2442	3689
2006	3669	3811	7271	3338	4809	2849	3776
2007	3652	3783	8117	2913	5325	2944	3894
2008	3510	3676	7933	3849	3686	2007	2807
2009	3306	3415	6656	3269	3765	2327	3069
2010	4075	4242	4779	3514	5406	2329	3772
2011	4196	4355	4653	3762	5280	2633	3425
2012	4364	4529	4665	4167	5189	2652	3000
2013	4531	4692	4650	3697	5918	2561	2575

作物单位面积产量

单位:千克/公顷

豆类	薯类	油料	棉花	麻类	烟叶
644	1277	510	330	291	1237
661	1572	300	330	317	838
655	2203	240	240	294	533
777	2004	480	390	354	293
718	1945	390	315	426	560
1212	3262	495	255	456	368
1250	3038	345	300	430	426
980	2654	975	315	459	593
1833	3651	1185	645	889	2243
1630	3424	1470	840	450	1675
1802	4252	1543	641	680	1546
1762	3841	1561	699	1000	1847
1428	3255	1295	843	1000	1791
1508	3558	1391	870	1050	1642
1796	3922	1651	989	1400	2006
1643	3953	1791	1029	1400	2248
1462	3496	1593	984	500	2281
1690	3536	1595	1021	600	2618
1768	3797	1726	1100		2516
1205	2715	1402	1047		2065
1370	3072	1416	1089	1333	2334
1417	3253	1516	1130	1441	2413
1529	3561	1476	1143	704	2471
1394	3740	1778	1311	740	2634
1497	3734	1872	1154	900	2408

8—8 畜牧业生产情况

指　　标	单　位	1995	2000	2005	2010	2011	2012	2013
一、大牲畜年末存栏	头	593569	528048	507662	167275	109102	95992	95381
牛	头	444302	425388	437650	143171	88614	80754	82606
二、猪年末存栏	头	790769	704392	1049647	1045577	832453	838352	829852
#能繁殖的母猪	头	68710	58691	82285	144047	97809	119838	100700
三、羊年末存栏	只	1425817	1360402	1488794	838143	749323	805906	813598
山　羊	只	1159491	1078661	888663	477311	418342	439864	476451
绵　羊	只	266326	281741	600131	360832	330981	366042	337147
四、家禽年末存栏	只	9475033	9070750	12794553	12233000	10084266	11486600	11477000
五、养蜂年末箱数	箱	16985	16206	15938		19496	19285	18220
六、养兔年末存栏	只	596061	572543	1107294	1246900	1286000	1304500	1317200
七、猪、牛、羊出栏								
猪全年出栏	头	700960	735798	1092552	1185655	1012147	1033735	1094844
牛全年出栏	头	91482	83173	95644	42893	42497	42050	42791
羊全年出栏	只	510561	617291	667614	459139	404375	438717	466356
八、当年肉类总产量	吨	74960	77363	109924	113852	107233	115808	122007
猪肉产量	吨	50207	52421	79086	88509	78711	86413	91432
牛肉产量	吨	11220	10138	11841	5482	5993	5931	6039
羊肉产量	吨	6655	7943	8925	6667	6283	6362	6717
禽肉产量	吨	4381	4489	6998	9574	12518	13276	14181
九、畜禽产品产量								
奶　类	吨	19768	27626	35997	42236	44358	43887	46099
#牛 奶	吨	4938	9418	18636	32978	35111	36312	38402
绵羊毛产量	吨	261	248	555	488	422	386	400
山羊毛产量	吨	311	265	238	120	123	131	133
羊绒产量	吨	117	99	81	50	45	46	47
禽蛋产量	吨	42404	39354	62486	83251	92730	107618	113888
蜂蜜产量	吨	356	349	360	441	462	463	423
蚕茧产量	吨	182	52	33	23	21	23	20

注:2006 年为农业普查衔接数据;2009 年、2010 年取消了养蜂箱数的统计;2011 年、2012 年采用的是抽样推算数据。

8—9 造林和果桑园面积

单位:千公顷

指 标	1995	2000	2005	2010	2011	2012	2013
一、当年造林面积	56.35	74.75	13.57	44.25	40.66	40.15	38.38
用材林	10.95	3.93	0.27	0.01			0.08
经济林	30.20	23.41	1.19	9.32	12.85	8.90	12.23
防护林	15.19	46.91	11.70	29.77	25.42	27.90	25.40
二、育苗面积	3.56	4.58	3.59	3.73	6.54	6.27	6.96
#本年新育	1.71	2.17	1.85	1.85	3.45	3.25	3.21
三、年末果园面积	24.27	31.55	36.83	43.52	46.50	49.04	53.02
苹果园	18.96	24.74	23.25	24.70	27.69	30.34	33.69
梨 园	2.28	3.22	3.38	3.09	3.20	3.30	4.06
葡萄园	0.25	0.57	2.26	2.11	2.06	2.23	2.23
四、年末桑园面积	0.96	0.26	0.09				

8—10 主要林产品产量

单位:吨

指 标	1995	2000	2005	2010	2011	2012	2013
一、主要林产品产量							
核 桃	8801	9487	13467	10840	15356	20368	15679
花 椒	757	456	785	586	475	563	857
二、水果产量	136973	196479	220896	379563	434725	518739	579290
苹 果	103436	156552	154304	273591	319673	402451	456003
梨	7454	10632	8204	15429	18394	24536	27064
葡 萄	2691	3635	22198	21278	22759	24149	26138
红枣(鲜)	6261	8478	15492	40604	41990	32215	35404
柿子(鲜)	8002	6524	6657	7346	7122	7153	6180
沙 果	517	460	215	236	183	194	303
桃	4486	6188	11326	15852	19483	22209	23015
杏	1437	1500	1086	671	560	628	536

8—11 农业机械拥有量

指　　标	单　位	1995	2000	2005	2010	2011	2012	2013
农业机械总动力	万千瓦特	184.48	226.66	318.41	405.08	423.10	439.90	458.39
大中型农用拖拉机	台	2836	3056	5641	10232	11266	12690	14136
	万千瓦特	9.42	10.27	19.76	39.92	44.87	51.51	57.12
小型农用拖拉机	台	34852	33484	25374	33798	37068	40079	43164
	万千瓦特	33	32	24	32	35	37	41
大中型拖拉机配套机具	部	3561	4630	10025	25194	28467	31683	35749
小型拖拉机配套机具	部	33804	30160	31196	42256	48371	57049	60761
农用排灌动力机械	台	15438	12795	13143	18675	19722	20632	20748
	万千瓦特	17.45	16.41	16.71	20.82	22.28	23.13	23.22
农用水泵	套	15686	14317	13569	16432	17300	17798	18192
联合收割机	台	509	1119	2190	3583	4463	5239	6154
机动晒割机	台	5676	3564	2234	2492	2937	3019	3077
机动脱粒机	台	12714	12762	9973	8223	8671	9194	9835
机动喷粉(雾)器	部	1135	1383	960	1855	1974	2188	2338

8—12 化肥施用量和农村用电量

指　　标	单　位	1995	2000	2005	2010	2011	2012	2013
农村电气化情况								
农村用电量	万千瓦时	37417	40031	51181	62036	67724	78321	82863
农用化肥施用量								
按实物量计算	吨	445205	496933	528458	555980	572019	574215	588708
氮　肥	吨	239737	254939	259898	262279	261196	261073	260396
磷　肥	吨	154968	186457	191966	187080	189893	185039	184462
钾　肥	吨	7534	11234	15456	16724	17527	17704	18812
复合肥	吨	42966	44303	61138	89897	103403	110399	125038
按折纯法计算	吨	118104	131969	141881	157473	167043	170013	178394
氮　肥	吨	64136	70197	70290	70360	71676	71512	71313
磷　肥	吨	25113	30246	30585	29700	30130	29372	29300
钾　肥	吨	3769	5621	7524	8123	8526	8603	9131
复合肥	吨	25086	25905	33482	49290	56711	60526	68650
农用塑料薄膜使用量	吨	2540	3608	4835	5383	5815	5930	5956
#地膜使用量	吨	1793	2506	3199	3180	3577	3646	3650
地膜覆盖面积	公顷	30132	40259	48162	44328	49157	51479	51861
农业用柴油	吨	33631	43931	53402	56801	60175	61621	62093
农药使用量	吨	2039	2921	3727	4584	4822	5114	5160

8—13 主要年份乡镇企业基本情况

年　份	乡镇企业单位数（个）	乡镇企业总产值（万元）	乡镇企业增加值（万元）	乡镇企业从业人员（万人）	乡镇企业上缴税金（万元）
1952					
1957					
1962					
1965					
1970					
1975					
1978	8184	17509		11.0	380
1980	9681	23925		13.1	313
1985	43168	63898		24.1	2340
1990	58882	176437		31.5	6968
1995	134254	1993355	373587	73.7	18164
2000	83505	2380006	650222	48.8	40750
2001	84979	3100230	859913	47.7	48160
2002	90185	4085230	1133910	53.1	68566
2003	92304	5709381	1608571	61.6	112853
2004	99182	7904033	2226881	63.7	192668
2005	102603	10553346	3007047	67.3	268073
2006	107216	13296328	3769063	70.2	337937
2007	10567	9983910	3021399	42.5	442895
2008	7008	11012943	3261403	34.8	510400
2009	6961	8099465	2301309	25.9	386269
2010	6739	10221360	2784674	25.7	517053
2011	8635	14358429	4088298	32.3	426752
2012	8665	15604542	4542782	32.4	731051
2013	8777	17112826		33.2	746289

注：从 2007 年起，乡镇企业统计口径调整，数据不可比。

主要统计指标解释

农林牧渔业总产值 指以货币表现的农、林、牧、渔业全部产品和对农林牧渔业生产活动进行的各种支持性服务活动的价值总量,它反映一定时期内农林牧渔业生产总规模和总成果。1957 年以前的农林牧渔业总产值中包括了厩肥和农民自给性手工业(如农民自制衣服、鞋、袜,自己从事粮食初步加工等)。1958 年及以后,林业中增加了村及村以下竹木采伐产值;牧业中取消了厩肥产值;副业中取消了农民自给性手工业产值,增加了村及村以下办的工业产值;渔业中增加了海洋捕捞水产品产值。1980 年及以后,在副业中增加了农民家庭兼营工业商品部分的产值。从 1984 年起村及村以下工业产值划归工业。从 1993 年起取消副业,将野生动物的捕猎划入牧业,野生植物采集和农民家庭兼营商品性工业划归农业。从 2003 年起,执行新的国民经济行业分类标准,农林牧渔业总产值中包括了农林牧渔服务业产值。林业中增加了森林采运业产值。农业中取消了家庭兼营商品性工业产值,将野生林产品的采集划归林业。第一次农业普查以后,由于畜牧业产品年报数据与普查数据之间存在一定的差距,根据农业普查结果对畜牧业年报数据进行了修正,对畜牧业产值进行了相应修正。

农林牧渔业总产值的计算方法通常是按农、林、牧、渔业产品及其副产品的产量分别乘以各自单位产品价格求得;少数生产周期较长,当年没有产品或产品产量不易统计的,则采用间接方法匡算其产值;然后将四业产品产值及农林牧渔服务业产值相加即为农林牧渔业总产值。

粮食产量 指全社会的产量。包括国有经济经营的、集体统一经营的和农民家庭经营的粮食产量,还包括工矿企业办的农场和其他生产单位的产量。粮食除包括稻谷、小麦、玉米、高粱、谷子及其他杂粮外,还包括薯类和豆类。其产量计算方法,豆类按去豆荚后的干豆计算;薯类(包括甘薯和马铃薯,不包括芋头和木薯)1963 年以前按每 4 公斤鲜薯折 1 公斤粮食计算,从 1964 年开始改为按 5 公斤鲜薯折 1 公斤粮食计算。城市郊区作为蔬菜的薯类(如马铃薯等)按鲜品计算,并且不作粮食统计。其他粮食一律按脱粒后的原粮计算。1989 年以前全市粮食产量数据主要靠全面报表取得,1989 年开始使用抽样调查数据。

棉花产量 指全社会的产量。包括春播棉和夏播棉。产量按皮棉计算。不包括木棉。

油料产量 指全部油料作物的生产量。包括花生、油菜籽、芝麻、向日葵籽、胡麻籽(亚麻籽)和其他油料。不包括大豆、木本油料和野生油料。花生以带壳干花生计算。

水产品产量 指人工养殖的水产品和天然生长的水产品的捕捞量。包括海水的鱼类、虾蟹类、贝类和藻类以及内陆水域的鱼类、虾蟹类和贝类,不包括淡水生植物。水产品产量是通过各级水产和统计部门逐级上报取得数据。1995 年及以前,贝类中牡蛎按鲜肉计算;蚶、蛤、蛏按 5 斤鲜品折 1 斤计算。1996 年以后则统一按鲜品计算。

猪、牛、羊肉产量 指当年出栏并已屠宰、除去头蹄下水后带骨肉(即胴体重)的重量。包括全社会范围内的产量。1996 年第一次农业普查以后,由于畜牧业产品年报数据与普查数据之间存在一定的差距,根据普查结果对畜牧业年报数据进行了修正。2007 年,根据第二次农业普查结果,对 2006 年畜牧业年报数据进行了修正。

期初(末)畜禽存栏头(只)数 指报告期初(末)农村各种合作经济组织和国营农场、农民个人、机关、团体、学校、工矿企业、部队等单位以及城镇居民饲养的大牲畜、猪、羊、家禽等畜禽的存栏数。数据上报方式及数据调整情况同猪、牛、羊肉产量。

农作物播种面积 指实际播种或移植有农作物的面积。凡是实际种植有农作物的面积,不论种植在耕地上还是种植在非耕地上,均包括在农作物播种面积中。在播种季节基本结束后,因遭灾而重新改种和补种的农作物面积,也包括在内。它是反映我国耕地面积利用情况的一个重要指标。目前,农作物播种面积主要包括粮食、棉花、油料、糖料、麻类、烟叶、蔬菜和瓜类、药材和其他农作物九大类。

有效灌溉面积 指具有一定的水源,地块比较平整,灌溉工程或设备已经配套,在一般年景下,当年能够进行正常灌溉的耕地面积。在一般情况下,有效灌溉面积应等于灌溉工程或设备已经配备,能够进行正常灌溉的水田和水浇地面积之和。它是反映我国耕地抗旱能力的一个重要指标。

农用化肥施用量 指本年内实际用于农业生产的化肥数量,包括氮肥、磷肥、钾肥和复合肥。化肥施用量要求按折纯量计算数量。折纯量是指把氮肥、磷肥、钾肥分别按含氮、含五氧化二磷、含氧化钾的百分之百成份进行折算后的数量。复合肥按其所含主要成分折算。公式为:

折纯量 = 实物量 × 某种化肥有效成份含量的百分比

农业机械总动力 指主要用于农、林、牧、渔业的各种动力机械的动力总和。包括耕作机械、排灌机械、收获机械、农用运输机械、植物保护机械、牧业机械、林业机械、渔业机械和其他农业机械〔内燃机按引擎马力折成瓦(特)计算、电动机按功率折成瓦(特)计算〕。不包括专门用于乡、镇、村、组办工业、基本建设、非农业运输、科学试验和教学等非农业生产方面用的动力机械与作业机械。这个指标的统计数据主要来源于农机部门。

九、工 业

资料整理人员

申淑霞　张　栋　曹睿鹏

工　业

工业单位数(规模以上)	372	个
工业总产值(规模以上)	1926.9	亿元
原煤产量	5598.8	万吨
洗精煤	4667.7	万吨
焦　炭	2079.8	万吨
发电量	191.3	亿千瓦时
生铁产量	1313.4	万吨
钢产量	1287.3	万吨
水泥产量	452.7	万吨

工业总产值构成(%)

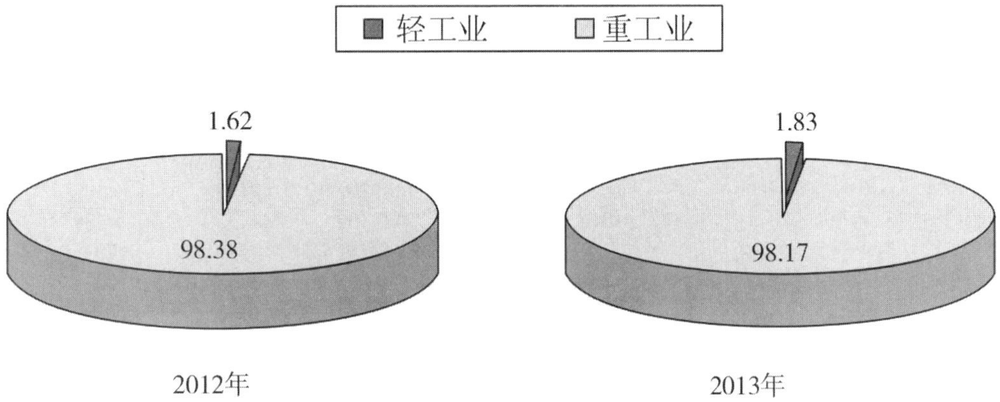

规模以上工业增加值（亿元）

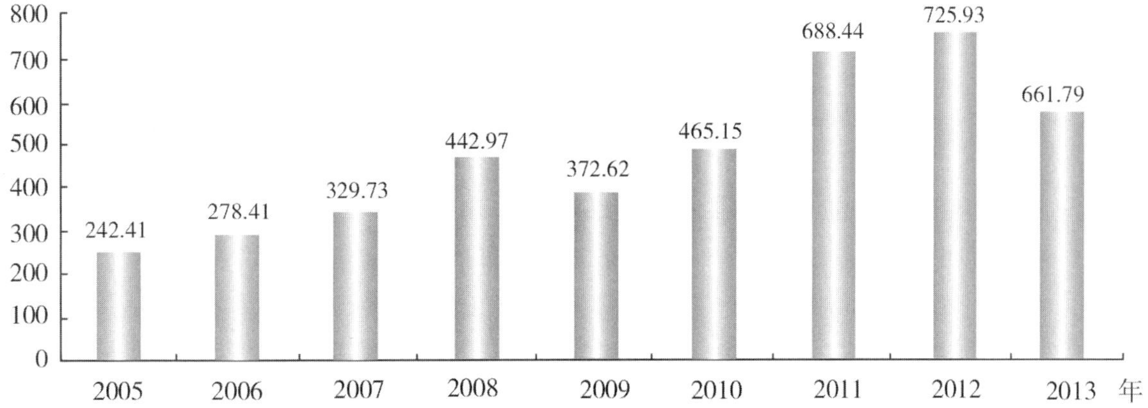

9—1 规模以上工业

指　标	企业单位数（个）	#亏损企业	工业总产值（当年价格）	工业销售产值（当年价格）	#出口交货值	资产总计
总　计	**372**	**127**	**19269114**	**18807018**	**90235**	**22648235**
一、按隶属关系分组						
中央企业	11	2	798921	773052	9937	1968840
省属企业	47	22	5217033	5101482	16571	9566425
市属企业	7	5	117258	99078	3345	287812
县（区市）属企业	22	6	716171	675301		1100266
乡（街道镇）属企业	5	2	38517	36970		19204
村办企业	7		352193	352193		27910
其　他	273	90	12029020	11768942	60382	9677778
二、按登记注册类型分组						
内资企业	359	123	18777654	18326837	68771	21751302
国有企业	8	2	321515	311633		738988
中央企业	3	1	224245	215324		509573
地方企业	5	1	97270	96308		229415
集体企业	12	1	497051	495455		38312
股份合作企业	1	1	759	701		4168
联营企业						
有限责任公司	80	34	5760415	5583379	17309	10132094
国有独资公司	17	5	1349783	1416466	9937	4102261
其他有限责任公司	63	29	4410632	4166913	7372	6029833
股份有限公司	9	4	735452	718949	12721	1644056
私营企业	249	81	11462462	11216721	38741	9193684
私营独资企业	40	7	1533617	1526833	23469	263153
私营合伙企业	1		35656	35656		10633
私营有限责任公司	203	74	8277365	8077210	10112	7594982
私营股份有限公司	5		1615824	1577021	5160	1324917
其他企业						
港、澳、台商投资企业	10	4	449309	434390	4389	851481
合资经营企业（港或澳、台资）	10	4	449309	434390	4389	851481
外商投资企业	3		42151	45791	17075	45452
中外合资经营企业	1		16825	20554	17075	12568
中外合作经营企业						
外资企业	2		25326	25237		32885
外商投资股份有限公司						
其他外商投资						
三、按经济组织类型分组						
独资企业	62	10	2377509	2359158	23469	1073338
国有企业	8	2	321515	311633		738988
集体企业	12	1	497051	495455		38312
私营独资企业	40	7	1533617	1526833	23469	263153
港澳台商独资经营企业						
外资企业	2		25326	25237		32885
合作、合伙企业	2	1	36415	36356		14800
股份合作企业	1	1	759	701		4168
私营合伙企业	1		35656	35656		10633
股份有限公司	14	4	2351276	2295970	17881	2968973
股份有限公司（内资）	9	4	735452	718949	12721	1644056
私营股份有限公司	5		1615824	1577021	5160	1324917
有限责任公司	294	112	14503914	14115533	48885	18591124
国有独资公司	17	5	1349783	1416466	9937	4102261
私营有限责任公司	203	74	8277365	8077210	10112	7594982
合资经营企业（港或澳、台资）	10	4	449309	434390	4389	851481
中外合资经营企业	1		16825	20554	17075	12568
其他有限责任公司	63	29	4410632	4166913	7372	6029833

主要经济指标(2013 年)

单位:万元

#流动资产合计	#固定资产合计	固定资产原价	累计折旧	固定资产净值	负债合计	#流动负债合计	#非流动负债合计
10015840	**8277907**	**12179394**	**4523075**	**7656318**	**17608359**	**12855695**	**4308497**
598167	925203	1040711	222301	818410	1601355	890688	644903
3750916	3755987	6070824	2530068	3540756	7801580	4957768	2843225
103874	101080	149442	58106	91336	246963	168693	40671
509516	393652	473313	117059	356254	524340	463964	60174
9577	6206	9027	2851	6176	12678	12678	
21892	6017	8146	2129	6017	8055	13549	6999
5021899	3089763	4427931	1590561	2837371	7413388	6348355	712526
9820510	7613901	11254887	4259759	6995128	16789091	12485209	3859715
138917	537056	595098	101116	493982	550920	288908	261811
91428	411057	481733	70339	411394	374439	132130	242309
47490	125999	113364	30777	82588	176481	156777	19502
28175	9798	40977	32050	8927	13891	19385	6999
2751	1417	2085	779	1306	3748	3748	
4324021	3254571	5156179	2176933	2979245	8104442	5450145	2540344
2389546	565372	1277784	712731	565053	3369521	1827231	1541703
1934475	2689199	3878395	1464203	2414192	4734921	3622914	998642
520254	914936	1371981	510114	861867	1114508	742127	372381
4806392	2896122	4088568	1438767	2649801	7001582	5980898	678180
208714	49144	119220	70669	48551	171835	98300	5639
8125	1929	2015	87	1929	6875	6875	
3965302	2447487	3450257	1227108	2223150	6076703	5319048	670783
624252	397562	517075	140904	376172	746169	556674	1758
182849	632608	879362	249568	629794	790721	354032	436689
182849	632608	879362	249568	629794	790721	354032	436689
12481	31398	45145	13749	31396	28547	16454	12093
8204	4364	12984	8619	4364	9738	9493	245
4278	27033	32162	5129	27032	18809	6961	11848
380083	623032	787456	208964	578492	755454	413553	286297
138917	537056	595098	101116	493982	550920	288908	261811
28175	9798	40977	32050	8927	13891	19385	6999
208714	49144	119220	70669	48551	171835	98300	5639
4278	27033	32162	5129	27032	18809	6961	11848
10876	3346	4100	865	3235	10623	10623	
2751	1417	2085	779	1306	3748	3748	
8125	1929	2015	87	1929	6875	6875	
1144505	1312499	1889056	651018	1238038	1860678	1298802	374139
520254	914936	1371981	510114	861867	1114508	742127	372381
624252	397562	517075	140904	376172	746169	556674	1758
8480375	6339031	9498781	3662228	5836553	14981604	11132718	3648061
2389546	565372	1277784	712731	565053	3369521	1827231	1541703
3965302	2447487	3450257	1227108	2223150	6076703	5319048	670783
182849	632608	879362	249568	629794	790721	354032	436689
8204	4364	12984	8619	4364	9738	9493	245
1934475	2689199	3878395	1464203	2414192	4734921	3622914	998642

9—1 续

指　　标	所有者权益合计	#实收资本	主营业务收入	主营业务成本	主营业务税金及附加	销售费用
总　　计	**5090842**	**5991966**	**19329927**	**17398668**	**110405**	**337954**
一、按隶属关系分组						
中央企业	367485	323693	775589	625266	2360	9308
省属企业	1763979	1146421	6436197	5833921	44223	113740
市属企业	40509	87758	97520	91666	361	7398
县(区市)属企业	669664	55934	667750	470103	13800	4671
乡(街道镇)属企业	6525	7770	39125	35908	56	1267
村办企业	12856	6600	346766	317356	3598	11511
其　他	2229824	4363791	10966981	10024449	46007	190059
二、按登记注册类型分组						
内资企业	5013177	5779574	18860675	17031960	107710	326227
国有企业	282284	121468	300650	226943	2187	2015
中央企业	135134	106015	210361	173782	95	984
地方企业	147150	15453	90290	53161	2092	1031
集体企业	16945	9160	490299	436195	4148	11584
股份合作企业	420	80	677	536	4	9
联营企业						
有限责任公司	2025445	1254835	6637086	5968552	49243	103408
国有独资公司	732740	442442	1329664	1112215	6498	24006
其他有限责任公司	1292705	812392	5307423	4856337	42745	79402
股份有限公司	529548	144510	996089	847002	8205	32754
私营企业	2158535	4249521	10435873	9552733	43922	176456
私营独资企业	89465	49712	1372478	1227601	8428	17196
私营合伙企业	3757	118	6125	5131	6	761
私营有限责任公司	1487857	4171109	7662772	7052785	29716	125789
私营股份有限公司	577457	28582	1394498	1267216	5773	32710
其他企业						
港、澳、台商投资企业	60759	198330	423941	331406	2558	9673
合资经营企业(港或澳、台资)	60759	198330	423941	331406	2558	9673
外商投资企业	16906	14062	45311	35302	136	2055
中外合资经营企业	2830	3000	20075	16407	28	1213
中外合作经营企业						
外资企业	14076	11062	25237	18896	109	841
外商投资股份有限公司						
其他外商投资						
三、按经济组织类型分组						
独资企业	402769	191402	2188664	1909634	14871	31637
国有企业	282284	121468	300650	226943	2187	2015
集体企业	16945	9160	490299	436195	4148	11584
私营独资企业	89465	49712	1372478	1227601	8428	17196
港澳台商独资经营企业						
外资企业	14076	11062	25237	18896	109	841
合作、合伙企业	4177	198	6802	5667	10	770
股份合作企业	420	80	677	536	4	9
私营合伙企业	3757	118	6125	5131	6	761
股份有限公司	1107005	173092	2390587	2114218	13978	65464
股份有限公司(内资)	529548	144510	996089	847002	8205	32754
私营股份有限公司	577457	28582	1394498	1267216	5773	32710
有限责任公司	3576891	5627274	14743874	13369149	81545	240083
国有独资公司	732740	442442	1329664	1112215	6498	24006
私营有限责任公司	1487857	4171109	7662772	7052785	29716	125789
合资经营企业(港或澳、台资)	60759	198330	423941	331406	2558	9673
中外合资经营企业	2830	3000	20075	16407	28	1213
其他有限责任公司	1292705	812392	5307423	4856337	42745	79402

表 1

单位：万元、人

管理费用	财务费用	#利息支出	营业利润	利润总额	亏损企业亏损总额	利税总额	本年应付职工薪酬	本年应交增值税	全部从业人员年平均人数
784437	**483429**	**434196**	**218348**	**265881**	**403035**	**1066857**	**997418**	**678614**	**176721**
45470	51936	52705	44273	45444	757	80559	60924	32756	10263
402998	215797	191832	－116634	－85399	257094	216409	615566	245966	77259
10182	6396	6295	－18267	－18085	18428	－14427	16415	3297	3765
75129	4878	4141	91689	87038	8647	153089	46713	52015	10113
1430	270	250	271	286	380	927	2510	585	320
750	348	342	13208	13208		44545	1936	27738	658
248478	203803	178632	203808	223389	117729	585756	253354	316258	74343
769698	441138	426251	185598	233880	395412	1012983	983277	659435	172623
17437	20831	21070	29866	29614	1047	51865	28073	20064	6417
3895	19058	19469	11706	11604	645	24118	16680	12419	2997
13543	1773	1601	18160	18009	402	27747	11393	7646	3420
4276	952	945	25338	23170	9	61006	2382	33688	843
193	8	8	－67	－31	31	5	133	31	55
446972	193275	195216	－69001	－38765	242149	269914	627383	247478	82905
184889	89742	89737	－20200	2291	44496	89272	321001	69524	35670
262084	103534	105479	－48801	－41056	197653	180643	306382	177955	47235
72610	33887	40736	2411	4660	52076	73838	91311	60972	13621
228210	192185	168276	197050	215232	100100	556356	233993	297202	68782
8225	5858	7116	68993	65838	2183	142594	6889	68328	2809
86	74	74	67	67		122	7	49	6
196433	159832	152501	85989	105220	97917	340231	197311	205295	58682
23466	26421	8586	42001	44106		73409	29787	23529	7285
10774	41201	6855	29970	28958	7623	49608	10537	18091	3065
10774	41201	6855	29970	28958	7623	49608	10537	18091	3065
3964	1090	1090	2780	3043		4266	3605	1087	1033
1612	253	247	563	559		587	2088		430
2353	837	843	2218	2483		3679	1517	1087	603
32291	28478	29974	126415	121105	3239	259144	38860	123168	10672
17437	20831	21070	29866	29614	1047	51865	28073	20064	6417
4276	952	945	25338	23170	9	61006	2382	33688	843
8225	5858	7116	68993	65838	2183	142594	6889	68328	2809
2353	837	843	2218	2483		3679	1517	1087	603
280	81	81	1	37	31	127	140	80	61
193	8	8	－67	－31	31	5	133	31	55
86	74	74	67	67		122	7	49	6
96075	60308	49323	44411	48767	52076	147246	121098	84501	20906
72610	33887	40736	2411	4660	52076	73838	91311	60972	13621
23466	26421	8586	42001	44106		73409	29787	23529	7285
655791	394561	354818	47521	95972	347689	660340	837319	470865	145082
184889	89742	89737	－20200	2291	44496	89272	321001	69524	35670
196433	159832	152501	85989	105220	97917	340231	197311	205295	58682
10774	41201	6855	29970	28958	7623	49608	10537	18091	3065
1612	253	247	563	559		587	2088		430
262084	103534	105479	－48801	－41056	197653	180643	306382	177955	47235

9—1 续

指 标	企 业 单位数（个）	#亏损企业	工 业 总产值（当年价格）	工业销售 产 值（当年价格）	#出 口 交货值	资 产 总 计
四、在总计中：亏损企业	127	127	5493897	5319504	19891	8315599
在总计中：国有控股企业	74	29	6550115	6352415	29853	12665087
在总计中：农村工业	11	2	387443	385896		45874
在总计中：轻工业	34	11	351813	329581	14303	414833
重工业	338	116	18917301	18477437	75932	22233402
在总计中：大型企业	27	7	8517527	8270784	20921	11232147
中型企业	103	45	5320364	5026794	29439	8126987
小型企业	217	66	5068106	4994501	39875	2412594
微型企业	25	9	363117	514939		876508
五、按工业行业大类分组						
采矿业	177	41	7202964	7101373	23469	10196804
煤炭开采和洗选业	146	39	5985385	5929860	23469	10019718
石油和天然气开采业						
黑色金属矿采选业	30	1	1214702	1168845		163224
有色金属矿采选业						
非金属矿采选业	1	1	2878	2668		13862
开采辅助活动						
其他采矿业						
制造业	184	81	11471668	11121358	66766	10585545
农副食品加工业	7	3	112420	106408		89312
食品制造业	3		35165	34754		23484
酒、饮料和精制茶制造业	2		15549	3746		45689
烟草制品业						
纺织业	5	2	15894	16907		21195
纺织服装、服饰业	1		3267	3267		1240
皮革、毛皮、羽毛及其制品和制鞋						
木材加工和木、竹、藤、棕、草制品业						
家具制造业						
造纸和纸制品业						
印刷和记录媒介复制业						
文教、工美、体育和娱乐用品制造业	1		1667	2014	1948	3214
石油加工、炼焦和核燃料加工业	35	23	2728176	2645376		4015627
化学原料和化学制品制造业	11	6	452184	427903	18178	891206
医药制造业	6	3	63627	62811		49950
化学纤维制造业						
橡胶和塑料制品业	5	2	56890	56389		22710
非金属矿物制品业	25	14	161176	156818		272177
黑色金属冶炼和压延加工业	48	18	6656394	6459713	25777	3997547
有色金属冶炼和压延加工业	4	2	479952	472887		196373
金属制品业	2	2	20982	19736		39455
通用设备制造业						
专用设备制造业	7		491477	480460	9937	654018
汽车制造业	8	2	57106	54818	5765	82962
铁路、船舶、航空航天和其他运输设备制造业						
电气机械和器材制造业	8	1	61990	59620	5160	82181
计算机、通信和其他电子设备制造业						
仪器仪表制造业						
其他制造业	1		21857	21911		53730
废弃资源综合利用业	3	1	9317	9317		14263
金属制品、机械和设备修理业	2	2	26578	26503		29214
电力、燃气及水的生产和供应业	11	5	594482	584286		1865886
电力、热力生产和供应业	8	4	577085	567611		1819636
燃气生产和供应业	2		11838	11838		17693
水的生产和供应业	1	1	5560	4838		28558

表 2

单位：万元

#流动资产合计	#固定资产合计	固定资产原价	累计折旧	固定资产净值	负债合计	#流动负债合计	#非流动负债合计
3787353	3061742	5225899	2350609	2875291	7469124	5262253	2153823
4862930	5030107	7559237	2876975	4682262	10040413	6354326	3581934
30275	12177	17064	4917	12147	19977	25471	6999
232984	150233	192422	69302	123120	244330	181207	43240
9782857	8127674	11986972	4453774	7533198	17364029	12674489	4265257
5305347	3833557	6479781	2762234	3717547	8260198	5777368	2316004
3410887	3254992	4296371	1339672	2956699	6843709	5332088	1397068
1112011	942469	1231603	398341	833262	1808578	1357095	364291
187596	246890	171640	22829	148811	695874	389145	231135
4541112	2848370	3985998	1537832	2448166	7585013	4977498	2432690
4438068	2776572	3804737	1428369	2376368	7504079	4896766	2432690
90762	70232	178199	107967	70232	68611	68410	
12282	1566	3062	1495	1566	12323	12323	
5230744	4054017	6518657	2682349	3836308	8353169	7197366	886462
37754	43046	34936	3481	31455	48890	33864	10069
8471	9507	12074	3786	8288	5994	5994	
22980	19094	18096	2892	15204	27640	13017	
14993	5863	8860	3222	5638	19739	19577	162
1194	46	109	63	46	757	757	
2572	150	890	740	150	2825	2825	
1992026	1418430	2130027	817402	1312625	3467901	2986969	442353
228601	627534	957157	348739	608418	693883	597019	96863
29496	16236	23533	8194	15339	42022	37570	4150
17321	4626	7033	2407	4626	17132	16424	708
125981	135401	179432	66116	113316	205651	168486	36766
2043374	1473503	2676697	1239234	1437463	2924232	2615008	99302
101454	73863	118325	48232	70093	131561	76247	55314
26087	13368	24202	12460	11742	31780	22926	8854
423122	129346	197181	74461	122720	581482	466878	114047
44483	31265	45203	15228	29975	40338	35932	4406
50351	20726	24839	7603	17236	35378	31655	3722
41937	11794	21464	9671	11794	19292	12016	7276
9511	1891	2736	886	1850	13692	11596	2097
9038	18330	35863	17532	18330	42981	42607	374
243985	1375520	1674739	302894	1371845	1670177	680832	989345
218393	1360799	1655146	291615	1363531	1637155	663119	974036
9360	2684	2987	303	2684	10909	10909	
16232	12036	16606	10976	5630	22113	6804	15309

9—1 续

指　　标	所有者权益合计	#实收资本	主营业务收入	主营业务成本	主营业务税金及附加	销售费用
四、在总计中:亏损企业	847453	4275900	5949741	5820406	21040	108966
在总计中:国有控股企业	2717682	1580349	7681405	6767428	55515	131848
在总计中:农村工业	18898	13750	382624	350317	3623	12733
在总计中:轻工业	166960	77663	340495	292026	1885	9920
重工业	4923882	5914303	18989432	17106642	108520	328034
在总计中:大型企业	2971949	1165093	9401253	8649863	34780	166912
中型企业	1376229	1197925	4919857	4258693	46172	90577
小型企业	590844	3475765	4721589	4243577	26529	77663
微型企业	151820	153183	287228	246536	2924	2803
五、按工业行业大类分组						
采矿业	2695604	1122208	6574029	5376137	78369	124631
煤炭开采和洗选业	2599493	1055295	5520351	4540616	75345	123626
石油和天然气开采业						
黑色金属矿采选业	94572	61913	1050438	832345	3013	796
有色金属矿采选业						
非金属矿采选业	1539	5000	3240	3176	11	209
开采辅助活动						
其他采矿业						
制造业	2199528	4522331	12173153	11553273	29054	210439
农副食品加工业	40422	19759	119976	112416	42	769
食品制造业	13950	5571	34606	27563	216	1162
酒、饮料和精制茶制造业	18049	5878	4190	2211	533	534
烟草制品业						
纺织业	1456	1330	17025	17459	17	1
纺织服装、服饰业	483	620	3267	2947	31	45
皮革、毛皮、羽毛及其制品和制鞋						
木材加工和木、竹、藤、棕、草制品业						
家具制造业						
造纸和纸制品业						
印刷和记录媒介复制业						
文教、工美、体育和娱乐用品制造业	389	1500	3065	2606	8	212
石油加工、炼焦和核燃料加工业	547755	3400147	3291856	3095860	8324	92373
化学原料和化学制品制造业	197323	115466	716775	695712	1453	14263
医药制造业	7924	15925	62597	51391	519	2154
化学纤维制造业						
橡胶和塑料制品业	5527	1380	56419	53870	364	328
非金属矿物制品业	65962	56593	151607	144200	578	3878
黑色金属冶炼和压延加工业	1043433	633239	6488003	6228949	14637	73898
有色金属冶炼和压延加工业	64311	59379	533080	521575	218	1167
金属制品业	7675	10392	19135	15577	63	953
通用设备制造业						
专用设备制造业	71670	104747	507571	448970	1227	8725
汽车制造业	42624	39280	52268	42596	252	4005
铁路、船舶、航空航天和其他运输设备制造业						
电气机械和器材制造业	46803	24799	59653	44622	319	3260
计算机、通信和其他电子设备制造业						
仪器仪表制造业						
其他制造业	34438	3923	16941	14738	40	96
废弃资源综合利用业	3102	4280	9306	8380	93	364
金属制品、机械和设备修理业	-13767	18123	25813	21632	122	2253
电力、燃气及水的生产和供应业	195709	347427	582745	469259	2981	2884
电力、热力生产和供应业	182480	334447	565687	458175	2830	549
燃气生产和供应业	6784	6000	11838	7567	107	1571
水的生产和供应业	6445	6980	5220	3516	45	764

表3

单位:万元、人

管理费用	财务费用	#利息支出	营业利润	利润总额	亏损企业亏损总额	利税总额	本年应付工资总额	本年应交增值税	全部从业人员年平均人数(人)
318713	210793	203442	-460677	-403035	403035	-232339	473852	138529	72832
515991	274681	250757	-6056	23125	281154	411698	724818	321202	97974
1987	618	591	13428	13442	380	45133	4069	28067	892
16891	4411	4474	16533	18196	1935	29603	20382	9521	8140
767546	479018	429721	201815	247684	401100	1037254	977036	669093	168581
396287	240570	235585	-6592	12710	177381	335496	636717	277252	89198
300233	192341	151031	44900	72719	178207	321600	263600	201505	61617
66713	47888	45380	168554	169403	39289	389992	74405	194059	22801
21204	2629	2200	11486	11048	8158	19770	22696	5798	3105
471718	174775	176441	317675	321743	133698	847329	565362	435643	77800
458531	169129	169379	205452	214488	133067	708550	557577	407142	74787
13019	5361	6778	112831	107864	21	139318	7594	28440	2893
168	284	284	-608	-610	610	-538	191	61	120
302455	228211	211301	-121640	-83325	250675	150362	405915	204249	95256
1705	1157	1857	3398	3909	16	4084	2792	134	1372
2069	205	199	3353	3649		5391	2188	1526	803
885	593		191	237		921	128	151	306
144	165	164	-769	-769	1038	-514	1106	239	755
193		1	52	52		339	377	256	86
166	128	92	-55	1		9	151		65
90757	107258	107660	-65771	-46360	85266	29870	110853	67905	27501
35839	27647	28790	-60399	-53980	55413	-42093	30273	10434	6018
2947	914	619	4676	4641	152	8755	2555	3594	1163
1153	111	113	661	651	61	1790	3834	775	742
7340	3213	3165	-7698	-4642	7941	1957	9649	5740	3531
105272	63094	44614	-9487	-5915	91995	108166	175517	99444	37562
10338	4569	4491	-4582	-4081	4524	-2059	10482	1805	2157
2378	777	784	-1024	-1064	1064	-255	2197	746	1042
24730	15125	15441	13122	12715		19995	34234	6053	6933
4480	2592	2270	-821	-439	1340	2199	7615	2386	2250
4909	722	711	6164	6792	679	8531	4469	1420	1171
1841	-394		619	581		933	2328	312	900
759	332	332	-622	1700	186	2375	1081	582	325
4551	4		-2648	-1001	1001	-30	4085	748	574
10264	80443	46454	22312	27463	18663	69166	26142	38722	3665
7179	80043	46090	22018	26439	18261	67517	23191	38248	2916
1513	75	50	1005	1427	0	1677	487	143	256
1572	325	314	-710	-402	402	-28	2465	330	493

9—2 规模以上国有控股工业

指　　标	企　业 单位数 (个)	#亏　损 企　业	工业总产值 (当年价格)	工业销 售产值 (当年价格)	#出　口 交货值	资产总计
总　　计	**74**	**29**	**6550115**	**6352415**	**29853**	**12665087**
在总计中						
亏损企业	29	29	3037148	2975120	16571	5546221
按隶属关系分组						
中央企业	10	1	796521	770455	9937	1967119
地方企业	64	28	5753594	5581960	19916	10697968
省属企业	46	22	5176123	5060571	16571	9552884
市属企业	5	4	87488	70010	3345	236419
县(区市)属企业	12	2	486716	448112		907424
乡(街道镇)属企业	1		3267	3267		1240
村办企业						
其　他						
按轻重工业分组						
轻工业	5	2	60726	60981	7195	122250
重工业	69	27	6489389	6291434	22658	12542837
按企业规模分组						
大型企业	15	5	4053262	3965214	20921	7273024
中型企业	44	18	2204430	2118291	3345	4245354
小型企业	10	4	199617	196671	5587	545840
微型企业	5	2	92806	72239		600868
按工业行业大类分组						
采矿业	44	14	2262820	2253770		7336799
煤炭开采和洗选业	42	14	2224231	2215572		7325796
石油和天然气开采业						
黑色金属矿采选业	2		38589	38198		11003
有色金属矿采选业						
非金属矿采选业						
开采辅助活动						
其他采矿业						
制造业	25	13	3730092	3551637	29853	3657522
农副食品加工业						
食品制造业						
酒、饮料和精制茶制造业						
烟草制品业						
纺织业						
纺织服装、服饰业	1		3267	3267		1240
皮革、毛皮、羽毛及其制品和制鞋						
木材加工和木、竹、藤、棕、草制品业						
家具制造业						
造纸和纸制品业						
印刷和记录媒介复制业						
文教、工美、体育和娱乐用品制造业						
石油加工、炼焦和核燃料加工业	4	2	760074	743264		1206388
化学原料和化学制品制造业	4	3	307284	308168	18178	728376
医药制造业						
化学纤维制造业						
橡胶和塑料制品业	1		44456	44456		13922
非金属矿物制品业	2	1	47905	46041		65027
黑色金属冶炼和压延加工业	3	3	1590905	1449387		729729
有色金属冶炼和压延加工业	2	1	469911	463651		175365
金属制品业	1	1	16429	16928		31872
通用设备制造业						
专用设备制造业	4		438840	427954	9937	608304
汽车制造业	1	1	6526	4046	1737	19159
铁路、船舶、航空航天和其他运输设备制造业						
电气机械和器材制造业						
计算机、通信和其他电子设备制造业						
仪器仪表制造业						
其他制造业	1		21857	21911		53730
废弃资源综合利用业						
金属制品、机械和设备修理业	1	1	22638	22563		24410
电力、燃气及水的生产和供应业	5	2	557203	547007		1670765
电力、热力生产和供应业	4	1	551644	542170		1642207
燃气生产和供应业						
水的生产和供应业	1	1	5560	4838		28558

主要经济指标(2013 年)

单位:万元

#流动资产合计	#固定资产合计	固定资产原价	累计折旧	固定资产净值	负债合计	#流动负债合计	#非流动负债合计
4862930	**5030107**	**7559237**	**2876975**	**4682262**	**10040413**	**6354326**	**3581934**
2309576	2153400	3735931	1663495	2072436	4882545	2906661	1938286
596726	924928	1040012	221878	818134	1600555	889888	644903
4266204	4105180	6519226	2655097	3864129	8439858	5464438	2937032
3738242	3755121	6069278	2529387	3539891	7790384	4946775	2843021
70581	87049	122614	42517	80096	215313	139244	38471
456188	262965	327225	83129	244096	433405	377663	55540
1194	46	109	63	46	757	757	
84233	37727	71447	40212	31236	71798	46661	25137
4778697	4992381	7487790	2836763	4651027	9968616	6307666	3556797
3490851	2293823	4286183	2043949	2242234	5374266	3273824	2100441
1205763	2279540	2828383	750797	2077586	3666651	2547526	1015174
80375	278531	352868	74967	277901	489034	252321	236511
85941	178213	91803	7262	84541	510463	280655	229808
2983501	2167437	3135357	1289311	1846046	5617971	3375650	2176356
2981051	2158883	3125679	1288186	1837493	5613241	3371121	2176356
2449	8554	9678	1124	8554	4731	4529	0
1713273	1578487	2871563	1316722	1554842	2914492	2438346	437959
1194	46	109	63	46	757	757	
536685	465803	704255	238452	465803	990474	819041	133834
185264	518494	782929	279007	503922	572413	488057	84356
11993	1929	3169	1239	1929	13242	12889	353
35038	29003	48466	23470	24996	48307	18206	30070
386280	329079	954835	625757	329078	536188	534002	2186
87221	67088	105519	38431	67088	117959	64844	53114
21488	10384	21130	10945	10185	24415	16075	8340
395207	113737	179269	70399	108870	547857	433456	113843
5628	13507	16659	3152	13507	4982	770	4212
41937	11794	21464	9671	11794	19292	12016	7276
5340	17624	33760	16136	17624	38608	38234	374
166156	1284184	1552317	270942	1281375	1507950	540330	967620
149924	1272147	1535711	259966	1275745	1485837	533527	952311
16232	12036	16606	10976	5630	22113	6804	15309

9—2 续

指　　标	所有者权益合计	#实收资本	主营业务收入	主营业务成本	主营业务税金及附加	销售费用
总　　计	**2717682**	**1580349**	**7681405**	**6767428**	**55515**	**131848**
在总计中						
亏损企业	663336	795843	3681555	3566387	14339	62390
按隶属关系分组						
中央企业	366564	323297	773081	623073	2353	9168
地方企业	2351118	1257052	6908324	6144356	53163	122680
省属企业	1761634	1144526	6395286	5794339	43914	113679
市属企业	20766	74258	69554	70420	205	5337
县(区市)属企业	568235	37648	440217	276651	9013	3620
乡(街道镇)属企业	483	620	3267	2947	31	45
村办企业						
其　他						
按轻重工业分组						
轻工业	50452	16651	56013	47745	265	2685
重工业	2667230	1563699	7625392	6719683	55251	129163
按企业规模分组						
大型企业	1898758	771383	5258201	4791838	18971	94489
中型企业	672053	621086	2164544	1791775	34462	33666
小型企业	56466	93106	187106	144082	816	2776
微型企业	90405	94775	71555	39733	1266	917
按工业行业大类分组						
采矿业	1812703	780929	2086663	1447018	44805	61481
煤炭开采和洗选业	1806431	775391	2054192	1423379	44699	61481
石油和天然气开采业						
黑色金属矿采选业	6272	5538	32471	23639	106	0
有色金属矿采选业						
非金属矿采选业						
开采辅助活动						
其他采矿业						
制造业	742164	477893	5049543	4885546	8024	69603
农副食品加工业						
食品制造业						
酒、饮料和精制茶制造业						
烟草制品业						
纺织业						
纺织服装、服饰业	483	620	3267	2947	31	45
皮革、毛皮、羽毛及其制品和制鞋						
木材加工和木、竹、藤、棕、草制品业						
家具制造业						
造纸和纸制品业						
印刷和记录媒介复制业						
文教、工美、体育和娱乐用品制造业						
石油加工、炼焦和核燃料加工业	215915	47815	1433067	1384131	2332	13923
化学原料和化学制品制造业	155964	65489	591942	572767	1324	11860
医药制造业						
化学纤维制造业						
橡胶和塑料制品业	680	590	44456	42367	353	325
非金属矿物制品业	16720	15400	46709	46116	194	1161
黑色金属冶炼和压延加工业	193541	147009	1891388	1873411	2583	29078
有色金属冶炼和压延加工业	57407	55579	524903	515036	209	1052
金属制品业	7457	8854	16935	13777	55	888
通用设备制造业						
专用设备制造业	59580	96352	454101	398994	805	8543
汽车制造业	14177	20000	3962	4031	0	379
铁路、船舶、航空航天和其他运输设备制造业						
电气机械和器材制造业						
计算机、通信和其他电子设备制造业						
仪器仪表制造业						
其他制造业	34438	3923	16941	14738	40	96
废弃资源综合利用业						
金属制品、机械和设备修理业	-14197	16263	21874	17232	98	2253
电力、燃气及水的生产和供应业	162815	321527	545199	434865	2686	764
电力、热力生产和供应业	156370	314547	539979	431349	2641	0
燃气生产和供应业						
水的生产和供应业	6445	6980	5220	3516	45	764

表

单位:万元、人

管理费用	财务费用	#利息支出	营业利润	利润总额	亏损企业亏损总额	利税总额	本年应付职工薪酬	本年应交增值税	全部从业人员年平均人数
515991	**274681**	**250757**	**-6056**	**23125**	**281154**	**411698**	**724818**	**321202**	**97974**
257682	149353	149833	-318563	-281154	281154	-160930	404167	94861	48419
45340	51930	52699	44385	45555	645	80609	60588	32701	10211
470651	222751	198059	-50440	-22431	280509	331089	664230	288501	87763
402442	215792	191826	-117031	-85774	257094	214622	612786	244863	76395
7579	2642	2555	-17019	-17085	17317	-14677	13112	2203	2878
60437	4316	3678	83558	80376	6098	130806	37955	41180	8404
193		1	52	52		339	377	256	86
5362	997	1299	-109	137	727	2904	7929	2503	2580
510629	273684	249458	-5947	22988	280427	408793	716889	318699	95394
317380	148924	166134	-51463	-32688	155372	172911	537298	175873	65073
176308	112087	71355	17764	27012	117303	189967	157978	127391	29010
4832	13278	13205	15725	17386	2658	32598	12941	14397	1934
17471	392	63	11918	11415	5822	16222	16601	3541	1957
358707	117307	119401	114547	129081	115127	408395	500635	222935	60420
358565	117307	119401	107557	122137	115127	400531	500030	222120	60089
142			6990	6944		7864	604	814	331
152689	80366	88315	-148252	-137897	153627	-67739	200380	61852	34720
193		1	52	52		339	377	256	86
31395	29787	37405	-22276	-16540	18572	7385	55714	21593	9097
28806	26221	27325	-51631	-50383	50615	-39895	24182	9164	4418
838	-2		641	632		1651	3329	666	499
1957	-2		-2928	-1050	1394	1386	3497	1961	810
48603	6608	5222	-78169	-76729	76729	-54831	66407	19315	9949
9963	2672	2595	-3824	-3387	3413	-1424	10086	1754	1979
2054	355	358	-605	-645	645	47	1822	637	904
23097	14786	15101	12165	11834		17428	30072	4790	5595
457	334	309	-1304	-1309	1309	-646	771	663	219
1841	-394	0	619	581		933	2328	312	900
3486	-1		-992	-951	951	-112	1797	742	264
4595	77008	43041	27649	31941	12400	71041	23803	36415	2834
3023	76683	42727	28359	32343	11998	71069	21338	36085	2341
1572	325	314	-710	-402	402	-28	2465	330	493

9—3 规模以上外商投资及港澳台

指标	企业单位数（个）	#亏损企业	工业总产值（当年价格）	工业销售产值（当年价格）	#出口交货值	资产总计
总计	**13**	**4**	**491460**	**480181**	**21464**	**896933**
港、澳、台商投资企业	10	4	449309	434390	4389	851481
合资经营企业（港或澳、台资）	10	4	449309	434390	4389	851481
合作经营企业（港或澳、台资）						
港澳台商独资经营企业						
港澳台商投资股份有限公司						
其他港澳台投资						
外商投资企业	3		42151	45791	17075	45452
中外合资经营企业	1		16825	20554	17075	12568
中外合作经营企业						
外资企业	2		25326	25237		32885
外商投资股份有限公司						
其他外商投资						
在总计中：亏损企业	4	4	68666	68836	3850	101399
在总计中：国有控股企业	2	1	251542	251542	3850	620131
按轻重工业分组						
轻工业	2	1	17090	17001	3850	10803
重工业	11	3	474370	463180	17614	886130
按企业规模分组						
大型企业						
中型企业	6	1	414835	404677	17614	807712
小型企业	7	3	76625	75504	3850	89221
微型企业						
按工业行业大类分组						
采矿业	1		17874	16754		6654
煤炭开采和洗选业	1		17874	16754		6654
石油和天然气开采业						
黑色金属矿采选业						
有色金属矿采选业						
非金属矿采选业						
开采辅助活动						
其他采矿业						
制造业	9	4	214056	203897	21464	255640
农副食品加工业						
食品制造业	1		13240	13151		7618

投资工业主要经济指标（2013 年）

单位：万元

#流动资产合　计	#固定资产合　计	固定资产原　价	累计折旧	固定资产净　值	负债合计	#流动负债合　计	#非流动负债合计
195330	**664006**	**924507**	**263317**	**661190**	**819268**	**370486**	**448782**
182849	632608	879362	249568	629794	790721	354032	436689
182849	632608	879362	249568	629794	790721	354032	436689
12481	31398	45145	13749	31396	28547	16454	12093
8204	4364	12984	8619	4364	9738	9493	245
4278	27033	32162	5129	27032	18809	6961	11848
29857	68727	93600	30750	62850	68222	66022	2200
78488	516609	668637	149051	519586	583081	160345	422736
4065	5942	10206	4350	5856	3300	3300	
191265	658064	914301	258967	655334	815968	367186	448782
154916	623035	872421	246325	626097	754592	319858	434734
40414	40971	52086	16992	35094	64676	50628	14048
2502	2742	3363	621	2742	1824	1824	
2502	2742	3363	621	2742	1824	1824	
106726	143410	253060	115528	137533	224053	198008	26046
2319	4503	6666	2164	4502	2701	2701	

9—3 续

指 标	所有者权益合计	#实收资本	主营业务收入	主营业务成本	主营业务税金及附加	销售费用
总 计	**77665**	**212392**	**469252**	**366708**	**2695**	**11727**
港、澳、台商投资企业	60759	198330	423941	331406	2558	9673
合资经营企业(港或澳、台资)	60759	198330	423941	331406	2558	9673
合作经营企业(港或澳、台资)						
港澳台商独资经营企业						
港澳台商投资股份有限公司						
其他港澳台投资						
外商投资企业	16906	14062	45311	35302	136	2055
中外合资经营企业	2830	3000	20075	16407	28	1213
中外合作经营企业						
外资企业	14076	11062	25237	18896	109	841
外商投资股份有限公司						
其他外商投资						
在总计中:亏损企业	33177	29530	60512	61765	47	1669
在总计中:国有控股企业	37050	153230	249566	188629	2176	94
按轻重工业分组						
轻工业	7504	5201	16621	13237	109	922
重工业	70161	207191	452631	353471	2586	10805
按企业规模分组						
大型企业						
中型企业	53120	182771	402072	305151	2578	8974
小型企业	24545	29621	67180	61557	116	2754
微型企业						
按工业行业大类分组						
采矿业	4830	4000	16754	16615	9	30
煤炭开采和洗选业	4830	4000	16754	16615	9	30
石油和天然气开采业						
黑色金属矿采选业						
有色金属矿采选业						
非金属矿采选业						
开采辅助活动						
其他采矿业						
制造业	31587	51392	194564	157498	402	10126
农副食品加工业						
食品制造业	4918	2971	13151	9637	109	829

表 1

单位:万元、人

管理费用	财务费用		营业利润	利润总额	亏损企业亏损总额	利税总额	本年应付工资总额	本年应交增值税	全部从业人员年平均人数
		#利息支出							
14738	**42291**	**7945**	**32750**	**32000**	**7623**	**53874**	**14142**	**19179**	**4098**
10774	41201	6855	29970	28958	7623	49608	10537	18091	3065
10774	41201	6855	29970	28958	7623	49608	10537	18091	3065
3964	1090	1090	2780	3043		4266	3605	1087	1033
1612	253	247	563	559		587	2088		430
2353	837	843	2218	2483		3679	1517	1087	603
2858	1847	1867	-7681	-7623	7623	-6733	3250	843	1044
3118	33716		23430	21598	325	39231	3712	15457	769
1353	25	24	993	1281	325	2498	1668	1109	720
13385	42266	7921	31757	30720	7298	51376	12474	18070	3378
10647	39486	5203	37247	36038	1217	57443	12001	18827	3172
4092	2805	2742	-4496	-4037	6406	-3569	2141	352	926
29	6	6	65	65		261	195	187	60
29	6	6	65	65		261	195	187	60
10174	8501	7889	7925	8586	7623	12402	10097	3413	3153
1257	18	24	1318	1606		2802	1319	1087	580

9—3 续

指　　标	企　业 单位数 （个）	#亏　损 企　业	工　业 总产值 （当年价格）	工业销售 产　　值 （当年价格）	#出　口 交货值	资　产 总　计
酒、饮料和精制茶制造业						
烟草制品业						
纺织业						
纺织服装、服饰业						
皮革、毛皮、羽毛及其制品和制鞋						
木材加工和木、竹、藤、棕、草制品业						
家具制造业						
造纸和纸制品业						
印刷和记录媒介复制业						
文教、工美、体育和娱乐用品制造业						
石油加工、炼焦和核燃料加工业	2	1	88776	74763		85336
化学原料和化学制品制造业	3	2	49776	49946	3850	90243
医药制造业						
化学纤维制造业						
橡胶和塑料制品业						
非金属矿物制品业						
黑色金属冶炼和压延加工业	2		54428	59005	17614	54073
有色金属冶炼和压延加工业	1	1	7837	7033		18371
金属制品业						
通用设备制造业						
专用设备制造业						
汽车制造业						
铁路、船舶、航空航天和其他运输设备制造业						
电气机械和器材制造业						
计算机、通信和其他电子设备制造业						
仪器仪表制造业						
其他制造业						
废弃资源综合利用业						
金属制品、机械和设备修理业						
电力、燃气及水的生产和供应业	3		259530	259530		634639
电力、热力生产和供应业	1		247692	247692		616946
燃气生产和供应业	2		11838	11838		17693
水的生产和供应业						

表 2

单位:万元

#流动资产合　计	#固定资产合　计	固定资产原　价	累计折旧	固定资产净　值	负债合计	#流动负债合　计	#非流动负债合计
2319	4503	6666	2164	4502	2701	2701	
40953	44382	99949	58567	41383	124040	120337	3703
6968	79683	102395	22798	79598	49094	37246	11848
43913	9045	31243	22198	9045	35218	26924	8295
12573	5798	12807	9801	3005	13000	10800	2200
86102	517854	668084	147168	520916	593391	170655	422736
76742	515169	665097	146865	518232	582482	159746	422736
9360	2684	2987	303	2684	10909	10909	

9—3 续

指　　标	所有者权益合计	#实收资本	主营业务收入	主营业务成本	主营业务税金及附加	销售费用
酒、饮料和精制茶制造业						
烟草制品业						
纺织业						
纺织服装、服饰业						
皮革、毛皮、羽毛及其制品和制鞋						
木材加工和木、竹、藤、棕、草制品业						
家具制造业						
造纸和纸制品业						
印刷和记录媒介复制业						
文教、工美、体育和娱乐用品制造业						
石油加工、炼焦和核燃料加工业	-38705	12800	67173	47865	7	5831
化学原料和化学制品制造业	41149	28321	49566	46508	47	636
医药制造业						
化学纤维制造业						
橡胶和塑料制品业						
非金属矿物制品业						
黑色金属冶炼和压延加工业	18854	4000	58700	48668	240	2729
有色金属冶炼和压延加工业	5371	3300	5974	4821		102
金属制品业						
通用设备制造业						
专用设备制造业						
汽车制造业						
铁路、船舶、航空航天和其他运输设备制造业						
电气机械和器材制造业						
计算机、通信和其他电子设备制造业						
仪器仪表制造业						
其他制造业						
废弃资源综合利用业						
金属制品、机械和设备修理业						
电力、燃气及水的生产和供应业	41248	157000	257934	192596	2283	1571
电力、热力生产和供应业	34464	151000	246096	185029	2176	
燃气生产和供应业	6784	6000	11838	7567	107	1571
水的生产和供应业						

表 3

单位:万元、人

管理费用	财务费用	#利息支出	营业利润	利润总额	亏损企业亏损总额	利税总额	本年应付工资总额	本年应交增值税	全部从业人员年平均人数
3261	5463	4791	4392	4728	4970	4756	1915	22	845
2594	769	819	-641	-665	1542	226	2535	843	620
2703	384	388	4030	4028	0	5728	3956	1460	951
359	1867	1867	-1174	-1111	1111	-1111	373		157
4535	33784	50	24761	23349		41211	3850	15578	885
3023	33709		23756	21923		39534	3363	15435	629
1513	75	50	1005	1427		1677	487	143	256

9—4 大中型工业主要

指　　标	企　业 单位数 （个）	#亏　损 企　业	工　业 总产值 （当年价格）	工业销售 产　　值 （当年价格）	#出　口 交货值	资　产 总　计
总　　计	**130**	**52**	**13837891**	**13297578**	**50360**	**19359134**
一、按隶属关系分组						
中央企业	7	1	681975	655909	9937	1361494
省属企业	42	19	5178059	5065063	10984	9259100
市属企业	4	2	90635	87149	3345	163654
县(区市)属企业	9	1	484803	453268		866289
乡(街道镇)属企业						
村办企业						
其　他	68	29	7402418	7036190	26094	7708597
二、按登记注册类型分组						
内资企业	124	51	13423056	12892901	32746	18551422
国有企业	6	2	282926	273435		727985
中央企业	3	1	224245	215324		509573
地方企业	3	1	58681	58110		218412
集体企业						
股份合作企业						
联营企业						
有限责任公司	54	22	5374333	5217039	13282	9158147
国有独资公司	14	5	1259208	1332569	9937	3816960
其他有限责任公司	40	17	4115126	3884471	3345	5341187
股份有限公司	5	2	617176	603219	10984	1323949
私营企业	59	25	7148621	6799208	8480	7341341
私营独资企业						
私营合伙企业						
私营有限责任公司	57	25	5591213	5277739	3320	6068555
私营股份有限公司	2		1557408	1521470	5160	1272786
其他企业						
港、澳、台商投资企业	4	1	384770	370972	539	787526
合资经营企业(港或澳、台资)	4	1	384770	370972	539	787526
合作经营企业(港或澳、台资)						
港澳台商独资经营企业						
港澳台商投资股份有限公司						
其他港澳台投资						
外商投资企业	2		30065	33705	17075	20186
中外合资经营企业	1		16825	20554	17075	12568
中外合作经营企业						
外资企业	1		13240	13151		7618
外商投资股份有限公司						
其他外商投资						

经济指标(2013 年)

单位:万元

#流动资产合计	#固定资产合计	固定资产原价	累计折旧	固定资产净值	负债合计	#流动负债合计	#非流动负债合计	所有者权益合计
8716234	**7088548**	**10776151**	**4101906**	**6674245**	**15103907**	**11109456**	**3713072**	**4348178**
548580	687050	753811	172911	580900	1053509	621851	365894	307985
3699340	3596987	5997827	2503221	3494606	7526394	4849281	2676525	1731840
82181	71720	108391	43077	65313	173935	118476	17861	-10282
421634	290564	350702	99643	251059	351807	296267	55540	608698
3964498	2442228	3565421	1283054	2282367	5998262	5223582	597252	1709936
8561318	6465513	9903730	3855582	6048149	14349315	10789598	3278338	4295058
136468	528503	585420	99991	485428	546189	284379	261811	276011
91428	411057	481733	70339	411394	374439	132130	242309	135134
45040	117445	103686	29652	74034	171750	152248	19502	140878
4131905	3005234	4971714	2131047	2840667	7279463	4891424	2284088	1877817
2327576	535432	1226992	711615	515377	3094535	1574785	1519162	722425
1804329	2469802	3744722	1419432	2325290	4184929	3316639	764927	1155392
485171	638990	1037447	451375	586072	854955	697270	157684	468995
3807774	2292787	3309150	1173169	2135981	5668708	4916525	574755	1672235
3209084	1915481	2811982	1035809	1776173	4963391	4379792	572997	1104767
598690	377306	497168	137359	359808	705317	536733	1758	567468
144394	614169	852772	235541	617231	742153	307664	434489	45373
144394	614169	852772	235541	617231	742153	307664	434489	45373
10522	8867	19650	10784	8866	12438	12194	245	7747
8204	4364	12984	8619	4364	9738	9493	245	2830
2319	4503	6666	2164	4502	2701	2701		4918

9—4 续

指　　标	企业单位数（个）	#亏损企业	工业总产值（当年价格）	工业销售产值（当年价格）	#出口交货值	资产总计
三、按经济组织类型分组						
独资企业	7	2	296166	286585		735603
国有企业	6	2	282926	273435		727985
集体企业						
私营独资企业						
港澳台商独资经营企业						
外资企业	1		13240	13151	0	7618
合作、合伙企业						
股份有限公司	7	2	2174584	2124689	16144	2596735
股份有限公司（内资）	5	2	617176	603219	10984	1323949
私营股份有限公司	2		1557408	1521470	5160	1272786
港澳台商投资股份有限公司						
外商投资股份有限公司						
有限责任公司	116	48	11367142	10886304	34216	16026796
国有独资公司	14	5	1259208	1332569	9937	3816960
私营有限责任公司	57	25	5591213	5277739	3320	6068555
合资经营企业（港或澳、台资）	4	1	384770	370972	539	787526
中外合资经营企业	1		16825	20554	17075	12568
其他有限责任公司	40	17	4115126	3884471	3345	5341187
四、在总计中：亏损企业	52	52	4668030	4513058	14304	7361843
在总计中：国有控股企业	59	23	6257692	6083505	24265	11518378
在总计中：农村工业						
在总计中：轻工业	10	1	186944	179441	8505	233584
重工业	120	51	13650947	13118138	41855	19125549
在总计中：大型企业	27	7	8517527	8270784	20921	11232147
中型企业	103	45	5320364	5026794	29439	8126987
五、按工业行业大类分组						
采矿业	45	13	2892920	2867557		8284467
煤炭开采和洗选业	45	13	2892920	2867557		8284467
石油和天然气开采业						
黑色金属矿采选业						

表 1

单位:万元

#流动资产合计	#固定资产合计	固定资产原价	累计折旧	固定资产净值	负债合计	#流动负债合计	#非流动负债合计	所有者权益合计
138787	533005	592086	102156	489930	548890	287079	261811	280929
136468	528503	585420	99991	485428	546189	284379	261811	276011
2319	4503	6666	2164	4502	2701	2701	0	4918
1083861	1016296	1534615	588734	945880	1560272	1234004	159443	1036463
485171	638990	1037447	451375	586072	854955	697270	157684	468995
598690	377306	497168	137359	359808	705317	536733	1758	567468
7493586	5539247	8649451	3411016	5238435	12994745	9588373	3291819	3030786
2327576	535432	1226992	711615	515377	3094535	1574785	1519162	722425
3209084	1915481	2811982	1035809	1776173	4963391	4379792	572997	1104767
144394	614169	852772	235541	617231	742153	307664	434489	45373
8204	4364	12984	8619	4364	9738	9493	245	2830
1804329	2469802	3744722	1419432	2325290	4184929	3316639	764927	1155392
3383946	2711818	4764439	2202386	2562053	6679730	4579332	2059130	682074
4696614	4573363	7114566	2794746	4319820	9040917	5821350	3115615	2570811
136746	83096	120387	50677	69710	131226	90562	39000	102359
8579487	7005453	10655764	4051229	6604536	14972681	11018894	3674072	4245819
5305347	3833557	6479781	2762234	3717547	8260198	5777368	2316004	2971949
3410887	3254992	4296371	1339672	2956699	6843709	5332088	1397068	1376229
3801772	2353678	3475477	1365285	2110193	6160361	3960322	2130837	2217963
3801772	2353678	3475477	1365285	2110193	6160361	3960322	2130837	2217963

9—4 续

指 标	企业单位数（个）	#亏损企业	工业总产值（当年价格）	工业销售产值（当年价格）	#出口交货值	资产总计
有色金属矿采选业						
非金属矿采选业						
开采辅助活动						
其他采矿业						
制造业	81	37	10493267	9988512	50360	9665627
农副食品加工业	2		51472	48681		47708
食品制造业	1		13240	13151		7618
酒、饮料和精制茶制造业						
烟草制品业						
纺织业	1		2679	2588		8049
纺织服装、服饰业						
皮革、毛皮、羽毛及其制品和制鞋						
木材加工和木、竹、藤、棕、草制品业						
家具制造业						
造纸和纸制品业						
印刷和记录媒介复制业						
文教、工美、体育和娱乐用品制造业						
石油加工、炼焦和核燃料加工业	26	16	2547127	2467903		3877665
化学原料和化学制品制造业	5	4	400803	376655	14328	826344
医药制造业	1		42269	41800	0	14979
化学纤维制造业						
橡胶和塑料制品业	1		44456	44456		13922
非金属矿物制品业	4	2	57149	54726		99563
黑色金属冶炼和压延加工业	26	12	6285162	5910688	20934	3801767
有色金属冶炼和压延加工业	2	1	469911	463651		175365
金属制品业	1	1	16429	16928		31872
通用设备制造业						
专用设备制造业	5		479750	468865	9937	621844
汽车制造业	3		37132	36949		49864
铁路、船舶、航空航天和其他运输设备制造业						
电气机械和器材制造业	1		19892	15621	5160	30535
计算机、通信和其他电子设备制造业						
仪器仪表制造业						
其他制造业	1		21857	21911		53730
废弃资源综合利用业						
金属制品、机械和设备修理业	1	1	3940	3940		4804
电力、燃气及水的生产和供应业	4	2	451704	441509		1409039
电力、热力生产和供应业	3	1	446145	436671		1380481
燃气生产和供应业						
水的生产和供应业	1	1	5560	4838		28558

表 2

单位:万元

#流动资产合计	#固定资产合计	固定资产原价	累计折旧	固定资产净值	负债合计	#流动负债合计	#非流动负债合计	所有者权益合计
4772993	3678680	6023942	2513271	3510671	7670630	6636754	821699	1994092
17348	26045	20896	1830	19067	29449	17741	10044	18259
2319	4503	6666	2164	4502	2701	2701		4918
7984	65	68	3	65	7548	7548		501
1924440	1349612	2030397	777260	1253136	3296925	2847190	412136	580770
207724	590339	910956	337095	573861	652250	567234	85015	174095
9837	4817	9850	5033	4817	7735	5675	2060	7244
11993	1929	3169	1239	1929	13242	12889	353	680
46505	51212	68609	24458	44151	83535	53434	30070	16028
1936273	1426584	2613044	1222245	1390800	2816168	2546505	97335	985530
87221	67088	105519	38431	67088	117959	64844	53114	57407
21488	10384	21130	10945	10185	24415	16075	8340	7457
407881	114603	180816	71080	109736	559054	444449	114047	61925
30877	11830	19389	7725	11664	27697	27547	149	22167
15469	7170	9868	2697	7170	8290	6532	1758	22244
41937	11794	21464	9671	11794	19292	12016	7276	34438
3698	706	2103	1397	706	4373	4373		431
141469	1056191	1276732	223350	1053382	1272916	512381	760535	136123
125238	1044155	1260126	212374	1047752	1250803	505577	745226	129678
16232	12036	16606	10976	5630	22113	6804	15309	6445

9—4 续

指　标	#实收资本	主营业务收入	主营业务成本	主营业务税金及附加	销售费用	管理费用
总　计	**2363018**	**14321110**	**12908556**	**80952**	**257488**	**696519**
一、按隶属关系分组						
中央企业	239045	659285	534880	1792	9168	45113
省属企业	1105255	6400930	5806747	44117	111014	398958
市属企业	32078	89241	84714	350	7033	7044
县(区市)属企业	38185	451129	308675	12090	2973	57486
乡(街道镇)属企业						
村办企业						
其　他	948454	6720525	6173539	22604	127300	187919
二、按登记注册类型分组						
内资企业	2180247	13919038	12603405	78374	248514	685873
国有企业	115930	268179	203304	2080	2015	17295
中央企业	106015	210361	173782	95	984	3895
地方企业	9915	57818	29522	1985	1031	13400
集体企业						
股份合作企业						
联营企业						
有限责任公司	1099399	6268175	5655265	47177	96592	420229
国有独资公司	428822	1246545	1063853	5105	23303	172148
其他有限责任公司	670576	5021630	4591412	42071	73290	248082
股份有限公司	87408	880444	752060	7728	31802	71841
私营企业	877510	6502241	5992776	21389	118105	176508
私营独资企业						
私营合伙企业						
私营有限责任公司	851628	5165560	4779565	16939	85911	153967
私营股份有限公司	25882	1336682	1213211	4451	32194	22541
其他企业						
港、澳、台商投资企业	176800	368846	279108	2442	6932	7778
合资经营企业(港或澳、台资)	176800	368846	279108	2442	6932	7778
合作经营企业(港或澳、台资)						
港澳台商独资经营企业						
港澳台商投资股份有限公司						
其他港澳台投资						
外商投资企业	5971	33225	26043	136	2042	2869
中外合资经营企业	3000	20075	16407	28	1213	1612
中外合作经营企业						
外资企业	2971	13151	9637	109	829	1257
外商投资股份有限公司						
其他外商投资						

表 3

单位:万元、人

财务费用	#利息支出	营业利润	利润总额	亏损企业亏损总额	利税总额	本年应付职业薪酬	本年应交增值税	全部从业人员年平均人数
432912	**386616**	**38308**	**85429**	**355588**	**657096**	**900317**	**478757**	**150815**
38992	39803	32193	32507	645	55099	52803	20800	9129
215457	191523	-113198	-82814	254509	217462	605887	244540	75705
4467	4367	-14109	-13680	14023	-10033	9892	3297	2802
3986	3674	64706	61578	3498	119648	39261	45743	9051
170010	147249	68716	87837	82914	274919	192475	164376	54128
393426	381413	1061	49392	354371	599653	888316	459929	147643
20831	21070	22876	22670	1047	44000	27469	19250	6086
19058	19469	11706	11604	645	24118	16680	12419	2997
1773	1601	11170	11066	402	19882	10789	6831	3089
191556	194350	-82519	-52463	231787	240805	599122	234133	78644
89415	89734	-39973	-17296	44496	61774	312918	63006	35284
102141	104616	-42546	-35167	187291	179030	286204	171127	43360
20354	27309	-5838	-4432	50082	53824	85163	50529	12953
160685	138684	66542	83617	71455	261024	176563	156018	49960
135216	130359	25392	40361	71455	190361	147608	133062	43011
25469	8325	41150	43256		70663	28955	22956	6949
39215	4932	35366	33873	1217	54054	8593	17740	2162
39215	4932	35366	33873	1217	54054	8593	17740	2162
271	271	1881	2165		3389	3407	1087	1010
253	247	563	559		587	2088		430
18	24	1318	1606		2802	1319	1087	580

9—4 续

指 标	#实收资本	主营业务收入	主营业务成本	主营业务税金及附加	销售费用	管理费用
三、按经济组织类型分组						
独资企业	118901	281330	212941	2189	2844	18552
国有企业	115930	268179	203304	2080	2015	17295
集体企业						
私营独资企业						
港澳台商独资经营企业						
外资企业	2971	13151	9637	109	829	1257
合作、合伙企业						
股份有限公司	113290	2217125	1965271	12178	63996	94382
股份有限公司(内资)	87408	880444	752060	7728	31802	71841
私营股份有限公司	25882	1336682	1213211	4451	32194	22541
港澳台商投资股份有限公司						
外商投资股份有限公司						
有限责任公司	2130826	11822655	10730344	66585	190648	583586
国有独资公司	428822	1246545	1063853	5105	23303	172148
私营有限责任公司	851628	5165560	4779565	16939	85911	153967
合资经营企业(港或澳、台资)	176800	368846	279108	2442	6932	7778
中外合资经营企业	3000	20075	16407	28	1213	1612
其他有限责任公司	670576	5021630	4591412	42071	73290	248082
四、在总计中:亏损企业	1023131	5174333	5055945	17728	97214	288670
在总计中:国有控股企业	1392468	7422745	6583613	53433	128155	493688
在总计中:农村工业						
在总计中:轻工业	41354	190225	157547	941	7335	12197
重工业	2321664	14130885	12751009	80012	250154	684323
在总计中:大型企业	1165093	9401253	8649863	34780	166912	396287
中型企业	1197925	4919857	4258693	46172	90577	300233
五、按工业行业大类分组						
采矿业	808365	2605800	1844675	54271	62619	418397
煤炭开采和洗选业	808365	2605800	1844675	54271	62619	418397
石油和天然气开采业						
黑色金属矿采选业						

表4

单位:万元、人

财务费用	#利息支出	营业利润	利润总额	亏损企业亏损总额	利税总额	本年应付职业薪酬	本年应交增值税	全部从业人员年平均人数
20849	21094	24194	24276	1047	46802	28788	20337	6666
20831	21070	22876	22670	1047	44000	27469	19250	6086
18	24	1318	1606	0	2802	1319	1087	580
45823	35634	35312	38823	50082	124487	114118	73485	19902
20354	27309	-5838	-4432	50082	53824	85163	50529	12953
25469	8325	41150	43256	0	70663	28955	22956	6949
366240	329888	-21199	22330	304459	485807	757411	384934	124247
89415	89734	-39973	-17296	44496	61774	312918	63006	35284
135216	130359	25392	40361	71455	190361	147608	133062	43011
39215	4932	35366	33873	1217	54054	8593	17740	2162
253	247	563	559		587	2088		430
102141	104616	-42546	-35167	187291	179030	286204	171127	43360
195383	190024	-412551	-355588	355588	-200506	445181	126228	64446
261011	237489	-33698	-5676	272674	362878	695276	303265	94083
2148	3066	11226	12621	402	19942	14785	6380	5308
430763	383550	27082	72809	355186	637154	885532	472376	145507
240570	235585	-6592	12710	177381	335496	636717	277252	89198
192341	151031	44900	72719	178207	321600	263600	201505	61617
156507	159642	131238	141457	119735	468072	512993	260769	64845
156507	159642	131238	141457	119735	468072	512993	260769	64845

9—4 续

指　　标	#实收资本	主营业务收入	主营业务成本	主营业务税金及附加	销售费用	管理费用
有色金属矿采选业						
非金属矿采选业						
开采辅助活动						
其他采矿业						
制造业	1267378	11275610	10711527	24460	194105	273528
农副食品加工业	10300	63312	59245		384	870
食品制造业	2971	13151	9637	109	829	1257
酒、饮料和精制茶制造业						
烟草制品业						
纺织业	500	2748	2718			29
纺织服装、服饰业						
皮革、毛皮、羽毛及其制品和制鞋						
木材加工和木、竹、藤、棕、草制品业						
家具制造业						
造纸和纸制品业						
印刷和记录媒介复制业						
文教、工美、体育和娱乐用品制造业						
石油加工、炼焦和核燃料加工业	372569	3132259	2933085	8198	89702	86335
化学原料和化学制品制造业	89568	663243	646959	1371	13236	33771
医药制造业	6800	41800	33815	391	1356	1731
化学纤维制造业						
橡胶和塑料制品业	590	44456	42367	353	325	838
非金属矿物制品业	18500	53680	54295	214	1189	2674
黑色金属冶炼和压延加工业	574686	6150290	5905958	11950	71366	101476
有色金属冶炼和压延加工业	55579	524903	515036	209	1052	9963
金属制品业	8854	16935	13777	55	888	2054
通用设备制造业						
专用设备制造业	98247	495011	438577	1114	8605	23652
汽车制造业	16550	36741	29219	245	2859	2919
铁路、船舶、航空航天和其他运输设备制造业						
电气机械和器材制造业	5882	16201	7702	187	2219	3053
计算机、通信和其他电子设备制造业						
仪器仪表制造业						
其他制造业	3923	16941	14738	40	96	1841
废弃资源综合利用业						
金属制品、机械和设备修理业	1860	3940	4400	24		1065
电力、燃气及水的生产和供应业	287275	439700	352354	2221	764	4595
电力、热力生产和供应业	280295	434480	348838	2176		3023
燃气生产和供应业						
水的生产和供应业	6980	5220	3516	45	764	1572

表 5

单位:万元、人

财务费用	#利息支出	营业利润	利润总额	亏损企业亏损总额	利税总额	本年应付职业薪酬	本年应交增值税	全部从业人员年平均人数
212335	196829	-110680	-77219	223452	138377	368445	190752	83382
789	1399	2229	2577		2577	1844		815
18	24	1318	1606		2802	1319	1087	580
					4	474	3	392
105797	106530	-54707	-35272	72789	40611	107120	67684	25928
26151	27325	-60545	-54485	54717	-43150	27429	9964	5450
144	144	4364	4362		7418	1094	2666	393
-2		641	632		1651	3329	666	499
237	240	-5138	-3266	3831	-64	5269	2708	1515
59672	41056	-9001	-6080	88007	101425	163056	95554	35209
2672	2595	-3824	-3387	3413	-1424	10086	1754	1979
355	358	-605	-645	645	47	1822	637	904
14792	15108	12561	12208		19215	32852	5893	6459
1972	1947	134	557		2393	5679	1591	1550
128	104	2929	3444		3858	2457	226	499
-394		619	581		933	2328	312	900
5		-1655	-50	50	82	2289	6	310
64070	30146	17749	21191	12400	50647	18878	27236	2588
63745	29831	18459	21593	11998	50675	16414	26905	2095
325	314	-710	-402	402	-28	2465	330	493

9—5 规模以上股份制工业企业

指 标	企业单位数（个）	#亏损企业	工业总产值（当年价格）	工业销售产值（当年价格）	#出口交货值	资产总计
总 计	**297**	**112**	**16389056**	**15956560**	**45302**	**20696049**
其中:轻工业	30	9	307307	285832	10453	321742
重工业	267	103	16081749	15670728	34849	20374307
其中:大型企业	26	7	8331568	8094299	20921	10808176
中型企业	92	42	4808562	4525168	11825	7015261
小型企业	157	55	2948521	2885743	12556	2023539
微型企业	22	8	300405	451350		849073
按注册类型分组						
国有独资公司	17	5	1349783	1416466	9937	4102261
股份有限公司	9	4	735452	718949	12721	1644056
私营有限责任公司	203	74	8277365	8077210	10112	7594982
私营股份有限公司	5		1615824	1577021	5160	1324917
其他有限责任公司	63	29	4410632	4166913	7372	6029833
按工业行业大类分组						
采矿业	121	35	5058734	4968149		9696772
煤炭开采和洗选业	107	34	4601782	4553746		9599604
石油和天然气开采业						
黑色金属矿采选业	13		454073	411734		83306
有色金属矿采选业						
非金属矿采选业	1	1	2878	2668		13862
开采辅助活动						
其他采矿业						
制造业	170	73	11186889	10844977	45302	10220559
农副食品加工业	7	3	112420	106408		89312
食品制造业	2		21925	21603		15866
酒、饮料和精制茶制造业	2		15549	3746		45689
烟草制品业						
纺织业	5	2	15894	16907		21195
纺织服装、服饰业	1		3267	3267		1240
皮革、毛皮、羽毛及其制品和制鞋						
木材加工和木、竹、藤、棕、草制品业						
家具制造业						
造纸和纸制品业						
印刷和记录媒介复制业						
文教、工美、体育和娱乐用品制造业	1		1667	2014	1948	3214
石油加工、炼焦和核燃料加工业	33	22	2639400	2570613		3930291
化学原料和化学制品制造业	8	4	402409	377957	14328	800962
医药制造业	6	3	63627	62811		49950
化学纤维制造业						
橡胶和塑料制品业	5	2	56890	56389		22710
非金属矿物制品业	24	13	156555	151807		269403
黑色金属冶炼和压延加工业	45	17	6574910	6372776	8163	3926672
有色金属冶炼和压延加工业	3	1	472114	465854		178002
金属制品业	1	1	4553	2808		7583
通用设备制造业						
专用设备制造业	7		491477	480460	9937	654018
汽车制造业	7	1	56347	54117	5765	78794
铁路、船舶、航空航天和其他运输设备制造业						
电气机械和器材制造业	8	1	61990	59620	5160	82181
计算机、通信和其他电子设备制造业						
仪器仪表制造业						
其他制造业						
废弃资源综合利用业	3	1	9317	9317		14263
金属制品、机械和设备修理业	2	2	26578	26503		29214
电力、燃气及水的生产和供应业	6	4	143434	143434		778719
电力、热力生产和供应业	6	4	143434	143434		778719
燃气生产和供应业						
水的生产和供应业						

主要经济指标(2013 年)

单位:万元

#流动资产合计	#固定资产合计	固定资产原价	累计折旧	固定资产净值	负债合计	#流动负债合计	#非流动负债合计
9433828	**7014556**	**10495492**	**4055059**	**6440433**	**16041823**	**12067994**	**3585267**
170751	120461	144146	44305	99841	199625	159087	20655
9263078	6894096	10351346	4010754	6340592	15842197	11908907	3564612
5277343	3444677	6040642	2712510	3328132	7929466	5673329	2089311
3147506	2492334	3277669	1043080	2234589	5873660	4831891	927216
840045	838851	1013972	276876	737096	1556382	1187189	337605
168934	238695	163209	22592	140617	682315	375585	231135
2389546	565372	1277784	712731	565053	3369521	1827231	1541703
520254	914936	1371981	510114	861867	1114508	742127	372381
3965302	2447487	3450257	1227108	2223150	6076703	5319048	670783
624252	397562	517075	140904	376172	746169	556674	1758
1934475	2689199	3878395	1464203	2414192	4734921	3622914	998642
4274686	2678024	3731278	1414990	2316288	7244691	4709540	2415931
4223351	2633812	3668685	1396608	2272076	7205957	4670806	2415931
39053	42646	59532	16886	42646	26411	26411	
12282	1566	3062	1495	1566	12323	12323	
5045495	3879783	6213303	2545042	3668261	8073191	6959120	844729
37754	43046	34936	3481	31455	48890	33864	10069
6152	5004	5408	1622	3787	3294	3294	
22980	19094	18096	2892	15204	27640	13017	
14993	5863	8860	3222	5638	19739	19577	162
1194	46	109	63	46	757	757	
2572	150	890	740	150	2825	2825	
1951073	1374048	2030078	758835	1271242	3343861	2866632	438650
221632	547851	854762	325942	528820	644788	559773	85015
29496	16236	23533	8194	15339	42022	37570	4150
17321	4626	7033	2407	4626	17132	16424	708
124170	134437	178233	65881	112352	203864	166771	36694
1988925	1458192	2639039	1216886	1422153	2882329	2581400	91007
88880	68065	105519	38431	67088	118561	65447	53114
4599	2984	3072	1515	1557	7365	6851	514
423122	129346	197181	74461	122720	581482	466878	114047
41732	29848	43118	14450	28669	36590	32184	4406
50351	20726	24839	7603	17236	35378	31655	3722
9511	1891	2736	886	1850	13692	11596	2097
9038	18330	35863	17532	18330	42981	42607	374
113648	456750	550910	95027	455884	723941	399334	324607
113648	456750	550910	95027	455884	723941	399334	324607

9—5 续

指 标	所有者权益合计	#实收资本	主营业务收入	主营业务成本	主营业务税金及附加	销售费用
总 计	**4620306**	**5599036**	**16690445**	**15135555**	**92937**	**294661**
其中:轻工业	118573	61559	301714	260536	1692	8138
重工业	4501733	5537477	16388732	14875019	91246	286523
其中:大型企业	2878710	1071854	9224768	8504596	34780	166912
中型企业	1140336	992463	4426091	3895505	41514	79588
小型企业	463315	3388605	2786416	2522289	13766	46120
微型企业	137945	146115	253170	213166	2877	2042
按注册类型分组						
国有独资公司	732740	442442	1329664	1112215	6498	24006
股份有限公司	529548	144510	996089	847002	8205	32754
私营有限责任公司	1487857	4171109	7662772	7052785	29716	125789
私营股份有限公司	577457	28582	1394498	1267216	5773	32710
其他有限责任公司	1292705	812392	5307423	4856337	42745	79402
按工业行业大类分组						
采矿业	2451008	1058545	4636248	3674144	63782	94792
煤炭开采和洗选业	2392574	1016320	4252923	3382916	62734	93786
石油和天然气开采业						
黑色金属矿采选业	56895	37225	380085	288052	1037	796
有色金属矿采选业						
非金属矿采选业	1539	5000	3240	3176	11	209
开采辅助活动						
其他采矿业						
制造业	2114521	4450283	11911092	11333532	28502	199320
农副食品加工业	40422	19759	119976	112416	42	769
食品制造业	9032	2600	21455	17926	107	333
酒、饮料和精制茶制造业	18049	5878	4190	2211	533	534
烟草制品业						
纺织业	1456	1330	17025	17459	17	1
纺织服装、服饰业	483	620	3267	2947	31	45
皮革、毛皮、羽毛及其制品和制鞋						
木材加工和木、竹、藤、棕、草制品业						
家具制造业						
造纸和纸制品业						
印刷和记录媒介复制业						
文教、工美、体育和娱乐用品制造业	389	1500	3065	2606	8	212
石油加工、炼焦和核燃料加工业	586460	3387347	3224683	3047995	8318	86542
化学原料和化学制品制造业	156174	87145	667209	649204	1406	13627
医药制造业	7924	15925	62597	51391	519	2154
化学纤维制造业						
橡胶和塑料制品业	5527	1380	56419	53870	364	328
非金属矿物制品业	64974	55593	146595	139245	567	3878
黑色金属冶炼和压延加工业	1014460	622439	6401370	6152043	14357	71169
有色金属冶炼和压延加工业	58940	56079	527106	516755	218	1066
金属制品业	218	1538	2200	1800	8	65
通用设备制造业						
专用设备制造业	71670	104747	507571	448970	1227	8725
汽车制造业	42204	39200	51591	42061	248	3996
铁路、船舶、航空航天和其他运输设备制造业						
电气机械和器材制造业	46803	24799	59653	44622	319	3260
计算机、通信和其他电子设备制造业						
仪器仪表制造业						
其他制造业						
废弃资源综合利用业	3102	4280	9306	8380	93	364
金属制品、机械和设备修理业	-13767	18123	25813	21632	122	2253
电力、燃气及水的生产和供应业	54778	90208	143106	127879	653	549
电力、热力生产和供应业	54778	90208	143106	127879	653	549
燃气生产和供应业						
水的生产和供应业						

表

单位:万元、人

管理费用	财务费用	#利息支出	营业利润	利润总额	亏损企业亏损总额	利税总额	本年应付工资总额	本年应交增值税	全部从业人员年平均人数
739481	**413416**	**397039**	**61400**	**115222**	**392142**	**757392**	**945793**	**537275**	**162493**
12125	4455	4136	15632	16737	1208	26199	13922	7770	6027
727356	408961	392904	45768	98485	390935	731193	931871	529504	156466
396287	221474	216474	-18284	1042	177381	312358	624187	265782	88005
272291	151121	143869	-3531	25680	175943	243295	236660	174898	53552
49861	38265	34570	71374	77097	31083	182064	62593	91200	18093
21042	2556	2126	11841	11403	7736	19676	22352	5395	2843
184889	89742	89737	-20200	2291	44496	89272	321001	69524	35670
72610	33887	40736	2411	4660	52076	73838	91311	60972	13621
196433	159832	152501	85989	105220	97917	340231	197311	205295	58682
23466	26421	8586	42001	44106	0	73409	29787	23529	7285
262084	103534	105479	-48801	-41056	197653	180643	306382	177955	47235
447356	166537	167114	203718	213661	132036	615587	547528	326569	71507
442396	165259	165770	162434	173063	131426	564750	542570	317378	69739
4792	993	1060	41892	41208	0	51375	4767	9130	1648
168	284	284	-608	-610	610	-538	191	61	120
287969	219641	202947	-128888	-91287	241846	136961	390966	199362	89892
1705	1157	1857	3398	3909	16	4084	2792	134	1372
811	187	175	2035	2043	0	2589	869	439	223
885	593	0	191	237	0	921	128	151	306
144	165	164	-769	-769	1038	-514	1106	239	755
193	0	1	52	52	0	339	377	256	86
166	128	92	-55	1	0	9	151	0	65
87496	101795	102869	-70163	-51087	80295	25113	108939	67883	26656
33245	26878	27971	-59759	-53315	53871	-42319	27739	9590	5398
2947	914	619	4676	4641	152	8755	2555	3594	1163
1153	111	113	661	651	61	1790	3834	775	742
7192	3113	3066	-7497	-4535	7834	1913	9419	5600	3433
102493	62710	44226	-13094	-9521	91573	102466	171224	97630	36357
9979	2702	2624	-3407	-2971	3413	-948	10109	1805	2000
324	422	427	-419	-419	419	-301	375	109	138
24730	15125	15441	13122	12715	0	19995	34234	6053	6933
4287	2584	2262	-755	-408	1309	2194	7482	2355	2195
4909	722	711	6164	6792	679	8531	4469	1420	1171
759	332	332	-622	1700	186	2375	1081	582	325
4551	4	0	-2648	-1001	1001	-30	4085	748	574
4156	27238	26979	-13430	-7152	18261	4844	7298	11343	1094
4156	27238	26979	-13430	-7152	18261	4844	7298	11343	1094

9—6 规模以上非公有工业企业

指　　标	企业单位数（个）	#亏损企业	工业总产值（当年价格）	工业销售产值（当年价格）	#出口交货值	资产总计
总　　计	**283**	**96**	**12062160**	**11799360**	**60382**	**9840896**
其中:轻工业	29	9	291088	268601	7108	292583
重工业	254	87	11771073	11530760	53274	9548313
其中:大型企业	11	2	4349328	4190633		3873527
中型企业	57	26	3071084	2863653	26094	3863288
小型企业	196	61	4371438	4302375	34288	1828441
微型企业	19	7	270311	442700		275640
按控股情况分组						
私人控股	264	90	11675868	11422955	38741	9370824
港澳台商控股	2	1	42289	42459		71556
外商控股	2		25326	25237		32885
其　他	15	5	318678	308709	21642	365631
按工业行业大类分组						
采矿业	120	26	4328156	4237210	23469	2736097
煤炭开采和洗选业	93	24	3275310	3229656	23469	2574560
石油和天然气开采业						
黑色金属矿采选业	26	1	1049968	1004886		147674
有色金属矿采选业						
非金属矿采选业	1	1	2878	2668		13862
开采辅助活动						
其他采矿业						
制造业	157	67	7696725	7524871	36913	6909678
农副食品加工业	7	3	112420	106408		89312
食品制造业	3		35165	34754		23484
酒、饮料和精制茶制造业	2		15549	3746		45689
烟草制品业						
纺织业	5	2	15894	16907		21195
纺织服装、服饰业						
皮革、毛皮、羽毛及其制品和制鞋						
木材加工和木、竹、藤、棕、草制品业						
家具制造业						
造纸和纸制品业						
印刷和记录媒介复制业						
文教、工美、体育和娱乐用品制造业	1		1667	2014	1948	3214
石油加工、炼焦和核燃料加工业	31	21	1968102	1902112		2809238
化学原料和化学制品制造业	7	3	144900	119735		162829
医药制造业	6	3	63627	62811		49950
化学纤维制造业						
橡胶和塑料制品业	4	2	12434	11933		8788
非金属矿物制品业	23	13	113271	110777		207150
黑色金属冶炼和压延加工业	45	15	5065490	5010326	25777	3267817
有色金属冶炼和压延加工业	2	1	10040	9236		21008
金属制品业	1	1	4553	2808		7583
通用设备制造业						
专用设备制造业	2		11727	11596		32174
汽车制造业	7	1	50580	50772	4028	63803
铁路、船舶、航空航天和其他运输设备制造业						
电气机械和器材制造业	8	1	61990	59620	5160	82181
计算机、通信和其他电子设备制造业						
仪器仪表制造业						
其他制造业						
废弃资源综合利用业	3	1	9317	9317		14263
金属制品、机械和设备修理业						
电力、燃气及水的生产和供应业	6	3	37279	37279		195121
电力、热力生产和供应业	4	3	25441	25441		177428
燃气生产和供应业	2		11838	11838		17693
水的生产和供应业						

主要经济指标（2013 年）

单位：万元

#流动资产合计	#固定资产合计	固定资产原价	累计折旧	固定资产净值	负债合计	#流动负债合计	#非流动负债合计
5086636	**3172571**	**4494935**	**1594336**	**2900599**	**7503604**	**6431737**	**719360**
148751	112506	120975	29090	91885	172532	134546	18103
4937885	3060065	4373960	1565246	2808714	7331072	6297191	701257
1792768	1475875	2113002	700647	1412355	2851051	2468662	215563
2188752	973880	1464338	586798	877540	3161488	2769196	381690
1003461	654139	837758	291324	546435	1305654	1085389	120780
101655	68676	79836	15567	64270	185411	108490	1327
4911720	2949727	4148019	1464057	2683962	7131046	6098014	680525
8709	56321	74060	17739	56321	37833	37833	
4278	27033	32162	5129	27032	18809	6961	11848
161929	139489	240694	107410	133284	315917	288930	26987
1507709	607277	729068	198834	530235	1918270	1547583	249335
1410005	545608	587558	118993	468565	1844542	1473855	249335
85422	60103	138448	78345	60103	61405	61405	
12282	1566	3062	1495	1566	12323	12323	
3501099	2473957	3643444	1363550	2279894	5423108	4743653	448300
37754	43046	34936	3481	31455	48890	33864	10069
8471	9507	12074	3786	8288	5994	5994	
22980	19094	18096	2892	15204	27640	13017	
14993	5863	8860	3222	5638	19739	19577	162
2572	150	890	740	150	2825	2825	
1455341	952627	1425772	578951	846822	2477428	2167929	308519
43337	109040	174228	69732	104496	121470	108962	12508
29496	16236	23533	8194	15339	42022	37570	4150
5329	2697	3865	1168	2697	3890	3535	355
90943	106398	130966	42646	88320	157345	150279	6695
1657094	1144424	1721862	613477	1108385	2388043	2081006	97116
14233	6776	12807	9801	3005	13602	11402	2200
4599	2984	3072	1515	1557	7365	6851	514
15241	14743	16365	3381	12985	22429	22429	
38856	17758	28545	12077	16468	35356	35162	194
50351	20726	24839	7603	17236	35378	31655	3722
9511	1891	2736	886	1850	13692	11596	2097
77829	91336	122422	31952	90470	162227	140501	21725
68469	88652	119435	31649	87786	151318	129592	21725
9360	2684	2987	303	2684	10909	10909	

9—6 续

指　　标	所有者权益合计	#实收资本	主营业务收入	主营业务成本	主营业务税金及附加	销售费用
总　　计	**2302725**	**4388702**	**10998435**	**10055667**	**45958**	**194448**
其中:轻工业	116508	61012	284482	244281	1621	7235
重工业	2186218	4327690	10713953	9811385	44338	187213
其中:大型企业	1022476	383710	4028115	3762629	11359	72410
中型企业	701401	573084	2710463	2422936	11377	56849
小型企业	517433	3373649	4044184	3663300	21565	63302
微型企业	61415	58258	215674	206803	1657	1887
按控股情况分组						
私人控股	2205212	4281180	10631616	9741293	44450	178068
港澳台商控股	33724	21000	42459	39092	103	1233
外商控股	14076	11062	25237	18896	109	841
其　他	49714	75460	299123	256386	1297	14306
按工业行业大类分组						
采矿业	815241	322119	3882129	3397528	24966	51553
煤炭开采和洗选业	727474	261294	2985134	2687950	22407	50548
石油和天然气开采业						
黑色金属矿采选业	86228	55825	893756	706403	2548	796
有色金属矿采选业						
非金属矿采选业	1539	5000	3240	3176	11	209
开采辅助活动						
其他采矿业						
制造业	1454589	4040683	7078760	6623745	20697	140775
农副食品加工业	40422	19759	119976	112416	42	769
食品制造业	13950	5571	34606	27563	216	1162
酒、饮料和精制茶制造业	18049	5878	4190	2211	533	534
烟草制品业						
纺织业	1456	1330	17025	17459	17	1
纺织服装、服饰业						
皮革、毛皮、羽毛及其制品和制鞋						
木材加工和木、竹、藤、棕、草制品业						
家具制造业						
造纸和纸制品业						
印刷和记录媒介复制业						
文教、工美、体育和娱乐用品制造业	389	1500	3065	2606	8	212
石油加工、炼焦和核燃料加工业	331841	3352332	1858789	1711729	5992	78450
化学原料和化学制品制造业	41359	49977	124833	122945	129	2403
医药制造业	7924	15925	62597	51391	519	2154
化学纤维制造业						
橡胶和塑料制品业	4848	790	11963	11503	11	3
非金属矿物制品业	49242	41193	104898	98084	384	2717
黑色金属冶炼和压延加工业	849892	486230	4596614	4355538	12054	44820
有色金属冶炼和压延加工业	6904	3800	8177	6539	9	115
金属制品业	218	1538	2200	1800	8	65
通用设备制造业						
专用设备制造业	9745	6500	12559	10393	113	120
汽车制造业	28447	19280	48307	38566	252	3626
铁路、船舶、航空航天和其他运输设备制造业						
电气机械和器材制造业	46803	24799	59653	44622	319	3260
计算机、通信和其他电子设备制造业						
仪器仪表制造业						
其他制造业						
废弃资源综合利用业	3102	4280	9306	8380	93	364
金属制品、机械和设备修理业						
电力、燃气及水的生产和供应业	32894	25900	37546	34394	295	2120
电力、热力生产和供应业	26111	19900	25708	26827	188	549
燃气生产和供应业	6784	6000	11838	7567	107	1571
水的生产和供应业						

表

单位：万元、人

管理费用	财务费用	#利息支出	营业利润	利润总额	亏损企业亏损总额	利税总额	本年应付工资总额	本年应交增值税	全部从业人员年平均人数
250437	**207788**	**182488**	**197356**	**216480**	**121822**	**576134**	**258293**	**313696**	**75720**
11529	3414	3175	16642	18059	1208	26698	12453	7019	5560
238908	204374	179314	180714	198421	120614	549436	245840	306677	70160
66794	91648	69452	41903	42616	22009	146435	92562	92460	23115
122304	80245	79670	28394	45383	60854	129764	100554	73004	31433
57605	33658	31230	127491	128847	36622	296387	59082	145975	20026
3734	2237	2136	-432	-367	2336	3548	6096	2257	1146
231610	195348	171159	194588	212695	104078	560532	239247	303387	70264
2394	-8	50	-9	-1	1217	1067	2360	965	588
2353	837	843	2218	2483		3679	1517	1087	603
14080	11610	10436	560	1303	16526	10856	15169	8256	4265
96622	56517	56096	174822	166711	18562	361778	55488	170102	15527
86852	51271	49433	80385	76267	17932	246699	48469	148025	12955
9602	4962	6379	95045	91053	21	115617	6829	22016	2452
168	284	284	-608	-610	610	-538	191	61	120
148145	147836	122979	27871	54247	96997	216232	200466	141287	59362
1705	1157	1857	3398	3909	16	4084	2792	134	1372
2069	205	199	3353	3649		5391	2188	1526	803
885	593		191	237		921	128	151	306
144	165	164	-769	-769	1038	-514	1106	239	755
166	128	92	-55	1		9	151		65
59362	77471	70255	-43495	-29820	66694	22484	55139	46312	18404
7033	1426	1465	-8768	-3597	4798	-2198	6092	1270	1600
2947	914	619	4676	4641	152	8755	2555	3594	1163
314	113	113	20	19	61	139	506	109	243
5384	3215	3165	-4770	-3592	6547	570	6153	3778	2721
56669	56486	39391	68682	70814	15266	162996	109111	80128	27613
375	1897	1896	-758	-694	1111	-635	397	50	178
324	422	427	-419	-419	419	-301	375	109	138
1078	333	333	561	506		779	1382	160	474
4023	2258	1961	483	870	31	2845	6845	1723	2031
4909	722	711	6164	6792	679	8531	4469	1420	1171
759	332	332	-622	1700	186	2375	1081	582	325
5669	3435	3413	-5337	-4478	6263	-1876	2339	2307	831
4156	3360	3363	-6342	-5904	6263	-3552	1853	2164	575
1513	75	50	1005	1427		1677	487	143	256

9—7 规模以上工业主要经济效益指标(2013年)

指标	总资产贡献率(%)	资产负债率(%)	流动资产周转率(次/年)	成本费用利润率(%)	产品销售率(%)
总计	**6.50**	**77.75**	**1.98**	**1.37**	**97.60**
一、按隶属关系分组					
中央企业	6.70	81.33	1.32	5.94	96.76
省属企业	4.09	81.55	1.84	-1.23	97.79
市属企业	-2.84	85.81	0.99	-15.12	84.50
县(区市)属企业	14.29	47.66	1.32	15.66	94.29
乡(街道镇)属企业	6.05	66.02	4.09	0.73	95.98
村办企业	160.82	28.86	15.84	4.00	100.00
其他	7.79	76.60	2.19	2.09	97.84
二、按登记注册类型分组					
内资企业	6.49	77.19	1.97	1.23	97.60
国有企业	9.81	74.55	2.19	10.17	96.93
中央企业	8.47	73.48	2.33	5.24	96.02
地方企业	12.78	76.93	1.91	25.91	99.01
集体企业	161.70	36.26	17.40	5.11	99.68
股份合作企业	0.30	89.92	0.27	-3.84	92.27
联营企业					
国有联营企业					
集体联营企业					
国有与集体联营企业					
其他联营企业					
有限责任公司	4.49	79.99	1.64	-0.55	96.93
国有独资公司	4.27	82.14	0.65	0.15	104.94
其他有限责任公司	4.64	78.52	2.86	-0.74	94.47
股份有限公司	6.49	67.79	1.96	0.47	97.76
私营企业	7.77	76.16	2.18	2.11	97.86
私营独资企业	56.38	65.30	6.58	5.21	99.56
私营合伙企业	1.84	64.66	0.75	1.11	100.00
私营有限责任公司	6.38	80.01	1.94	1.39	97.58
私营股份有限公司	6.19	56.32	2.24	3.27	97.60
其他企业					
港、澳、台商投资企业	6.59	92.86	2.33	7.37	96.68
合资经营企业(港或澳、台资)	6.59	92.86	2.33	7.37	96.68
合作经营企业(港或澳、台资)					
港澳台商独资经营企业					
港澳台商投资股份有限公司					
其他港澳台投资					
外商投资企业	11.75	62.81	3.65	7.14	108.64
中外合资经营企业	6.57	77.48	2.45	2.87	122.16
中外合作经营企业					
外资企业	13.73	57.20	5.95	10.74	99.65
外商投资股份有限公司					
其他外商投资					

9—7 续表1

指 标	总资产贡献率(%)	资 产负债率(%)	流动资产周 转 率(次/年)	成本费用利 润 率(%)	产 品销售率(%)
三、按经济组织类型分组					
独资企业	26.77	70.38	5.77	5.96	99.23
国有企业	9.81	74.55	2.19	10.17	96.93
集体企业	161.70	36.26	17.40	5.11	99.68
私营独资企业	56.38	65.30	6.58	5.21	99.56
港澳台商独资经营企业					
外资企业	13.73	57.20	5.95	10.74	99.65
合作、合伙企业	1.41	71.78	0.63	0.53	99.84
股份合作企业	0.30	89.92	0.27	-3.84	92.27
国有联营企业					
集体联营企业					
国有与集体联营企业					
其他联营企业					
私营合伙企业	1.84	64.66	0.75	1.11	100.00
合作经营企业(港或澳、台资)					
中外合作经营企业					
其他企业(内资)					
其他港澳台商投资企业					
其他外商投资企业					
股份有限公司	6.36	62.67	2.11	2.07	97.65
股份有限公司(内资)	6.49	67.79	1.96	0.47	97.76
私营股份有限公司	6.19	56.32	2.24	3.27	97.60
港澳台商投资股份有限公司					
外商投资股份有限公司					
有限责任公司	5.36	80.58	1.80	0.64	97.32
国有独资公司	4.27	82.14	0.65	0.15	104.94
私营有限责任公司	6.38	80.01	1.94	1.39	97.58
合资经营企业(港或澳、台资)	6.59	92.86	2.33	7.37	96.68
中外合资经营企业	6.57	77.48	2.45	2.87	122.16
其他有限责任公司	4.64	78.52	2.86	-0.74	94.47
四、在总计中:亏损企业	-0.43	89.82	1.69	-5.91	96.83
在总计中:国有控股企业	5.09	79.28	1.68	0.29	96.98
在总计中:农村工业	99.64	43.55	12.64	3.68	99.60
在总计中:轻工业	8.19	58.90	1.47	5.57	93.68
重工业	6.47	78.10	1.99	1.29	97.67
在总计中:大型企业	4.92	73.54	1.86	0.13	97.10
中型企业	5.72	84.21	1.46	1.49	94.48
小型企业	17.96	74.96	4.26	3.80	98.55
微型企业	2.51	79.39	1.53	4.04	141.81
五、按工业行业大类分组					
采矿业	9.88	74.39	1.50	5.11	98.59
煤炭开采和洗选业	8.61	74.89	1.29	3.94	99.07
石油和天然气开采业					

9—7 续表2

指 标	总资产贡献率（%）	资产负债率（%）	流动资产周转率（次/年）	成本费用利润率（%）	产品销售率（%）
有色金属矿采选业					
非金属矿采选业	-1.83	88.89	0.26	-15.89	92.72
开采辅助活动					
其他采矿业					
制造业	3.30	78.91	2.38	-0.66	96.95
农副食品加工业	7.01	54.74	3.19	3.36	94.65
食品制造业	23.77	25.52	4.11	11.70	98.83
酒、饮料和精制茶制造业	2.02	60.50	0.18	5.60	24.09
烟草制品业					
纺织业	-1.65	93.13	1.14	-4.33	106.37
纺织服装、服饰业	27.39	61.01	2.74	1.51	100.00
皮革、毛皮、羽毛及其制品和制鞋					
木材加工和木、竹、藤、棕、草制品业					
家具制造业					
造纸和纸制品业					
印刷和记录媒介复制业					
文教、工美、体育和娱乐用品制造业	3.14	87.89	1.19	0.04	120.81
石油加工、炼焦和核燃料加工业	3.23	86.36	1.66	-1.36	96.97
化学原料和化学制品制造业	-1.72	77.86	3.18	-6.92	94.63
医药制造业	18.77	84.13	2.12	8.09	98.72
化学纤维制造业					
橡胶和塑料制品业	8.36	75.44	3.26	1.15	99.12
非金属矿物制品业	1.89	75.56	1.20	-2.92	97.30
黑色金属冶炼和压延加工业	3.79	73.15	3.29	-0.09	97.05
有色金属冶炼和压延加工业	1.23	67.00	5.28	-0.76	98.53
金属制品业	1.32	80.55	0.79	-5.03	94.06
通用设备制造业					
专用设备制造业	5.30	88.91	1.22	2.52	97.76
汽车制造业	5.37	48.62	1.24	-0.78	95.99
铁路、船舶、航空航天和其他运输设备制造业					
电气机械和器材制造业	11.24	43.05	1.25	11.83	96.18
计算机、通信和其他电子设备制造业					
仪器仪表制造业					
其他制造业	1.00	35.91	0.40	3.25	100.25
废弃资源综合利用业	18.98	96.00	0.98	17.29	100.00
金属制品、机械和设备修理业	-0.11	147.12	2.90	-3.52	99.72
电力、燃气及水的生产和供应业	6.19	89.51	2.42	4.71	98.28
电力、热力生产和供应业	6.24	89.97	2.62	4.66	98.36
燃气生产和供应业	9.76	61.66	1.26	13.30	100.00
水的生产和供应业	1.01	77.43	0.34	-6.50	87.01

9—8 规模以上国有控股工业主要经济效益指标(2013年)

指 标	总资产贡献率(%)	资产负债率(%)	流动资产周转率(次/年)	成本费用利润率(%)	产品销售率(%)
总 计	**5.09**	**79.28**	**1.68**	**0.29**	**96.98**
在总计中					
亏损企业	-0.29	88.03	1.78	-6.41	97.96
按隶属关系分组					
中央企业	6.70	81.37	1.32	5.98	96.73
地方企业	4.79	78.89	1.73	-0.31	97.02
省属企业	4.08	81.55	1.83	-1.24	97.77
市属企业	-5.14	91.07	1.02	-19.56	80.02
县(区市)属企业	14.82	47.76	0.97	23.28	92.07
乡(街道镇)属企业	27.39	61.01	2.74	1.51	100.00
村办企业					
其 他					
按轻重工业分组					
轻工业	3.10	58.73	0.69	0.23	100.42
重工业	5.11	79.48	1.69	0.29	96.95
按企业规模分组					
大型企业	4.42	73.89	1.63	-0.57	97.83
中型企业	6.14	86.37	1.82	1.26	96.09
小型企业	8.38	89.59	2.34	10.52	98.52
微型企业	2.71	84.95	0.84	19.33	77.84
按工业行业大类分组					
采矿业	7.07	76.57	0.77	6.06	99.60
煤炭开采和洗选业	6.97	76.62	0.76	5.80	99.61
石油和天然气开采业					
黑色金属矿采选业	71.48	42.99	13.26	29.20	98.99
有色金属矿采选业					
非金属矿采选业					
开采辅助活动					
其他采矿业					
制造业	0.33	79.68	3.10	-2.54	95.22
农副食品加工业					
食品制造业					
酒、饮料和精制茶制造业					

9—8 续表

指　　标	总资产贡献率（%）	资　产负债率（%）	流动资产周转率（次/年）	成本费用利润率（%）	产　品销售率（%）
烟草制品业					
纺织业					
纺织服装、服饰业	27.39	61.01	2.74	1.51	100.00
皮革、毛皮、羽毛及其制品和制鞋					
木材加工和木、竹、藤、棕、草制品业					
家具制造业					
造纸和纸制品业					
印刷和记录媒介复制业					
文教、工美、体育和娱乐用品制造业					
石油加工、炼焦和核燃料加工业	3.27	82.10	2.69	-1.13	97.79
化学原料和化学制品制造业	-1.99	78.59	3.25	-7.80	100.29
医药制造业					
化学纤维制造业					
橡胶和塑料制品业	11.83	95.12	3.71	1.41	100.00
非金属矿物制品业	2.12	74.29	1.33	-2.13	96.11
黑色金属冶炼和压延加工业	-6.81	73.48	5.47	-3.52	91.10
有色金属冶炼和压延加工业	0.66	67.26	6.04	-0.64	98.67
金属制品业	1.26	76.60	0.85	-3.48	103.04
通用设备制造业					
专用设备制造业	5.22	90.06	1.18	2.62	97.52
汽车制造业	-1.77	26.00	0.71	-25.17	61.99
铁路、船舶、航空航天和其他运输设备制造业					
电气机械和器材制造业					
计算机、通信和其他电子设备制造业					
仪器仪表制造业					
其他制造业	1.00	35.91	0.40	3.25	100.25
废弃资源综合利用业					
金属制品、机械和设备修理业	-0.46	158.16	4.17	-4.14	99.67
电力、燃气及水的生产和供应业	6.82	90.26	3.31	5.94	98.17
电力、热力生产和供应业	6.93	90.48	3.63	6.08	98.28
燃气生产和供应业					
水的生产和供应业	1.01	77.43	0.34	-6.50	87.01

9—9 规模以上外商投资及港澳台投资工业主要经济效益指标(2013年)

指 标	总资产贡献率(%)	资产负债率(%)	流动资产周转率(次/年)	成本费用利润率(%)	产品销售率(%)
总 计	**6.85**	**91.34**	**2.41**	**7.34**	**97.71**
港、澳、台商投资企业	6.59	92.86	2.33	7.37	96.68
合资经营企业(港或澳、台资)	6.59	92.86	2.33	7.37	96.68
合作经营企业(港或澳、台资)					
港澳台商独资经营企业					
港澳台商投资股份有限公司					
其他港澳台投资					
外商投资企业	11.75	62.81	3.65	7.14	108.64
中外合资经营企业	6.57	77.48	2.45	2.87	122.16
中外合作经营企业					
外资企业	13.73	57.20	5.95	10.74	99.65
外商投资股份有限公司					
其他外商投资					
在总计中:亏损企业	-4.86	67.28	2.04	-11.19	100.25
在总计中:国有控股企业	6.33	94.03	3.20	9.58	100.00
按轻重工业分组					
轻工业	23.29	30.54	4.14	8.14	99.48
重工业	6.65	92.08	2.38	7.31	97.64
按企业规模分组					
大型企业					
中型企业	7.71	93.42	2.61	9.89	97.55
小型企业	-0.93	72.49	1.66	-5.67	98.54
微型企业					
按工业行业大类分组					
采矿业	4.02	27.41	6.70	0.39	93.73
煤炭开采和洗选业	4.02	27.41	6.70	0.39	93.73
石油和天然气开采业					
黑色金属矿采选业					
有色金属矿采选业					
非金属矿采选业					
开采辅助活动					
其他采矿业					
制造业	7.79	87.64	1.83	4.60	95.25
农副食品加工业					

9—9 续表

指　　标	总资产贡献率（%）	资　产负债率（%）	流动资产周 转 率（次/年）	成本费用利 润 率（%）	产　品销售率（%）
食品制造业	37.01	35.45	5.76	13.46	99.33
酒、饮料和精制茶制造业					
烟草制品业					
纺织业					
纺织服装、服饰业					
皮革、毛皮、羽毛及其制品和制鞋					
木材加工和木、竹、藤、棕、草制品业					
家具制造业					
造纸和纸制品业					
印刷和记录媒介复制业					
文教、工美、体育和娱乐用品制造业					
石油加工、炼焦和核燃料加工业	10.84	145.36	1.64	7.57	84.21
化学原料和化学制品制造业	1.09	54.40	7.17	-1.32	100.34
医药制造业					
化学纤维制造业					
橡胶和塑料制品业					
非金属矿物制品业					
黑色金属冶炼和压延加工业	11.27	65.13	1.34	7.38	108.41
有色金属冶炼和压延加工业	4.12	70.76	0.48	-15.54	89.73
金属制品业					
通用设备制造业					
专用设备制造业					
汽车制造业					
铁路、船舶、航空航天和其他运输设备制造业					
电气机械和器材制造业					
计算机、通信和其他电子设备制造业					
仪器仪表制造业					
其他制造业					
废弃资源综合利用业					
金属制品、机械和设备修理业					
电力、燃气及水的生产和供应业	6.50	93.50	3.01	10.04	100.00
电力、热力生产和供应业	6.41	94.41	3.23	9.89	100.00
燃气生产和供应业	9.76	61.66	1.26	13.30	100.00
水的生产和供应业					

9—10 大中型工业主要经济效益指标(2013年)

指 标	总资产贡献率(%)	资产负债率(%)	流动资产周转率(次/年)	成本费用利润率(%)	产品销售率(%)
总 计	**5.26**	**78.02**	**1.70**	**0.58**	**96.10**
一、按隶属关系分组					
中央企业	6.87	77.38	1.23	4.92	96.18
省属企业	4.24	81.29	1.85	-1.20	97.82
市属企业	-3.48	106.28	1.14	-12.82	96.15
县(区市)属企业	14.23	40.61	1.07	16.50	93.50
乡(街道镇)属企业					
村办企业					
其他	5.37	77.81	1.70	1.32	95.05
二、按登记注册类型分组					
内资企业	5.15	77.35	1.68	0.34	96.05
国有企业	8.88	75.03	1.99	8.48	96.65
中央企业	8.47	73.48	2.33	5.24	96.02
地方企业	9.83	78.64	1.29	24.19	99.03
集体企业					
股份合作企业					
联营企业					
有限责任公司	4.64	79.49	1.63	-0.78	97.07
国有独资公司	3.87	81.07	0.63	-1.16	105.83
其他有限责任公司	5.20	78.35	2.91	-0.67	94.39
股份有限公司	5.54	64.58	1.85	-0.50	97.74
私营企业	5.34	77.22	1.71	1.29	95.11
私营独资企业					
私营合伙企业					
私营有限责任公司	5.15	81.79	1.61	0.78	94.39
私营股份有限公司	6.21	55.42	2.24	3.34	97.69
其他企业					
港、澳、台商投资企业	7.44	94.24	2.57	10.17	96.41
合资经营企业(港或澳、台资)	7.44	94.24	2.57	10.17	96.41
合作经营企业(港或澳、台资)					
港澳台商独资经营企业					
港澳台商投资股份有限公司					
其他港澳台投资					
外商投资企业	18.06	61.62	3.18	6.89	112.11
中外合资经营企业	6.57	77.48	2.45	2.87	122.16
中外合作经营企业					
外资企业	37.01	35.45	5.76	13.46	99.33
外商投资股份有限公司					
其他外商投资					

9—10 续表

指　　标	总资产贡献率（%）	资　产负债率（%）	流动资产周 转 率（次/年）	成本费用利 润 率（%）	产　品销售率（%）
三、按经济组织类型分组					
独资企业	9.17	74.62	2.05	8.69	96.77
国有企业	8.88	75.03	1.99	8.48	96.65
外资企业	37.01	35.45	5.76	13.46	99.33
合作、合伙企业					
股份有限公司	5.87	60.09	2.06	1.78	97.71
股份有限公司(内资)	5.54	64.58	1.85	-0.50	97.74
私营股份有限公司	6.21	55.42	2.24	3.34	97.69
有限责任公司	4.98	81.08	1.64	0.18	95.77
国有独资公司	3.87	81.07	0.63	-1.16	105.83
私营有限责任公司	5.15	81.79	1.61	0.78	94.39
合资经营企业(港或澳、台资)	7.44	94.24	2.57	10.17	96.41
中外合资经营企业	6.57	77.48	2.45	2.87	122.16
其他有限责任公司	5.20	78.35	2.91	-0.67	94.39
四、在总计中:亏损企业	-0.23	90.73	1.66	-5.94	96.68
在总计中:国有控股企业	5.06	78.49	1.68	-0.07	97.22
在总计中:农村工业					
在总计中:轻工业	9.76	56.18	1.41	6.93	95.99
重工业	5.20	78.29	1.70	0.50	96.10
在总计中:大型企业	4.92	73.54	1.86	0.13	97.10
中型企业	5.72	84.21	1.46	1.49	94.48
五、按工业行业大类分组					
采矿业	7.40	74.36	0.74	5.38	99.12
煤炭开采和洗选业	7.40	74.36	0.74	5.38	99.12
制造业	3.35	79.36	2.42	-0.66	95.19
农副食品加工业	8.82	61.73	3.68	4.18	94.58
食品制造业	37.01	35.45	5.76	13.46	99.33
纺织业	0.04	93.78	0.34	0.01	96.61
石油加工、炼焦和核燃料加工业	3.60	85.02	1.64	-1.09	96.89
化学原料和化学制品制造业	-2.15	78.93	3.24	-7.50	93.98
医药制造业	50.49	51.64	4.25	11.77	98.89
橡胶和塑料制品业	11.83	95.12	3.71	1.41	100.00
非金属矿物制品业	0.15	83.90	1.15	-5.59	95.76
黑色金属冶炼和压延加工业	3.73	74.08	3.29	-0.10	94.04
有色金属冶炼和压延加工业	0.66	67.26	6.04	-0.64	98.67
金属制品业	1.26	76.60	0.85	-3.48	103.04
专用设备制造业	5.40	89.90	1.24	2.48	97.73
汽车制造业	8.68	55.54	1.28	1.41	99.51
电气机械和器材制造业	12.99	27.15	1.05	26.28	78.53
其他制造业	1.00	35.91	0.40	3.25	100.25
金属制品、机械和设备修理业	1.69	91.03	1.07	-0.92	100.00
电力、燃气及水的生产和供应业	5.73	90.34	3.13	4.79	97.74
电力、热力生产和供应业	5.83	90.61	3.50	4.95	97.88
水的生产和供应业	1.01	77.43	0.34	-6.50	87.01

9—11 规模以上股份制工业企业主要经济效益指标(2013 年)

指　　标	总资产贡献率(%)	资　产负债率(%)	流动资产周 转 率(次/年)	成本费用利 润 率(%)	产　品销售率(%)
总　　计	**5.45**	**77.51**	**1.82**	**0.68**	**97.36**
按注册类型分组					
国有独资公司	4.27	82.14	0.65	0.15	104.94
股份有限公司	6.49	67.79	1.96	0.47	97.76
私营有限责任公司	6.38	80.01	1.94	1.39	97.58
私营股份有限公司	6.19	56.32	2.24	3.27	97.60
其他有限责任公司	4.64	78.52	2.86	-0.74	94.47
其中:轻工业	9.52	62.05	1.78	5.84	93.01
重工业	5.39	77.76	1.82	0.59	97.44
其中:大型企业	4.72	73.37	1.83	0.01	97.15
中型企业	5.42	83.73	1.42	0.58	94.11
小型企业	10.67	76.91	3.33	2.89	97.87
微型企业	2.57	80.36	1.50	4.76	150.25
按工业行业大类分组					
采矿业	7.92	74.71	1.14	4.72	98.21
煤炭开采和洗选业	7.45	75.07	1.06	4.09	98.96
石油和天然气开采业					
黑色金属矿采选业	62.86	31.70	9.73	13.99	90.68
有色金属矿采选业					
非金属矿采选业	-1.83	88.89	0.26	-15.89	92.72
开采辅助活动					
其他采矿业					
制造业	3.22	78.99	2.42	-0.74	96.94
农副食品加工业	7.01	54.74	3.19	3.36	94.65
食品制造业	17.42	20.76	3.49	10.61	98.53
酒、饮料和精制茶制造业	2.02	60.50	0.18	5.60	24.09
烟草制品业					
纺织业	-1.65	93.13	1.14	-4.33	106.37
纺织服装、服饰业	27.39	61.01	2.74	1.51	100.00
皮革、毛皮、羽毛及其制品和制鞋					
木材加工和木、竹、藤、棕、草制品业					
家具制造业					
造纸和纸制品业					
印刷和记录媒介复制业					
文教、工美、体育和娱乐用品制造业	3.14	87.89	1.19	0.04	120.81
石油加工、炼焦和核燃料加工业	3.06	85.08	1.67	-1.53	97.39
化学原料和化学制品制造业	-2.03	80.50	3.06	-7.31	93.92
医药制造业	18.77	84.13	2.12	8.09	98.72
化学纤维制造业					
橡胶和塑料制品业	8.36	75.44	3.26	1.15	99.12
非金属矿物制品业	1.85	75.67	1.18	-2.95	96.97
黑色金属冶炼和压延加工业	3.71	73.40	3.34	-0.14	96.93
有色金属冶炼和压延加工业	0.93	66.61	5.95	-0.56	98.67
金属制品业	1.58	97.12	0.52	-16.04	61.68
通用设备制造业					
专用设备制造业	5.30	88.91	1.22	2.52	97.76
汽车制造业	5.63	46.44	1.30	-0.74	96.04
铁路、船舶、航空航天和其他运输设备制造业					
电气机械和器材制造业	11.24	43.05	1.25	11.83	96.18
计算机、通信和其他电子设备制造业					
仪器仪表制造业					
其他制造业					
废弃资源综合利用业	18.98	96.00	0.98	17.29	100.00
金属制品、机械和设备修理业	-0.11	147.12	2.90	-3.52	99.72
电力、燃气及水的生产和供应业	4.08	92.97	1.29	-4.48	100.00
电力、热力生产和供应业	4.08	92.97	1.29	-4.48	100.00
燃气生产和供应业					
水的生产和供应业					

9—12 规模以上非公有制工业企业主要经济效益指标(2013 年)

指　　标	总资产贡献率(%)	资　产负债率(%)	流动资产周 转 率(次/年)	成本费用利 润 率(%)	产　品销售率(%)
总　　计	**7.60**	**76.25**	**2.17**	**2.02**	**97.82**
按控股情况分组					
私人控股	7.70	76.10	2.17	2.05	97.83
港澳台商控股	1.48	52.87	4.92	0.00	100.40
外商控股	13.73	57.20	5.95	10.74	99.65
其　他	5.73	86.40	1.89	0.43	96.87
其中:轻工业	10.31	58.97	1.92	6.76	92.27
重工业	7.52	76.78	2.18	1.89	97.96
其中:大型企业	5.54	73.60	2.25	1.07	96.35
中型企业	5.24	81.83	1.25	1.68	93.25
小型企业	17.81	71.41	4.04	3.36	98.42
微型企业	2.06	67.27	2.12	-0.17	163.77
按工业行业大类分组					
采矿业	15.01	70.11	2.58	4.62	97.90
煤炭开采和洗选业	11.28	71.64	2.12	2.65	98.61
石油和天然气开采业					
黑色金属矿采选业	81.65	41.58	10.46	12.58	95.71
有色金属矿采选业					
非金属矿采选业	-1.83	88.89	0.26	-15.89	92.72
开采辅助活动					
其他采矿业					
制造业	4.86	78.49	2.03	0.77	97.77
农副食品加工业	7.01	54.74	3.19	3.36	94.65
食品制造业	23.77	25.52	4.11	11.70	98.83
酒、饮料和精制茶制造业	2.02	60.50	0.18	5.60	24.09
烟草制品业					
纺织业	-1.65	93.13	1.14	-4.33	106.37
纺织服装、服饰业					
皮革、毛皮、羽毛及其制品和制鞋					
木材加工和木、竹、藤、棕、草制品业					
家具制造业					
造纸和纸制品业					
印刷和记录媒介复制业					
文教、工美、体育和娱乐用品制造业	3.14	87.89	1.19	0.04	120.81
石油加工、炼焦和核燃料加工业	3.22	88.19	1.29	-1.54	96.65
化学原料和化学制品制造业	-0.49	74.60	2.89	-2.69	82.63
医药制造业	18.77	84.13	2.12	8.09	98.72
化学纤维制造业					
橡胶和塑料制品业	2.86	44.27	2.25	0.16	95.98
非金属矿物制品业	1.81	75.96	1.15	-3.27	97.80
黑色金属冶炼和压延加工业	6.16	73.08	2.78	1.56	98.91
有色金属冶炼和压延加工业	6.00	64.75	0.57	-7.78	91.99
金属制品业	1.58	97.12	0.52	-16.04	61.68
通用设备制造业					
专用设备制造业	3.46	69.71	0.84	4.19	98.88
汽车制造业	7.51	55.41	1.32	1.70	100.38
铁路、船舶、航空航天和其他运输设备制造业					
电气机械和器材制造业	11.24	43.05	1.25	11.83	96.18
计算机、通信和其他电子设备制造业					
仪器仪表制造业					
其他制造业					
废弃资源综合利用业	18.98	96.00	0.98	17.29	100.00
金属制品、机械和设备修理业					
电力、燃气及水的生产和供应业	0.79	83.14	0.52	-9.82	100.00
电力、热力生产和供应业	-0.11	85.28	0.42	-16.92	100.00
燃气生产和供应业	9.76	61.66	1.26	13.30	100.00
水的生产和供应业					

9—13 主要年份工业企业单位数

单位:个

年 份	全部工业企业单位数	规模以上企业单位数	按隶属关系分		按经济类型分			按轻重工业分		按企业规模分		
			中央企业	地方企业	国有及控股企业	集体企业	其他企业	轻工业	重工业	大型	中型	小微型
1952		2246		2246	44	32	2170	2020	226			
1957		552		552	81	309	162	435	117			
1962		597	1	596	156	419	22	450	147			
1965		445	1	444	151	294		315	130			
1970		553	2	551	194	359		350	203			
1975		908	9	899	316	592		504	404			
1978	4437	1164	9	1155	364	800		603	561			
1980	5582	1147	8	1139	366	781		591	556	3	8	1136
1985	14938	1112	10	1102	330	781	1	498	614	8	9	1095
1990	19995	1264	19	1245	377	886	1	493	771	8	13	1243
1995	24916	1315	20	1295	416	850	49	410	905	11	22	1282
2000	20292	416	11	405	154	106	156	74	342	13	25	378
2001	22123	428	11	417	140	93	195	65	363	13	25	390
2002	21559	436	10	426	131	77	228	65	371	12	23	401
2003	22115	445	10	435	115	82	248	57	388	8	63	374
2004	16567	591	11	580	98	112	381	60	531	7	103	481
2005	18410	603	10	593	96	126	381	61	542	8	114	481
2006	18110	572	10	562	92	83	397	60	512	9	126	437
2007	17550	540	9	531	63	31	446	49	491	10	116	414
2008	11639	507	8	499	55	25	427	52	455	9	118	380
2009	9669	455	9	446	57	19	379	58	397	10	109	336
2010	—	458	11	447	61	25	372	56	402	11	114	333
2011	—	380	9	371	52	20	308	32	348	24	119	237
2012	—	374	13	361	66	20	288	33	341	31	100	243
2013		372	11	361	74	12	286	34	338	27	103	242

注:规模以上工业单位数1998年以前为乡及乡以上统计口径,1998年—2010年为全部国有及年主营业务收入500万元以上(含500万元)非国有工业企业(即规模以上)口径,2011年以后为主营业务收入2000万元及以上工业企业口径。国有及国有控股1998年以前为国有企业口径。大中小微型企业划分2011年起执行新标准。

9—14 主要年份主要工业产品产量

年份	原煤（万吨）	洗精煤（万吨）	焦炭（万吨）	发电量（万千瓦时）	铁矿石原矿（万吨）	生铁（万吨）	钢（万吨）
1952	30.0		1.6	72	0.1		
1957	84.7		6.8	269	0.3		
1962	161.6	8.4	4.4	3293	0.8	0.4	
1965	246.4	6.4	4.5	6124			
1970	334.5	8.5	10.8	31100	10.2	5.1	
1975	391.0	28.6	45.0	161913	35.3	10.9	0.3
1978	553.0	27.8	67.0	227165	57.4	16.5	0.5
1980	695.1	26.5	83.8	284927	33.8	18.2	0.2
1985	1328.0	70.6	119.2	358714	72.3	25.5	0.2
1990	1699.0	394.9	348.7	368800	103.2	80.6	10.6
1995	3278.8	1187.7	1674.1	358007	433.7	363.0	33.0
2000	2539.7	1381.2	1406.1	364037	*161.2	576.7	74.1
2001	2623.0	1530.9	1477.2	394372	*182.9	748.9	103.9
2002	3394.0	1663.4	1464.0	430764	*226.9	896.6	124.0
2003	3727.4	1750.9	1705.3	506024	896.5	923.7	247.9
2004	3884.2	2092.4	1909.3	570326	932.3	829.6	357.9
2005	5244.7	2431.9	2173.5	723200	*231.6	1127.3	436.9
2006	5592.9	2883.7	2431.5	1043700	*304.5	1326.0	488.2
2007	4766.4	3038.7	2312.2	1061700	*271.9	1173.4	526.2
2008	4116.7	2796.0	1865.4	685425	*151.6	766.46	457.2
2009	2634.7	2771.9	1707.2	640646	*76.5	917.3	605.8
2010	3740.5	2511.7	1813.5	1055920	*222.3	890.5	770.1
2011	4831.0	3194.5	1920.1	1500543	*406.9	1053.7	864.4
2012	4970.8	3985.3	1873.0	1416337	*741.1	1260.7	1197.4
2013	5598.8	4667.7	2079.8	1913471	*885.2	1313.4	1287.3

注:带“*”为规模以上口径。

9—14 续表1

年 份	钢 材（吨）	纱（吨）	布（万米）	饮料酒（吨）	机制纸及纸板（吨）	塑料制品（吨）	水 泥（万吨）
1952			34				
1957			59				
1962			58		553		
1965	15		148		556		0.1
1970	6001	2448	1470		2734		0.4
1975	19953	11635	4576		9282		6.4
1978	52360	14661	7056		17650		10.9
1980	31915	16747	8332		21287	881	11.3
1985	74902	14261	7586	7443	30395	2869	20.8
1990	62077	12271	6646	13438	78788	3614	35.7
1995	15485	11245	6962	11613	93176	7988	106.5
2000	137900	14200	7413	21300	72600	*7411	146.9
2001	199255	14810	7159	41546	78300	*8952	138.3
2002	410684	16661	7180	70927	89300	*15663	188.5
2003	884742	10600	5788	70432	76800	*12336	215.0
2004	1683144	10800	5464	81645	122500	*7564	205.5
2005	2053429	14000	5303	105025	105972	*10150	215.1
2006	3184600	15000	4735	85470	87964	*8933	250.7
2007	3758900	11000	1843	39628	57079	*6262	243.8
2008	3677600	6936	334	27048	31820	*7135	214.5
2009	4463194	7628	332	16421	*9305	*9121	273.5
2010	7198138	6834	414	11789	*7871	*10155	371.3
2011	9430029	5120	1234	3790	3506	*390	488.7
2012	11956688	6884	1066	6945	182	*2525	430.8
2013	13207033	4732	912	9662		*2347	452.7

9—14 续表2

年 份	锌（吨）	铜（吨）	化 肥（吨）	染 料（吨）	硫 酸（吨）	纯 苯（吨）	光 缆（芯千米）
1952							
1957							
1962							
1965							
1970			2012				
1975			10484				
1978			20001				
1980			18054				
1985			28734	3551			
1990			69531	3152			
1995			73245	4113			
2000	5123	6888	146083	20933	61533	*4187	
2001	13535	20432	139847	24404	100908	*6894	
2002	20535	22540	187984	29966	116099	*7278	
2003	25362	33018	175908	32234	156891	*10424	209290
2004	17660	18448	168600	27943	124908	*20696	285887
2005	37057	48118	169900	31149	223720	*14841	197514
2006	20629	37145	181200	28765	192200	*24783	519559
2007	14334	55065	176300	28592	180900	*27760	399413
2008	17833	48021	142379	23240	186400	*12156	237540
2009		48530	109116	28450	143500	*9678	414859
2010		44011	167206	30648	141800	*37923	599940
2011		56219	199394		154256	*72248	438111
2012		64041	123059		124655	*68164	315342
2013		59269	102845		132437	*76562	

9—15 规模以上工业增加值(2013年)

单位:万元

指 标	2013
总 计	**6617901**
按轻重工业分组	
轻工业	158625
重工业	6459276
按企业规模分组	
大中型企业	4022447
小微型企业	2595454
按工业行业大类分组	
采矿业	3917334
煤炭开采和洗选业	3327567
黑色金属矿采选业	589499
非金属矿采选业	268
制造业	2596868
农副食品加工业	26538
食品制造业	12370
酒、饮料和精制茶制造业	22092
纺织业	3819
纺织服装、服饰业	1146
文教、工美、体育和娱乐用品制造业	338
石油加工、炼焦和核燃料加工业	477485
化学原料和化学制品制造业	170971
医药制造业	20303
橡胶和塑料制品业	11990
非金属矿物制品业	47959
黑色金属冶炼和压延加工业	1430124
炼 铁	284151
炼 钢	124855
黑色金属铸造	64913
钢压延加工	944280
铁合金冶炼	11926
有色金属冶炼和压延加工业	52583
金属制品业	107822
专用设备制造业	112684
汽车制造业	32970
电气机械和器材制造业	18807
计算机、通信和其他电子设备制造业	3116
其他制造业	40651
废弃资源综合利用业	3102
电力、燃气及水的生产和供应业	103699
电力、热力生产和供应业	95723
电力生产	93004
热力生产和供应	2719
燃气生产和供应业	4377
水的生产和供应业	3599

注:本表数据均为生产月报口径。

主要统计指标解释

工　业　指从事自然资源的开采，对采掘品和农产品进行加工和再加工的物质生产部门。具体包括：(1)对自然资源的开采，如采矿、晒盐、森林采伐等(但不包括禽兽捕猎和水产捕捞)；(2)对农副产品的加工、再加工，如粮油加工、食品加工、轧花、缫丝、纺织、制革等；(3)对采掘品的加工、再加工，如炼铁、炼钢、化工生产、石油加工、机器制造、木材加工等，以及电力、自来水、煤气的生产和供应等；(4)对工业品的修理、翻新，如机器设备的修理、交通运输工具(包括小轿车)的修理等。

1984年以前农村的村及村以下办工业归属农业，1984年以后划归工业。

工业统计调查单位　工业统计调查单位分为两类：独立核算法人工业企业和工业活动单位。

(1)独立核算法人工业企业指从事工业生产经营活动的单位。独立核算法人工业企业应同时具备以下条件：①依法成立，有自己的名称、组织机构和场所，能够承担民事责任；②独立拥有和使用资产，承担负债，有权与其他单位签订合同；③独立核算盈亏，并能够编制资产负债表。

(2)工业活动单位指在一个场所从事一种或主要从事一种工业生产活动的经济单位。它包括独立核算工业企业按主营业务活动(即工业生产活动)划分的主营业务活动单位和非工业企业所属的工业生产活动单位(即原非独立核算工业生产单位)。工业活动单位，一般应同时具备以下三个条件：①具有一个场所，从事一种或主要从事一种工业活动；②单独组织工业生产、经营或业务活动；③单独核算收入和支出。

本资料中涉及的企业登记注册类型：

(1)**国有及国有控股企业**　指国有企业和国有控股企业。国有企业(即过去的全民所有制工业或国营工业)是指企业全部资产归国家所有，并按《中华人民共和国企业法人登记管理条例》规定登记注册的非公司制的经济组织。包括国有企业、国有独资公司和国有联营企业；国有控股企业是对混合所有制经济的企业进行的"国有控股"分类，它是指这些企业的全部资产中国有资产(股份)相对其他所有者中的任何一个所有者占资(股)最多的企业。

(2)**集体企业**　指企业资产归集体所有，并按《中华人民共和国企业法人登记管理条例》规定登记注册的经济组织，是社会主义公有制经济的组成部分。包括城乡所有使用集体投资举办的企业，以及部分个人通过集资自愿放弃所有权并依法经工商行政管理机关认定为集体所有制的企业。

(3)**股份有限公司**　指根据《中华人民共和国企业法人登记管理条例》规定登记注册，其全部注册资本由等额股份构成并通过发行股票筹集资本，股东以其认购的股份对公司承担有限责任，公司以其全部资产对其债务承担责任的经济组织。

(4)**港、澳、台商投资企业**　指企业注册登记类型中的港、澳、台资合资、合作、独资经营企业和股份有限公司之和。

(5)**外商投资企业**　指企业注册登记类型中的中外合资、合作经营企业、外资企业和外商投资股份有限公司之和。

(6)**其他企业**　指除国有企业、集体企业、个体经营以外的其他类型工业企业。包括联营企业、私营企业、股份有限公司，有限责任公司；外商投资企业(中外合资经营、中外合作经营、外资企业)；港、澳、台投资企业(与大陆合资经营、与大陆合作经营、港、澳、台独资企业)及其他企业。

轻工业　指主要提供生活消费品和制作手工工具的工业。按其所使用的原料不同，可分为两大类：(1)以农产品为原料的轻工业，是指直接或间接以农产品为基本原料的轻工业。主要包括食品制造、饮料制造、烟草加工、纺织、缝纫、皮革和毛皮制作、造纸以及印刷等工业;(2)以非农产品为原料的轻工业,是指以工业品为原料的轻工业。主要包括文教体育用品、化学药品制造、合成纤维制造、日用化学制品、日用玻璃制品、日用金属制品、手工工具制造、医疗器械制造、文化和办公用机械制造等工业。

重工业 指为国民经济各部门提供物质技术基础的主要生产资料的工业。按其生产性质和产品用途,可以分为下列三类:(1)采掘工业,是指对自然资源的开采,包括石油开采、煤炭开采、金属矿开采、非金属矿开采和木材采伐等工业;(2)原材料工业,指向国民经济各部门提供基本材料、动力和燃料的工业。包括金属冶炼及加工、炼焦、化学、化工原料、水泥、人造板以及电力、石油和煤炭加工等工业;(3)加工工业,是指对工业原材料进行再加工制造的工业。包括装备国民经济各部门的机械设备制造工业、金属结构、水泥制品等工业,以及为农业提供的生产资料如化肥、农药等工业。

根据上述划分原则,修理业中以重工业产品为修理作业对象的划为重工业,反之划为轻工业。

从2003年起轻、重工业内部不再细划分。

工业总产值 指以货币表现的工业企业在一定时期内生产的已出售或可供出售工业产品总量,它反映一定时间内工业生产的总规模和总水平。它包括:在本企业内不再进行加工,经检验、包装入库规定不需包装的产品除外的成品价值,对外加工费收入,自制半成品在产品期末初差额价值。工业总产值采用"工厂法"计算,即以工业企业作为一个整体,按企业工业生产活动的最终成果来计算,企业内部不允许重复计算,不能把企业内部各个车间(分厂)生产的成果相加。但在企业之间、行业之间、地区之间存在着重复计算。

轻重工业总产值的划分也是按"工厂法"计算的,即一个工业企业在正常情况下生产的主要产品的性质属于轻工业,则该企业的全部工业总产值作为轻工业总产值,生产的主要产品的性质属于重工业,则该企业的全部总产值作为重工业总产值。

工业增加值 指工业企业在报告期内以货币表现的工业生产活动的最终成果。

实收资本 指企业实际收到的投资人投入的资本(或股本),包括货币、实物、无形资产等各种形式的投入。按投资主体可分为国家资本、集体资本、法人资本、个人资本、港澳台资本和外商资本等。

资产合计 指企业拥有或控制的能以货币计量的经济资源。包括各种财产、债权和其他权利。资产按其流动性划分为流动资产、长期投资、固定资产、无形及递延资产和其他资产。

(1)**流动资产** 指企业可以在一年内或者超过一年的一个生产周期内变现或耗用的资产合计。包括现金及各种存款、短期投资、应收及预付款项、存货等。

(2)**固定资产** 指企业固定资产净值、固定资产清理、在建工程、待处理固定资产损失所占用的资金合计。

(3)**无形资产** 指企业长期使用而没有实物形态的资产。包括专利权、非专利技术、商标权、著作权、土地使用权、商誉等。

负债合计 指企业承担的能以货币计量,将以资产或劳务偿付的债务。负债一般按偿还期长短分为流动负债和长期负债、递延税项等。

(1)**流动负债** 指企业在一年内或者超过一年的一个营业周期内需要偿还的债务合计,其中包括短期借款、应付及预收款项、应付工资、应交税金和应交利润等。

(2)**长期负债** 指企业在一年以上或者超过一年的一个营业周期以上需要偿还的债务合计,其中包括长期借款、应付债务、长期应付款项等。

所有者权益 指企业投资人对企业净资产的所有权。企业净资产等于企业全部资产减去全部负债后的余额,其中包括投资者对企业的最初投入,以及资本公积金、盈余公积金和未分配利润,股份制企业即为股东权益。

固定资产原价 指企业在建造、购置、安装、改建、扩建、技术改造某项固定资产时所支出的全部货币总额。它一般包括买价、包装费、运杂费和安装费等。

固定资产净值 指固定资产原价减去历年已提折旧额后的净额。

流动资产 指可以在一年或者超过一年的一个营业周期内变现或者耗用的资产，包括现金及各种存款、短期投资、应收及预付货款、存货等。

主营业务收入 指企业销售产品和提供劳务等主要经营业务取得的业务总额。

主营业务成本 指企业销售产品和提供劳务等主要经营业务的实际成本。

主营业务税金及附加 指企业销售产品和提供工业性劳务等主要经营业务应负担的城市维护建设税、消费税、资源税和教育费附加。

利润总额 指企业在生产经营过程中各种收入扣除各种耗费后的盈余，反映企业在报告期内实现的亏盈总额，包括营业利润、补贴收入、投资净收益和营业外收支净额。

应交增值税 指企业按税法规定，从事货物销售或提供加工、修理修配劳务等增加货物价值的活动报告期应交纳的增值税额。计算公式：

应交增值税 = 销项税额 - (进项税额 - 进项税额转出) - 出口抵减内销产品应纳税额 - 减免税款 + 出口退税

总资产贡献率 反映企业全部资产的获利能力，是企业经营业绩和管理水平的集中体现，是评价和考核企业盈利能力的核心指标。计算公式：

总资产贡献率(%) = (利润总额 + 税金总额 + 利息支出)/平均资产总额 × 100%

资产负债率该 指标既反映企业经营风险的大小，也反映企业利用债权人提供的资金从事经营活动的能力。计算公式：

资产负债率(%) = 负债总额/资产总额 × 100%

工业成本费用利润率 指在一定时期内实现的利润与成本费用之比，是反映工业生产成本及费用投入的经济效益指标，同时也是反映降低成本的经济效益的指标。计算公式：

工业成本费用利润率(%) = 利润总额/成本费用总额 × 100%

工业增加值率 指在一定时期内工业增加值占同期工业总产值的比重，反映降低中间消耗的经济效益。计算公式：

工业增加值率(%) = 工业增加值(现价)/工业总产值(现价) × 100%

流动资产周转次数 指在一定时期内流动资产完成的周转次数，反映流动资产的周转速度。计算公式为：

流动资金周转次数 = 主营业务收入/全部流动资产平均余额

产品销售率 指报告期工业销售产值与同期工业总产值之比，是反映工业产品已实现销售的程度，分析工业产销衔接情况，研究工业产品满足社会需求程度的指标。计算公式：

产品销售率(%) = 工业销售产值/工业总产值 × 100%

全员劳动生产率 指根据产品的价值量指标计算的平均每一个从业人员在单位时间内的产品生产量。是考核企业经济活动的重要指标，是企业生产技术水平、经营管理水平、职工技术熟练程度和劳动积极性的综合表现。目前我国的全员劳动生产率是将工业企业的工业增加值除以同一时期全部从业人员的平均人数来计算的。计算公式：

全员劳动生产率 = 工业增加值/全部从业人员平均人数

十、建筑业

资料整理人员

王福勤　李晓华

建筑业

建筑业企业单位数	153	个
建筑业企业竣工产值	39.31	亿元
建筑业企业总产值	79.13	亿元
建筑业企业房屋建筑竣工面积	1351759	平方米

建筑业企业总产值构成(%)

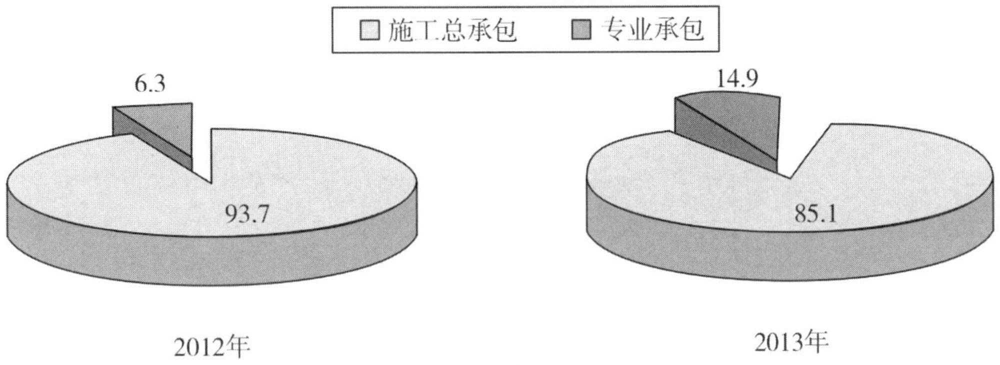

建筑业企业总产值(亿元)

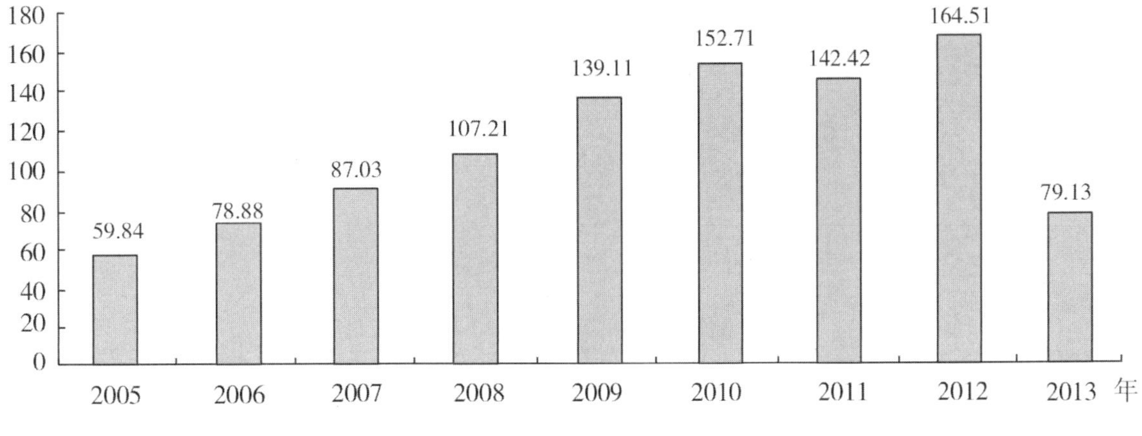

10—1 建筑施工企业主要经济指标

指　　标	2006	2007	2008	2009	2010	2011	2012	2013
施工企业个数(个)	90	107	116	124	130	144	148	153
从事主营业务活动的从业人员平均人数(人)	47074	49507	57521	59919	62793	51688	48792	38963
期末从业人数(人)	39694	39514	52051	57198	61590	49194	48902	38846
固定资产原价(万元)	151507	163838	188893	229970	234455	270044	312606	223012
固定资产合计(万元)	104633	114938	126426	160437	168360	189478	211536	150474
自有机械设备总台数(台)	19980	20287	17203	16668	16778	20389	18610	17508
自有机械设备净值(万元)	62152	63256	75924	77909	92831	93145	106075	70976
自有机械设备总功率(千瓦)	303081	352554	347672	334595	370117	438808	429584	291689
建筑业总产值(万元)	788771	870262	1072143	1391139	1527106	1424216	1645095	791322
竣工产值(万元)	383486	407157	452012	952132	777059	1110205	1269950	393052
固定资产折旧（千元)	63740	64136	66409	88189	83194	107525	134036	92021
施工面积（平方米)	3395243	4484219	4111471	3960201	4730741	5300605	6060328	2503471
竣工面积（平方米)	1252521	1558471	1366898	1603293	1636953	1900429	1969677	1351759
营业利润(万元)	8664	12088	16318	20333	27516	19528	26905	23651
管理费用(万元)	27011	26240	46823	53930	71586	59599	68945	45688
利润总额(万元)	8747	12215	16280	19386	28292	19216	28014	23687
上缴税金(万元)	25854	28259	38566	46505	50778	48348	56479	27004
按总产值计算的全员劳动生产率（元/人)	167560	175786	186392	232912	24320	275540	337165	203096
实收资本金(万元)	91327	94477	128934	151101	206604	235181	294302	248785
资产总计(万元)	424968	622485	725116	985886	1118171	1368448	1594366	853895
负债合计(万元)	323674	510228	577995	810111	871718	1058627	1209272	503803
所有者权益合计(万元)	101294	112257	147121	174978	246453	309821	383768	350092
竣工率(按产值计算)(%)	49.0	46.8	42.0	68.0	50.9	77.9	77.2	49.7
技术装备率(元/人)	15658	16008	1459	1362	1507	1893	21691	18271
动力装备率(千瓦/人)	6.0	8.9	6.8	5.9	6.0	8.9	8.8	7.5
资产负债率(%)	76.2	82.0	79.7	82.2	77.9	77.4	75.8	59.0
产值利润率(%)	1.1	1.4	1.5	1.4	1.9	1.4	1.6	2.9

10—2 建筑业企业总产值和竣工产值(2013年)

单位:万元

指　　标	建筑业总产值	建筑工程	安装工程	其　他	竣工产值
总　　计	**791322**	**677896**	**99317**	**14109**	**393052**
其中:国有及国有控股企业	342963	284152	55073	3737	107754
按登记注册类型分组					
内资企业	791322	677896	99317	14109	393052
国有企业	69552	60532	9020		27901
集体企业	14075	9935	2805	1334	6230
有限责任公司	350723	296214	50362	4147	139955
其他有限责任公司	350723	296214	50362	4147	139955
私营企业	356973	311215	37130	8628	218966
私营有限责任公司	356585	310827	37130	8628	218578
私营股份有限公司	388	388			388
按国民经济行业分组					
房屋建筑业	273525	253153	14679	5692	171887
土木工程建筑业	449020	387988	59698	1334	160924
建筑安装业	34653	10423	24191	40	27402
建筑装饰和其他建筑业	34124	26331	750	7043	32839
按隶属关系分组					
省(自治区、直辖市)	264177	214832	45608	3737	71025
地区(州、盟、省辖市)	83471	75612	7859		37717
县(区、市、旗)	77189	66725	8720	1744	55832
其　他	366485	320727	37130	8628	228478
按企业资质等级分组					
施工总承包	673160	600457	67011	5692	302732
特　级					
一　级	132166	132166			7206
二　级	349793	296806	52840	146	123407
三级及以下	191202	171484	14171	5546	172119
专业承包	118162	77439	32306	8417	90320
一　级					
二　级	49125	35825	13300		40675
三级及以下	69037	41613	19006	8417	49645
按控股情况分					
国有控股	342963	284152	55073	3737	107754
集体控股	71583	62726	7114	1744	47212
私人控股	376776	331018	37130	8628	238086

10—3 按主要用途分房

指　　标	合　计	住宅房屋	商业及服务用房屋	商厦房屋（批发和零售用房）	宾馆用房屋（住宿用房）	餐饮用房屋（餐饮用房）	商务会展用房屋
总　　计	**1351759**	**899751**	**111217**	**31875**	**8447**	**4374**	**9814**
其中:国有及国有控股企业	318594	263192	31055	27000			
按登记注册类型分组							
内资企业	1351759	899751	111217	31875	8447	4374	9814
国有企业	117540	82291	31055	27000			
集体企业	6413	6413					
有限责任公司	423052	289163	6850				6850
其他有限责任公司	423052	289163	6850				6850
私营企业	804754	521884	73312	4875	8447	4374	2964
私营有限责任公司	796444	521884	73312	4875	8447	4374	2964
私营股份有限公司	8310						
按国民经济行业分组							
房屋建筑业	1195666	767121	110061	31875	8447	3218	9814
土木工程建筑业	120901	120901					
建筑安装业	35192	11729	1156			1156	
建筑装饰和其他建筑业							
按隶属关系分组							
省（自治区、直辖市）	122054	120901					
地区（州、盟、省辖市）	62595	27346	31055	27000			
县（区、市、旗）	277382	163646	6850				6850
其　他	889728	587858	73312	4875	8447	4374	2964
按企业资质等级分组							
施工总承包	1308257	888022	110061	31875	8447	3218	9814
特　级							
一　级							
二　级	436743	287350	54445	31875	8447	3218	6850
三级及以下	871514	600672	55616				2964
专业承包	43502	11729	1156			1156	
一　级							
二　级							
三级及以下	43502	11729	1156			1156	
按控股情况分							
国有控股	318594	263192	31055	27000			
集体控股	141085	92794	6850				6850
私人控股	892080	543765	73312	4875	8447	4374	2964

屋建筑竣工面积(2013 年)

单位:平方米

其他商业及服务用房屋(居民服务业用房)	办公用房屋	科研、教育、医疗用房屋	科学研究用房屋	教育用房屋	医疗用房屋(卫生医疗用房)	文化、体育、娱乐用房屋	厂房及建筑物	厂房	仓库	其他未列明的房屋建筑物
56707	**115442**	**70536**	**1000**	**55484**	**14052**	**5325**	**48827**	**35005**	**1500**	**99161**
4055	11153	13194		8194	5000					
56707	115442	70536	1000	55484	14052	5325	48827	35005	1500	99161
4055		4194		4194						
	48273	33061		26159	6902					45705
	48273	33061		26159	6902					45705
52652	67169	33281	1000	25131	7150	5325	48827	35005	1500	53456
52652	67169	33281	1000	25131	7150	5325	40517	35005	1500	53456
							8310			
56707	115442	70536	1000	55484	14052	5325	26520	15094	1500	99161
							22307	19911		
	1153									
4055		4194		4194						
	37120	24061		22159	1902					45705
52652	77169	42281	1000	29131	12150	5325	48827	35005	1500	53456
56707	115442	70536	1000	55484	14052	5325	18210	15094	1500	99161
4055	21363	20255		18353	1902	1725	3116			48489
52652	94079	50281	1000	37131	12150	3600	15094	15094	1500	50672
							30617	19911		
							30617	19911		
4055	11153	13194		8194	5000					
	33441	8000		8000						
52652	70848	49342	1000	39290	9052	5325	48827	35005	1500	99161

10—4 按主要用途分房屋

指标	合计	住宅房屋	商业及服务用房屋	商厦房屋(批发和零售用房)	宾馆用房屋(住宿用房)	餐饮用房屋(餐饮用房)	商务会展用房屋
总计	**162230**	**109292**	**14762**	**3561**	**646**	**306**	**1137**
其中:国有及国有控股企业	44407	37805	3837	3200			
按登记注册类型分组							
内资企业	162230	109292	14762	3561	646	306	1137
国有企业	13699	9233	3837	3200			
集体企业	664	664					
有限责任公司	54952	38204	781				781
其他有限责任公司	54952	38204	781				781
私营企业	92916	61191	10144	361	646	306	356
私营有限责任公司	92528	61191	10144	361	646	306	356
私营股份有限公司	388						
按国民经济行业分组							
房屋建筑业	138341	86428	14702	3561	646	246	1137
土木工程建筑业	22372	22372					
建筑安装业	1517	493	60			60	
建筑装饰和其他建筑业							
按隶属关系分组							
省(自治区、直辖市)	22700	22372					
地区(州、盟、省辖市)	6550	2084	3837	3200			
县(区、市、旗)	31444	16833	781				781
其他	101536	68004	10144	361	646	306	356
按企业资质等级分组							
施工总承包	160325	108800	14702	3561	646	246	1137
特级							
一级							
二级	53995	38495	5871	3561	646	246	781
三级及以下	106330	70304	8831				356
专业承包	1905	493	60			60	
一级							
二级							
三级及以下	1905	493	60			60	
按控股情况分							
国有控股	44407	37805	3837	3200			
集体控股	15738	8127	781				781
私人控股	102085	63361	10144	361	646	306	356

建筑竣工价值(2013 年)

单位:万元

其他商业及服务用房屋(居民服务业用房)	办公用房屋	科研、教育、医疗用房屋	科学研究用房屋	教育用房屋	医疗用房屋(卫生医疗用房)	文化、体育、娱乐用房屋	厂房及建筑物	厂房	仓库	其他未列明的房屋建筑物
9112	**16234**	**10213**	**174**	**8609**	**1431**	**759**	**4139**	**3320**	**261**	**6569**
637	1333	1432		1032	400					
9112	16234	10213	174	8609	1431	759	4139	3320	261	6569
637		629		629						
	7778	4582		3843	739					3606
	7778	4582		3843	739					3606
8475	8456	5002	174	4137	691	759	4139	3320	261	2963
8475	8456	5002	174	4137	691	759	3752	3320	261	2963
							388			
9112	16234	10213	174	8609	1431	759	3175	2544	261	6569
							965	776		
	328									
637		629		629						
	6445	3779		3440	339					3606
8475	9461	5805	174	4540	1091	759	4139	3320	261	2963
9112	16234	10213	174	8609	1431	759	2787	2544	261	6569
637	1925	3448		3109	339	133	244			3880
8475	14309	6765	174	5500	1091	626	2544	2544	261	2690
							1352	776		
							1352	776		
637	1333	1432		1032	400					
	5870	960		960						
8475	9030	7821	174	6616	1031	759	4139	3320	261	6569

10—5 建筑业企业房屋建筑面积(2013 年)

单位:平方米

指　　标	房屋建筑施工面积	#本年新开工面积	#投标承包的面积	#本　年新开工
总　　计	**2503471**	**1584719**	**1971049**	**1298024**
其中:国有及国有控股企业	754170	364495	749677	363288
按登记注册类型分组				
内资企业	2503471	1584719	1971049	1298024
国有企业	259480	108224	257347	108224
集体企业	27282	8513	26843	8074
有限责任公司	966836	650992	792084	554818
其他有限责任公司	966836	650992	792084	554818
私营企业	1249873	816990	894775	626908
私营有限责任公司	1241563	816990	894775	626908
私营股份有限公司	8310			
按国民经济行业分组				
房屋建筑业	2054949	1375027	1556887	1121128
土木工程建筑业	413330	176064	413330	176064
建筑安装业	35192	33628	832	832
建筑装饰和其他建筑业				
按隶属关系分组				
省(自治区、直辖市)	415690	177271	413330	176064
地区(州、盟、省辖市)	184431	16539	183992	16100
县(区、市、旗)	568503	488945	393978	393978
其　他	1334847	901964	979749	711882
按企业资质等级分组				
施工总承包	2459969	1551091	1970217	1297192
特　级				
一　级				
二　级	1245216	768242	1050280	629822
三级及以下	1214753	782849	919937	667370
专业承包	43502	33628	832	832
一　级				
二　级				
三级及以下	43502	33628	832	832
按控股情况分				
国有控股	754170	364495	749677	363288
集体控股	328088	269087	275264	256495
私人控股	1421213	951137	946108	678241

10—6 建筑业企业机械设备情况(2013年)

指　　标	年末自有机械设备总功率(千瓦)	年末自有机械设备总台数(台)	自有机械设备净值(万元)
总　　计	**291689**	**17508**	**70976**
其中:国有及国有控股企业	80008	3837	20041
按登记注册类型分组			
内资企业	291689	17508	70976
国有企业	32035	1092	3027
集体企业	8766	4067	2848
有限责任公司	68334	3603	20644
其他有限责任公司	68334	3603	20644
私营企业	182554	8746	44457
私营有限责任公司	182531	8722	44455
私营股份有限公司	23	24	2
按国民经济行业分组			
房屋建筑业	97177	11132	20761
土木工程建筑业	153861	4683	36258
建筑安装业	5522	381	3857
建筑装饰和其他建筑业	35129	1312	10100
按隶属关系分组			
省(自治区、直辖市)	39165	2336	16408
地区(州、盟、省辖市)	39088	4868	4672
县(区、市、旗)	23795	863	4491
其　他	189641	9441	45404
按企业资质等级分组			
施工总承包	220763	15344	51161
特　级			
一　级	37070	1775	14213
二　级	81895	3627	18841
三级及以下	101798	9942	18107
专业承包	70926	2164	19814
一　级			
二　级	17069	890	6693
三级及以下	53857	1274	13121
按控股情况分			
国有控股	80008	3837	20041
集体控股	23175	4553	4011
私人控股	188506	9118	46924

10—7 建筑业总专包企业劳动生产率(2013年)

指　　标	企业个数(个)	直接从事生产经营活动的平均人数(人)	按总产值计算的劳动生产率(元/人)	人均竣工产值(元/人)
总　　计	**153**	**38963**	**203096**	**100878**
其中:国有及国有控股企业	16	15094	227218	71389
按登记注册类型分组				
内资企业	153	38963	203096	100878
国有企业	5	3423	203190	81510
集体企业	7	907	155176	68691
有限责任公司	21	15802	221948	88568
其他有限责任公司	21	15802	221948	88568
私营企业	120	18831	189567	116280
私营有限责任公司	119	18803	189643	116246
私营股份有限公司	1	28	138500	138500
按国民经济行业分组				
房屋建筑业	43	15039	181877	114294
土木工程建筑业	49	20112	223260	80014
建筑安装业	26	1905	181906	143842
建筑装饰和其他建筑业	35	1907	178942	172200
按隶属关系分组				
省(自治区、直辖市)	7	11250	234824	63133
地区(州、盟、省辖市)	9	3687	226392	102297
县(区、市、旗)	13	4771	161788	117023
其　他	124	19255	190332	118659
按企业资质等级分组				
施工总承包	74	32963	204217	91840
特　级				
一　级	3	5098	259251	14134
二　级	16	16135	216791	76484
三级及以下	55	11730	163002	146734
专业承包	79	6000	196936	150533
一　级				
二　级	14	2191	224213	185645
三级及以下	65	3809	181246	130336
按控股情况分				
国有控股	16	15094	227218	71389
集体控股	14	3920	182611	120438
私人控股	123	19949	188870	119347

10—8 建筑业企业资本金及资产(2013年)

单位:万元

指　　标	实收资本	资产总计	#流动资产合计	#固定资产合计	固定资产原价合计	固定资产折　　旧	#本年折旧
总　　计	**248785**	**853895**	**657782**	**150474**	**223012**	**92021**	**16977**
其中:国有及国有控股企业	67062	422815	375395	44864	84862	45377	7601
按登记注册类型分组							
内资企业	248785	853895	657782	150474	223012	92021	16977
国有企业	13378	46792	34848	11758	18185	6461	873
集体企业	5854	12941	8026	4247	7039	3240	510
有限责任公司	70180	441890	390759	44680	85150	45837	7683
其他有限责任公司	70180	441890	390759	44680	85150	45837	7683
私营企业	159373	352272	224149	89789	112638	36484	7912
私营有限责任公司	158543	350989	223497	89159	111762	36238	7866
私营股份有限公司	830	1282	652	630	876	245	46
按国民经济行业分组							
房屋建筑业	72707	174954	119909	47580	59877	20522	4251
土木工程建筑业	134544	550909	444164	77064	127100	59688	9888
建筑安装业	20881	72736	58739	8323	10903	3945	536
建筑装饰和其他建筑业	20653	55297	34971	17507	25132	7866	2302
按隶属关系分组							
省(自治区、直辖市)	52236	368917	335011	31537	64841	38560	6672
地区(州、盟、省辖市)	17559	82087	62463	16241	27022	10838	1260
县(区、市、旗)	17955	43661	30414	11694	17058	5811	1096
其　他	161035	359229	229893	91003	114091	36813	7950
按企业资质等级分组							
施工总承包	174023	662855	523976	104156	161978	71661	13396
特　级							
一　级	50328	182137	144870	17460	38057	20749	3141
二　级	48228	304100	260020	42017	65732	32025	7555
三级及以下	75466	176617	119086	44679	58189	18887	2700
专业承包	74762	191040	133805	46318	61034	20361	3581
一　级							
二　级	20280	53582	39242	12543	19291	7211	843
三级及以下	54483	137458	94564	33775	41743	13150	2738
按控股情况分							
国有控股	67062	422815	375395	44864	84862	45377	7601
集体控股	17581	69334	53827	10992	19916	9393	1151
私人控股	164143	361746	228560	94618	118234	37251	8225

10—9 建筑业企业负债及所有者权益(2013 年)

单位:万元

指　　标	负债合计	流动负债	非流动负债	所有者权益合计
总　　计	**503803**	**491047**	**7425**	**350092**
其中:国有及国有控股企业	318693	316553	140	104123
按登记注册类型分组				
内资企业	503803	491047	7425	350092
国有企业	32452	32312	140	14340
集体企业	5955	5955		6986
有限责任公司	325802	323691	110	116089
其他有限责任公司	325802	323691	110	116089
私营企业	139594	129089	7174	212677
私营有限责任公司	139128	128623	7174	211861
私营股份有限公司	466	466		816
按国民经济行业分组				
房屋建筑业	66901	64257	643	108053
土木工程建筑业	368568	365894	1952	182341
建筑安装业	40848	38199	40	31888
建筑装饰和其他建筑业	27487	22697	4790	27810
按隶属关系分组				
省(自治区、直辖市)	281044	281044		87873
地区(州、盟、省辖市)	57901	57761	140	24186
县(区、市、旗)	20390	20279	110	23272
其　他	144469	131963	7174	214760
按企业资质等级分组				
施工总承包	409317	404143	2451	253538
特　级				
一　级	104684	103981	703	77454
二　级	236887	235505	1383	67213
三级及以下	67746	64658	365	108871
专业承包	94486	86904	4974	96554
一　级				
二　级	20748	20708	40	32834
三级及以下	73738	66196	4934	63720
按控股情况分				
国有控股	318693	316553	140	104123
集体控股	41694	41644	50	27639
私人控股	143416	132851	7235	218330

10—10 建筑业企业工程结算收入(2013 年)

单位:万元

指标	营业收入	#主营业务收入	营业成本	#主营业务成本	营业税金及附加	#主营业务税金及附加	营业外收入
总计	**783824**	**761041**	**680277**	**658608**	**25797**	**25152**	**1018**
其中:国有及国有控股企业	394860	386988	356185	349142	12915	12893	370
按登记注册类型分组							
内资企业	783824	761041	680277	658608	25797	25152	1018
国有企业	89773	89146	81611	81278	3031	3031	228
集体企业	16265	16201	13614	13592	523	523	3
有限责任公司	386212	374669	343680	333863	12610	12485	169
其他有限责任公司	386212	374669	343680	333863	12610	12485	169
私营企业	291574	281026	241372	229875	9633	9113	618
私营有限责任公司	291186	280638	241057	229560	9619	9099	618
私营股份有限公司	388	388	315	315	14	14	
按国民经济行业分组							
房屋建筑业	203159	200073	169232	166623	7126	7011	377
土木工程建筑业	500262	486682	447228	435199	16464	16127	160
建筑安装业	45554	39480	35670	28663	1282	1092	97
建筑装饰和其他建筑业	34850	34807	28148	28124	924	922	384
按隶属关系分组							
省(自治区、直辖市)	295546	288300	266354	259644	9556	9534	142
地区(州、盟、省辖市)	112362	110236	99457	98028	3793	3744	234
县(区、市、旗)	75099	72236	65051	63018	2497	2443	24
其他	300817	290269	249415	237918	9951	9431	618
按企业资质等级分组							
施工总承包	650410	638388	572583	560857	21935	21569	533
特级							
一级	143819	143171	129868	129664	4784	4763	74
二级	320871	314013	284545	278022	10794	10794	345
三级及以下	185719	181204	158170	153171	6357	6013	114
专业承包	133414	122654	107694	97751	3862	3582	485
一级							
二级	53643	53293	42599	42284	1746	1746	0
三级及以下	79771	69360	65095	55468	2116	1837	485
按控股情况分							
国有控股	394860	386988	356185	349142	12915	12893	370
集体控股	77643	73431	66053	62924	2549	2445	30
私人控股	311320	300623	258039	246542	10333	9813	618

10—11 建筑业企业费用、工资福利情况(2013 年)

单位:万元

指　　标	管理费用	财务费用	应付职工薪酬
总　　计	**45688**	**3350**	**90850**
其中:国有及国有控股企业	20045	106	32745
按登记注册类型分组			
内资企业	45688	3350	90850
国有企业	4200	47	6430
集体企业	1680	165	2047
有限责任公司	22213	132	38527
其他有限责任公司	22213	132	38527
私营企业	17594	3006	43846
私营有限责任公司	17536	3005	43788
私营股份有限公司	58	1	58
按国民经济行业分组			
房屋建筑业	10946	1447	37109
土木工程建筑业	26719	731	43130
建筑安装业	5244	268	5539
建筑装饰和其他建筑业	2779	905	5073
按隶属关系分组			
省(自治区、直辖市)	15465	52	25919
地区(州、盟、省辖市)	6829	152	9032
县(区、市、旗)	5533	129	11444
其　他	17861	3017	44455
按企业资质等级分组			
施工总承包	33339	2003	76023
特　级			
一　级	7140	487	11351
二　级	17490	1115	35215
三级及以下	8709	401	29458
专业承包	12348	1347	14827
一　级			
二　级	5066	274	4729
三级及以下	7283	1073	10098
按控股情况分			
国有控股	20045	106	32745
集体控股	5889	172	11201
私人控股	19754	3072	46904

10—12 建筑业企业利润及税金情况(2013 年)

单位:万元

指　　标	利润总额	税金总额	营业税金及附加	管理费用中的税金	营业利润	其他业务利　润
总　　计	**23687**	**27004**	**25797**	**1208**	**23651**	**4117**
其中:国有及国有控股企业	5393	13230	12915	315	5439	808
按登记注册类型分组						
内资企业	23687	27004	25797	1208	23651	4117
国有企业	951	3264	3031	233	726	294
集体企业	563	553	523	30	570	
有限责任公司	8172	12812	12610	202	8516	1602
其他有限责任公司	8172	12812	12610	202	8516	1602
私营企业	14002	10376	9633	742	13838	2221
私营有限责任公司	14002	10361	9619	742	13838	2221
私营股份有限公司		14	14			
按国民经济行业分组						
房屋建筑业	9893	7701	7126	574	9704	240
土木工程建筑业	9855	16817	16464	353	10214	2875
建筑安装业	2581	1400	1282	118	2723	1002
建筑装饰和其他建筑业	1359	1087	924	163	1009	
按隶属关系分组						
省(自治区、直辖市)	3910	9632	9556	76	4180	514
地区(州、盟、省辖市)	3392	4048	3793	255	3167	648
县(区、市、旗)	1849	2622	2497	125	1931	733
其　他	14536	10703	9951	752	14372	2221
按企业资质等级分组						
施工总承包	16866	22732	21935	797	16887	1283
特　级						
一　级	1399	4826	4784	42	1538	423
二　级	5210	11160	10794	367	5010	335
三级及以下	10257	6746	6357	389	10339	524
专业承包	6822	4272	3862	411	6764	2835
一　级						
二　级	3711	2041	1746	296	3711	34
三级及以下	3110	2231	2116	115	3053	2800
按控股情况分						
国有控股	5393	13230	12915	315	5439	808
集体控股	4140	2664	2549	116	4220	938
私人控股	14154	11111	10333	777	13992	2371

主要统计指标解释

建筑业统计单位 指从事房屋、构筑物建造和设备安装活动的法人企业。建筑业法人企业应同时具备的条件是:①依法成立,有自己的名称、组织机构和场所,能够承担民事责任;②独立拥有和使用资产,承担负债,有权与其他单位签订合同;③独立核算盈亏,能够编制资产负债表。

建筑业总产值 以货币表现的建筑安装企业在一定时期内生产的建筑业产品和服务的总和。建筑业总产值包括:

(1)建筑工程产值:指列入建筑工程预算内的各种工程价值。

(2)设备安装工程产值:指设备安装工程价值,不包括被安装设备本身价值。

(3)其他产值:指建筑业总产值中除建筑工程、安装工程以外的产值。包括房屋构筑物修理产值、非标准设备制造产值、总包企业向分包企业收取的管理费以及不能明确划分的施工活动所完成的产值。

装修装饰产值 包括装修、装饰两部分产值。装修装饰指对新旧房屋及建筑物进行的内外装修装饰;对新建房屋及建筑物经过施工后,尚未完全达到使用标准,而进行的二次装修装饰;以及对原有房屋经使用若干年后进行的二次内外装饰。包括抹灰、门窗、玻璃、吊顶、隔断、饰面板(砖)、涂料、裱糊、刷浆、花饰等。

在外省完成的产值 指建筑业企业在其他省份施工所完成的建筑业产值。

竣工产值 一般是以单位工程为对象,当该工程按照设计所规定的工程内容全部完成,达到了设计规定的交工条件,经有关部门检查验收鉴定合格的单位工程价值,即为竣工产值。竣工产值包括范围应是报告期内竣工单位工程从开工到竣工的全部自行完成的价值,如果一个单位工程跨两个年度施工,其竣工价值应当包括上年度完成的价值。有些大型单位工程,如大型厂房、高级宾馆、各种管道、公路、铁路等,能够分跨、分层、分段施工并按合同规定,能够分开交付使用的,可以分开计算竣工产值。竣工产值不包括附属辅助企业或内部核算的其他单位为外单位生产和服务的价值。

房屋建筑施工面积 指在报告期内施工的全部房屋建筑面积,包括本期新开工的房屋面积、上期施工跨入本期继续施工的房屋面积、上期停缓建在本期恢复施工的房屋面积、本期竣工的房屋面积及本期施工后又停缓建的房屋面积。

本年新开工面积 指在报告期内新开工的各个房屋单位工程的建筑面积之和。它不包括在上期开工跨入报告期继续施工的房屋建筑面积和上期停缓建而在本期复工的建筑面积。新开工面积用于反映报告期内投入施工的房屋建筑规模,为科学组织施工提供依据。

年末自有施工机械设备净值 本企业(或单位)自有机械设备经过使用、磨损后实际存在的价值,即原值减去折旧后的净额。

年末自有机械设备总台数年末本企业(或单位)自有的直接用于工程施工的各种机械设备的台数。但不包括附属辅助生产机械设备、运输机械设备、生产试验机械设备的台数。

年末自有施工机械设备总功率 年末本企业(或单位)自有的直接用于工程施工的各种机械设备年末总功率,按设定能力或查定能力计算。包括机械本身的动力和为该机械服务的单独动力设备,如电动机等。计量单位用千瓦,动力换算可按1马力=0.735千瓦折合成千瓦数。电焊机、变压器、锅炉不计算动力。

计算建筑业劳动生产率的平均人数 建筑业企业(或单位)报告期实际拥有的、与建筑施工活动有关的人员的平均人数，包括参加本企业（或单位）建筑施工活动的非本企业（或单位）人员，但不包括企业内部社会服务性机构的人员以及由本企业支付工资但所从事的工作与本企业生产基本无关的人员。

房屋建筑竣工面积 指在报告期内房屋建筑按照设计要求全部完工，达到了住人和使用条件，经检查验收签定合格的房屋建筑面积。

资产总计 指企业拥有或控制的能以货币计量的经济资源，包括各种财产、债权和其他权利。建筑业企业的资产其按流动性分为：流动资产、长期投资、固定资产、无形资产、递延资产和其他资产根据会计“资产负债表”中“资产总计”项的年末数填列。

固定资产 使用期限超过一年的房屋、建筑物、机器、机械、运输工具以及其他与生产、经营有关的设备、器具、工具等。不属于生产经营主要设备的物品，单位价值在2000元以上，并且使用年限超过2年的，也应当作为固定资产。

负债合计 企业所承担的能以货币计量、将以资产或劳务偿付的债务。

所有者权益合计 企业投资人对企业净资产的所有权，企业净资产等于企业全部资产减去全部负债后的余额。其中包括实收资本、资本公积、盈余公积和未分配利润四部分。

实收资本 实际收到的投资投入的资本。

按照投资主体划分为国家资本、集体资本、法人资本、个人资本、港澳台资本和外商资本六种。

工程结算收入 本企业承包工程实现的工程价款结算收入以及向发包单位收取的除工程价款以外按规定列作营业收入的各种款项，如临时设施费、劳动保险费、施工机械调迁费等以及向发包单位收取的各种索赔款。

工程结算成本 在报告期内与发包单位办理工程价款结算的已完工程实际成本。

工程结算税金附加 因从事建筑业生产活动，取得工程价款结算收入而按规定应该缴纳的营业税、城市维护建设税等以及随同营业税金一并计算缴的教育费附加等。

营业利润 企业生产经营活动所实现的利润，分为主营业务利润和其他利润。

利润总额 指企业在工程施工生产过程中，取得工程价款收入、机械作业收入等，扣除投入的成本及其他一系列费用，再加减非经营性质的收支及投资收益，即为施工企业全年实现的利润总额（或亏损总额）。

本年应付工资总额 指报告期内企业应付给与工程施工直接有关的职工的工资。

应收工程款 指建筑业企业在报告期末应向发包单位收取而未收取的工程款。

十一、交通运输、邮电通讯业

资料整理人员

申淑霞　梁　茹

交通运输、邮电通讯业

公路通车里程	18025	公里
公路客运量	4686	万人
公路客运周转量	278285	万人公里
公路货运量	11944	万吨
公路货物周转量	2038209	万吨公里
固定电话年末数	53.9	万部
移动电话数量	393.6	万部

民用汽车拥有量(辆)

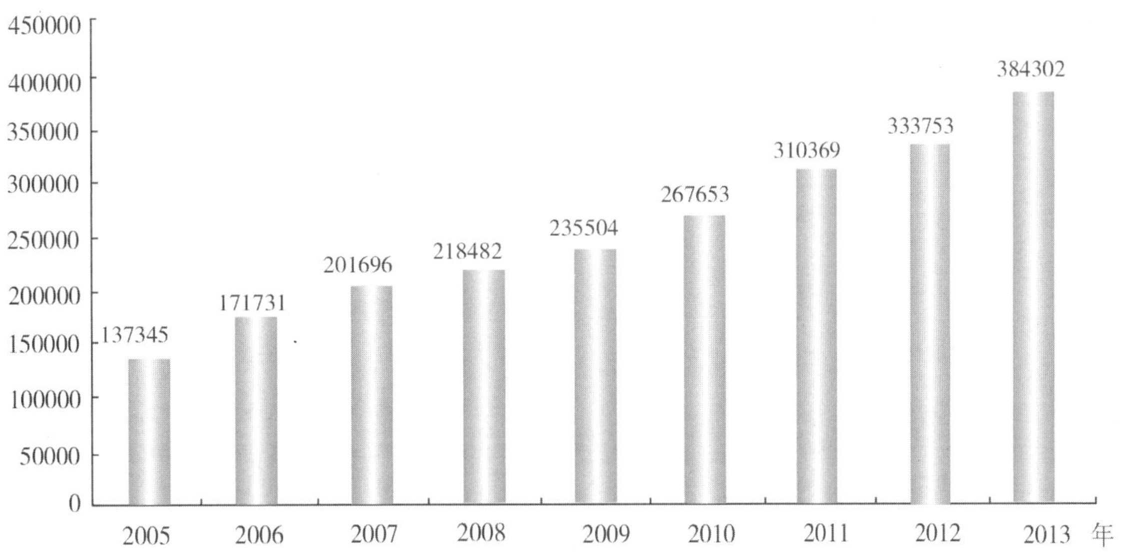

邮电业务总量(亿元)

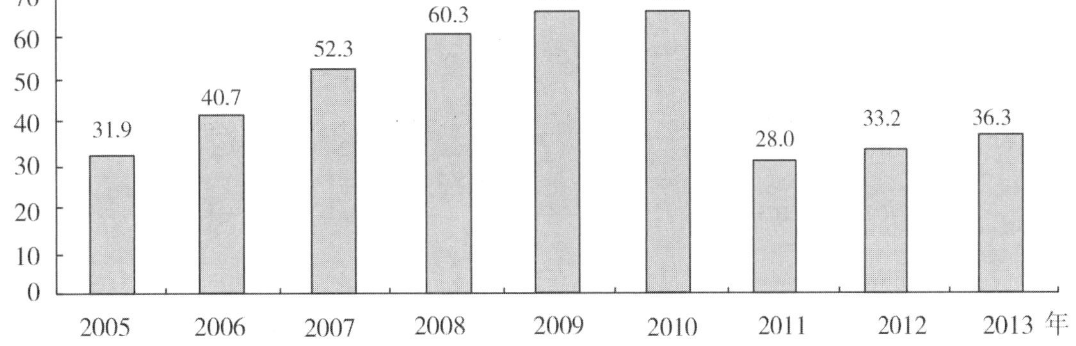

注:2011 年起,邮电业务总量(包括邮政业务总量和电信业务总量)由之前的 2000 年不变价变更为 2010 年不变价。

11—1 主要年份公路通车里程

单位:公里

年　份	公路通车里程	等级公路						等外公路
		合　计	高速公路	一级公路	二级公路	三级公路	四级公路	
1952	418							
1957	825							
1962	1911							
1965	2918							
1970	3524							
1975	3671							
1978	3840	1902				335	1567	1938
1980	3281	1902				335	1567	1379
1985	3345	2037			34	449	1554	1308
1990	3620	2636			166	843	1627	984
1995	3921	3146			503	1118	1525	775
2000	8714	8430		141	1222	3186	3881	284
2001	8761	8477		148	1242	3195	3892	284
2002	8872	8589		148	1304	3191	3946	283
2003	8975	8692		148	1389	3182	3973	283
2004	9013	8749		156	1548	3127	3918	264
2005	9556	9329	148	155	1698	3129	4199	227
2006	12884	10243	148	160	1498	2565	5872	2641
2007	14379	12332	198	203	1625	2663	7643	2047
2008	16082	14304	208	220	1748	2725	9403	1779
2009	16596	15634	208	221	1832	2710	10661	962
2010	17105	16333	208	327	1826	2751	11221	772
2011	17390	16641	342	332	1824	2823	11319	748
2012	17816	17137	462	335	1849	2865	11627	679
2013	18025	17433	462	344	1886	2883	11858	592

11—2 主要年份公路客运量及客运周转量

年份	公路客运量(万人)			公路客运周转量(万人公里)		
	合计	#侯马汽车运输公司	#临汾汽车运输公司	合计	#侯马汽车运输公司	#临汾汽车运输公司
1952	11	11		491	491	
1957	34	31	3	1792	1595	197
1962	95	69	21	4616	2786	1800
1965	117	73	34	6085	3555	2247
1970	180	85	37	7864	4144	2805
1975	263	147	46	11621	6347	3561
1978	343	145	79	16957	8694	5664
1980	436	156	130	21742	10757	7403
1985	1010	433	230	44443	19064	16267
1990	1607	575	238	68629	27725	16108
1995	2337	917	270	115687	40204	26106
2000	4171	1156	455	175303	47581	41021
2001	4683	1169	481	200195	49287	47564
2002	5715	1082	550	231646	47159	59901
2003	5679	927	553	219397	46360	43000
2004	5355	823	320	236474	49058	46537
2005	5257	1164	401	255277	54124	45011
2006	5467	936	410	227807	57636	44090
2007	5545	980	505	233402	60418	60130
2008	4099	984	474	218929	60644	58574
2009	4118	942	364	233734	58053	50111
2010	4280	912	411	247831	56181	69583
2011	4480	887	423	266639	54652	73549
2012	4570	826	426	271970	57458	75426
2013	4686	845	438	278285	58800	77468

注:2008 年后运管部门改变了运输量的调查方法,故口径与往年不一致。

11—3 主要年份公路货运量及货物周转量

年份	公路货运量(万吨)			公路货物周转量(万吨公里)		
	合计	#侯马汽车运输公司	#临汾汽车运输公司	合计	#侯马汽车运输公司	#临汾汽车运输公司
1952	2	2		103	103	
1957	8	6	2	462	277	185
1960	308	37	27	4777	2071	1312
1962	37	9	8	1593	827	524
1965	168	21	13	3105	1260	996
1970	137	25	13	3606	1668	1098
1975	279	33	12	6228	3029	1273
1978	965	37	18	11249	4085	2137
1980	1141	39	20	25621	4312	1864
1985	1855	41	17	60273	7541	2405
1990	3275	44	15	125139	10127	2958
1995	3111	41	13	127585	10426	2262
2000	5773	154	49	231581	30784	8412
2001	6475	237	86	299960	49474	34437
2002	6904	354	129	356123	77457	43646
2003	7768	336	98	382320	81004	39378
2004	7978	283	153	427010	82669	67431
2005	7968	304	150	420697	88866	55022
2006	8100	339	124	430488	103416	52183
2007	8310	356	138	438045	108616	54170
2008	9651	369	125	1266316	109090	49176
2009	8418	355	127	1295284	102837	58667
2010	9698	330	208	1387063	95657	93109
2011	10442	336	261	1620705	97322	111882
2012	11486	340	264	1863810	98720	108823
2013	11944	342	276	2038209	99288	117850

注:2008 年后运管部门改变了运输量的调查方法,故口径与往年不一致。

11—4 主要年份民用汽车拥有量

单位:辆

年 份	民用汽车	载重汽车	#大型汽车	载客汽车	#大型汽车	其他机动车
1952						
1957						
1960						
1962						
1965						
1970						
1975	2660	2033	1995	460	151	209
1978	3949	3069	3041	651	212	406
1980	5562	4405	4371	828	251	609
1985	12179	9717	8993	1808	506	4073
1990	21535	16702	13683	4450	673	8807
1995	27777	17003	12198	9812	703	38463
2000	50003	26241	16436	22680	956	116095
2001	57588	30045	19111	26151	1035	186336
2002	56255	34588	18165	20875	1273	314142
2003	75526	40838	20289	33557	1504	317441
2004	114762	45745	22177	57653	1832	304147
2005	137345	49509	22665	76384	2064	266336
2006	171731	44925	17088	91581	1919	333442
2007	201696	47001	17022	114282	2015	339196
2008	218482	43328	13256	135656	2027	334505
2009	235504	46630	15662	152855	2035	329614
2010	267653	54170	19545	182943	2157	328488
2011	310369	61961	23749	222250	2330	325017
2012	333753	54103	18166	264436	1855	257046
2013	384302	59725	19874	313269	1910	256986

11—5 民用车辆拥有量(2013年)

单位:辆

指　　标	合　计	营　运	非营运	#个人
一、汽　车	384302	46758	337544	335108
载客汽车	313269	6841	306428	281933
其中:大　型	1910	1473	437	67
中　型	1435	692	743	311
小　型	280295	4665	275630	253161
微　型	29629	11	29618	28394
其中:轿　车	226166	4564	221602	207564
载货汽车	59725	33734	25991	43610
其中:重　型	19874	19614	260	11282
中　型	2415	2277	138	1934
轻　型	37236	11811	25425	30216
微　型	200	32	168	178
其中:普通载货	32539	8826	23713	26389
其它汽车	11308	6183	5125	9565
二、摩托车	17432	3145	14287	16291
普　通	17418	3145	14273	16277
轻　便	14		14	14
三、拖拉机	57300	4581	52719	56282
大中型	14136	1127	13009	13793
小型方向盘式	43164	3453	39711	42482
四、载货挂车	8349	8306	43	4039

11—6 主要年份邮政主要指标

单位：个

年 份	邮电局（所）	自办局（所）	代办所	#农村所	信箱、信筒
1952	135	22	113	2	60
1957	132	92	40	73	285
1962	118	86	32	115	245
1965	141	107	34	124	293
1970	254	225	29	216	455
1975	188	175	13	152	437
1978	210	187	23	181	425
1980	209	186	23	181	532
1985	278	180	98	147	572
1990	241	172	69	139	570
1995	254	178	76	203	480
2000	236	179	57	182	464
2001	216	184	32	153	468
2002	216	185	31	151	468
2003	218	187	31	152	441
2004	215	185	30	144	350
2005	213	181	32	143	374
2006	217	182	35	142	371
2007	218	185	33	140	364
2008	198	167	31	136	296
2009	145	116	29	82	139
2010	126	118	8	61	137
2011	140	114	26	77	139
2012	140	113	27	78	117
2013	141	113	28	79	120

11—6 续表1

年 份	邮 路 总长度 (公里)	农村投 递路线 (公里)	汽 车 邮 路 (公里)	订销报纸 期 发 数 (万份)	订销杂志 期 发 数 (万份)	机要 文件 (件)
1952	8422	8422		3.9	3.7	
1957	9158	9158		6.3	4.7	37136
1962	4675	3754	904	5.0	4.6	71595
1965	14496	13391	1082	7.5	5.0	159000
1970	14278	13426	1139	7.9	1.6	69400
1975	17312	17028	626	12.9	12.5	35900
1978	17319	16229	1632	17.0	17.6	38400
1980	16300	15791	999	21.3	24.6	37200
1985	16813	4664	567	45.2	36.8	30942
1990	16036	5563	1729	22.8	17.0	35259
1995	6375	10672	2574	26.0	16.0	36049
2000	4698	12249	2045	37.1	17.0	42055
2001	4649	12184	2014	28.3	15.7	39649
2002	4886	11653	2547	28.5	16.5	38116
2003	4871	11653	2547	37.0	17.0	44826
2004	4787	11802	2651	23.9	17.5	49937
2005	4514	11731	2547	17.2	7.3	46291
2006	5197	11491	2846	22.5	8.8	46932
2007	5479	11821	3088	22.0	9.5	42658
2008	5284	11744	2830	24.7	12.1	41460
2009	5574	12802	3088	23.9	11.5	26630
2010	5399	13384	3170	24.8	12.0	27175
2011	3933	13501	3171	27.9	10.5	24592
2012	4340	16853	3658	27.7	14.4	25716
2013	4340	17749	3658	35.5	12.7	24668

11—6 续表2

年份	函件（万件）	包件（万件）	汇票（万张）	特快专递（件）	邮政储蓄（万元）
1952	96.6	1.6	6.9		
1957	313.5	5.7	10.6		
1962	497.7	14.5	16.6		
1965	501.1	8.4	25.1		
1970	695.9	15.0	34.3		
1975	847.4	14.5	31.4		
1978	968.6	14.6	31.9		
1980	935.8	13.7	37.3		
1985	1300.4	12.3	41.3		
1990	1143.6	9.1	39.7	613	8516
1995	2219.0	14.0	47.0	137346	53784
2000	1741.1	30.3	46.5	118351	202277
2001	1104.9	23.8	46.8	141006	247396
2002	2389.2	23.9	45.7	167732	377045
2003	1288.2	26.9	44.9	196696	473583
2004	1413.0	21.9	39.5	224296	604087
2005	1487.2	18.8	53.5	265384	797796
2006	1442.5	15.6	48.6	295255	895885
2007	1324.2	13.9	49.4	351682	1049871
2008	1036.0	11.0	58.4	469475	1092594
2009	764.2	10.4	50.0	493674	1239215
2010	680.0	9.2	48.7	504915	916458
2011	582.0	9.5	46.6	604818	1006855
2012	537.2	9.9	40.5	626572	1140842
2013	574.8	9.5	22.6	701062	1214429

11—7 主要年份邮电业务量及电话数量

年份	邮电业务总量（万元）	固定电话（部）	固定电话普及率（部/百人）	移动电话（部）	移动电话普及率（部/百人）
1952	22.5	205	0.01		
1957	93.8	1400	0.09		
1962	266.9	7797	0.40		
1965	281.3	9695	0.46		
1970	230.4	7239	0.30		
1975	298.7	12241	0.44		
1978	363.5	14494	0.49		
1980	561.0	14180	0.49		
1985	728.9	16213	0.51		
1990	2166.9	22394	0.65		
1995	12239.0	63965	1.74	3678	0.10
2000	71009.0	297958	7.70	160100	4.05
2001	78600.0	414936	10.37	350200	8.75
2002	107844.3	500226	12.40	481048	11.90
2003	160859.0	681143	16.77	722023	17.80
2004	270332.8	824696	20.15	883139	21.60
2005	319094.7	915215	22.21	1099684	26.70
2006	407201.0	917263	22.12	1200535	28.95
2007	522600.1	882230	21.15	1593748	38.20
2008	603336.0	855499	20.38	1844110	43.93
2009	655884.6	808436	19.15	2129897	50.45
2010	655124.1	705973	16.34	2901234	67.17
2011	280128.8	665008	15.35	3386902	78.17
2012	331775.6	627243	14.40	3638520	83.53
2013	363489.6	538868	12.31	3936061	89.88

2011年起，邮电业务总量（包括邮政业务总量和电信业务总量）由之前的2000年不变价变更为2010年不变价。

主要统计指标解释

交通运输业 指国民经济中从事运送货物和旅客的社会生产部门。运输活动按其企业核算方式分为营业性运输和非营业性运输。

营运汽车 指领有公安交通监理部门核发的车辆牌照,并经当地工商行政管理机关核准,领取营业执照,参加营业性运输的载客和载货汽车,包括使用权属于公路运输企业的租入、借入、代管的营运汽车。

民用汽车 指由公安交通监理部门所掌管的领有本地区车辆牌照的机动车辆的一部分。不包括拖拉机、摩托车、其他机动车等。民用汽车包括普通载货汽车、专用载货汽车、载客汽车、其他专用汽车、特种汽车等。

载客汽车 指有专门的客运设备,用于旅客运输的汽车,对于临时作为"代客车"使用的载货汽车,不能作为载客汽车统计。

普通载货汽车 指只有一般构造的栏板式、平板式货运汽车,包括自卸车、半挂车等。

大型载货(客)汽车 凡符合下列情况之一的即为大型汽车:

(1)总质量(即车辆自重和载重量之和)为4.5吨以上的;

(2)总座位数(驾驶员座位除外)在20座以上的;

(3)车长在6米和6米以上的。

专用载货汽车 指具有特殊构造和专门用途的货运汽车如冷藏车、罐车、活畜运输车、散装水泥车等。

其他专用汽车 指特种汽车和专用载货汽车以外的有专门设备和单一用途的汽车,如起重车、卫生车等。

特种汽车 指警车、消防车、工程抢险车、救护车等担负特种任务的汽车。

轮胎式拖拉机 指主要用于从事公路运输活动的并领取机动车牌照的轮式拖拉机。

摩托车 指二轮、三轮摩托车及轻便型摩托车(发动机气缸容积不超过50毫升,最大设计时速不超过50公里,只供单人乘骑用)。

其他机动车指除民用汽车、轮胎式拖拉机及摩托车以外的其它民用机动车辆,如简易机动车、电车等。

载货挂车 指挂车本身没有动力,需要依靠货车或牵引车拖带,进行运输货物的车辆与它组成一个整体,共同构成汽车的运输能力。

公路里程 也称"公路通车里程",是指实际达到交通部制定的公路工程技术标准规定的等级公路长度。它包括大中城市的郊区以及通过小城镇街道的公路里程,也包括桥梁、渡口的长度,但不包括城市街道以及厂矿、林区和农村生产用道的里程,两条或多条公路共同经由同一路段,只计算一次,不得重复计算里程长度。公路里程是反映公路建设发展规模的重要指标,也是计算运输网密度等指标的资料。

国　道 指具有全国性政治、经济意义的主要干线公路,包括重要的国际公路、国防公路、连接首都与各省、自治区首府和直辖市、各大军区的公路、连接各大经济中心、港站枢纽、商品生产基地和战略要地的公路。

省　道 指具有全省(自治区、直辖市)政治、经济意义,连接省内中心城市和主要经济区的公路,以及不属于国道的省际间的重要公路。

县　道 指具有全县政治、经济意义,连接县城和县内主要乡(镇)、主要商品生产和集散地的公路以及不属于国道、省道的县际间的公路。

乡　道 指主要为乡(镇)村经济、文化、行政服务的公路,以及不属于县道以上公路的乡与乡之间及乡与外部联络的公路。

有路面公路 指铺有各种路面的公路。包括高级路面、次高级路面、中高级路面、中级路面和低级路面。

货(客)运量 指运输业实际运送的货物(旅客)数量。货物不论运输距离长短,货物类别,均按实际重量统计;旅客不论行程远近或票价多少,均按一人一次作为客运量统计。半价票、小孩票也按一人统计。货(客)运量反映运输业为国民经济和人民生活服务的数量指标,也是制定和检查运输生产计划,研究运输发展规模和速度的重要指标。

货物(旅客)周转量 指运输业运送的货物(旅客)数量与其相应运输距离的乘积之总和,通常以吨公里和人公里为计算单位。计算货物周转量通常按发出站与到达站之间最短距离,也就是计费距离计算。它是反映运输业生产总成果的重要指标,也是编制和检查运输生产计划、计算运输效率、劳动生产率以及核算运输单位成本的主要基础资料。

邮电业务量 指以实物单位表示的邮电通信为社会提供的各种类型的服务数量。

十二、批发和零售业

资料整理人员

武俊峰　翟晓鹏　李　娟

批发和零售业

社会消费品零售总额	475.50	亿元
城镇的零售额	398.24	亿元
乡村的零售额	77.26	亿元

社会消费品零售总额构成(%)

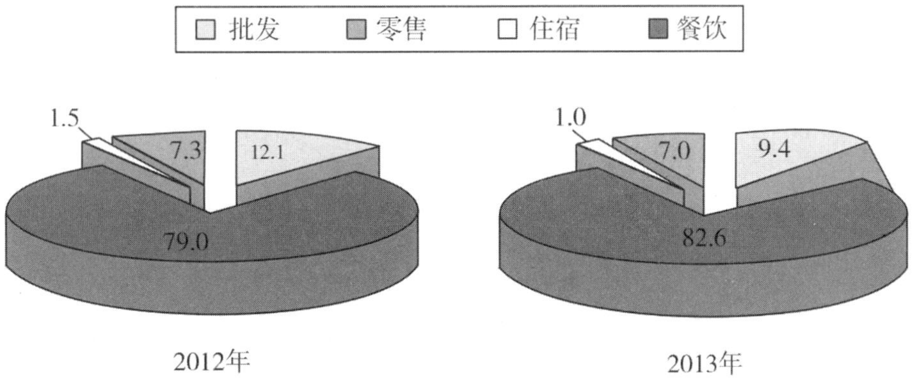

社会消费品零售总额(亿元)

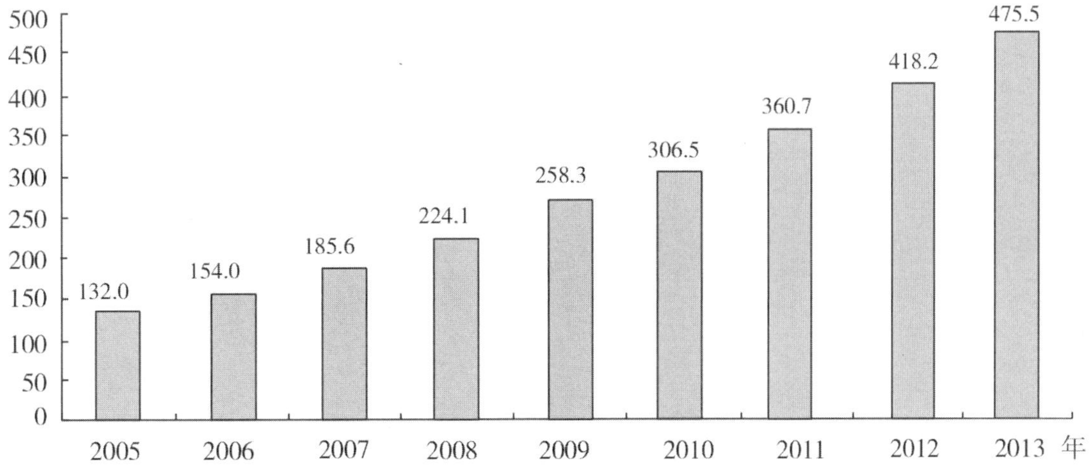

12—1 主要年份社会消费品零售总额

单位:万元

年　份	社会消费品零售总额	市	县	县以下
1952	5359	2148	1308	1903
1957	9369	3331	2486	3552
1962	13119	5521	3733	3865
1965	13950	5758	4286	3906
1970	19143	7661	5944	5538
1975	27532	10973	10505	6054
1978	33151	10874	12011	10266
1980	44334	14796	14011	15527
1985	79585	30141	27000	22444
1990	134538	66156	32071	36311
1995	356084	164110	95709	96265
2000	666388	292363	175704	198321
2001	725267	319802	190287	215178
2002	814082	352047	218772	243263
2003	945521	410135	254869	280517
2004	1153257	508568	309156	335533
2005	1320377	585518	346408	388451
2006	1540191	685973	419904	434314
2007	1856354	794448	519761	542145
2008	2240580	965045	631683	643852
2009	2582988	1207748	870973	504267
2010	3064945	1442012	1037710	585223
2011	3606900	1720459	1232762	653679
2012	4182209	2116258	1338705	727246
2013	4755026	3982414	772612	

注:2013年起区域划分为城镇和乡村,市栏为城镇数据,县栏为乡村数据。

12—2 社会消费品零售总额

单位:万元

指　　标	2013	2012
总　　计	**4755026**	**4182209**
按销售地区分		
城　镇	3982414	3505975
其中:城　区	2383891	2091878
乡　村	772612	676234
按行业分		
批发业	446737	376260
限额以上	6777	5705
限额以下	439961	370555
零售业	3929619	3447781
限额以上	1698402	1451188
限额以下	2231217	1996593
住宿业	46405	54088
限额以上	23005	33501
限额以下	23400	20587
餐饮业	332265	304079
限额以上	35133	36927
限额以下	297132	267152

12—3 限额以上批发和零售贸易业基本情况(2013年)

指　　标	法人企业数(个)	年末从业人员数(人)
总　　计	**256**	**16940**
一、批发业	74	7112
按登记注册类型分组		
内资企业	74	7112
国有企业	7	796
集体企业	3	131
有限责任公司	33	5090
国有独资公司	3	1060
其他有限责任公司	30	4030
私营企业	31	1095
私营有限责任公司	31	1095
按批发行业小类分组		
食品、饮料及烟草制品批发	4	483
盐及调味品批发	1	37
酒、饮料及茶叶批发	1	108
烟草制品批发	2	338
纺织、服装及家庭用品批发	1	10
家用电器批发	1	10
医药及医疗器材批发	5	435
西药批发	4	251
中药批发	1	184
矿产品、建材及化工产品批发	54	5716
煤炭及制品批发	35	4734
石油及制品批发	3	99
非金属矿及制品批发	2	13
金属及金属矿批发	7	565
建材批发	2	49
化肥批发	1	40
其他化工产品批发	4	216
机械设备、五金交电及电子产品批发	10	468
农业机械批发	1	109
汽车批发	7	345
其他机械设备及电子产品批发	2	14

12—3 续表

指　标	法人企业数（个）	年末从业人员数（人）
二、零售业	182	9828
按登记注册类型分组		
内资企业	182	9828
国有企业	11	408
集体企业	11	378
有限责任公司	26	929
其他有限责任公司	26	929
股份有限公司	3	1143
私营企业	131	6970
私营独资企业	27	422
私营有限责任公司	103	6510
私营股份有限公司	1	38
按零售行业小类分		
综合零售	31	2215
百货零售	11	373
超级市场零售	19	1810
其他综合零售	1	32
食品、饮料及烟草制品专门零售	15	573
粮油零售	4	153
糕点、面包零售	1	75
果品、蔬菜零售	3	64
酒、饮料及茶叶零售	2	18
烟草制品零售	1	32
其他食品零售	4	231
纺织、服装及日用品专门零售	5	957
服装零售	4	951
鞋帽零售	1	6
文化、体育用品及器材专门零售	12	387
图书、报刊零售	12	387
医药及医疗器材专门零售	14	863
药品零售	14	863
汽车、摩托车、燃料及零配件专门零售	79	4381
汽车零售	51	2577
汽车零配件零售	1	63
机动车燃料零售	27	1741
家用电器及电子产品专门零售	19	332
家用视听设备零售	5	127
日用家电设备零售	8	102
计算机、软件及辅助设备零售	3	59
通信设备零售	2	34
其他电子产品零售	1	10
五金、家具及室内装修材料专门零售	4	44
家具零售	2	32
木质装饰材料零售	1	10
货摊、无店铺及其他零售业	3	76
生活用燃料零售	1	46
其他未列明的零售	2	30

12—4 限额以上连锁零售业经营情况(2013 年)

指　　标	单　位	合　计	直营店	加盟店
一、门店总数	个	337	337	
二、年末营业面积	平方米	583781	583781	
三、年末从业人员	人	1997	1997	
四、商品购进总额	万元	240122	240122	
统一配送商品购进额	万元	179014	179014	
自有配送中心配送	万元			
非自有配送中心配送	万元	158860	158860	
五、商品销售额	万元	720698	720698	
#零售额	万元	618056	618056	

12—5 限额以上批发和零售业法人企业商品购进、销售、库存表(2013 年)

单位:万元

指标	商品购进总额	商品销售总额	批发额	零售额	年末商品库存总额
总计	**6231857**	**6343106**	**4813573**	**1529533**	**474796**
一、批发业	4690472	4706673	4678456	28216	264920
按登记注册类型分组					
内资企业	4690472	4706673	4678456	28216	287989
国有企业	349081	448963	448266	697	44036
集体企业	16482	18548	17346	1203	2098
有限责任公司	1938206	2024858	2014617	10241	37359
国有独资公司	295585	295206	295206		5537
其他有限责任公司	1642621	1729652	1719411	10241	31821
私营企业	2386704	2214303	2198228	16075	204496
私营有限责任公司	2386704	2214303	2198228	16075	204496
按批发行业小类分组					
食品、饮料及烟草制品批发	347075	448953	443736	5216	42557
盐及调味品批发	3225	5962	5962		1427
酒、饮料及茶叶批发	7895	8842	8842		809
烟草制品批发	335955	434148	428932	5216	40321
纺织、服装及家庭用品批发	5472	5454	4124	1330	751
家用电器批发	5472	5454	4124	1330	751
医药及医疗器材批发	48929	55406	51845	3561	2768
西药批发	22005	21815	19263	2553	1377
中药批发	26923	33590	32582	1008	1391
矿产品、建材及化工产品批发	4188974	4090005	4075978	14027	227882
煤炭及制品批发	1863156	1938482	1929543	8939	35392
石油及制品批发	11994	14172	9571	4600	127
非金属矿及制品批发	15965	19923	19923		2327
金属及金属矿批发	1723999	1543982	1543982		183724
建材批发	553378	549389	548901	488	5955
化肥批发	2454	2260	2260		194
其他化工产品批发	18029	21798	21798		163
机械设备、五金交电及电子产品批发	100023	106855	102773	4082	14032
农业机械批发	14758	13556	13556		1939
汽车批发	81672	86687	82605	4082	11805
其他机械设备及电子产品批发	3593	6612	6612		288

12—5 续表

单位:万元

指　　标	商品购进总　　额	商品销售总　　额	批发额	零售额	年末商品库存总额
二、零售业	1541384	1636433	135116	1501317	186807
按登记注册类型分组					
内资企业	1541384	1636433	135116	1501317	186807
国有企业	30076	29404	2119	27285	2885
集体企业	66172	68553	669	67885	3657
有限责任公司	70249	71878	11656	60222	5235
其他有限责任公司	70249	71878	11656	60222	5235
股份有限公司	667062	670234	105553	564681	29652
私营企业	707826	796364	15120	781245	145378
私营独资企业	27636	27130	2634	24496	2385
私营有限责任公司	679342	768446	12486	755960	142935
私营股份有限公司	848	789		789	59
按零售行业小类分组					
综合零售	65603	95763	2478	93285	31148
百货零售	21217	22904	669	22236	4081
超级市场零售	42076	70045		70045	26677
其他综合零售	2310	2815	1810	1005	390
食品、饮料及烟草制品专门零售	38141	36951		36951	41650
粮油零售	4988	4953		4953	419
糕点、面包零售	2596	2655		2655	13
果品、蔬菜零售	7308	6518		6518	38640
酒、饮料及茶叶零售	7900	7821		7821	472
烟草制品零售	5041	5673		5673	345
其他食品零售	10308	9331		9331	1761
纺织、服装及日用品专门零售	68455	65926		65926	4430
服装零售	67749	65220		65220	4428
鞋帽零售	706	706		706	3
文化、体育用品及器材专门零售	31319	30890	2119	28771	3342
图书、报刊零售	31319	30890	2119	28771	3342
医药及医疗器材专门零售	30255	37089	3678	33411	5187
药品零售	30255	37089	3678	33411	5187
汽车、摩托车、燃料及零配件专门零售	1253465	1313432	121409	1192024	95950
汽车零售	546705	588480	5692	582788	65659
汽车零配件零售	1175	1163		1163	244
机动车燃料零售	705585	723789	115716	608073	30047
家用电器及电子产品专门零售	28629	30640	5433	25207	4298
家用视听设备零售	12862	13507	1157	12350	967
日用家电设备零售	9599	10370	3178	7192	2584
计算机、软件及辅助设备零售	2947	2958	1015	1944	254
通信设备零售	2599	3079	83	2996	463
其他电子产品零售	622	726		726	30
五金、家具及室内装修材料专门零售	18919	18653		18653	485
家具零售	973	1018		1018	175
木制装饰材料零售	17285	16975		16975	310
其他室内装饰材料零售	661	660		660	
货摊、无店铺及其他零售业	6599	7089		7089	316
生活用燃料零售	422	1044		1044	1
其他未列明的零售业	6176	6045		6045	315

12—6 限额以上批发和零售业法人

指标	年末资产负债							
	流动资产合计	#存货	固定资产合计	固定资产原价	累计折旧	#本年折旧	在建工程	资产总计
总计	**3638119**	**476876**	**221570**	**327925**	**110339**	**17234**	**17664**	**4161354**
一、批发业	3176831	310939	110062	183092	71445	9140	5415	3544008
1. 按批发行业小类分								
食品、饮料及烟草制品批发	66150	41846	45818	62256	16438	113	767	121402
盐及调味品批发	932	674	432	1146	714	34	1396	
酒、饮料及茶叶批发	2606	809	159	488	329	35	68	3866
烟草制品批发	62613	40363	45227	60622	15395	44	699	116140
纺织、服装及家庭用品批发	864	689	11	19	8			874
家用电器批发	864	689	11	19	8			874
医药及医疗器材批发	15255	2736	5373	6788	1415	273		20842
西药批发	7223	1346	1623	2898	1275	133		9041
中药批发	8033	1391	3750	3890	140	140		11801
矿产品、建材及化工产品批发	3047816	252602	51473	104028	50970	8036	4358	3339785
煤炭及制品批发	2000412	32054	27012	70339	39934	7543	271	2149702
石油及制品批发	976	152	13705	17214	3509	18	1502	16182
非金属矿及制品批发	42335	2327	2138	847	517	42	1808	83289
金属及金属矿批发	948323	210782	5984	11878	5894	271	366	1031768
建材批发	48147	5955	972	1207	234	26	280	49399
化肥批发	298	194	150	171	22	4	55	502
其他化工产品批发	7327	1139	1513	2373	860	133	77	8942
机械设备、五金产品及电子产品批发	46746	13066	7387	10001	2614	718	290	61105
农业机械批发	3066	1939	2148	2827	679	56		5244
汽车批发	36278	10839	5216	7126	1910	640	290	48408
其他机械设备及电子产品批发	7402	288	23	48	25	22		7453
2. 按登记注册类型分								
内资企业	3176831	310939	110062	183092	71445	9140	5415	3544008
国有企业	66968	40444	49601	69228	19628	385	776	126171
集体企业	2585	677	559	1523	965	57		3192
有限责任公司	2022276	39020	43049	89004	42562	7914	2185	2202217
国有独资公司	168985	4387	4310	12104	7795	2220	26	181423
其他有限责任公司	1853292	34633	38739	76900	34767	5695	2159	2020794
私营企业	1085001	230798	16854	23336	8291	784	2454	1212428
私营有限责任公司	1085001	230798	16854	23336	8291	784	2454	1212428
3. 按控股情况分								
国有控股	2022477	66374	70935	129813	55486	7448	1218	2221713
集体控股	5410	1585	647	1916	1269	66		6401
私人控股	1102528	235119	32705	44106	13209	991	4078	1249530
其他	46417	7861	5775	7256	1482	635	119	66364
4. 按经营形式分								
独立门店	1954533	85168	84441	138282	52108	5992	3403	2185080
连锁总店	909657	208943	17730	25723	7993		1868	993262
连锁门店	35045	1915	197	585	388	53		55448
其他	277597	14913	7693	18502	10956	3096	145	310219
5. 按单位规模分								
大型	2717245	257657	66280	119475	49654	6722	1091	2949550
中型	292072	29979	35215	50763	15549	1761	1859	374813
小型	132705	14967	6844	10454	5418	532	2220	181500
微型	34810	8336	1723	2400	825	126	245	38145

单位主要财务状况(2013 年)

单位:万元

年末资产负债								
负债合计	所有者权益合计	#实收资本	国家资本	集体资本	法人资本	个人资本	港澳台资本	外商资本
3704092	**457262**	**340874**	**53953**	**8735**	**125264**	**152723**	**100**	**100**
3242482	301526	195791	13366	1346	78976	101903	100	100
16315	105087	4470	38	346	2086	2000		
557	839	384	38	346				
1312	2555	2000				2000		
14446	101694	2086			2086			
373	502	500				500		
373	502	500				500		
17991	2850	3529	268		1580	1681		
7081	1960	2729			1500	1229		
10910	891	800	268		80	452		
3152584	187201	176644	12294	1000	69800	93350	100	100
2018432	131270	69620	9985	835	50300	8300	100	100
12586	3597	3469	100		3289	80		
71036	12254	16050			50	16000		
998344	33424	80821			12211	68610		
45264	4135	4000			3950	50		
15	487	310				310		
6908	2034	2374	2209	165				
55219	5886	10648	766		5510	4372		
4339	904	448	448					
44812	3597	9600	318		5410	3872		
6068	1385	600			100	500		
3242482	301526	195791	13366	1346	78976	101903	100	100
22851	103320	2468	882		1586			
1770	1422	460	38	422				
2056444	145773	78592	12046	824	60974	4749		
161666	19757	6000			6000			
1894779	126015	72592	12046	824	54974	4749		
1161417	51011	114271	400	100	16417	97154	100	100
1161417	51011	114271	400	100	16417	97154	100	100
2000883	220830	56393	12342	165	43396	490		
4823	1577	1119	38	1081				
1185211	64319	125480	400	100	24500	100279	100	100
51565	14799	12800	586		11080	1134		
1953945	231135	90202	3923	1346	49793	34941	100	100
977778	15484	63364			3284	60080		
48153	7295	6000	6000					
262607	47612	36225	3443		25900	6882		
2733506	216045	92786			32786	60000		
330795	44018	53451	10252	422	33374	9404		
141319	40181	43929	2389	824	12517	28199		
36862	1283	5625	725	100	300	4300	100	100

12—6 续

指标	年末资产负债							
	流动资产合计	#存货	固定资产合计	固定资产原价	累计折旧	#本年折旧	在建工程	资产总计
二、零售业	461288	165937	111509	144833	38893	8094	12249	617346
1. 按零售行业小类分								
综合零售	80711	34732	22145	29212	7621	289	985	115822
百货零售	9613	4310	1875	2715	840	61	229	13021
超级市场零售	70688	30032	20252	26461	6762	228	756	102373
其他综合零售	410	390	18	36	18			428
食品、饮料及烟草制品专门零售	16539	7707	9269	10060	791	151		25920
粮油零售	3869	2248	1782	2214	432	35		5763
糕点、面包零售	117	13	20	58	38			136
果品、蔬菜零售	3870	2463	5640	5815	175	86		9510
肉、禽、蛋、奶及水产品零售								
营养和保健品零售								
酒、饮料及茶叶零售	1425	472	143	171	29	19		1569
烟草制品零售	506	295	5	15	10	10		511
其他食品零售	6752	2216	1679	1787	108			8432
纺织、服装及日用品专门零售	14810	3361	3090	8802	5713	887		20185
纺织品及针织品零售								
服装零售	14796	3358	3090	8792	5702	886		20171
鞋帽零售	14	3		10	10	1		14
化妆品及卫生用品零售								
钟表、眼镜零售								
文化、体育用品及器材专门零售	13949	2405	4627	6775	2148	267	1203	21455
文具用品零售								
体育用品及器材零售								
图书、报刊零售	13949	2405	4627	6775	2148	267	1203	21455
音像制品及电子出版物零售								
珠宝首饰零售								
医药及医疗器材专门零售	16381	5396	2727	4393	1666	419	184	20491
药品零售	16381	5396	2727	4393	1666	419	184	20491
医疗用品及器材零售								
汽车、摩托车、燃料及零配件专门零售	306586	107174	62981	78571	19823	5508	9166	393719
汽车零售	211079	64377	27568	38890	14310	3800	2965	248676
汽车零配件零售	1953	244	57	178	121	7	2010	
摩托车及零配件零售								
机动车燃料零售	93554	42553	35356	39504	5392	1701	6201	143034
家用电器及电子产品专门零售	7049	3859	617	1103	516	175		8311
家用视听设备零售	2418	887	92	319	257	88		2794
日用家电设备零售	2888	2356	465	631	165	18		3692
计算机、软件及辅助设备零售	647	150	25	37	11	1		678
通信设备零售	458	436	35	117	82	68		510
其他电子产品零售	637	30			637			
五金、家具及室内装饰材料专门零售	2978	1080	1699	1989	291	202		4802
五金零售								
灯具零售								
家具零售	775	375	396	520	124	35		1171
卫生洁具零售								
木质装饰材料零售	1673	705	1301	1468	167	167		3093
陶瓷、石材装饰材料零售								
其他室内装饰材料零售	530		1	1				537
货摊、无店铺及其他零售业	2286	225	4355	3927	326	197	711	6641
货摊食品零售								
货摊纺织、服装及鞋零售								
生活用燃料零售	1208	208	4185	3695	263	189	673	5393
其他未列明零售业	1078	16	170	233	63	7	38	1248

表 1

单位:万元

年末资产负债								
负债合计	所有者权益合计	#实收资本	国家资本	集体资本	法人资本	个人资本	港澳台资本	外商资本
461610	155737	145084	40587	7390	46287	50820		
110690	5132	10832	100	1591	695	8446		
10183	2838	2699	100	1591	350	658		
100129	2244	8082			295	7788		
378	50	50			50			
15401	10519	4878	373	95	385	4025		
3932	1831	1278	373	10		895		
109	27	15			15			
3838	5672	1040			150	890		
560	1009	240				240		
529	－18	30		30				
6433	1999	2275		55	220	2000		
18579	1606	3410			20	3390		
18578	1593	3400			20	3380		
1	13	10				10		
13095	8360	581	144	3	434			
13095	8360	581	144	3	434			
16007	4485	3701			869	2832		
16007	4485	3701			869	2832		
274098	119621	111465	39952	500	40998	30015		
205727	42949	46742	422	500	21364	24457		
1509	501	500			412	88		
66862	76171	64223	39530		19222	5471		
8419	－108	3805		200	2626	979		
4820	－2027	2100			1695	405		
2290	1403	1211		200	651	360		
516	162	144			30	114		
207	303	300			200	100		
586	51	50			50			
3397	1404	1325			260	1065		
487	684	605			100	505		
2873	220	220			160	60		
37	500	500				500		
1924	4718	5086	18	5000		68		
822	4571	5000		5000				
1102	146	86	18			68		

12—6 续

指标	年末资产负债							
	流动资产合计	#存货	固定资产合计	固定资产原价	累计折旧	#本年折旧	在建工程	资产总计
2. 按登记注册类型分								
内资企业	461288	165937	111509	144833	38893	8094	12249	617346
国有企业	14118	3047	5363	7435	2071	186	1203	22275
集体企业	18932	5212	2133	3603	1470	222	229	22559
股份合作企业								
联营企业								
有限责任公司	28622	8131	13615	18026	4411	1137	6106	53508
其他有限责任公司	28622	8131	13615	18026	4411	1137	6106	53508
股份有限公司	63246	37806	403	672	269		179	63979
私营企业	336370	111741	89994	115097	30672	6548	4532	455026
私营独资企业	4511	2978	2659	3006	347	40	9	7330
私营合伙企业								
私营有限责任公司	331242	108701	87281	111990	30278	6506	4524	446937
私营股份有限公司	616	62	54	101	47	3		760
其他企业								
港、澳、台商投资企业								
3. 按控股情况分								
国有控股	84372	40790	11467	14988	3521	933	7307	108504
集体控股	23484	7977	2791	4326	1535	222	229	27863
私人控股	349522	116337	92958	118943	31554	6693	4712	472289
港澳台商控股								
外商控股								
其　他	3910	833	4292	6576	2284	246	2	8691
4. 按经营形式分								
独立门店	383051	132537	92286	119148	31848	7770	11655	507749
连锁总店	63485	28301	17979	23344	5918	154	553	92788
连锁门店	11703	4189	675	1314	669	121	1	12866
其他	3049	910	569	1028	459	48	40	3943
5. 按单位规模分								
大　型	113655	59179	16124	20451	4881		553	140807
中　型	254115	76750	69086	92788	27935	6472	8473	347218
小　型	83061	26906	24347	28897	5334	1490	3043	115978
微　型	10457	3101	1953	2697	744	132	180	13343
6. 按零售业态分								
有店铺零售	461288	165937	111509	144833	38893	8094	12249	617346
食杂店	155	84	1156	1156				1311
便利店	349	198	131	145	14	5		480
折扣店								
超　市	23575	10240	5000	6126	1127	208	203	29012
大型超市	58346	25463	17163	23116	6507	121	553	86538
仓储会员店	975	10	169	232	63	7	38	1144
百货店	5773	922	1100	1528	429	7	229	8406
专业店	135362	54699	34048	40029	6765	2169	8235	187855
专卖店	215658	67339	43478	57049	17803	4414	2992	269836
家居建材商店	1673	705	1301	1468	167	167		3093
购物中心	14796	3358	3090	8792	5702	886		20171
厂家直销中心	4626	2919	4875	5193	317	110		9501
无店铺零售								
电视购物								

表 2

单位：万元

年末资产负债								
负债合计	所有者权益合计	#实收资本	国家资本	集体资本	法人资本	个人资本	港澳台资本	外商资本
461610	155737	145084	40587	7390	46287	50820		
14014	8261	553	407		145			
19105	3454	2361	100	2106	40	116		
31794	21713	12901	18	84	11318	1481		
31794	21713	12901	18	84	11318	1481		
23799	40179	40034	39530			504		
372897	82130	89235	532	5200	34784	48719		
5047	2282	2580			1432	1148		
367545	79391	86605	532	5200	33352	47521		
304	456	50				50		
50105	58399	48987	39956		8926	106		
24267	3596	2513	100	2190	95	128		
385658	86631	92354	532	5200	36266	50356		
1580	7110	1230			1000	230		
353793	153956	137550	40566	7390	44244	45351		
90479	2309	4542	3		339	4200		
14247	-1381	2304			1705	599		
3091	852	688	18			670		
101303	39505	42530	39530			3000		
272632	74586	69027	685	500	33210	34633		
79813	36165	28380	270	6278	10897	10935		
7862	5481	5146	103	611	2180	2252		
461610	155737	145084	40587	7390	46287	50820		
808	504	500				500		
299	181	171		19	40	113		
23013	5999	6097	25		410	5662		
86827	-289	5000				5000		
1049	95	36	18			18		
6386	2020	2088	100	1573	300	116		
108139	79716	74870	39912	5068	24610	5280		
210042	59794	51462	422	730	20597	29713		
2873	220	220			160	60		
18578	1593	3400			20	3380		
3596	5905	1239	110		150	979		

12—6 续

指标	损益及分配						
	主营业务收入	主营业务成本	主营业务税金及附加	其他业务利润	销售费用	管理费用	#税金
总计	**5755649**	**5440764**	**27603**	**17480**	**135479**	**101657**	**2674**
一、批发业	4283327	4075687	24643	9333	79971	72715	1856
1.按批发行业小类分							
食品、饮料及烟草制品批发	386624	293959	21441	249	5592	21626	895
盐及调味品批发	5368	3682	44		528	774	12
酒、饮料及茶叶批发	8842	7839	14		436	463	
烟草制品批发	372414	282438	21383	249	4628	20389	883
纺织、服装及家庭用品批发	4662	4580	4		7	67	2
家用电器批发	4662	4580	4		7	67	2
医药及医疗器材批发	49651	46446	67	9	1291	1966	116
西药批发	20918	19512	35	9	799	702	66
中药批发	28733	26934	33		492	1265	50
矿产品、建材及化工产品批发	3741082	3632701	3051	8506	71277	46502	419
煤炭及制品批发	1805766	1760464	2397	8294	11676	38831	187
石油及制品批发	13558	11438	32		49	1960	
非金属矿及制品批发	19940	20852	3	168	8		
金属及金属矿批发	1329370	1271323	549	163	57622	3901	19
建材批发	549389	547934	28		927	287	185
化肥批发	2260	2160	70	28			
其他化工产品批发	20799	18530	42	48	933	1327	21
机械设备、五金产品及电子产品批发	101308	98001	80	570	1804	2553	424
农业机械批发	13170	11961	14	127	614	855	180
汽车批发	81557	79989	54	443	1086	1545	245
其他机械设备及电子产品批发	6582	6051	12		104	153	
2.按登记注册类型分							
内资企业	4283327	4075687	24643	9333	79971	72715	1856
国有企业	391685	299420	21427	424	5415	22840	1099
集体企业	16752	7847	678		528	5944	12
有限责任公司	1887955	1845953	1903	8383	7689	37706	477
国有独资公司	282791	275628	242		479	6339	113
其他有限责任公司	1605164	1570325	1661	8383	7210	31366	364
私营企业	1986935	1922467	636	527	66339	6226	268
私营有限责任公司	1986935	1922467	636	527	66339	6226	268
3.按控股情况分							
国有控股	2094910	1969787	23093	8789	10302	55135	1264
集体控股	19061	10029	689		592	6058	12
私人控股	2051539	1982098	739	536	67540	9284	325
其他	117817	113773	123	9	1536	2239	255
4.按经营形式分							
独立门店	2379802	2248107	23676	8907	17923	57334	1508
连锁总店	1267550	1209094	504	163	56890	5106	
连锁门店	50553	49114			198	924	
其他	585423	569372	463	263	4960	9352	349
5.按单位规模分							
大型	2798796	2633914	23156	7891	63172	48739	1010
中型	777959	741672	1290	1223	12470	20342	582
小型	680446	674654	161	92	3886	3099	265
微型	26126	25447	36	127	443	535	

表3

单位:万元

损益及分配								人工成本及增值税	
财务费用	#利息支出	投资收益	营业利润	营业外收入	补贴收入	利润总额	应交所得税	应付职工薪酬	应交增值税
37880	**14327**	**5687**	**35787**	**3994**	**1390**	**20888**	**15540**	**61448**	**44839**
26659	7901	4686	20567	2784	1211	22607	14859	31789	31788
-137	132		44393	1390	1111	45169	12339	15559	16620
			341	1		443	112	191	323
31	31		60	110	110	109	18	217	150
-168	102		43993	1279	1001	44617	12209	15151	16147
2	2		1			1		10	26
2	2		1			1		10	26
31	30		-103	19		-87	4	1115	518
31	30		-112	19		-94	1	709	258
1			10			7	3	405	260
25275	6235	4686	-21635	1361	100	-20373	2457	13514	14214
12746	2793	113	-8982	1199	100	-7759	2282	10656	4788
3	3		77			74	10	288	21
3290	3192	3000	-1368			-1368		14	
8910	107	1573	-11257	105		-11285	17	1776	8777
85	84		128			102	31	94	279
			2			2		45	
242	57		-235	57		-140	117	640	349
1487	1501		-2089	13		-2102	59	1592	409
81	85		-228	12		-228		274	101
1406	1416		-2062	1		-2070	4	1283	238
-1			202			196	55	34	71
26659	7901	4686	20567	2784	1211	22607	14859	31789	31788
-172	104		43131	1273	1001	43835	12326	16408	16590
-16			1771	144		2017	505	426	323
12482	2560	179	-6251	1245	210	-4997	1987	11668	5394
561	459		2536	379		2894	765	3545	344
11922	2101	179	-8787	866	210	-7891	1222	8123	5049
14364	5237	4506	-18084	122		-18248	42	3287	9481
14364	5237	4506	-18084	122		-18248	42	3287	9481
11938	2223	113	36203	2326	1101	38046	14243	26022	21256
9	24		1685	145		1931	505	462	323
14548	5402	4506	-17340	309	110	-17381	90	4293	9800
164	252	66	19	5		12	21		
15791	6207	3090	28484	2263	1211	30309	13705	1012	409
8789	3	1506	-11164	100		-11176	9		
173			125	6		131	38	24236	22037
1906	1692	89	3121	414		3343	1106	1775	8647
								428	
18855	657	1506	23352	2265	1101	24811	13029	5349	1104
3830	3577	179	-522	440	110	53	1602		
3858	3553	3000	-1879	77		-1845	175	21578	27723
116	113		-384	1		-412	53	8110	2926

12—6　续

指　　标	损益及分配						
	主营业务收入	主营业务成本	主营业务税金及附加	其他业务利润	销售费用	管理费用	#税　金
二、零售业	1472322	1365078	2960	8146	55508	28942	818
1. 按零售行业小类分							
综合零售	79880	56038	235	3420	7387	3037	65
百货零售	18435	17137	61	81	1103	616	7
超级市场零售	58630	36625	173	3339	6240	2336	58
其他综合零售	2815	2276	1		44	85	1
食品、饮料及烟草制品专门零售	35660	31757	138	686	1279	1197	18
粮油零售	4795	4558	25	44	117	273	2
糕点、面包零售	2655	2389			181	81	
果品、蔬菜零售	6518	5449	12		212	279	
肉、禽、蛋、奶及水产品零售							
营养和保健品零售							
酒、饮料及茶叶零售	7608	6953	15	625	79	90	
烟草制品零售	4848	4469	12		3	348	
其他食品零售	9235	7939	73	18	688	127	17
纺织、服装及日用品专门零售	60589	56984	225	2116	1339	2855	20
纺织品及针织品零售							
服装零售	60003	56403	224	2116	1339	2850	20
鞋帽零售	586	581				5	
化妆品及卫生用品零售							
钟表、眼镜零售							
文化、体育用品及器材专门零售	25958	20114	70	394	4122	1218	14
文具用品零售							
体育用品及器材零售							
图书、报刊零售	25958	20114	70	394	4122	1218	14
音像制品及电子出版物零售							
珠宝首饰零售							
医药及医疗器材专门零售	32441	27047	87	40	3184	1849	78
药品零售	32441	27047	87	40	3184	1849	78
医疗用品及器材零售							
汽车、摩托车、燃料及零配件专门零售	1187306	1128580	1300	1361	35651	17469	605
汽车零售	540213	512937	654	690	10547	9737	428
汽车零配件零售	1257	1105	1		106	45	
摩托车及零配件零售							
机动车燃料零售	645836	614538	645	671	24998	7687	177
家用电器及电子产品专门零售	27310	25312	40	122	1825	788	12
家用视听设备零售	12132	10857	19		1357	375	11
日用家电设备零售	9079	8764	8	10	266	120	
计算机、软件及辅助设备零售	2836	2663	3		92	85	
通信设备零售	2536	2405	7	112	110	108	
其他电子产品零售	726	622	3			99	
五金、家具及室内装饰材料专门零售	18579	15240	858	7	477	120	4
五金零售							
灯具零售							
家具零售	944	751	8		20	43	4
卫生洁具零售							
木质装饰材料零售	16975	13836	849		457	70	
陶瓷、石材装饰材料零售							
其他室内装饰材料零售	660	653	2	7	0	7	
货摊、无店铺及其他零售业	4598	4007	7		245	410	2
货摊食品零售							
货摊纺织、服装及鞋零售							
生活用燃料零售	924	782			27	191	1
其他未列明零售业	3674	3224	7		218	220	1

表4

单位:万元

损益及分配								人工成本及增值税	
财务费用	#利息支出	投资收益	营业利润	营业外收入	补贴收入	利润总额	应交所得税	应付职工薪酬	应交增值税
11221	6426	1001	15221	1210	179	-1719	680	1880	1033
								221	106
2107	1868	1000	14409	206	3	-1197	17	29659	13051
134	20		-535	27		-531	7		
1973	1848	1000	14535	179	3	-1076	10	5238	763
			409			409		1750	54
454	418		989	166	150	906	16	3419	704
88	75		-142	166	150	24	1	69	5
			3			3	1	785	200
149	149		418			418	11	110	5
								141	2
								198	1
			472			472	1		
10	9		7			7	2		
207	186		230			-19		34	
238	192		132	1		846	24	185	113
								118	80
238	192		133	1		847	24	2077	212
			-1			-1			
								2069	194
								7	18
4	8		846	25	9	813	183		
								1132	349
4	8		846	25	9	813	183		
								1132	349
187	57	1	135	108		16	26		
187	57	1	135	108		16	26		
								1550	3157
8127	3829		-2505	171	18	-2655	318	1550	3157
6721	3199		272	142	18	307	30		
			1			1		17876	7724
								6931	2659
1406	630		-2778	30		-2963	288	96	
58	6		-658	534		-556	45		
32	6		-574	6		-571	34	10848	5065
19			-89	515		5	1	575	458
1			-8			-8	3	175	118
6			12	13		18	7	147	23
			2					147	28
50	50		1824			61	50	75	288
								30	
								71	
50	50		63			63	50		
								57	
			1763						
			-2			-2		12	
-3	-2		49			49	2		
								2	
								356	188
-2	-2		42			42			
-1			7			7	2		

12—6 续

指标	损益及分配						
	主营业务收入	主营业务成本	主营业务税金及附加	其他业务利润	销售费用	管理费用	#税金
2. 按登记注册类型分							
内资企业	1472322	1365078	2960	8146	55508	28942	818
国有企业	24744	19499	89	394	3615	1388	14
集体企业	53229	50074	112	148	1774	1160	3
股份合作企业							
联营企业							
有限责任公司	71941	65153	168	1305	3440	2451	86
其他有限责任公司	71941	65153	168	1305	3440	2451	86
股份有限公司	594370	567264	487	56	23105	5055	152
私营企业	728038	663088	2103	6244	23574	18889	563
私营独资企业	25192	22824	146	6	647	622	15
私营合伙企业							
私营有限责任公司	702057	639611	1955	6238	22863	18200	546
私营股份有限公司	789	653	2		64	67	2
其他企业							
港、澳、台商投资企业							
3. 按控股情况分							
国有控股	617399	584821	573	772	26961	6317	167
集体控股	58725	55181	114	175	2326	1425	19
私人控股	768634	699740	2243	6912	25098	20374	623
港澳台商控股							
外商控股							
其　他	27565	25335	29	288	1123	827	8
4. 按经营形式分							
独立门店	1236913	1157566	2756	5019	41334	25228	553
连锁总店	57173	34202	99	3010	6646	2246	33
连锁门店	173326	169251	91	64	7073	1070	166
其　他	4910	4059	14	53	455	398	66
5. 按单位规模分							
大　型	626995	581656	514	3029	26347	6147	185
中　型	589642	549973	1036	3899	20522	15315	410
小　型	219800	199949	1226	1156	7975	6450	190
微　型	35885	33501	183	62	665	1031	33
6. 按零售业态分							
有店铺零售	1472322	1365078	2960	8146	55508	28942	818
食杂店	1078	892	6		24	45	
便利店	1941	1667	47		406	214	
折扣店							
超　市	33661	28549	151	384	3590	1120	26
大型超市	46219	26120	71	3016	4526	1774	33
仓储会员店	1124	739	7		218	157	1
百货店	11894	11531	53	81	117	267	7
专业店	723037	680228	856	977	32443	10492	325
专卖店	569332	539075	687	1573	12186	11637	405
家居建材商店	16975	13836	849		457	70	
购物中心	60003	56403	224	2116	1339	2850	20
厂家直销中心	7058	6040	8		203	316	1
无店铺零售							
电视购物							

表 5

单位:万元

损益及分配								人工成本及增值税	
财务费用	#利息支出	投资收益	营业利润	营业外收入	补贴收入	利润总额	应交所得税	应付职工薪酬	应交增值税
								242	120
11221	6426	1001	15221	1210	179	-1719	680	114	68
18	23		675	118	87	735	182		
83	16		175	18		-33	4	29659	13051
								966	351
								1127	514
205	111	1	1196	99	71	1026	248		
205	111	1	1196	99	71	1026	248	1987	1261
382	36		-1868	76		-1996			
10534	6241	1000	15042	899	21	-1451	247	1987	1261
26			922	8		757	70	9431	4523
								16148	6403
10505	6237	1000	14121	892	21	-2207	176	2136	339
3	3								
								13945	6044
							67		20
414	75	1	-770	121	87	-883	317		
213	43		-375	90	71	-563	4		
10582	6290	1000	15839	977	21	-615	275	10771	4723
								1285	529
								17116	7463
12	18		528	23		341	85		
9112	4546	1	4492	1062	179	3134	568	487	336
1907	1826	1000	15091	136		-513	14		
76	54		-4229	13		-4220	97	24280	9626
127	1		-133			-121	2	2978	2732
								2144	572
2246	1862	1000	13115	76		-2719	3	256	121
7252	3548		-1462	508	99	-185	325		
1647	951	1	3078	550	5	750	265	10976	4722
75	66		491	76	76	434	87	10990	6209
								6623	1658
11221	6426	1001	15221	1210	179	-1719	680	1070	463
			113			113			
103			-497			-506	1	29659	13051
1								88	
309	209		203	43	3	174	44	30	45
1867	1826	1000	14876	163		-700	6		
-1			5			5	1	3185	429
29	20		-21			-23	2	2287	478
1340	246	1	-1191	323	159	-1415	354	72	68
7155	3752		-473	681	18	-524	235	262	7
			1763					13991	8803
238	192		133	1		847	24	7521	3024
182	182		309			309	12	12	
								2069	194
								142	

12—7 亿元以上商品交易市场总体情况(2013年)

	市场数量(个)	总摊位数(个)	年末出租摊位数(个)	营业面积(平方米)	成交额(万元)
总　　计	**9**	**8458**	**8258**	**469140**	**653307**
一、按市场类别分组					
1. 综合市场	4	3865	3865	325040	114378
生产资料综合市场	1	72	72	15000	16000
工业消费品综合市场	1	433	433	28000	16010
农产品综合市场	1	980	980	47040	67668
其他综合市场	1	2380	2380	235000	14700
2. 专业市场	5	4593	4393	144100	538929
生产资料市场	1	390	230	15000	24368
建材市场	1	390	230	15000	24368
农产品市场	1	1030	1030	60000	378690
蔬菜市场	1	1030	1030	60000	378690
食品、饮料及烟酒市场	1	98	98	3300	11000
其他食品饮料及烟酒市场	1	98	98	3300	11000
纺织、服装、鞋帽市场	2	3075	3035	65800	124871
服装市场	2	3075	3035	65800	124871
二、按营业状态分组					
1. 常年营业	9	8458	8258	469140	653307
2. 季节性营业					
3. 其　他					
三、按经营方式分组					
1. 以批发为主	8	7383	7223	443340	628436
2. 以零售为主	1	1075	1035	25800	24871
四、按经营环境分组					
1. 露天式	2	1508	1468	53800	40881
2. 封闭式	4	5800	5640	350000	517758
3. 其　他	3	1150	1150	65340	94668

12—8 按摊位分亿元以上商品交易市场成交情况(2013年)

	摊位数(个)	成交额(万元)
总　计	**8258**	**653307**
1. 粮油、食品、饮料、烟酒类	2053	447838
2. 服装、鞋帽、针纺织品类	4806	138504
3. 化妆品类	101	1067
4. 金银珠宝类	2	60
5. 日用品类	145	7477
6. 五金、电料类	35	8408
7. 体育、娱乐用品类	30	1765
8. 书报杂志类	5	45
9. 电子出版物及音像制品类	7	64
10. 家用电器和音像器材类	33	5500
11. 中西药品类		
12. 文化办公用品类	33	2257
13. 家具类	170	5000
14. 通讯器材类	2	37
15. 煤炭及制品类		
16. 木材及制品类		
17. 石油及制品类		
18. 化工材料及制品类	4	1000
19. 金属材料类		
20. 建筑及装潢材料类	230	24368
21. 机电产品及设备类		
22. 汽车类		
23. 种子饲料类		
24. 棉麻类		
25. 其他类	602	9917

12—9 按市场分亿元以上商品交易市场经营情况(2013 年)

市 场 名 称	摊位数（个）	成交额（万元）	营业面积（平方米）
临汾市尧都区百汇物业有限公司	1075	24871	25800
临汾市尧都区奶牛场尧丰农产品批发市场	1030	378690	60000
临汾市尧都区秦署社区神州装饰材料城	390	24368	15000
洪洞县莲花城农副产品营销有限公司	980	67668	47040
侯马市新港服装城	2000	100000	40000
侯马市新田综合批发市场	433	16010	28000
侯马市北方轻工城置业有限公司	2380	14700	235000
侯马市副食批发市场	98	11000	3300
侯马市五交化家电家具市场	72	16000	15000

主要统计指标解释

批发业　指批发商向批发、零售单位及其他企事业、机关单位批量销售生活用品和生产资料的活动，以及从事进出口贸易和贸易经纪与代理的活动。批发商可以对所批发的货物拥有所有权，并以本单位、公司的名义进行交易活动；也可以不拥有货物的所有权，而以中介身份做代理销售商。还包括各类商品批发市场中固定摊位的批发活动。

零售业　指百货商店、超级市场、专门零售商店、品牌专卖店、售货摊等主要面向最终消费者（如居民等）的销售活动。包括以互联网、邮政、电话、售货机等方式的销售活动，还包括在同地点，后面加工生产，前面销售的店铺（如前店后厂的面包房）。不包括：谷物、种子、饲料、牲畜、矿产品、生产用原料、化工原料、农用化工产品、机械设备（用车、计算机及通信设备等除外）等生产资料的销售（批发业）；非零售单位附带的零售活动（如汽车修理单位销售汽车零件）；商业零售单位所在商厦的物业管理（物业管理）；商业零售单位所在的商品市场、商业大厦的市场管理活动（市场管理）。

批发和零售业商品购进、销售、库存额　指各种登记注册类型的批发和零售业企业（单位）以本企业（单位）为总体的，从国内、国外市场购进的商品总量，销售和出口的商品总量、库存的商品总量等情况。该指标可以反映商品流转过程中商品的购进、销售、库存之间的比例关系和存在的问题。

商品购进额　指从本企业以外的单位和个人购进（包括从国外直接进口）作为转卖或加工后转卖的商品金额（含增值税）。商品包括：(1)从工农业生产者、批发和零售业企业、住宿和餐饮业企业、出版社或报社的出版发行部门和其他服务业企业购进的商品；(2)从机关团体、事业单位购进的商品；(3)从海关、市场管理部门购进的缉私和没收的商品；(4)从居民收购的废旧商品等，不包括：(1)企业为本单位自身经营用，不是作为转卖而购进的商品，如材料物资、包装物、低值易耗品、办公用品等；(2)未通过买卖行为而收入的商品，如接受其他部门移交的商品、借入的商品、收入代其他单位保管的商品、其他单位赠送的样品、加工回收的成品等；(3)经本单位介绍，由买卖双方直接结算，本单位只收取手续费的业务；(4)销售退回和买方拒付货款的商品；(5)商品溢余。

商品销售额　指对本单位以外的单位和个人出售的商品金额（包括售给本单位消费用的商品，含增值税）。商品包括(1)售给城乡居民和社会集团消费用的商品；(2)售给农业、工业、建筑业、运输邮电业、服务业、公用事业等国民经济各行业用于生产、经营用的商品，包括售予批发和零售业作为转卖或加工后转卖的商品；(3)对国（境）外直接出口的商品，不包括：(1)未通过买卖行为付出的商品，如随机构变动移交给其他企业单位的商品、借出的商品、归还受其他单位委托代保管的商品、付出的加工原料和赠送给其他单位的样品等；(2)经本单位介绍，由买卖双方直接结算，本单位只收取手续费的业务；(3)购货退回的商品；(4)商品损耗和损失；(5)出售本单位自用的废旧物资。

商品库存额　指报告期末各种登记注册类型的批发和零售业企业（单位）已取得所有权的商品。它反映批发和零售业企业（单位）的商品库存情况和对市场商品供应的保证程度。商品库存包括：(1)存放在批发和零售业经营单位（如门市部、批发站、经营处）仓库、货场、货柜和货架中的商品；(2)挑选、整理、包装中的商品；(3)已记入购进而尚未运到本单位的商品，即发货单或银行承兑凭证已到而货未到的商品；(4)寄放他处的商品，如因购货方拒绝承付而暂时存放在购货方的商品和已办完加工成品收回手续而未提回的商品；(5)委托其他单位代销(未作销售或调出)尚未售出的商品;(6)代其他单位购进尚未交付的商品。不包括所有权不属于本单位的商品、委托外单位加工生产尚未收回成品的商品、外贸企业代理其他单位从国外进口尚未付给订货单位的商品、代国家物资储备部门保管的商品等。

连锁总店(总部) 负责连锁企业资源(商号、商誉、经营模式、服务标准、管理模式等等)的开发、配置、控制或使用等功能的企业核心管理机构。连锁经营是指经营同类商品或服务,使用统一商号的若干店铺,在同一总店(总部)的管理下,采取统一采购或特许经营等方式,实现规模效益的组织形式,包括直营连锁、特许连锁和自愿连锁三种形式。其中,直营连锁是指连锁店铺由连锁公司全资或控股开设,在总部的直接控制下,开展统一经营的连锁经营形式;特许连锁是指拥有注册商标、企业标志、专利、专有技术等经营资源的企业(特许人),以合同形式将其拥有的经营资源许可其他经营者(被特许人)使用,被特许人按合同约定在统一的经营模式下开展经营,并向特许人支付特许经营费用的连锁经营形式;自愿连锁是指若干个店铺或企业自愿组合起来,在不改变各自资产所有权关系的情况下,以同一个品牌形象面对消费者,以共同进货为纽带开展的连锁经营形式。

亿元商品交易市场成交额 指年成交额在亿元及以上的商品交易市场。商品交易市场是指经有关部门和组织批准设立,有固定场所、设施,有经营管理部门和监管人员,若干市场经营者入内,常年或实际开业三个月以上,集中、公开、独立地进行生活消费品、生产资料等现货商品交易以及提供相关服务的交易场所,包括各类消费品市场、生产资料市场等。

社会消费品零售总额 指批发和零售业、住宿和餐饮业以及其他行业直接售给城乡居民和社会集团的消费品零售额。其中,对居民的消费品零售额,是指售予城乡居民用于生活消费的商品金额;对社会集团的消费品零售额,是指售给机关、社会团体、部队、学校、企事业单位、居委会或村委会等,公款购买的用作非生产、非经营使用与公共消费的商品金额。社会消费品零售总额包括:售给城乡居民作为生活消费用的商品和修建房屋用的建筑材料的金额,以及售给来华的外国人、华侨、港澳台同胞的消费品金额;售给社会集团用作非生产、非经营使用与公共消费的商品金额。

不包括:

城市居民间或居民委托信托商店卖出的商品;售给农业、工业、建筑业等行业用于生产的商品。

十三、住宿、餐饮和旅游

资料整理人员

武俊峰　翟晓鹏　李　娟　黄志强　韩　梅

住宿、餐饮业和旅游

住宿、餐饮业主营业务收入	53216	万元
国内旅游人数	2126	万人次
国际旅游人数	16.3	万人次
旅游总收入	195.0	亿元
旅游外汇收入	3510	万美元

旅游总收入(亿元)

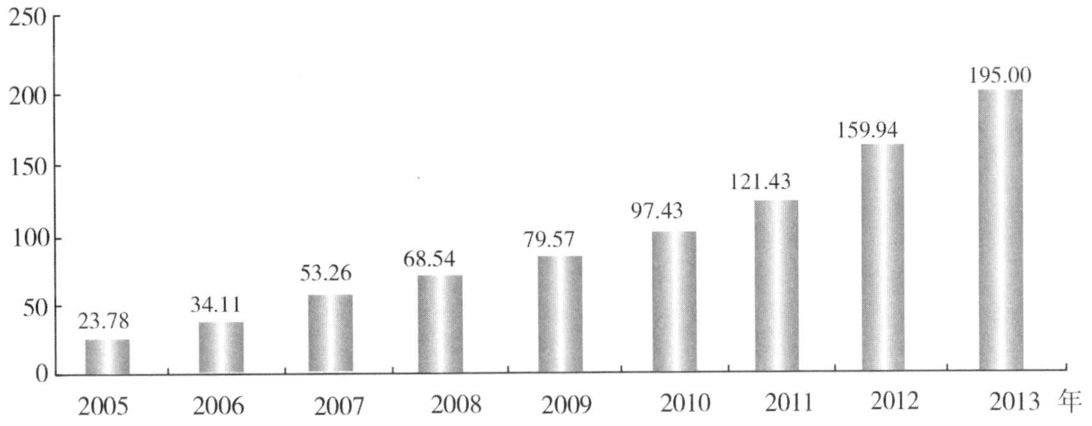

国际旅游人数(人次)

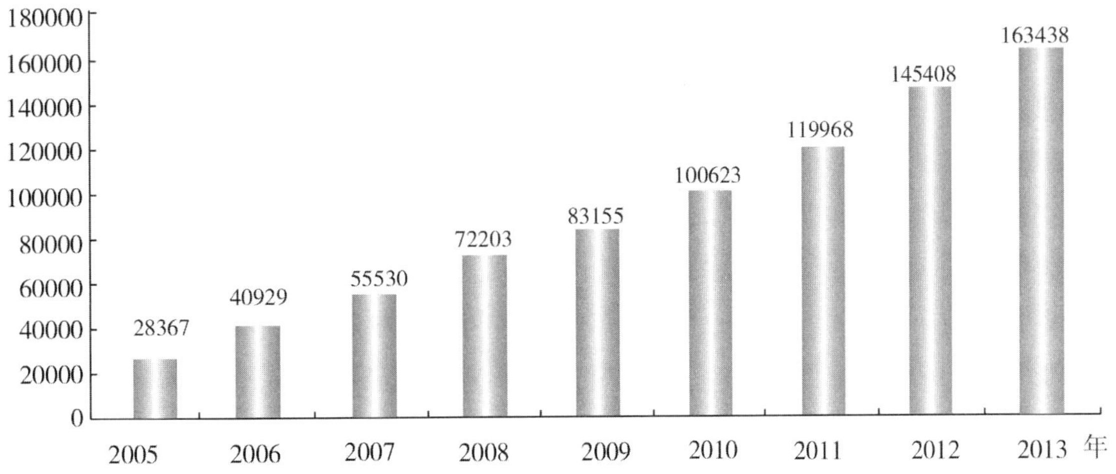

13—1 限额以上住宿和餐

指标	年末资					
	流动资产合计	#存货	固定资产原价	累计折旧	#本年折旧	资产总计
总计	**50449**	**5203**	**155731**	**53184**	**10596**	**182408**
一、住宿业	**35258**	**3739**	**134368**	**46370**	**9891**	**143753**
按登记注册类型分组						
内资企业	35258	3739	134368	46370	9891	143753
国有企业	3996	316	11422	2798	385	13918
集体企业	479	60	409	83	2	805
有限责任公司	70	34	4541	1340	273	3618
其他有限责任公司	70	34	4541	1340	273	3618
股份有限公司	551	505				680
私营企业	30162	2824	117997	42149	9231	124732
私营独资企业	766	75	1258	378	128	1791
私营有限责任公司	29395	2749	116739	41771	9103	122941
按住宿行业小类分组						
旅游饭店	30713	3058	104670	39386	8304	113219
一般旅馆	1795	458	11198	2687	615	12106
其他住宿服务	2750	223	18501	4297	972	18428
二、餐饮业	**15191**	**1464**	**21363**	**6814**	**705**	**38655**
按登记注册类型分组						
内资企业	15191	1464	21363	6814	705	38655
国有企业	149	8	1819			1968
有限责任公司	46	24	32	27	1	52
其他有限责任公司	46	24	32	27	1	52
私营企业	14996	1432	19511	6787	704	36635
私营独资企业	2155	329	9667	2672	163	12018
私营有限责任公司	12840	1103	9845	4114	541	24617
按餐饮行业小类分组						
正餐服务	14236	1278	14504	5142	612	32451
快餐服务	767	167	1447	810	72	1441
其他餐饮服务	187	19	5412	863	21	4764
其他未列明餐饮业	187	19	5412	863	21	4764

饮业企业财务状况(2013 年)

单位:万元

产 负 债							损 益 及 分 配		
负 债 合 计	所有者 权 益 合 计	#实收资本	国家资本	集体资本	法人资本	个人资本	主营业务 收 入	主营业务 成 本	主 营 业 务 税金及附加
155899	**26509**	**155416**	**3650**	**3855**	**14831**	**133081**	**53216**	**28899**	**2928**
131007	**12746**	**143420**	**3602**	**3855**	**8528**	**127435**	**38910**	**20226**	**2188**
131007	12746	143420	3602	3855	8528	127435	38910	20226	2188
10728	3191	3602	3602				4760	2875	277
903	-98	1			1		320	160	20
1264	2355	3275		3175		100	1499	825	85
1264	2355	3275		3175		100	1499	825	85
	680	680		680			350	180	
118113	6618	135862			8527	127335	31982	16187	1808
212	1579	786			13	773	1396	991	68
117901	5040	135076			8515	126562	30586	15196	1740
106310	6909	130661	2027	680	7379	120575	32200	16825	1821
7527	4579	6069	1575	3175	1000	320	3601	2154	241
17170	1258	6690			150	6540	3108	1248	126
24892	**13763**	**11997**	**48**		**6303**	**5646**	**14306**	**8673**	**739**
24892	13763	11997	48		6303	5646	14306	8673	739
1187	781	206	48		158		587	333	16
17	34	20			20		246	190	14
17	34	20			20		246	190	14
23688	12948	11771			6125	5646	13474	8149	710
3499	8519	5736			3256	2480	3442	2138	144
20189	4428	6035			2869	3166	10032	6011	566
23541	8910	9397	48		6003	3346	11121	6519	593
1303	138	650			300	350	2567	1792	130
49	4715	1950				1950	618	362	16
49	4715	1950				1950	618	362	16

13—1 续

指标	损益					
	其他业务利润	销售费用	管理费用	#税金	财务费用	#利息支出
总计	**94**	**14719**	**15657**	**937**	**5894**	**2952**
一、住宿业	**76**	**11921**	**13040**	**757**	**5130**	**2762**
按登记注册类型分组						
内资企业	76	11921	13040	757	5130	2762
国有企业	75	1150	1646	14	19	15
集体企业		132	13		3	3
有限责任公司			853		…	
其他有限责任公司			853		…	
股份有限公司	…	72	133	28		
私营企业	…	10567	10395	714	5108	2744
私营独资企业		78	189	42	43	
私营有限责任公司	…	10490	10206	673	5065	2744
按住宿行业小类分组						
旅游饭店	76	10589	10369	555	4070	1716
一般旅馆		498	1431	6	8	…
其他住宿服务		835	1240	196	1052	1045
二、餐饮业	**19**	**2797**	**2617**	**180**	**765**	**190**
按登记注册类型分组						
内资企业	19	2797	2617	180	765	190
国有企业		79	69		56	
有限责任公司			42	1		
其他有限责任公司			42	1		
私营企业	19	2719	2506	179	709	190
私营独资企业	19	628	677	22	68	14
私营有限责任公司		2091	1829	157	641	176
按餐饮行业小类分组						
正餐服务		2701	2123	180	725	154
快餐服务		42	487		36	36
其他餐饮服务	19	55	6		4	
其他未列明餐饮业	19	55	6		4	

表

单位:万元

及 分 配

投资收益	营业利润	补贴收入	营业外收入	利润总额	应交所得税	本年应付工资总额
10	**-14850**	**305**	**2238**	**-12399**	**63**	**15048**
10	**-13555**	**305**	**2227**	**-11107**	**46**	**11461**
10	-13555	305	2227	-11107	46	11461
	-1092	305	451	-510	3	1495
	-8			-8		126
	-264			-175		524
	-264			-175		524
	-35			31		75
10	-12156		1776	-10446	43	9241
	27			27	2	360
10	-12182		1776	-10473	41	8881
	-11480	300	2114	-9612	40	8290
	-691	5	112	-113	5	664
10	-1383		1	-1383		2507
	-1296		**11**	**-1291**	**18**	**3587**
	-1296		11	-1291	18	3587
	24					122
	…				…	90
	…				…	90
	-1319		11	-1291	18	3375
	-213		5	-411	5	1720
	-1106		7	-880	13	1655
	-1551		11	-1345	10	3138
	80			54	8	351
	176					98
	176					98

13—2 限额以上住宿和餐饮业经营情况(2013年)

单位:万元

指标	单位数(个)	年末从业人员(人)	营业额	客房收入	餐费收入	商品销售收入	其他收入
总计	**75**	**7006**	**54101**	**18411**	**27263**	**4228**	**4199**
一、住宿业	**45**	**5340**	**39676**	**15782**	**16464**	**3382**	**4049**
按登记注册类型分组							
内资企业	45	5340	39676	15782	16464	3382	4049
国有企业	9	777	5056	2450	2198	395	13
集体企业	1	63	320	149	171		
有限责任公司	2	182	1499	894	222	36	347
其他有限责任公司	2	182	1499	894	222	36	347
股份有限公司	1	45	350	87	263		
私营企业	32	4273	32452	12203	13610	2951	3689
私营独资企业	4	196	1438	653	693	92	
私营有限责任公司	28	4077	31015	11550	12917	2859	3689
按住宿行业小类分组							
旅游饭店	33	4596	32486	12626	13787	3119	2954
一般旅馆	8	414	3892	2029	1493	226	144
其他住宿服务	4	330	3298	1127	1184	37	950
按星级分组							
五星	2	587	5283	1464	2093	192	1535
四星	6	1055	7886	3703	3255	531	397
三星	17	2155	13859	5913	5364	1425	1157
二星	12	937	8040	2887	3457	1123	573
其他	8	606	4608	1814	2296	112	386
二、餐饮业	**30**	**1666**	**14425**	**2630**	**10799**	**846**	**150**
按登记注册类型分组							
内资企业	30	1666	14425	2630	10799	846	150
国有企业	2	120	633	75	558		
有限责任公司	1	25	246		246		
其他有限责任公司	1	25	246		246		
私营企业	27	1521	13547	2555	9995	846	150
私营独资企业	10	421	3380	637	2503	238	2
私营有限责任公司	17	1100	10166	1918	7492	608	148
按餐饮行业小类分组							
正餐服务	26	1351	11240	2549	7845	705	141
快餐服务	3	249	2567		2550	8	9
其他餐饮服务	1	66	618	81	404	133	
其他未列明餐饮业	1	66	618	81	404	133	

13—3 主要年份旅游接待人数

年　份	国内旅游接待人次（万人次）	海外旅游者（人次）	外国人	港、澳、台同胞
1985	50			
1986	60			
1987	94			
1988	100			
1989	74			
1990	74	245	186	59
1995	98	2062	1027	1035
1996	108	2924	2023	901
1997	74	5396	2139	3257
1998	128	5119	2263	2856
1999	142	8212	4371	3841
2000	160	6796	4604	2192
2001	234	12321	5378	6943
2002	286	14956	6275	8681
2003	279	7269	2749	4520
2004	509	18812	7007	11805
2005	616	28367	11044	17323
2006	757	40929	15587	25342
2007	836	55530	22177	33353
2008	921	72203	29014	43189
2009	989	83155	30198	46867
2010	1172	100623	36397	64226
2011	1365	119968	41571	78397
2012	1740	145408	48322	97086
2013	2126	163438	53945	109493

13—4 主要年份旅游收入

年　份	旅游总收入（亿元）	国内旅游接待收入（亿元）	旅游外汇收入（万美元）	国内旅游人均花费（元/人次）
1985		0.35		71
1986		0.49		82
1987		0.85		90
1988		1.00		100
1989		0.74		100
1990	0.06	0.96		130
1995	0.06	0.03	42	3
1996	0.33	0.28	65	26
1997	1.73	1.62	135	219
1998	2.69	2.58	128	201
1999	3.54	3.44	119	243
2000	5.39	5.25	171	328
2001	6.89	6.70	235	287
2002	8.63	8.39	289	293
2003	7.92	7.81	138	280
2004	14.59	14.28	378	281
2005	23.78	23.45	605	380
2006	34.11	33.40	859	441
2007	53.26	52.28	1210	625
2008	68.54	67.49	1535	733
2009	79.57	78.41	1703	793
2010	97.43	96.02	2077	819
2011	121.43	119.80	2527	878
2012	159.94	157.98	3100	908
2013	195.00	192.80	3510	908

主要统计指标解释

住宿业　指有偿为顾客提供临时住宿的服务活动。不包括:提供长期住宿场所的活动(如出租房屋、公寓等),列入房地产开发经营。

餐饮业　指在一定场所,对食物进行现场烹饪、调制,并出售给顾客主要供现场消费的服务活动。

营业额　指住宿和餐饮业法人企业(单位)在经营活动中因提供服务或销售商品等取得的收入。包括:客房收入、餐费收入、商品销售额和其他收入。其中,客房收入指住宿和餐饮业法人企业(单位)在经营活动中因提供住宿服务取得的收入。餐费收入指住宿和餐饮业法人企业(单位)因为顾客提供就餐服务取得的收入,包括经烹饪、调制加工后出售的各种食品,如主食、炒菜、凉拌菜等的收入。

旅游人数

(1)入境旅游人数:指报告期内来我国观光、度假、探亲访友、就医疗养、购物、参加会议或从事经济、文化、体育、宗教活动的外国人、港澳台同胞等入境游客。统计时,外国人、港澳台同胞每入境一次统计1人次。

(2)出境人数:指中国(大陆)居民因公或因私出境前往其他国家、中国香港特别行政区、澳门特别行政区和台湾省观光、度假、探亲访友、就医疗养、购物、参加会议或从事经济、文化、体育、宗教活动的人数,即出境游客。统计时,按每出境一次统计1人次。

(3)国内旅游人数:指在报告期内在中国(大陆)观光游览、度假、探亲访友、就医疗养、购物、参加会议或从事经济、文化、体育、宗教活动的中国(大陆)居民人数,其出游的目的不是通过所从事的活动谋取报酬。统计时,国内游客按每出游一次统计1人次。

国际旅游(外汇)收入　指入境游客在中国(大陆)境内旅行、游览过程中用于交通、参观游览、住宿、餐饮、购物、娱乐等全部花费。

国内旅游收入　又称旅游总花费指国内游客在国内旅行、游览过程中用于交通、参观游览、住宿、餐饮、购物、娱乐等全部花费。

国际旅行社　指经营业务范围包括入境旅游业务、出境旅游业务和国内旅游业务的旅行社。

国内旅行社　指经营范围仅限于国内旅游业务的旅行社。

星级饭店　指设备、设施、服务符合《旅游饭店星级的划分与评定》(GB/T14308－2003),通过相关旅游管理部门评定,并取得星级饭店称号的饭店(含预备星级饭店)。

临汾统计年鉴

十四、财政、金融和保险

资料整理人员

张增福　靳蝉瑜　韩　梅　贺彦杰

财政、金融和保险

财政总收入	199.4	亿元
公共预算收入	118.1	亿元
公共预算支出	265.3	亿元
城乡居民储蓄存款余额	1791.6	亿元
保费收入	37.1	亿元

城乡居民储蓄存款余额（亿元）

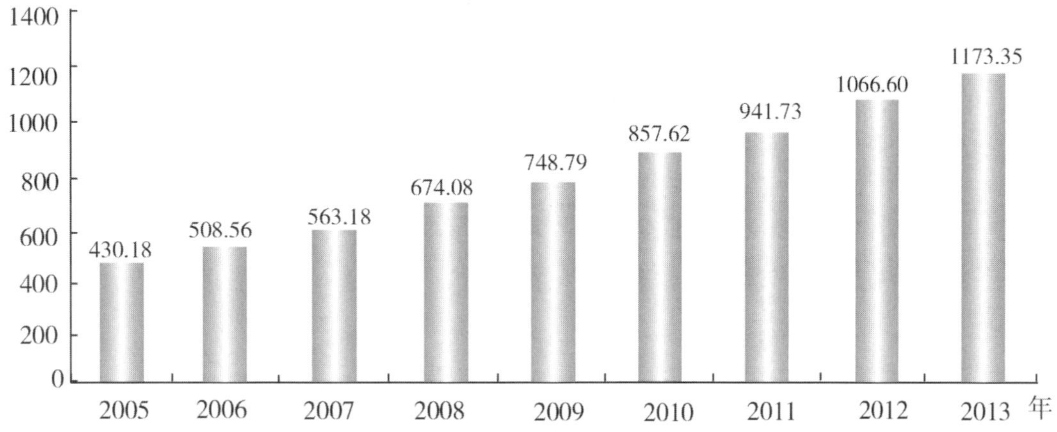

公共财政预算收入(亿元)

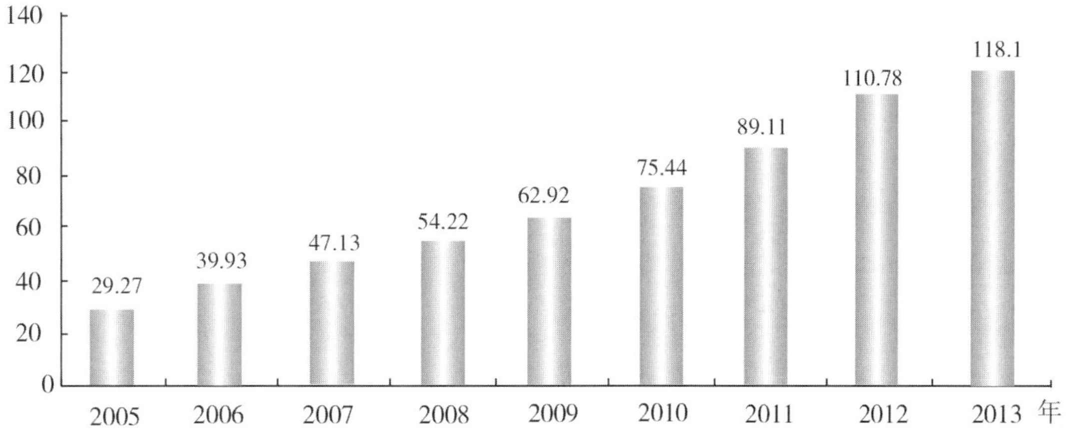

14—1 主要年份公共财政收支总额

单位：万元、%

年份	财政总收入	公共财政预算收入	公共财政预算支出	发展指数(以上年为100)	
				财政总收入	公共财政预算收入
1952	1679	1679	499		
1957	2488	2488	1673	97.6	
1962	3084	3084	2758	101.2	
1965	4660	4660	3205	132.2	
1970	4172	4172	6827	122.9	
1975	7048	7048	9237	123.6	
1978	9411	9411	14188	114.8	
1980	9251	9251	12823	108.5	
1985	14943	14943	23048	100.6	
1990	30860	30860	43197	108.7	108.7
1995	80578	44224	91729	134.3	136.2
2000	149265	88205	171626	111.4	108.7
2001	187777	105802	227036	125.8	120.0
2002	260168	103145	269096	138.6	97.5
2003	372191	135985	319894	143.1	131.8
2004	588628	197009	439168	158.2	144.9
2005	830466	292650	574467	141.1	148.5
2006	1021975	399313	739646	123.1	136.4
2007	1234815	471259	904763	120.8	118.0
2008	1409072	542211	1094878	114.1	115.1
2009	1376666	629205	1320408	97.7	116.0
2010	1602989	754388	1596861	116.4	119.9
2011	1884053	891054	1871259	117.5	118.1
2012	2016048	1107773	2226858	107.1	124.3
2013	1994492	1181496	2652646	98.9	106.7

14—2 预算外财政专户资金收支额(2013 年)

单位:万元

指　　标	金　额
收入合计	**32927**
#行政事业性收费	31405
#其他收入	1522
支出合计	**34776**
#一般公共服务	51
#公共安全	
#教　育	33728
#其他支出	997

14—3 主要年份公共财政收支分项目数

单位:万元

年　份	各项税收	#企业所得税	#工商税	基本建设支出	农林水事务支出	文教科卫支出
1952	1602			16		243
1957	2191			261		770
1962	2683			780		1069
1965	3084			765		1156
1970	3090			3798		1224
1975	6275			3653		2058
1978	8223	1278		3899	3059	2804
1980	8164	1050		372	3054	3928
1985	15213	-527		998	2771	7178
1990	29751	-3225		155	4816	13887
1995	35753	-3715		486	7536	31130
2000	68977	4141	57386	856	6577	49695
2001	68370	8121	71763	688	23884	68184
2002	79071	5953	64968	932	29810	76241
2003	96741	6423	83834	1855	28581	93944
2004	137744	13459	137744	2547	51084	113625
2005	198885	22202	194977	31735	59690	138052
2006	230052	24793	230052	35304	56219	166945
2007	308274	40988	308274	43185	85689	289192
2008	378027	47565	367653	64640	105461	312062
2009	359803	51394	348847		120066	374096
2010	417763	54724	404409		154805	450955
2011	499986	66355	486649		219574	577832
2012	515770	74103	499113		235108	704293
2013	541180	62335	511062		324234	729716

注:本表 2009 年以后,财政支出中取消“基本建设支出”分类。

14—4 公共财政预算收入(2013年)

单位：万元

指　　标	金　　额
收入总计	**1181496**
一、增值税	109673
国有企业增值税	13851
集体企业增值税	787
股份制企业增值税	75957
联营企业增值税	22
港澳台外商投资企业增值税	4173
私营企业增值税	4135
二、营业税	167385
#金融保险业营业税(地方)	10928
一般营业税	156171
三、企业所得税	62335
四、个人所得税	19987
五、资源税	21912
六、固定资产投资方向调节税	
七、城市维护建设税	47064
八、房产税	16238
九、印花税	15884
十、城镇土地使用税	28745
十一、土地增值税	10890
十二、车船税(款)	10948
十三、耕地占用税	7602
十四、契　税	22092
十五、烟叶税	425
十六、国有资本经营收入	69797
十七、行政事业性收费收入	137984
十八、罚没收入	48161
十九、专项收入	320640
二十、其他收入	25039

14—5 公共财政预算支出(2013 年)

单位:万元

指　　标	金　　额
支出总计	**2652646**
一、一般公共服务	253417
二、公共安全	144559
三、农业支出	129176
行政运行	4731
灾害救助	1921
农业生产资料与技术补贴	21591
其他农业支出	15146
四、林业支出	32262
行政运行	1840
森林培育	13297
林业技术推广	78
森林生态效益补偿	4703
森林防火	2293
林业工程与项目管理	63
其它林业支出	3999
五、水利气象支出	71604
水利行业业务管理	1412
水文水质水土水资源管理	5581
水利工程建设	14421
气象支出	1583
六、商业服务业等事务	26106
七、文化体育与传媒	40917
#文化事业费	12390
新闻出版事业费	53
文物事业费	7602
体育事业费	3665
广播影视事业费	10787
八、教育支出	436692
九、科学技术支出	16918
十、医疗卫生支出	235189
十一、抚恤和社会福利救济费	28812
十二、行政事业单位离退休支出	152893
十三、社会保障和就业支出	364226
十四、节能环保支出	127438
#污染防治	24895
十五、武装警察部队支出	5127
十六、公检法司支出	139170
十七、粮油物资储备事务	7625
最低收购价政策支出	
粮食风险基金	29
储备粮油补贴支出	224
粮食财务挂账利息补贴	1399
十八、交通运输支出	68267
十九、城乡社区事务支出	103128
二十、其他支出	16407

14—6 金融机构人民币信贷(2013 年)

单位：万元

指　　标	金　　额
资金来源总计	**16124248**
一、各项存款	17916215
单位存款	5440355
#活期存款	3763568
定期存款	986225
个人存款	11843750
储蓄存款	11733465
财政性存款	588017
临时性存款	22877
委托存款	18137
其他存款	3079
二、金融债券	
三、中长期借款	638
四、应付及暂收款	510799
五、同业往来	158450
六、系统内资金往来	
七、外汇买卖	63241
八、各项准备	339017
九、所有者权益	785751
#实收资本	434663
十、其　他	-3649864
资金运用总计	**16124248**
一、各项贷款	8427511
短期贷款	4060090
个人贷款及透支	1229301
单位贷款及透支	2622612
普通并购贷款	
银团贷款	
贸易融资	208177
中长期贷款	3519183
个人贷款	1071507
单位贷款	2024801
普通并购贷款	245500
银团贷款	177375
票据融资	846969
各项垫款	1269
二、有价证券	987219
三、股权及其他投资	36817
四、应收及预付款	175262
五、同业往来	263572
六、系统内资金往来	5732385
七、金银占款	
八、外汇买卖	63172
九、固定资产	254395
十、库存现金	183913

14—7 主要年份国家金融机构人民币各项存贷款余额

单位:万元

年 份	存款余额	单位存款	财政存款	居民储蓄存款	贷款余额
1952	813	327	302	64	
1957	3667	570	515	441	
1962	7351	2193	1391	596	
1965	7523	2256	1358	1013	
1970	16906	5484	2963	1961	
1975	20394	7168	4105	3036	
1978	23295	7024	4466	4130	
1980	27190	8979	2716	7018	
1985	75826	24706	2127	49131	129562
1990	289425	48294	5263	210758	340485
1995	903538	162288	-23866	735671	907293
2000	1924815	264060	8481	1553445	1411917
2001	2303733	302444	6948	1841259	1611568
2002	2908553	361288	19002	2269342	1995921
2003	4104298	510730	17757	2990564	2690370
2004	5078031	667135	15102	3515099	2870766
2005	6128903	670356	28510	4301802	3010925
2006	7016926	770694	28155	5085619	3374650
2007	7783140	941633	60107	5631833	3610258
2008	9207998	1186823	133037	6740512	3633019
2009	10970652	1586053	55788	7487928	4306471
2010	13239511	2376342	366529	8576152	5335159
2011	14567887	2548284	385930	9417276	6563027
2012	16544234	5118216	645920	10665878	7466068
2013	17916215	5440355	588017	11733465	8427511

注:从2011年起,根据金融统计制度改革,临汾市金融机构人民币信贷表存款类科目调整较大,例如:财政存款更名为财政性存款,内容有所扩大,企业存款细化到单位存款科目下。2012年之前本表单位存款科目下所列数据为企业存款数据。

14—8 保险业务基本情况(2013年)

单位:万元

名　　称	金　额
财产保险业务保费收入合计	**125346.9**
中国人民财产保险股份有限公司临汾市分公司	68406.9
中国太平洋财产保险有限公司临汾中心支公司	9320.7
永安财产保险股份有限公司临汾中心支公司	1936.3
中国平安财产保险股份有限公司临汾中心支公司	13888.4
天安保险股份有限公司临汾中心支公司	1262.5
太平财产保险有限公司临汾中心支公司	3316.5
中国大地财产保险股份有限公司临汾中心支公司	4061.5
永诚财产保险股份有限公司山西分公司临汾营销部	1515.1
安邦财产保险股份有限公司山西分公司临汾营销服务部	100.8
都邦财产保险股份有限公司临汾中心支公司	831.0
中国人寿财产保险股份有限公司临汾市中心支公司	13660.6
阳光财产保险股份有限公司临汾中心支公司	1964.2
中煤财产保险股份有限公司临汾中心支公司	2327.2
华泰财产保险股份有限公司临汾中心支公司	969.5
天平汽车保险股份有限公司临汾中心支公司	1785.6
人寿保险业务保费收入合计	**245756.3**
中国人寿保险股份有限公司临汾分公司	89908.0
中国太平洋人寿保险股份有限公司临汾中心支公司	50842.4
中国平安人寿保险股份有限公司临汾中心支公司	18207.7
新华人寿保险股份有限公司临汾中心支公司	30567.6
泰康人寿保险股份有限公司临汾中心支公司	9554.6
中国人民人寿保险股份有限公司临汾市中心支公司	25902.7
太平人寿保险有限公司临汾中心支公司	10704.7
嘉禾人寿保险股份有限公司临汾中心支公司	6046.9
合众人寿保险股份有限公司临汾中心支公司	1611.2
民生人寿保险股份有限公司临汾中心支公司	1095.1
国华人寿保险股份有限公司临汾中心支公司	487.8
幸福人寿保险股份有限公司临汾中心支公司	827.6

主要统计指标解释

财政总收入 指一般预算收入与上划中央收入之和，反映本地区当年组织的财政收入总规模，是计算当年地方可用财力的主要依据。与国内生产总值比较，可反映财政的集中程度。

公共财政预算收入 指按照财政体制规定列入地方预算，直接缴入地方金库的经常性财政收入。1996年政府性基金纳入预算管理后，为区别于基金预算，将地方预算收入改称一般预算收入。具体包括增值税、企业所得税、个人所得税的地方分享部分，其他工商税收、农业四税、专项收入及行政性收费、罚没收入和其他收入。

上划中央收入 指实行分税制财政体制后，增值税的75%部分和消费税划为中央收入，以及从2002年起实行所得税分享改革后，所得税（包括企业所得税、个人所得税）由中央分享部分，这部分收入直接缴入中央金库。根据《预算法》和财政体制规定，上划中央收入属于列入中央预算范围的收入，地方总预算中不予包括。

公共财政预算支出 指列入地方预算的经常性财政支出，其项目包括经济建设支出、教科文卫等事业支出、国家管理费用支出、国防支出、各项补贴支出及其他支出等。其资金来源包括用地方可用财力安排的支出、上年结余、调入资金和中央专款补助形成的财政支出等。

企业挖潜改造资金 指预算内拨给的用于企业挖潜、革新和改造方面的资金。包括各部门企业挖潜改造资金和企业挖潜改造贷款资金，为农业服务的县办"五小"企业技术改造补助，挖潜改造贷款贴息资金。

地质勘探费用 指预算用于地质勘探单位的勘探工作费用，包括地质勘探管理机构及其事业单位经费、地质勘探经费。

科技三项费用 指预算用于科技支出的费用，包括新产品试制费、中间试验费、重要科学研究补助费。

农业支出 指财政用于种植、畜牧、水产、农机、农垦、农场、农业产业化经营组织、乡镇企业等方面的支出。

林业支出 指包括森林救灾、天然林保护、退耕还林、森林生态效益、森工、造林、防沙治沙及林场、苗圃、工作站、推广与培训等行业管理方面的支出。

水利和气象支出 指包括防汛抗旱、水文水质水土水资源管理、水利建设、气象支出及水利行业管理等费用。

流通部门和事业费 指预算支付给流通部门用于事业发展的人员和公用经费支出。

文体广播事业费 指文化部门、出版事业系统、文物系统、体育系统、档案局直属档案馆等机构、地震事业费、海洋事业费、通讯事业费、广播电影电视事业费、计划生育事业费、党政群干部训练事业费和其他文体广播事业费。

抚恤和社会福利救济费 指反映按规定由民政部门管理开支的各项抚恤金、伤残补助费等。

行政事业单位离退休支出 指反映实行归口管理的行政事业单位离退休经费。行政事业单位未实行归口管理的离退休经费仍列入原有关科目。

当年可用财力 指按照现行财政体制规定，在预算年度内可统筹安排使用的预算内资金，其来源包括当年一般预算收入、税收返还收入、下级上解收入、转移支付补助，并从中扣减上解上级及补助下级的资金。当年可用财力不包括上年结余资金及中央专款补助。根据《预算法》的规定，当年支出预算应当小于或等于当年可用财力。

存　款 指企业、机关、团体或居民根据可以收回的原则，把货币资金存入银行或其他信用机构保管并取得一定利息的一种信用活动形式。根据存款对象的不同可划分：企业存款、财政存款、机关团体存款、城镇居民储蓄存款、农村存款等项目。

贷　款　指银行或其他信用机构根据必须归还的原则，按一定利率，为企业、个人等提供资金的一种信用活动形式。银行贷款，分流动资金贷款、农业贷款、固定资产贷款等科目。

城乡居民储蓄年末余额　指城镇居民储蓄和农民个人储蓄两部分的年末余额。不包括工矿企业、部队、机关团体等集体存款。

十五、教育、科技

资料整理人员

师先明　郗跃华

教育、科技

高等学校数	4	所
高等学校在校学生数	46434	人
高等学校专任教师数	2979	人
中等专业学校数	7	所
中等专业学校在校学生数	11639	人
中等专业学校专任教师数	337	人
规模以上工业企业 R&D 人员	2553	人

各级各类学校构成(%)

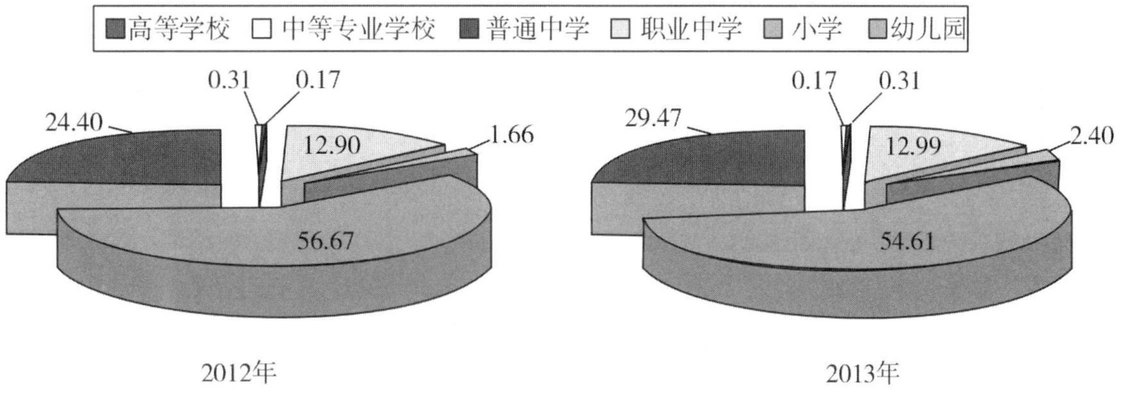

高等学校在校学生数(人)

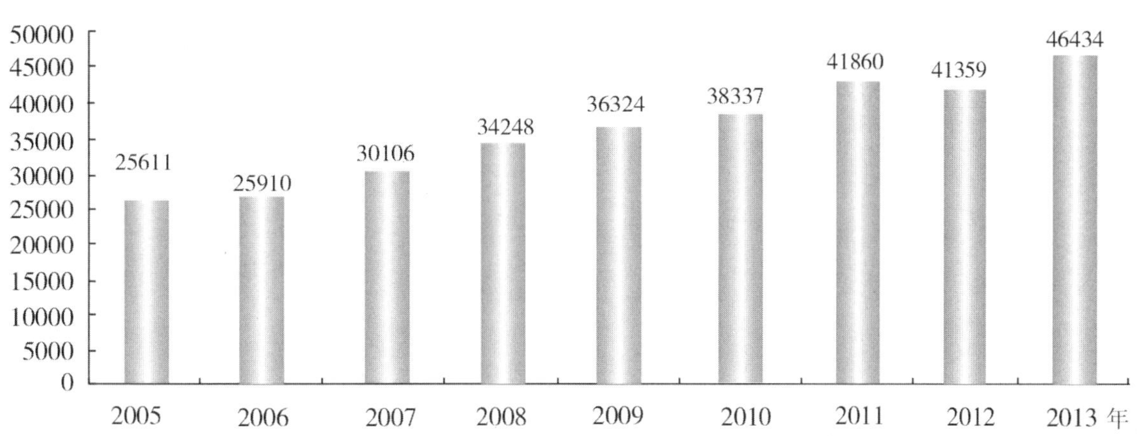

15—1 主要年份高等学校基本情况

单位:所、人

年份	学校数	教职工数	#专任教师	在校学生	平均每一教师负担学生数	招生数	毕业生数
1962	1	77	38	247	7	123	205
1965	1	179	88	628	7	236	85
1975	1	504	214	1524	7	560	28
1978	2	756	359	2168	6	916	539
1980	3	1334	606	3029	5	814	508
1985	3	1395	583	4341	7	1269	709
1990	3	1707	700	5060	7	1630	1535
1995	2	1705	661	6188	9	1791	1968
2000	1	1483	788	9435	12	3218	1797
2001	1	2214	1124	12500	11	4400	1741
2002	2	3170	1686	37692	22	12975	4664
2003	2	3258	1736	20755	11	5325	3271
2004	3	3249	1843	20678	11	5435	3884
2005	3	3158	1741	25611	14	5468	3986
2006	3	3269	1851	25910	14	7532	4281
2007	4	3586	1882	30106	16	10370	4662
2008	4	3598	2505	34248	14	10670	4870
2009	4	4205	2606	36324	14	11900	5178
2010	4	4310	2674	38337	14	12210	5687
2011	4	4455	2884	41860	15	12267	12444
2012	4	4553	2933	41359	14	13692	11664
2013	4	4651	2979	46434	16	14916	12738

15—2 主要年份中等专业学校基本情况

单位：所、人

年 份	学校数	教职工数	#专任教师	在校学生	平均每一教师负担学生数	招生数	毕业生数
1952	2	183	110	1664	15	980	558
1957	3	168	101	865	9	492	335
1962	4	243	142	1609	11	404	721
1965	6	316	184	2504	14	940	397
1970	5	354	188	2361	13	1050	623
1975	6	381	199	1983	10	1144	717
1978	6	464	251	1849	7	1015	790
1980	6	577	290	3399	12	1035	827
1985	7	805	351	3053	9	1335	1190
1990	9	962	492	5665	12	1929	1765
1995	9	1093	601	6371	11	2115	1901
2000	10	1490	757	14690	19	5923	2189
2001	8	966	575	16355	28	4583	3069
2002	6	488	289	17441	60	4694	3645
2003	4	473	277	13906	50	2861	6404
2004	4	385	245	12436	50	3675	5147
2005	4	456	273	11857	43	4656	5297
2006	6	613	389	13509	35	4705	3458
2007	6	623	366	13688	37	4477	4991
2008	6	624	332	15118	46	6364	5065
2009	6	636	367	14142	39	4727	5426
2010	6	650	378	13509	36	4122	4701
2011	7	639	348	12730	36	3877	4932
2012	7	615	344	12681	37	5147	5005
2013	7	603	337	11639	35	4478	4280

15—3 主要年份普通中学基本情况

单位:所、人

年份	学校数	教职工数	#专任教师	在校学生	平均每一教师负担学生数	招生数	毕业生数
1952	12	506	369	5883	16	3725	661
1957	35	1360	866	16289	18	6249	3378
1962	87	2230	1411	25427	18	7852	11055
1965	106	2341	1648	25973	16	10308	6953
1970	941	6931	5407	93109	17	42989	29706
1975	1503	11890	8947	160965	18	95602	60760
1978	1695	16093	12774	209749	16	102305	90734
1980	1003	15249	11704	210707	18	58875	25594
1985	542	13558	10368	169035	16	57034	39180
1990	414	15658	12245	161053	13	56977	49285
1995	386	16569	12735	193367	15	71287	52512
2000	393	18248	14955	266338	18	94578	76266
2001	410	19883	16126	286217	18	104294	80980
2002	411	20893	17254	304175	17	106299	86950
2003	420	21955	18411	332120	18	106163	90924
2004	406	23557	19578	333092	17	109751	102695
2005	403	24784	20630	336955	16	113405	104432
2006	404	25507	21445	342404	17	112625	106697
2007	396	25748	21644	331391	16	100334	108068
2008	383	25698	21548	310691	14	93760	111985
2009	345	26284	21692	299782	14	103853	109658
2010	324	26197	21640	296425	14	101391	99190
2011	301	27408	21657	296425	12	90523	92118
2012	295	28230	21967	274302	13	89137	96127
2013	297	28543	21990	251994	12	82298	95165

15—4 普通中学分班别、分城乡学生数(2013年)

单位:人

指　　标	毕业生数	#高　中	招生数	#高　中	在校学生数	#高　中
总　　计	**95165**	**31337**	**82298**	**32947**	**251994**	**95641**
其　中:						
教育部门和集体办	70673	23082	58526	24943	182164	73555
民　办	24438	8255	23730	8004	69675	22086
其他部门办	54	42	155			
其　中:						
城　区	27877	11763	25065	11589	75401	34323
镇　区	46395	15850	40449	17245	124790	49482
乡　村	20893	3724	16784	4113	51803	11836

15—5 普通中学学校数、班数(2013年)

项　　目	学校数(所)	初级中学	高级中学	完全中学	九年制学校	十二年一贯制学校	班　数(个)	初　中	高　中
总　　计	**297**	**187**	**25**	**28**	**49**	**8**	**5267**	**3383**	**1884**
其　中:									
教育部门和集体办	240	173	23	16	27	1	3891	2467	1424
民　办	55	14	2	12	20	7	1372	912	460
其他部门办	2				2		1	1	
地方企业							3	3	
其　中:									
城　区	54	22	4	14	10	4	1466	812	654
镇　区	130	83	18	8	17	4	2624	1633	991
乡　村	113	82	3	6	22		1177	938	239

15—6 普通中学分课程专任教师数(2013 年)

单位：人

学科分类	专任教师	初中	高中
总计	**21990**	**14689**	**7301**
政治	1615	1154	461
语文	3644	2560	1084
数学	3602	2519	1083
外语	3309	2232	1077
科学	36	36	
物理	1640	1029	611
信息技术	180		180
通用技术	95		95
化学	1205	614	591
生物	1111	630	481
历史与社会	98	98	
地理	1028	617	411
历史	1386	945	441
体育与健康	1024	683	341
艺术	37	24	13
音乐	517	375	142
美术	485	338	147
综合实践活动	537	512	25
其他	247	212	35
当年不任课	194	111	83

15—7 主要年份职业中学基本情况

单位:所、人

年份	学校数	教职工数	#专任教师	在校学生	平均每一教师负担学生数	招生数	毕业生数
1980	17	78	60	758	13	250	95
1985	61	598	382	7484	20	3482	1085
1990	33	661	429	5580	15	2518	2066
1995	41	1145	826	11054	13	4838	4756
2000	46	1311	1021	13211	13	4978	3633
2001	31	1238	944	11564	12	4020	4854
2002	34	1268	949	12259	13	5322	3669
2003	31	1222	907	11686	13	5654	2594
2004	29	1294	924	12987	14	5404	3316
2005	37	1806	1257	17864	14	7775	4409
2006	38	1689	1211	22112	18	9595	4936
2007	44	2295	1657	29389	18	14561	5934
2008	41	2193	1586	30396	19	13000	7283
2009	38	2135	1640	36152	22	16678	6984
2010	40	2248	1736	29704	17	10201	11757
2011	38	3030	2046	21849	11	6961	9793
2012	38	3028	2325	18009	8	6696	7927
2013	55	3200	2465	29508	12	11389	10475

注:2011 年开始职业中学只有职业高中,取消了职业初中。

15—8 主要年份小学基本情况

单位:所、人

年 份	学校数	教职工数	#专任教师	在校学生	平均每一教师负担学生数	招生数	毕业生数
1952	3402	5508	5252	181989	35	41247	19385
1957	3581	7819	7128	223730	31	45108	34228
1962	4477	11068	9921	297842	30	57459	41817
1965	5090	12463	11130	348687	31	68420	44002
1970	5066	14642	14045	407280	29	95425	62410
1975	5502	17633	16328	472020	27	105239	82569
1978	5481	18080	17733	459079	26	116565	72689
1980	6346	20607	19971	469625	24	82661	71386
1985	6640	22776	21153	427728	20	92638	71324
1990	6503	24036	22392	385630	17	71958	67704
1995	6130	24464	22287	408601	18	79108	70801
2000	4350	24761	22418	429797	19	80470	84202
2001	4350	24174	24174	423662	19	85227	87660
2002	4165	24446	22949	447089	19	114115	89995
2003	3903	24529	22994	463600	20	97346	82562
2004	3569	25213	23424	447621	19	74509	82571
2005	3225	25614	23775	429696	18	68677	79947
2006	2948	25585	23787	409053	17	66610	81571
2007	2603	25259	23454	405530	17	65348	70654
2008	2263	25203	23420	396877	17	58338	64744
2009	1843	25223	23426	372178	16	52349	71994
2010	1580	24966	23110	353898	15	56238	69405
2011	1367	23823	23046	322695	15	53172	64993
2012	1296	22975	22495	310326	14	55967	59335
2013	1249	22296	22405	281344	13	47336	53842

15—9 幼儿园基本情况(2013 年)

单位:人

指　　标	园　数（所）	班　数（个）	在　园幼儿数	教职工数	#专任教师	平均每一教师负担幼 儿 数
总　　计	**674**	**4218**	**96166**	**6759**	**4355**	**22**
其　中:						
教育部门	98	1684	37410	1551	1183	32
其他部门办	8	52	1796	186	100	18
地方企业	10	62	1761	200	121	15
事业单位	1	6	142	8	7	20
集　体	10	29	569	41	27	21
民　办	547	2385	54488	4773	2917	19
其　中:						
城　区	103	677	17631	2111	1270	14
镇　区	232	1665	44654	3116	2142	21
乡　村	339	1876	33881	1532	943	36

15—10 获市级科技进步奖情况(2013 年)

单位:项

	2013
总　　计	**7**
一　等　奖	
二　等　奖	2
三　等　奖	5

15—11 县级以上自然科学研究与技术开发机构人员数(2013 年)

单位:人

	机构数（个）	职工人数	#从事科技活动人员	#科学家工程师	在职工总数中从事课题活动人员
总　　计	**7**	**60**	**14**		

15—12 规模以上工业企业R&D人员、机构及项目情况(2013年)

指　　标	研究与试验发展(R&D)人员(人)	#参加项目人员	企业办科技机构(个)	科技项目数(项)
总　　计	**2553**	**2273**	**12**	**251**
一、按登记注册类型分组				
国有企业	16	16		2
有限责任公司	1185	1059	4	130
股份有限公司	399	365	2	24
私营企业	953	833	6	95
二、按工业行业大类分组				
采矿业	201	192		36
煤炭开采和洗选业	201	192		36
制造业	2336	2065	12	213
酒、饮料和精制茶制造业	27	26		2
石油加工、炼焦及核燃料加工业	223	211	1	22
化学原料及化学制品制造业	363	344	2	19
医药制造业	179	152	1	19
橡胶和塑料制品业	13	10	1	3
非金属矿物制品业	75	60	1	5
黑色金属冶炼及压延加工业	403	364	3	54
金属制品业	70	67		1
专用设备制造业	685	610	1	67
汽车制造业	132	106	2	11
电气机械和器材制造业	166	115		10
电力、热力、燃气及水生产和供应业	16	16		2
电力、热力生产和供应业	16	16		2
四、按地区分组				
尧都区	640	530	3	50
曲沃县	234	202	2	26
洪洞县	448	434	2	43
乡宁县	87	84		5
侯马市	874	770	4	88
霍州市	270	253	1	39

15—13 规模以上工业企业技术开发经费情况(2013 年)

单位:万元

指　　标	R&D 经费内部支出	#经常性支　出	#资产性支　出	R&D 经费外部支出	#对境内研究机构支　出	#对境内高等学校支　出
总　　计	**49073.0**	**41409.3**	**7663.7**	**2706.8**	**2050.5**	**656.1**
一、按登记注册类型分组						
国有企业	420.0	420.0				
有限责任公司	18728.6	18596.8	131.8	1859.9	1379.8	480.1
股份有限公司	10322.0	5740.3	4581.7	100.0		100.0
私营企业	19602.4	16652.2	2950.2	746.9	670.7	76.0
二、按工业行业大类分组						
采矿业	3430.0	3430.0		898.3	438.2	460.0
煤炭开采和洗选业	3430.0	3430.0		898.3	438.2	460.0
制造业	45223.0	37559.3	7663.7	1808.5	1612.3	196.0
酒、饮料和精制茶制造业	2975.4	2577.4	398.0			
石油加工、炼焦及核燃料加工业	4313.6	3554.2	759.4	129.6	79.8	49.8
化学原料及化学制品制造业	9806.0	5182.8	4623.2	101.0	0.8	100.0
医药制造业	1443.8	991.0	452.8	36.2	30.0	6.2
橡胶和塑料制品业	464.0	378.0	86.0			
非金属矿物制品业	1265.5	1242.0	23.5			
黑色金属冶炼及压延加工业	8546.2	7784.6	761.6	650.1	630.1	20.0
金属制品业	101.3	101.3				
专用设备制造业	13131.2	13131.2		891.6	871.6	20.0
汽车制造业	1641.8	1323.9	317.9			
电气机械和器材制造业	1534.2	1292.9	241.3			
电力、热力、燃气及水生产和供应业	420.0	420.0				
电力、热力生产和供应业	420.0	420.0				
三、按企业控股情况分组						
国有控股	27549.4	23210.7	4338.7	1959.9	1379.8	580.1
私人控股	19810.5	16799.0	3011.5	746.9	670.7	76.0
其　他	1713.1	1399.6	313.5			
四、按地区分组						
尧都区	6397.7	4979.2	1418.5	219.6	149.8	69.8
曲沃县	7164.4	6615.6	548.8	580.1	560.1	20.0
洪洞县	11959.9	7416.4	4543.5	100.0		100.0
乡宁县	3777.5	3379.5	398.0			
侯马市	15133.5	14733.6	399.9	907.8	901.6	6.2
霍州市	4640.0	4285.0	355.0	899.3	439.0	460.1

15—14 规模以上工业企业新产品开发及专利申请情况(2013年)

单位:万元

指标	新产品产值	专利申请数(件)	#发明专利	新产品销售收入	#出口
总计	**370415.2**	**241**	**92**	**366465.4**	**4944.6**
一、按登记注册类型分组					
国有企业		4	4		
有限责任公司	124818.1	126	25	121671.6	
股份有限公司	145566.0	16	9	145508.4	1774.8
私营企业	100031.1	95	54	99285.4	3169.8
二、按工业行业大类分组					
采矿业		26	12		
煤炭开采和洗选业		26	12		
制造业	370415.2	215	80	366465.4	4944.6
食品制造业	2300.0			2100.0	
酒、饮料和精制茶制造业		8	8		
石油加工、炼焦及核燃料加工业	18231.4	3	3	18700.0	
化学原料及化学制品制造业	126184.0	15	7	126184.0	1774.8
医药制造业	11352.2	13	7	11996.5	
橡胶和塑料制品业		4	2		
非金属矿物制品业	27808.0	4	2	25441.5	
黑色金属冶炼及压延加工业	56251.4	90	30	55001.0	3169.8
金属制品业	1904.4	2		1464.9	
专用设备制造业	99560.0	47	11	98780.0	
汽车制造业	22373.7	7	4	22347.4	
电气机械和器材制造业	4450.1	22	6	4450.1	
电力、热力、燃气及水生产和供应业					
电力、热力生产和供应业					
三、按企业控股情况分组					
国有控股	246552.0	117	28	243405.5	1774.8
私人控股	100031.1	99	55	99285.4	3169.8
其他	23832.1	25	9	23774.5	
四、按地区分组					
尧都区	28267.0	73	6	29229.1	
曲沃县	39012.4	44	19	36006.4	
洪洞县	182265.5	26	22	181165.9	4944.6
乡宁县		20	20		
侯马市	120870.3	56	21	120064.0	
霍州市		22	4		

15—15 主要年份规模以上工业企业科技基本情况

年 份	R&D 人员（人）	R&D 经费内部支出（万元）	占 GDP 比重（%）	科技项目（个）	科技机构（个）	新产品产 值（万元）	新 产 品销售收入（万元）	专利申请（件）	发明专利（件）
2000	1128	39445		141	8				
2007	2670	85551	0.35	155	13	153207		38	14
2008	2404	76437	0.39	136	15	136689		51	19
2009	1532	32670	0.43	100	16	300485	244987	90	35
2010	1231	34422	0.39	80	12	337048	335828	92	19
2011	1118	34383	0.30	73	15	447205	454292	140	49
2012	1950	40464	0.33	109	10	336477	365672	178	42
2013	2553	49073	0.40	251	12	370415	366465	241	92

注:2008 年及以前是科技活动人员,2009 年以后是 R&D 人员;2008 年及以前是科技活动经费,2009 年以后是 R&D 经费。

主要统计指标解释

普通高等学校　指按照国家规定的审批程序批准举办,通过全国统一招生考试招收高级中等学校毕业生和具有同等学历者,实施高等教育,培养高等专门人才的学校。包括大学、专门学院、科学院和短期职业大学。

成人高等学校　指按照国家规定的审批程序批准举办,招收在职高中毕业或同等学历者,利用多种形式对成人实施高等教育,培训相当普通高等学校专科或本科毕业水平的专门人才的学校。包括广播电视大学、职工高等学校、农民高等学校、干部管理学院、教育学院、独立函授学院以及普通高等学校举办的函授、夜大学等。

小学适龄儿童入学率　指调查范围内已入小学学习的学龄儿童数占全部小学儿童总数(包括弱智儿童在内,但不包括盲聋哑儿童)的比重。计算公式:

小学学龄儿童入学率 = 已入学的小学学龄儿童数/校内外小学学龄儿童总数 × 100%

研究与实验发展(简称 R&D)　指为了增进知识以及利用这些知识去开创新的用途而进行的系统的创造性的工作。它具备四种基本因素:①创造性的因素;②新颖性或创新性的因素;③科学方法的运用;④新知识的产生。它包括三种类型:①基础研究;②应用研究;③实验发展。

基础研究　指不直接考虑用途,以提示客观事物的本质、运动规律,获得新发现、新学说为目的或对有的规律、发现学说作系统性的补充而进行的理论研究或实验。其成果以科学论文、科学著作为主要形式。

应用研究　指利用基础研究所发现的知识,确定特定的目标,为了明确基础研究成果的实用化的可能性,探索新方法(原理性)而进行的独创性研究及对已经实用化的技术探索新的应用方法(原理性)而进行的研究。应用研究实际上并不直接产生新的(或改进)产品或工艺,其成果以科学论文、科学著作、原理性模型和专利等为主要形式。

实验发展　指利用基础研究、应用研究及实际经验所获得的知识,为生产新的材料、产品和装置,建立新的工艺、系统和服务,对已生产和建立的上述各项进行实质性的改进而从事的系统性工作。其成果为一种具有新产品或新技术基本特点的原型、可达到设计定型的新产品或新工艺、实验报告等。

临汾统计年鉴

十六、文化、体育、卫生、民政和环保

资料整理人员

师先明　郗跃华

文化、体育、卫生、民政和环保

文化馆数	18	个
公共图书馆数	17	个
体育场	24	个
医院数	173	个
废水排放总量	15228	万吨

卫生技术人员构成(%)

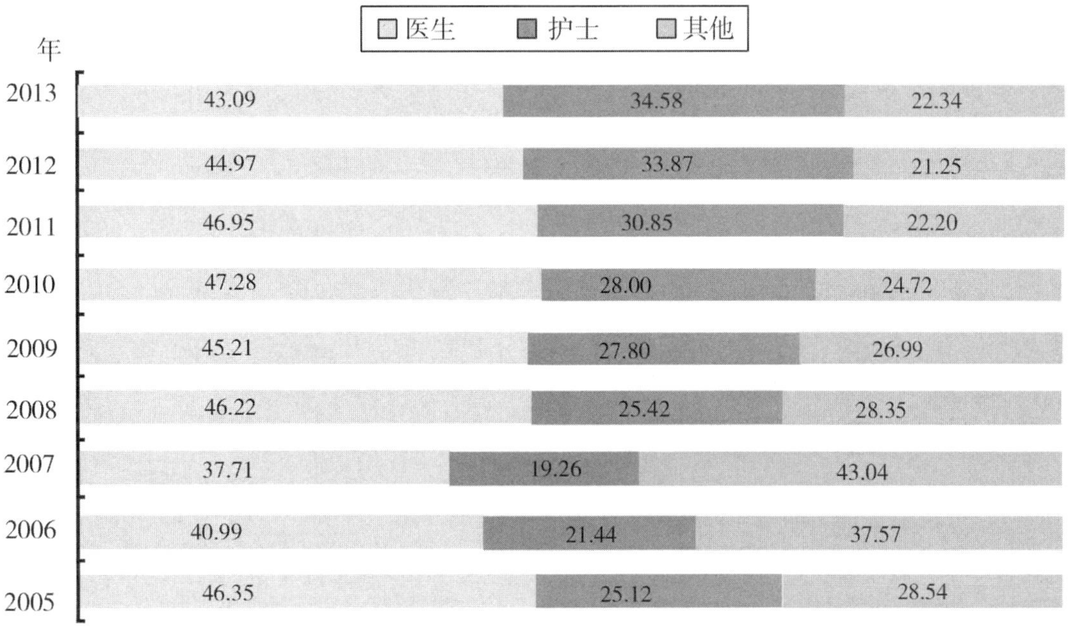

国家预算内抚恤支出（万元）

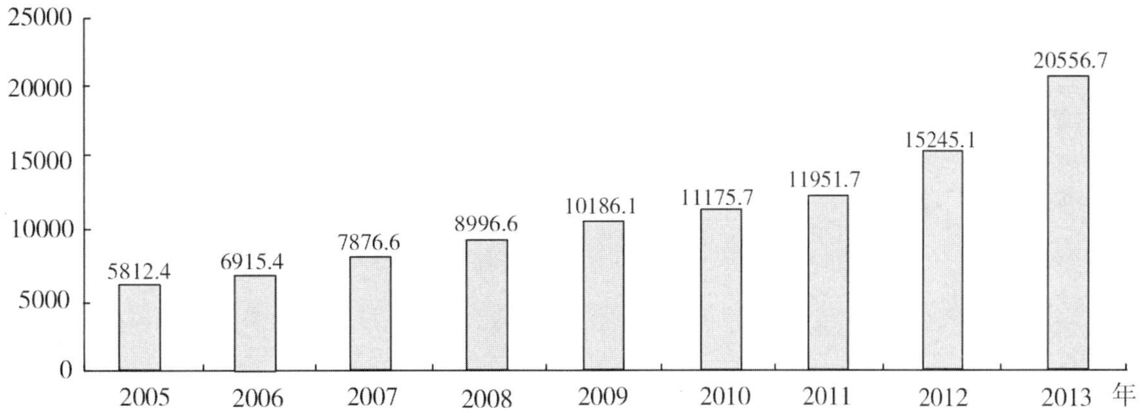

16—1 主要年份文化、广播事业发展情况

年 份	文化馆（个）	公 共 图书馆（个）	艺术表演团体（个）	艺术表演场馆（座）	广播站（台）	电视人口覆盖率（%）
1952	13	1	26	3		
1957	14	2	39	6	10	
1962	15	4	24	11	16	
1965	15	4	24	11	16	
1970	16	4	21	11	16	
1975	17	4	22	15	18	
1978	17	12	25	17	18	
1980	17	14	27	23	18	65
1985	17	17	26	26	17	81
1990	18	17	21	16	17	86
1995	18	17	21	19	17	86
2000	18	17	21	19	17	93
2001	18	17	18	17	17	97
2002	18	17	18	17	17	97
2003	18	17	18	17	17	97
2004	18	17	18	17	17	97
2005	18	17	18	17	17	98
2006	18	17	18	17	17	98
2007	18	17	18	17	17	98
2008	18	17	20	17	17	98
2009	18	17	20	17	17	98
2010	18	17	18	15	17	98
2011	18	17	26	15	17	99
2012	18	17	13	15	17	98
2013	18	17	7	15	17	99

16—2 文化艺术机构和人员数(2013 年)

单位:个、人

指标	总计		文化部门			
			国有单位		集体单位	
	机构数	人数	机构数	人数	机构数	人数
图书馆业	17	216	17	216		
艺术教育业	1	78	1	78		
文化市场	694	25000				
其他						

16—3 群众艺术馆、文化馆业务活动及经费(2013 年)

指标	总计	群众艺术馆	文化馆
单位数(个)	18	1	17
举办展览(个)	118	2	116
举办训练班(次)	588	10	578
组织文艺活动次数(次)	472	33	439
总支出(千元)	100352	3617	96735
#公用支出	4266	616	3650

16—4 公共图书馆业务活动及经费(2013 年)

指　　标	总　　计	县级公共图书馆
总藏量(册、件)	1483232	1483232
书架单层长度(米)	5310	5310
有效借书证数(个)	40436	40436
图书流通人次(人次)	353940	353940
#书刊外借人次(人次)	168070	168070
为读者举办各种活动次数(次)	384	384
参加人数(人次)	55535	55535
电子阅览室终端数(个)	459	459
总支出(千元)	16930	16930
#新增藏量购置费	371	371
图书专项经费(千元)	252	252
本年新购图书(册)	11838	11838
公共房屋建筑面积(平方米)	34274	34274
#书　库	6583	6583
阅览室座席(个)	2874	2874

16—5 出版发行、图书馆、群众文化事业机构和人员数(2013 年)

指　　标	机构数(个)	人　数(人)
出版发行事业	594	31580
#国有书店	23	560
图书馆事业	17	233
群众艺术馆	1	38
文化馆	17	242
文化站	171	244
#乡镇文化站	151	200

16—6 体育系统从业人员数(2013 年)

单位:人

指　　标	合　　计	行政机关	业余体校
总　　计	**330**	**145**	**185**
公务员	81	81	
教练员	74		74
文化教师	22		22
管理人员	51	9	42
其他人员	102	55	47

16—7 主要年份体育场发展情况

单位:个

年份	体育场	运动场	小运动场	游泳池	有看台的灯光球场	篮、排球场	各种训练房	足球场	轮滑场
1957	1	4	5		1			1	
1962	1							1	
1965	1	5	13		1			1	
1970	1	5	21	2	1		1	1	
1975	1	7	36	2	7		1	1	
1978	1	7	48	3	10		1	1	
1980	1	7	51	4	12		1	1	
1985	1	9	64	4	21	989	3	3	5
1990	1	12	168	8	27	1675	6	4	3
1995	1	12	168	10	27	1675	1	1	3
2000	1	12	168	10	19	1675	1	1	3
2001	7	90	167	21	26	1709	87	2	3
2002	7	90	167	21	26	1709	87	2	3
2003	7	90	167	21	26	726	87	2	3
2004	7	90	167	21	26	785	87	2	3
2005	8	90	167	21	26	802	87	2	3
2006	20	112	175	21	26	824	90	2	3
2007	21	121	179	23	26	1065	113	2	3
2008	22	121	179	23	27	1420	113	2	3
2009	22	121	180	23	27	1696	113	2	3
2010	22	121	180	23	27	1951	113	2	3
2011	22	121	180	23	27	2779	113	2	3
2012	22	121	180	23	27	2896	113	2	3
2013	24	121	180	23	27	2896	113	2	3

16—8 主要年份体育事业发展情况

单位：个、次、人

年份	少体校		举办县以上运动会情况		国家体育锻炼达标人数	体育系统职工情况			体育事业费（万元）
	校数	在校学生数	次数	参加人数		合计	专职教练	专职教师	
1952			2	2500					
1957			7	4100					
1962	9	960	45	31000		63	36		
1965	8	940	36	23000		74	39		
1970	13	1210	45	23000	9250	73	37		
1975	13	1313	110	31000	10889	127	54		30
1978	19	1410	99	32000	10022	139	62		35
1980	16	1059	84	21857	11858	138	60		39
1985	15	943	104	24105	120827	190	65	13	69
1990	20	1290	178	55900	221900	306	87	17	233
1995	17	1144	183	19154	352187	318	99	27	2207
2000	17	1823	145	35504	465639	535	91	25	220
2001	17	1813	310	45000	475639	427	91	26	345
2002	17	1065	236	216908	472536	389	90	67	507
2003	14	1149	229	114400	603906	714	86	78	671
2004	14	1210	342	1332525	332633	504	63	26	775
2005	15	1665	357	1083977	543444	608	70	54	1262
2006	12	1444	253	402100	556358	317	65	70	2211
2007	12	1511	276	45120	557960	281	74	15	1042
2008	12	665	207	90621	645000	40	36	4	1235
2009	8	922	271	924724	844000	91	52	39	1372
2010	8	810	376	195662	851250	82	48	34	1804
2011	8	865	218	237068	850121	72	48	24	3313.4
2012	5	1112	261	265945	803420	99	53	46	6006.47
2013	13	1006	254	282413	591009	96	74	22	6614.99

16—9 主要年份体育场地数

单位:个

年 份	体育场	体育馆	有看台的灯光球场	运动场	射击场	游泳池
1957	1		1	4		
1962	1					
1965	1		1	5		
1970	1		1	5		2
1975	1		7	7		2
1978	1		10	7		3
1980	1		12	7		4
1985	1		21	9		4
1990	1	1	27	12		8
1995	1	2	27	12		10
2000	1	3	19	12	1	10
2001	7	3	26	90	1	21
2002	7	4	26	90	1	21
2003	7	4	26	90	1	21
2004	7	4	26	90	1	21
2005	8	6	26	112	1	21
2006	20	8	26	112	1	21
2007	21	9	26	121	1	23
2008	22	9	27	121	1	23
2009	22	9	27	121	1	23
2010	22	9	27	121	1	23
2011	22	9	27	121	1	23
2012	22	10	27	121	1	23
2013	24	12	27	121	1	23

注:2004 年数据为第五次全国体育场地普查数据,普查时点为 2003 年 12 月 31 日。

16—10 主要年份卫生机构数

单位:个

年份	卫生机构数	医院	乡镇卫生院	社区卫生服务中心（站）	门诊部和诊所	专科防治所站	疾控中心	卫生监督所	妇幼保健站所	其他卫生事业机构
1952	126	27			63					36
1957	310	94			115		1	–	1	99
1962	479	176			161	2	2	–	2	136
1965	483	188			283	1	5	–	3	3
1970	344	234			99	1	4	–	3	3
1975	455	266			167	2	12	–	5	3
1978	591	282			233	3	20	–	20	33
1980	618	293			246	3	20	–	20	36
1985	699	312			302	4	18	–	19	44
1990	705	342			298	1	19	–	18	27
1995	666	327			295	1	19	–	18	6
2000	418	101			273	1	19	–	18	6
2001	403	99			260	1	19	–	18	6
2002	406	114			249	3	17	–	18	5
2003	404	114			245	3	18	–	18	6
2004	402	115			244	3	18	–	18	4
2005	389	108			240	2	18	–	18	3
2006	414	117	151		255	2	18		18	4
2007	445	125	151		274	2	18	18	18	8
2008	503	148	151		309	2	18	18	18	8
2009	810	166	151		597	3	18	18	18	8
2010	824	162	151	62	615	4	18	18	18	7
2011	1166	164	151	62	635	3	18	18	18	97
2012	1152	170	151	62	627	3	18	18	18	85
2013	1176	173	151	62	649	1	18	18	18	86

注:1995 年以后,“医院”中不包括“卫生院”。

16—11 主要年份卫生机构床位数

单位:张

年 份	卫生机构床位数	医 院	其他卫生机构	平均每千人拥有医院床位数
1952	167	162	5	0.11
1957	621	527	94	0.36
1962	1746	1364	382	0.88
1965	2553	2022	531	1.19
1970	3151	2774	377	1.28
1975	5588	5020	568	2.02
1978	6444	6010	434	2.23
1980	7593	7033	560	2.55
1985	9464	8872	592	3.01
1990	11097	10695	402	3.20
1995	11129	10767	362	2.98
2000	11622	7591	4031	2.91
2001	11358	7473	3885	2.51
2002	10675	7165	3510	2.65
2003	11641	7886	3755	2.87
2004	12168	8331	3837	2.97
2005	11301	7982	3319	2.74
2006	12502	8556	3946	3.01
2007	13704	9131	4573	3.28
2008	15263	10235	5028	3.65
2009	15954	10852	5102	3.78
2010	17051	11181	5870	3.82
2011	16546	11112	5434	3.81
2012	17254	12052	5202	3.94
2013	17968	12947	5021	3.96

16—12 卫生机构人员分类

单位:人

指　标	2005	2006	2007	2008	2009	2010	2011	2012	2013
一、各类人员总计	16818	17620	19852	21319	22900	23557	23461	25206	31228
卫生技术人员	14119	14639	16656	18066	19266	19760	19500	21010	22032
其他技术人员	957	868	1047	1114	1258	1304	1270	1385	1377
管理人员	670	848	800	843	889	1021	1014	1019	954
工勤人员	1072	1265	1349	1296	1487	1472	1673	1792	2088
二、卫生技术人员	14119	14639	16656	18066	19266	19760	19500	21010	22032
执业医师	5053	5482	5974	6447	6850	6810	6639	7529	7548
执业助理医师	1491	1491	1787	1904	1861	2530	2517	1920	1945
注册护士	3546	3661	4291	4593	5356	5535	6015	7117	7618
药剂人员	1024	991	1013	1065	1080	1093	1080	1083	1084
检验人员	726	722	711	756	773	781	831	841	885
其　他	2279	2292	2656	3003	2971	3011	2418	2520	2579
三、平均每千人拥有									
卫生技术人员	3.43	4.48	3.99	4.30	4.56	4.58	4.6	4.73	5.01
#医生数	1.59	1.84	2.08	3.92	3.26	3.5	3.27	3.27	3.27

注:本表不包括村卫生室人员。

16—13 主要年份卫生技术人员数

单位:人

年　份	总　计	医　生	护　士	其　他	平均每千人拥有卫生技术人员数
1952	642	52	51	320	0.43
1957	1375	71	217	652	1.75
1962	2995	388	516	1157	1.51
1965	4109	694	518	1412	1.91
1970	5845	779	1039	2450	2.38
1975	7671	1123	1476	3065	2.77
1978	8384	1369	813	3728	2.90
1980	9785	1506	947	4376	3.29
1985	12248	2336	1158	5910	4.12
1990	14645	4437	2573	5415	4.22
1995	14915	5281	3250	4576	3.99
2000	15360	5577	3521	4489	3.83
2001	15444	6009	3349	4020	3.86
2002	14994	6441	3177	3551	3.72
2003	14809	6642	3255	3035	3.65
2004	14625	6845	3468	2520	3.57
2005	14119	6544	3546	2279	3.43
2006	14639	7610	3980	2404	4.48
2007	16656	8677	4431	2529	3.99
2008	18066	8351	4593	3003	4.30
2009	19266	8711	5356	2971	4.56
2010	19760	9340	5535	4885	4.58
2011	19500	9156	6015	4329	4.60
2012	21010	9449	7117	4444	4.73
2013	22032	9493	7618	4921	5.01

注:由于卫生部门报表的变动,2002 年及以后年份医生数为执业医师和执业助理医师数之和;护士为注册护士。

16—14 卫生机构、床位、人员数(2013年)

类　别	机构数(个)	床位数(张)	人员合计(人)	#卫生技术人员
总　计	**1176**	**17968**	**31228**	**22032**
一、医院	173	12947	17328	14196
综合医院	91	8881	12701	10515
中医医院	19	1570	1640	1375
中西医结合医院	2	54	83	64
专科医院	61	2442	2904	2242
口腔医院	7	56	168	119
眼科医院	6	89	88	81
肿瘤医院	2	168	163	122
心血管病医院	3	70	56	41
妇产(科)医院	6	258	497	381
精神病医院	5	410	289	224
传染病医院	1	500	530	420
骨科医院	9	287	334	260
康复医院	2	95	70	56
其他专科医院	20	509	709	538
二、社区卫生服务中心(站)	62	346	909	796
社区卫生服务中心	19	303	552	493
社区卫生服务站	43	43	357	303
三、卫生院	223	4230	3598	3025
街道卫生院	72	689	580	430
乡镇卫生院	151	3541	3018	2595
中心卫生院	56	1585	1278	1104
乡卫生院	95	1956	1740	1491
四、门诊部	17	1	205	156
五、诊所.卫生所.医务室	632		1222	1174
诊　所	562		1034	1000
卫生所、医务室	70		188	174
六、采供血机构	5		162	114
七、妇幼保健院(所、站)	18	444	887	709
八 疾病预防控制中心	18		724	510
九、卫生监督所(中心)	18		608	595
十、其他卫生机构	10		81	53

16—15 主要年份民政主要指标

指　　标	单　位	1990	1995	2000	2005	2010	2011	2012	2013
国家预算内抚恤支出	万元	798.0	1175.6	2290.9	5812.4	11175.7	11951.7	15245.1	20556.7
优抚对象人数	人	135817	133790	139580	15858	17825	15306	20952	21504
农村低保户人数	人	208863	236796	266668	83613	128667	130003	133264	135062
城镇社会福利院	个	1	1	1	1	1	1	1	1
收养人数	人	53	50	30	110	120	120	120	120
结婚数	对	26912	19775	14965	42402	46965	58083	49727	50870
千人结婚率	‰	15.5	10.5	7.6	20.5	21.8	21.8	22.8	23.2
离婚数	对	798	748	995	1196	3083	3624	3941	4576
千人离婚率	‰	0.5	0.4	0.5	0.6	1.4	1.5	1.6	2.1

注:2002 年及以后优扶对象不包括军属。

16—16 工业企业“三废”排放与治理情况

项　　目	2005	2006	2007	2008	2009	2010	2011	2012	2013
废　水									
废水排放总量（万吨）	3821	3942	2018	3650	3738	2732	4382	6151	6444
废　气									
废气排放量（亿标立方米）	1102.0	1226.5	1321.5	1329.4	1333.0	1783.3	6654.9	4582.3	3055.3
二氧化硫排放量（万吨）	8	8	8	7	7	7	10	9	9
烟尘排放量（万吨）	28	27	22	16	14	14	10	10	9
固体废物									
固体废物产生量（万吨）	1525	1402	1283	1737	1114	1466	2408	2425	2958
固体废物综合利用量（万吨）	1189	1035	1061	1532	1012	1214	1509	1766	2391
固体废物综合利用率（%）	78	74	83	87	89	81	63	73	81
固体废物处置量（万吨）	80	77	31	39	16	132	325	408	323
固体废物贮存量（万吨）	73	130	43	154	73	139	554	338	329
固体废物排放量（万吨）	183	158	149	73	44		1	1	
当年完成环保验收项目投资基金(万元)								21914	21477
生态影响类项目城市基础设施项目(万元)								5119	2927
工业企业类项目(万元)								16433	18455
其他类项目(万元)								362	95
当年完成环保验收项目数(个)								35	45

备注:当年完成环保验收项目投资基金等指标为2012年新增指标。

16—17 主要年份“三废”治理情况

年份	废水排放总量（万吨）	#工业废水	废气排放量（万标立方米）	#二氧化硫（万吨）	治理效果		
					新增处理废水能力（万吨/日）	新增处理废气能力（万标 M3/时）	新增处理废渣能力（万吨/年）
1980	1215	945		0.9	2.8	4.5	
1985	8553	8060	2435518	4.2	0.1	3.8	2.0
1986	5042	4541	2828375	4.0	0.5	9.2	4.5
1987	9019	8512	4291092	5.3	2.1	17.3	1.0
1988	8291	7428	4198971	5.3	1.6	28.8	27.7
1989	10372	7807	4242528	6.2	1.4	32.4	26.2
1990	11187	8083	4939234	6.6	1.4	9.2	45.1
1991	6804	6763	3753128	4.8	1.4	65.2	11.3
1992	4077	3662	3737277	4.6	0.6	83.4	0.7
1993	4053	3443	3497104	4.3	0.2	96.8	1.4
1994	5003	4371	3711320	5.1	0.8	69.0	21.3
1995	3892	3430	3945965	4.6	2.2	57.0	8.4
1996	3770	3308	3404152	4.5	3.0	71.1	0.5
1997	5657	3357	4516425	6.7	3.2	8.1	
1998	5823	3423	4443718	8.4	1.3	1.6	0.1
1999	3186	1911	3035308	7.5	0.5	0.6	
2000	2689	1559	3549186	6.5	0.5	130.2	
2001	3216	1929	5941885	7.2	4.0	150.0	273.0
2002	4133	2892	9720532	6.7	0.8	157.3	
2003	4402	2461	19070140	9.0	11.5	166.3	2.6
2004	4354	3047	19074195	8.0	5.6	151.4	1.0
2005	5459	3821	11019716	8.4	114.7	282.2	
2006	4877	3942	12264788	7.9	56.0	154.0	1.1
2007	3898	2018	13214804	7.6	1830.0	20.7	
2008	3752	3650	13294252	7.2	2420.0	310.9	
2009	3815	3738	13330462	6.7	1200.0	177.5	
2010	3068	2732	17832701	6.7	3605.0	63.9	65.0
2011	13458	4382	66548774	11.4	7.1	16.0	
2012	14767	6151	45823223	10.7	13.7	117.8	
2013	15228	6444	30553491	10.4	5.1	526.6	

主要统计指标解释

文化及相关产业 指为社会公众提供文化、娱乐产品和服务的活动，以及与这些活动有关联的活动的集合。文化及相关产业的活动主要包括：①文化产品制作和销售活动；②文化传播服务；③文化休闲娱乐服务；④文化用品生产和销售活动；⑤文化设备生产和销售活动；⑥相关文化产品制作和销售活动。

文化及相关产业行业构成 《文化及相关产业分类》将文化及相关产业划分为四层。

第一层分为文化服务和相关文化服务。

第二层分为 9 个大类：新闻服务、出版发行和版权服务、广播、电视、电影服务、文化艺术服务、网络文化服务、文化休闲娱乐服务、其他文化服务、文化用品、设备及相关文化产品的生产和文化用品、设备及相关文化产品的销售。

第三层分为 24 个中类。

第四层分为 80 个小类。

为反映党中央关于文化建设和文化体制改革的要求，《文化及相关产业分类》又组合出文化产业核心层、文化产业外围层和文化产业相关层。

文化产业核心层 新闻服务、出版发行和版权服务、广播、电视、电影服务和文化艺术服务。

文化产业外围层 网络文化服务、文化休闲娱乐服务和其他文化服务。

相关文化产业层 文化用品、设备及相关文化产品的生产和文化用品、设备及相关文化产品的销售。

文化事业机构 指从事专业文化工作和为专业文化工作服务的单独核算、独立建制的单位。不包括文化主管部门直属单位举办的其他行业和各部门的业余文化组织。

艺术表演团体 指从事戏曲、音乐、舞蹈、杂技等专业艺术表演，有独立帐户，实行单独核算的团体。不包括半工半艺、半农半艺的业余团体。

社会救济对象 指报告期末生活在当地规定的最低生活保障线以下的家庭人口数及国家规定由民政部门救济的特殊人员和 60 年代精简退职老职工救济人员等。是城镇户口的统计为城镇救济对象；是农村户口的统计为农村救济对象。

结婚率 指某地区报告期内，符合《婚姻法》要求，在民政部门登记结婚并领取《结婚证》的人数占该地区报告期内平均人口的比值。计算方法为：

结婚率 = 报告期内登记结婚人数/该地区报告期内平均人口 × 1000‰

离婚率 指某地区报告期内（通常为一年），男女双方经过法律手段解除婚姻关系的人数占该地区报告期内平均人口的比值。计算方法为：

离婚率 = 报告期内男女双方解除婚姻关系的人数/该地区报告期内平均人口 × 1000‰

等级运动员人数 指经考核正式批准授予等级运动员称号的人数。运动员等级分为国际级运动健将、运动健将、一级运动员、二级运动员、三级运动员、少年级运动员。

等级裁判员人数 指经考核正式批准授予等级裁判员称号的人数。裁判员等级分为国际裁判、国家级裁判、一级裁判、二级裁判、三级裁判。

体育场 指有 400 米跑道（中心含足球场），有固定道牙，路道 6 条以上，并有固定看台的田径场。以看台容纳观众人数分：甲级 25000 人以上，乙级 15000 – 25000 人，丙级 5000 – 15000 人，丁级 5000 人以下。

体育馆 指有固定看台可供篮球、排球、羽毛球、乒乓球、体操等项目训练比赛活动用的室内场地。以看台容纳观众人数分：甲级 6000 人以上，乙级 4000 – 6000 人，丙级 2000 – 4000 人，丁级 2000 以下。

卫生技术人员 指在国民经济各行业从事卫生医务工作的自然科学技术的专业人员。包括正副主任医师、主治医师、医师、医(护)士和未评定职称的技术人员。2002年以后因为口径改变,调整为执业医师、执业助理医师、注册护士、药剂人员、检验人员。

工业废水排放量 指经过企业厂区所有排放口排到企业外部的工业废水量。包括生产废水、外排的直接冷却水、超标排放的矿井地下水和与工业废水混排的厂区生活污水,不包括外排的间接冷却水(清污不分流的间接冷却水应计算在内)。

工业废水排放达标量 指各项指标都达到国家或地方排放标准的外排工业废水量,包括未经处理外排达标和经过处理后外排达标两部分(国家排放标准见GB8978-88)。

工业废水处理量 指报告期内各种水治理设施实际处理的工业废水量,包括处理后外排和处理后回用的工业废水量和虽经处理但未达到国家或地方排放标准的废水量。如车间和厂排放口均有治理设施,并对同一废水分级处理时,不应重复计算工业废水处理量。

工业废气排放量 指企业厂区内燃料燃烧和生产工艺过程中产生的各种排入空气的含有污染物的气体总量,按标准状态[273K,101325Pa]计算。

工业二氧化硫排放量 指企业在燃料燃烧和生产工艺过程中排入大气的二氧化硫数量。

工业粉尘排放量 指企业在生产工艺过程中排放的颗粒物重量,如钢铁企业的耐火材料粉尘、焦化企业的筛焦系统粉尘、烧结机的粉尘、石灰窑的粉尘、建材企业的水泥粉尘等。不包括电厂排入大气的烟尘。

工业固体废物产生量 指企业在生产过程中产生的固体状、半固体状和高浓度液体状废弃物的总量、包括危险废物、冶炼废渣、粉煤灰、炉渣、煤矸石、尾矿、放射性废物和其他废物等;不包括矿山开采的剥离废石和掘进废石(煤矸石和呈酸性或碱性的废石除外)。酸性或碱性废石指采掘的废石其流经水、雨淋水的PH值小于4或PH值大于10.5者。

工业固体废物综合利用量 指通过回收、加工、循环、交换等方式,从固体废物中提取或者使其转化为可以利用的资源、能源和其他原材料的固体废物量(包括当年利用往年的工业固体废物累计贮存量),如用作农业肥料、生产建筑材料、筑路等。综合利用量由原产生固体废物的单位统计。

工业固体废物贮存量 指以综合利用或处置为目的,将固体废物暂时贮存或堆存在专设的贮存设施或专设的集中堆存场所内的数量。专设的固体废物贮存场所或贮存设施必须有防扩散、防流失、防渗漏、防止污染大气、水体的措施。

工业固体废物处置量 指将固体废物焚烧或者最终置于符合环境保护规定要求的场所,并不再回取的工业固体废物量(包括当年处置往年的工业固体废物累计贮存量)。处置方法有填埋(其中危险废物应安全填埋)、焚烧、专业贮存场(库)封场处理、深层灌注、回填矿井等。

工业固体废物排放量 指将所产生的固体废物排到固体废物污染防治设施、场所以外的数量、不包括矿山开采的剥离废石和掘进废石(煤矸石和呈酸性或碱性的废石除外)。

十七、县市篇

资料整理人员

王华峰　王福勤　王斌良　杨佳蓉　申淑霞　乔淑芳　刘　炜
孙　鹏　刘浥蓉　吉海燕　师先明　何晓华　张　栋　张双玲
李晓华　李海娟　李　丁　杨晓春　苏志敏　苏彩凤　武俊峰
郗跃华　郭　敏　尉文明　梁　茹　梁　燕　崔　婷　程冬凤
曹睿鹏　靳蝉瑜　翟晓鹏　裴欣丽　薛　耿

17—1 国民经济核算主要指标(2013年)

单位:万元

	总产出	第一产业	第二产业	#工 业	第三产业	#交通运输仓储邮政业	#批发和零售业
全 市	**33126996**	**1634563**	**22487224**	**20084703**	**9005209**	**2182709**	**2667254**
尧都区	7827286	179626	3095991	2403090	4551669	384200	1503248
曲沃县	2460562	206743	1894861	1790420	358958	169310	40254
翼城县	2829185	147575	2132165	2080652	549445	262288	80296
襄汾县	3365112	235154	2491000	2254313	638958	329119	74078
洪洞县	4818299	210452	3748253	3385792	859594	393107	117738
古 县	1636597	42165	1410949	1367634	183483	48947	33501
安泽县	1370106	67145	1157244	1041932	145717	18122	35006
浮山县	915702	71272	724614	672245	119816	19327	13123
吉 县	358209	85135	198116	151741	74958	6471	21129
乡宁县	1568651	53658	1257997	1186066	256996	31936	38062
大宁县	91976	26823	6208	2496	58945	3150	19306
隰 县	270630	54428	76035	25806	140167	33173	28268
永和县	122587	51808	18328	8458	52451	3337	15187
蒲 县	1155142	34944	975506	865058	144692	30120	16509
汾西县	447055	48484	228818	177780	169753	62233	20710
侯马市	2260682	61135	1246718	1045201	952829	354335	167294
霍州市	2511379	64580	2032132	1822280	414667	168104	49483

	地 区 生产总值	第一产业	第二产业	#工 业	第三产业	#交通运输仓储邮政业	#批发和零售业
全 市	**12239045**	**872247**	**7326725**	**6757104**	**4040073**	**994215**	**742204**
尧都区	2430223	93528	789310	636533	1547385	248349	300813
曲沃县	1002919	120569	689452	663280	192898	77759	28260
翼城县	880205	78152	517902	498650	284151	104876	53323
襄汾县	1250500	126940	782248	726845	341311	148104	51855
洪洞县	1655444	110356	1158363	1048434	386725	108282	76152
古 县	513434	22811	411048	402101	79575	21763	10996
安泽县	482672	38057	383789	364753	60826	8380	10986
浮山县	469007	40067	356463	342890	72477	8650	9441
吉 县	177445	49777	91172	81378	36496	3812	6033
乡宁县	853296	26740	678236	646946	148320	16428	24571
大宁县	43914	15092	3914	1233	24908	967	3479
隰 县	111752	30728	19733	9255	61291	14340	9919
永和县	62621	24982	5930	3045	31709	1254	7896
蒲 县	512225	16435	419745	409050	76045	12996	7339
汾西县	183585	25257	67243	53474	91085	29598	15326
侯马市	831832	33487	304245	251251	494099	126017	118623
霍州市	855717	35863	618683	569296	201171	56201	33133

17—1 续表

单位：万元

	人均地区生产总值（元）	最终消费	资本形成总额	居民消费水平（元/人）	农村居民	城镇居民
全市	**27949**	**5403621**	**7099603**	**8848**	**5873**	**12503**
尧都区	25384	1192503	1257863	11014	5883	13843
曲沃县	41684	264964	716985	7603	4070	14312
翼城县	27881	305157	573578	8121	4947	14554
襄汾县	27814	532475	718174	9209	6690	13754
洪洞县	22260	697183	952919	8017	5710	11952
古县	54854	127462	383894	8808	5385	14646
安泽县	57988	112645	367064	10512	7144	16489
浮山县	36245	182215	286284	8337	5178	14589
吉县	16414	94787	77246	5208	3381	9402
乡宁县	36019	275948	621513	9529	5894	17627
大宁县	6704	38472	5450	5446	2075	10439
隰县	10622	91498	20846	7070	4027	11691
永和县	9700	32260	33467	4556	1980	8914
蒲县	46950	99951	409012	7675	4601	11939
汾西县	12499	115477	80489	6511	3258	11494
侯马市	34196	322160	467296	9911	5662	12639
霍州市	29837	444372	409828	12347	5541	17037

17—2 国民经济核算主要指标发展速度（2013年）

上年＝100 单位：%

	总产出	第一产业	第二产业	#工业	第三产业	#交通运输仓储邮政业	#批发和零售业
全市	**109.5**	**105.0**	**111.1**	**112.5**	**106.2**	**108.4**	**106.8**
尧都区	106.5	106.7	105.6	110.9	107.2	106.1	107.0
曲沃县	111.5	106.7	112.8	112.9	107.7	106.6	116.3
翼城县	108.4	104.1	109.4	109.7	105.7	108.1	108.4
襄汾县	109.4	105.0	110.2	110.8	106.9	108.0	108.6
洪洞县	110.4	103.8	111.2	111.9	107.4	109.4	102.5
古县	111.3	102.3	112.8	112.9	105.0	111.3	99.6
安泽县	110.1	106.2	111.3	112.2	103.0	108.2	100.6
浮山县	113.1	103.6	115.3	116.1	107.1	110.5	108.5
吉县	108.5	106.2	109.4	111.4	108.5	108.7	106.6
乡宁县	113.5	105.6	114.4	115.1	110.9	113.4	118.9
大宁县	107.3	106.7	109.4	112.1	107.1	109.0	110.0
隰县	106.8	105.8	102.2	100.8	106.1	108.2	111.0
永和县	106.7	106.8	106.5	108.2	106.6	109.0	108.2
蒲县	115.0	106.8	116.7	115.4	106.9	115.3	101.4
汾西县	109.7	105.2	111.9	113.1	107.6	108.8	109.8
侯马市	92.7	105.3	83.3	80.3	107.2	106.6	108.5
霍州市	103.2	102.3	102.2	101.5	108.2	107.2	112.5

17—2 续表

上年=100　　　　单位:%

	地区生产总值	第一产业	第二产业	#工业	第三产业	#交通运输仓储邮政业	#批发和零售业
全　市	**108.5**	**104.9**	**110.3**	**111.6**	**105.8**	**108.2**	**106.5**
尧都区	106.7	106.3	106.5	110.1	106.8	108.5	108.0
曲沃县	111.0	107.0	112.7	113.0	107.6	105.9	114.7
翼城县	108.4	102.7	110.8	111.3	106.0	108.2	108.4
襄汾县	109.1	104.8	110.4	110.8	106.9	108.0	108.6
洪洞县	109.8	102.1	110.0	110.6	111.3	117.9	103.2
古　县	111.8	102.5	113.1	113.3	105.1	111.1	98.9
安泽县	110.1	105.9	111.3	111.7	103.0	108.2	100.3
浮山县	110.9	103.8	113.1	113.5	106.7	110.3	108.3
吉　县	109.0	107.9	110.4	111.3	106.4	107.4	104.7
乡宁县	112.0	105.7	114.4	115.1	104.3	108.9	108.1
大宁县	106.1	105.7	108.0	111.5	105.9	109.0	109.5
隰　县	106.0	105.8	106.1	110.4	106.0	108.2	113.7
永和县	106.3	107.0	106.2	108.0	105.8	108.2	107.6
蒲　县	112.6	106.3	115.0	115.2	104.3	113.3	99.2
汾西县	108.2	105.8	110.6	111.7	106.8	108.5	109.5
侯马市	100.0	105.7	91.6	89.7	106.0	106.0	107.1
霍州市	109.0	103.2	110.6	111.3	105.4	107.9	109.1

上年=100　　　　单位:%

	人均地区生产总值	最终消费	资本形成总额	居民消费水平	农村居民	城镇居民
全　市	**107.9**	**108.6**	**108.4**	**109.6**	**117.4**	**103.2**
尧都区	106.1	102.7	110.1	106.1	109.6	103.8
曲沃县	110.3	107.8	118.8	109.2	102.1	109.3
翼城县	108.0	105.1	110.6	112.4	111.4	109.2
襄汾县	108.4	103.0	112.6	107.7	106.1	105.3
洪洞县	109.3	104.5	114.0	102.7	102.9	100.0
古　县	110.8	101.9	114.4	107.4	104.0	107.2
安泽县	109.5	109.7	110.3	110.6	115.5	104.1
浮山县	110.5	110.7	111.1	108.4	111.0	103.1
吉　县	108.4	105.1	119.7	108.1	109.7	102.4
乡宁县	111.3	109.2	113.5	109.6	105.0	109.7
大宁县	105.5	106.9	100.6	109.3	105.5	107.3
隰　县	105.5	103.8	105.1	103.8	101.7	102.3
永和县	105.8	106.0	106.5	106.0	110.5	100.6
蒲　县	111.9	105.9	114.8	105.1	105.1	102.8
汾西县	107.7	107.4	108.2	108.5	110.7	104.2
侯马市	99.5	101.1	98.3	103.8	104.6	102.2
霍州市	108.5	111.4	106.4	111.4	111.6	109.5

17—3 主要年份地

按当年价格计算

年份	尧都区	曲沃县	翼城县	襄汾县	洪洞县	古县	安泽县	浮山县	吉县
1949	1677	722	590	1550	1239	302	226	414	265
1952	3328	1234	1024	2983	2213	564	397	808	398
1957	5484	2271	1290	4715	3658	537	501	983	607
1962	4330	1985	1626	2572	3213	593	603	1103	719
1965	6217	2821	1889	4973	5274	711	694	1209	665
1970	9027	2733	1472	5038	4002	667	826	1581	867
1975	17270	3737	3268	8452	8502	1223	1478	1555	1367
1978	22904	4842	4454	10361	9080	1301	1693	1639	1800
1980	24625	6098	5587	11073	10833	1372	2073	1761	1860
1985	46516	8335	11692	20233	24712	3366	2870	4919	3566
1990	98827	19212	32027	38183	54779	6166	6189	8284	6154
1995	244664	63142	69868	101083	153545	23559	17887	22099	14750
2000	516411	129085	130999	185729	258357	50470	31945	33997	22259
2001	596129	144575	152368	223174	294514	60863	34798	43441	24115
2002	671681	176382	193330	278990	347042	72388	41899	55305	26748
2003	836222	229296	284155	379461	473364	131671	54287	71080	30423
2004	1037571	292917	356898	519375	588743	192752	69231	114904	38118
2005	1139576	333883	378204	629363	699354	226788	93639	139720	53961
2006	1318471	374179	415895	750682	775858	262481	117406	178768	59385
2007	1505816	463655	477364	861455	845184	346193	158955	214684	73076
2008	1699166	514851	502525	838399	1016847	475717	256120	186070	94852
2009	1733438	521590	483612	840360	1137809	428040	301394	179248	96146
2010	1908712	664748	590020	1015446	1222327	490626	406785	259425	123085
2011	2298376	863420	786306	1202850	1483607	706318	488968	314311	162156
2012	2478276	965858	830501	1286054	1653389	624960	511347	383522	179134
2013	2430223	1002919	880205	1250500	1655444	513434	482672	469007	177445

区生产总值

单位:万元

乡宁县	大宁县	隰　县	永和县	蒲　县	汾西县	侯马市	霍州市
615	159	179	208	224	299	446	334
952	305	192	105	253	379	1055	511
1044	407	320	146	315	441	1718	1227
967	383	379	192	333	485	1812	3495
1229	695	487	314	455	481	3336	4870
1659	748	793	386	600	808	6931	5532
2026	995	1011	686	1187	1137	9592	12009
3242	897	1757	818	1537	1369	10409	16329
3773	1196	1766	992	1547	1739	13465	20675
10405	2523	3017	1889	4209	4073	22085	30131
16436	4737	7106	2806	8598	7266	32879	45212
60422	10223	15478	7830	37561	24642	78151	81792
96299	12498	26133	10556	73287	41004	149672	143890
109949	13107	30720	10721	86417	46999	171332	159410
128017	15544	35571	12963	108366	58621	197673	188346
177984	16905	48738	13825	155061	75912	244966	219525
254263	19261	46861	16794	225975	106507	314086	289509
317494	20665	46472	19293	268970	125804	377019	370889
358040	24084	50401	21396	300276	139764	434785	439837
433822	27095	57205	24377	209340	149099	512374	475231
535898	26117	57431	25648	253482	141613	547050	565195
400283	38711	63726	36628	156941	100594	595085	564259
472664	50218	75485	44455	262334	135245	652739	602808
727583	37952	89903	53506	379743	160411	838988	780555
780814	41603	101085	57565	412138	171749	909918	865913
853296	43914	111752	62621	512225	183585	831832	855717

17—4 主要年份第一

按当年价格计算

年　份	尧都区	曲沃县	翼城县	襄汾县	洪洞县	古　县	安泽县	浮山县	吉　县
1949	962	532	466	1518	956	286	210	343	239
1952	2212	905	818	2837	1321	534	370	665	359
1957	2144	1535	867	4145	2094	487	448	771	533
1962	1364	1370	1155	2054	1614	522	470	847	630
1965	1828	2129	1232	3917	3076	629	450	911	565
1970	2182	1858	881	4016	1987	513	444	1248	739
1975	4974	2425	2089	5150	4727	853	957	1072	954
1978	3839	2128	2234	5759	4501	733	973	1035	962
1980	4638	2345	2802	5333	4855	715	1268	1019	947
1985	8538	4090	5292	12715	11668	1752	1810	3234	2204
1990	15251	8356	11897	18173	18683	2506	3838	5146	3577
1995	31660	17919	25706	41731	46145	7528	10632	9539	8653
2000	24592	21602	17031	27844	39576	6292	12383	9579	6592
2001	28483	22751	13626	34721	41693	6575	12927	10492	6678
2002	30462	25683	14334	37569	44552	7873	13755	10393	8263
2003	35918	27814	16359	41352	47530	8990	14511	12983	9316
2004	39069	35532	21119	50643	54747	10448	16171	17174	11427
2005	34108	34618	19080	51943	45778	8612	15841	12917	10850
2006	38153	37263	24338	55218	56517	7424	17134	15268	11190
2007	41754	42834	33502	65449	62274	8832	18100	18309	15099
2008	43701	46373	33134	55681	63625	10977	18849	20442	11809
2009	58806	74610	42933	66120	71626	14077	25138	22392	20834
2010	75574	96344	55530	92246	89339	18227	31221	28530	32139
2011	84158	104399	68439	110983	101579	20019	33939	34450	37186
2012	87267	111214	72795	121155	105377	21606	35584	35692	45858
2013	93528	120569	78152	126940	110356	22811	38057	40067	49777

产业增加值

单位:万元

乡宁县	大宁县	隰　县	永和县	蒲　县	汾西县	侯马市	霍州市
497	144	160	179	200	234	234	264
788	281	151	60	217	279	704	335
666	335	240	88	217	295	1088	511
572	292	250	114	188	273	890	598
688	539	337	194	278	274	1588	987
644	569	499	232	302	432	1613	1067
1018	644	573	412	594	596	1727	1151
1243	414	786	507	753	542	1303	1285
1469	672	878	671	621	729	1825	1526
2988	1507	1642	1438	1939	1951	3136	2622
5533	2733	3830	1805	3082	2982	4994	5168
15412	5724	8808	4785	8830	6430	10502	9931
9341	3415	8522	3533	5146	2688	13826	12155
9813	2542	8442	2847	4051	5526	16901	11234
8478	4323	9881	4876	4790	5653	12344	11895
8837	4485	10481	4456	5520	6783	12986	13139
11530	4392	12792	6475	7341	7399	17799	15403
7653	3300	11205	8163	5341	5196	16413	13616
10887	3396	12261	8179	4080	6958	17735	13654
11945	3961	12729	7108	5214	8322	19513	13926
10324	3071	8524	5942	4941	10723	20991	17099
15856	6917	14303	14691	8660	13650	27575	20865
19642	9290	17217	17754	10419	18539	32672	27000
22863	11590	21450	21954	12755	19890	29869	31482
24221	13330	24848	22803	14493	22190	30248	33587
26740	15092	30728	24982	16435	25257	33487	35863

17—5 主要年份第二

按当年价格计算

年　份	尧都区	曲沃县	翼城县	襄汾县	洪洞县	古　县	安泽县	浮山县	吉　县
1949	64	76	18	6	41		2	21	17
1952	187	163	47	107	529	3	4	70	24
1957	1612	416	176	490	968	10	10	81	35
1962	943	290	189	428	974	27	21	111	39
1965	1757	354	260	869	1247	31	22	129	45
1970	4122	358	304	712	1108	84	44	149	83
1975	8874	616	591	2267	2330	142	129	260	260
1978	13093	1812	1151	3204	2784	310	236	289	415
1980	12448	2524	1556	3353	3805	277	289	336	462
1985	20436	2704	3594	4371	8949	805	386	771	418
1990	43803	5887	12550	11759	24653	2119	807	1602	1036
1995	104213	32142	23483	38531	76872	10709	3655	6694	2280
2000	253237	79535	63033	109694	142958	28932	10676	10801	6072
2001	294619	89032	76837	133428	168401	36974	11917	16863	6487
2002	312843	112831	108906	171390	208888	44533	16063	26750	6610
2003	407750	156148	172914	248892	311634	98299	24242	37742	8072
2004	508600	202635	220178	358673	392984	153949	34285	70826	11828
2005	543812	239393	250114	444895	483065	186356	55482	95951	26551
2006	623440	263012	249142	546793	519647	216683	74346	130111	27275
2007	703257	316894	290296	624592	559439	291238	112161	158357	36250
2008	724222	350950	292058	586561	704508	415870	203826	124674	59575
2009	651491	314606	242102	555014	815379	358771	235147	109385	48267
2010	740536	426366	322956	670657	856968	410726	329469	177070	63733
2011	947858	600192	481207	810488	1065586	617638	403082	219610	94385
2012	966829	674937	495658	849902	1193583	528719	417805	280988	99646
2013	789310	689452	517902	782248	1158363	411048	383789	356463	91172

产业增加值

单位:万元

乡宁县	大宁县	隰　县	永和县	蒲　县	汾西县	侯马市	霍州市
85	1	5	5	16	16	7	31
111	1	20	8	23	25	32	126
290	11	39	14	59	31	99	518
243	21	58	16	75	38	221	1956
371	50	74	26	88	54	545	2945
780	52	167	33	183	145	4215	3192
698	163	200	55	384	262	5444	8916
1625	235	447	67	509	380	6168	12698
1812	228	479	88	628	484	7968	15819
5940	405	571	113	1602	805	11767	21961
8627	983	1301	294	3704	2050	15219	31308
31795	1671	2465	707	22880	10554	37297	44242
61029	2766	5292	1631	53970	21048	71153	87001
70166	3141	7174	1657	64054	22907	80666	98654
85199	3537	8935	1413	82776	30292	97718	122020
127685	3881	19157	1520	124348	43717	131980	144737
190062	5616	12228	1605	187129	68811	177450	197059
248671	7781	11261	1602	228170	82336	211441	270950
278929	9177	10975	1958	255660	89953	240653	333722
344958	10371	15369	2764	160979	93432	287908	363592
438380	8898	14333	2266	200770	78236	269932	434725
286661	16639	10619	2731	94774	29244	269849	414132
342496	23741	13629	3763	194377	50509	262373	425010
579133	5130	17611	5240	302489	64641	389367	579259
617061	5109	19417	5534	325910	66114	420454	644704
678236	3914	19733	5930	419745	67243	304245	618683

17—6 主要年份第三

按当年价格计算

年　份	尧都区	曲沃县	翼城县	襄汾县	洪洞县	古　县	安泽县	浮山县	吉　县
1949	651	114	106	26	242	16	14	50	9
1952	929	166	159	39	363	27	23	73	15
1957	1728	320	247	80	596	40	43	131	39
1962	2023	325	282	90	625	44	112	145	50
1965	2632	338	397	187	951	51	222	169	55
1970	2723	517	287	310	907	70	338	184	45
1975	3422	696	588	1035	1445	228	392	223	153
1978	5972	902	1069	1398	1795	258	484	315	423
1980	7539	1229	1229	2387	2173	380	516	406	451
1985	17542	1541	2806	3147	4095	809	674	914	944
1990	39773	4969	7580	8251	11443	1541	1544	1536	1541
1995	108791	13081	20679	20821	30528	5322	3600	5866	3817
2000	238582	27948	50935	48191	75823	15246	8886	13617	9595
2001	273027	32792	61905	55025	84420	17314	9954	16086	10950
2002	328376	37868	70090	70031	93602	19982	12081	18162	11875
2003	392554	45334	94882	89217	114200	24382	15534	20355	13035
2004	489902	54750	115601	110059	141012	28355	18775	26904	14863
2005	561656	59872	109010	132525	170511	31820	22316	30852	16560
2006	656878	73904	142415	148671	199694	38374	25926	33389	20920
2007	760805	103927	153566	171414	223471	46123	28694	38018	21727
2008	931243	117528	177333	196157	248714	48870	33445	40954	23468
2009	1023141	132374	198577	219226	250804	55192	41109	47471	27045
2010	1092602	142038	211534	252543	276020	61673	46095	53825	27213
2011	1266360	158829	236660	281379	316442	68661	51947	60251	30585
2012	1424180	179707	262048	314997	354429	74635	57958	66842	33630
2013	1547385	192898	284151	341311	386725	79575	60826	72477	36496

产业增加值

单位:万元

乡宁县	大宁县	隰　县	永和县	蒲　县	汾西县	侯马市	霍州市
33	14	14	24	8	49	205	39
53	23	21	37	13	75	319	50
88	61	41	44	39	115	531	198
152	70	71	62	70	174	701	941
170	106	76	94	89	153	1203	938
235	127	127	121	115	231	1103	1273
310	188	238	219	209	279	2421	1942
374	248	524	244	275	447	2938	2346
492	296	409	233	298	526	3672	3330
1477	611	804	338	668	1317	7182	5548
2276	1021	1975	707	1812	2234	12666	8736
13215	2828	4205	2338	5851	7658	30352	27619
25929	6317	12319	5392	14171	17268	64693	44734
29970	7424	15104	6217	18312	18566	73765	49522
34340	7684	16755	6674	20800	22676	87611	54431
41462	8539	19100	7849	25193	25412	100000	61649
52671	9253	21841	8714	31505	30297	118837	77047
61170	9584	24006	9528	35459	38272	149165	86323
68224	11511	27165	11259	40536	42853	176397	92461
76919	12763	29107	14505	43147	47345	204953	97713
87194	14148	34574	17440	47771	52654	256127	113371
97766	15155	38804	19206	53507	57701	297661	129262
110526	17187	44639	22938	57538	66197	357694	150798
125587	21231	50842	26312	64499	75879	419752	169814
139532	23164	56820	29228	71734	83445	459216	187622
148320	24908	61291	31709	76045	91085	494099	201171

17—7 主要年份第一产业增加

年份	尧都区	曲沃县	翼城县	襄汾县	洪洞县	古县	安泽县	浮山县	吉县
1949	57.4	73.7	79.0	97.9	77.2	94.7	92.9	82.8	90.2
1952	66.5	73.3	79.9	95.1	59.7	94.7	93.2	82.3	90.2
1957	39.1	67.6	67.2	87.9	57.2	90.7	89.4	78.4	87.8
1962	31.5	69.0	71.0	79.9	50.2	88.0	77.9	76.8	87.6
1965	29.4	75.5	65.2	78.8	58.3	88.5	64.8	75.3	84.9
1970	24.2	68.0	59.8	79.7	49.6	76.9	53.8	78.9	85.2
1975	28.8	64.9	63.9	60.9	55.6	69.8	64.8	68.9	69.8
1978	16.7	44.0	50.2	55.6	49.6	56.4	57.5	63.2	53.4
1980	18.8	38.5	50.2	48.2	44.8	52.1	61.2	57.9	50.9
1985	18.4	49.1	45.3	62.8	47.2	52.1	63.1	65.7	61.8
1990	15.4	43.5	37.1	47.6	34.1	40.6	62.0	62.1	58.1
1995	12.9	34.0	36.8	41.3	30.0	32.0	59.5	43.2	58.7
2000	4.8	16.7	13.0	15.0	15.3	12.5	38.8	28.2	29.6
2001	4.8	15.7	9.0	15.6	14.1	10.8	37.2	24.2	27.7
2002	4.5	14.6	7.4	13.5	12.8	10.9	32.8	18.8	30.9
2003	4.3	12.1	5.8	10.9	10.1	6.8	26.7	18.3	30.6
2004	3.8	12.1	5.9	9.7	9.3	5.4	23.4	15.0	30.0
2005	3.0	10.4	5.0	8.3	6.5	3.8	16.9	9.2	20.1
2006	2.9	10.0	5.9	7.4	7.3	2.8	14.6	8.5	18.8
2007	2.8	9.2	7.0	7.6	7.4	2.6	11.4	8.5	20.7
2008	2.6	9.0	6.6	6.6	6.3	2.3	7.4	11.0	12.4
2009	3.4	14.3	8.9	7.9	6.3	3.3	8.3	12.5	21.7
2010	4.0	14.5	9.4	9.1	7.3	3.7	7.7	11.0	26.1
2011	3.7	12.1	8.7	9.2	6.8	2.8	6.9	11.0	22.9
2012	3.5	11.5	8.8	9.4	6.4	3.5	7.0	9.3	25.6
2013	3.8	12.0	8.9	10.2	6.7	4.4	7.9	8.5	28.1

值占地区生产总值比重

单位:%

乡宁县	大宁县	隰　县	永和县	蒲　县	汾西县	侯马市	霍州市
80.8	90.6	89.4	86.1	89.3	78.3	52.5	79.0
82.8	92.1	78.7	57.2	85.8	73.6	66.7	65.6
63.8	82.3	75.0	60.3	68.9	66.9	63.3	41.7
59.2	76.2	66.0	59.4	56.5	56.3	49.1	17.1
56.0	77.6	69.2	61.8	61.1	57.0	47.6	20.3
38.8	76.1	62.9	60.1	50.3	53.5	23.3	19.3
50.2	64.7	56.7	60.1	50.0	52.4	18.0	9.6
38.4	46.2	44.7	62.0	49.0	39.6	12.5	7.9
38.9	56.2	49.7	67.6	40.1	41.9	13.5	7.4
28.7	59.7	54.4	76.1	46.1	47.9	14.2	8.7
33.7	57.7	53.9	64.3	35.8	41.0	15.2	11.4
25.5	56.0	56.9	61.1	23.5	26.1	13.4	12.1
9.7	27.3	32.6	33.5	7.0	6.6	9.2	8.4
8.9	19.4	27.5	26.5	4.7	11.8	9.9	7.0
6.6	27.8	27.8	37.6	4.4	9.6	6.3	6.3
5.0	26.5	21.5	32.2	3.6	8.9	5.3	6.0
4.5	22.8	27.3	38.5	3.3	6.9	5.7	5.3
2.4	16.0	24.1	42.3	2.0	4.1	4.4	3.7
3.0	14.1	24.3	38.2	1.4	5.0	4.1	3.1
2.8	14.6	22.3	29.2	2.5	5.6	3.8	2.9
1.9	11.8	14.8	23.2	1.9	7.6	3.8	3.0
4.0	17.9	22.4	40.1	5.5	13.6	4.6	3.7
4.2	18.5	22.8	39.9	4.0	13.7	5.0	4.5
3.1	30.5	23.9	41.0	3.4	12.4	3.6	4.0
3.1	32.0	24.6	39.6	3.5	12.9	3.3	3.9
3.1	34.4	27.5	39.9	3.3	13.8	4.0	4.2

17—8 主要年份第二产业增加

年份	尧都区	曲沃县	翼城县	襄汾县	洪洞县	古县	安泽县	浮山县	吉县
1949	3.8	10.5	3.0	0.4	3.3		0.9	5.1	6.4
1952	5.6	13.2	4.6	3.6	23.9	0.5	1.0	8.7	6.0
1957	29.4	18.3	13.6	10.4	26.5	1.9	2.0	8.3	5.8
1962	21.8	14.6	11.6	16.6	30.3	4.6	3.5	10.1	5.4
1965	28.3	12.5	13.8	17.5	23.7	4.3	3.2	10.7	6.8
1970	45.6	13.1	20.7	14.1	27.7	12.6	5.3	9.4	9.6
1975	51.4	16.5	18.1	26.8	27.4	11.6	8.7	16.7	19.0
1978	57.2	37.4	25.8	30.9	30.6	23.8	13.9	17.6	23.1
1980	50.6	41.4	27.8	30.3	35.1	20.2	13.9	19.1	24.8
1985	43.9	32.4	30.7	21.6	36.2	23.9	13.4	15.7	11.7
1990	44.3	30.6	39.2	30.8	45.0	34.4	13.0	19.3	16.8
1995	42.6	50.9	33.6	38.1	50.1	45.4	20.4	30.3	15.5
2000	49.0	61.6	48.1	59.1	55.3	57.3	33.4	31.8	27.3
2001	49.4	61.6	50.4	59.8	57.2	60.8	34.2	38.8	26.9
2002	46.6	64.0	56.3	61.4	60.2	61.5	38.4	48.4	24.7
2003	48.8	68.1	60.8	65.6	65.8	74.7	44.7	53.1	26.5
2004	49.0	69.2	61.7	69.1	66.7	79.9	49.5	61.6	31.0
2005	47.7	71.7	66.1	70.7	69.1	82.2	59.3	68.7	49.2
2006	47.3	70.3	59.9	72.8	67.0	82.6	63.3	72.8	45.9
2007	46.7	68.3	60.8	72.5	66.2	84.1	70.6	73.8	49.6
2008	42.6	68.2	58.1	70.0	69.3	87.4	79.6	67.0	62.8
2009	37.6	60.3	50.1	66.0	71.7	83.8	78.0	61.0	50.2
2010	38.8	64.1	54.7	66.0	70.1	83.7	81.0	68.3	51.8
2011	41.2	69.5	61.2	67.4	71.8	87.4	82.4	69.9	58.2
2012	39.0	69.9	59.7	66.1	72.2	84.6	81.7	73.3	55.6
2013	32.5	68.8	58.8	62.6	70.0	80.1	79.5	76.0	51.4

值占地区生产总值比重

单位:%

乡宁县	大宁县	隰　县	永和县	蒲　县	汾西县	侯马市	霍州市
13.8	0.6	2.8	2.4	7.1	5.3	1.6	9.3
11.7	0.3	10.4	7.6	9.1	6.6	3.0	24.6
27.8	2.7	12.2	9.6	18.7	7.0	5.8	42.2
25.1	5.5	15.3	8.3	22.5	7.8	12.2	56.0
30.2	7.2	15.2	8.3	19.3	11.2	16.3	60.5
47.0	6.9	21.1	8.6	30.5	17.9	60.8	57.7
34.5	16.4	19.8	8.0	32.4	23.1	56.8	74.2
50.1	26.2	25.5	8.2	33.1	27.8	59.3	77.7
48.0	19.1	27.1	8.9	40.6	27.8	59.2	76.5
57.1	16.1	18.9	6.0	38.0	19.8	53.3	72.9
52.5	20.7	18.3	10.5	43.1	28.2	46.3	69.3
52.6	16.3	15.9	9.0	60.9	42.8	47.7	54.1
63.4	22.1	20.3	15.4	73.7	51.3	47.6	60.5
63.8	24.0	23.3	15.5	74.1	48.7	47.1	61.9
66.6	22.8	25.1	10.9	76.4	51.7	49.4	64.8
71.7	23.0	39.3	11.0	80.2	57.6	53.9	65.9
74.8	29.2	26.1	9.6	82.8	64.6	56.5	68.1
78.3	37.7	24.2	8.3	84.8	65.4	56.1	73.1
77.9	38.1	21.8	9.2	85.1	64.4	55.3	75.9
79.5	38.3	26.9	11.3	76.9	62.7	56.2	76.5
81.8	34.1	25.0	8.8	79.2	55.2	49.3	76.9
71.6	43.0	16.7	7.5	60.4	29.1	45.3	73.4
72.5	47.3	18.1	8.5	74.1	37.3	40.2	70.5
79.6	13.5	19.6	9.8	79.7	40.3	46.4	74.2
79.0	12.3	19.2	9.6	79.1	38.5	46.2	74.5
79.5	8.9	17.7	9.5	81.9	36.6	36.6	72.3

17—9 主要年份第三产业增加

年份	尧都区	曲沃县	翼城县	襄汾县	洪洞县	古县	安泽县	浮山县	吉县
1949	38.8	15.8	18.0	1.7	19.5	5.3	6.2	12.1	3.4
1952	27.9	13.5	15.5	1.3	16.4	4.8	5.8	9.0	3.8
1957	31.5	14.1	19.2	1.7	16.3	7.4	8.6	13.3	6.4
1962	46.7	16.4	17.4	3.5	19.5	7.4	18.6	13.1	7.0
1965	42.3	12.0	21.0	3.7	18.0	7.2	32.0	14.0	8.3
1970	30.2	18.9	19.5	6.2	22.7	10.5	40.9	11.7	5.2
1975	19.8	18.6	18.0	12.3	17.0	18.6	26.5	14.4	11.2
1978	26.1	18.6	24.0	13.5	19.8	19.8	28.6	19.2	23.5
1980	30.6	20.1	22.0	21.5	20.1	27.7	24.9	23.1	24.3
1985	37.7	18.5	24.0	15.6	16.6	24.0	23.5	18.6	26.5
1990	40.3	25.9	23.7	21.6	20.9	25.0	25.0	18.5	25.1
1995	44.5	24.8	29.6	20.6	19.9	22.6	20.1	26.5	25.9
2000	46.2	21.7	38.9	25.9	29.4	30.2	27.8	40.0	43.1
2001	45.8	22.7	40.6	24.6	28.7	28.4	28.6	37.0	45.4
2002	48.9	21.5	36.3	25.1	27.0	27.6	28.8	32.8	44.4
2003	46.9	19.8	33.4	23.5	24.1	18.5	28.6	28.6	42.9
2004	47.2	18.7	32.4	21.2	24.0	14.7	27.1	23.4	39.0
2005	49.3	17.9	28.8	21.1	24.4	14.0	23.8	22.1	30.7
2006	49.8	19.8	34.2	19.8	25.7	14.6	22.1	18.7	35.2
2007	50.5	22.4	32.2	19.9	26.4	13.3	18.1	17.7	29.7
2008	54.8	22.8	35.3	23.4	24.5	10.3	13.1	22.0	24.7
2009	59.0	25.4	41.1	26.1	22.0	12.9	13.6	26.5	28.1
2010	57.2	21.4	35.9	24.9	22.6	12.6	11.3	20.7	22.1
2011	55.1	18.4	30.1	23.4	21.3	9.7	10.6	19.2	18.9
2012	57.5	18.6	31.6	24.5	21.4	11.9	11.3	17.4	18.8
2013	63.7	19.2	32.3	27.2	23.3	15.5	12.6	15.5	20.6

值占地区生产总值比重

单位:%

乡宁县	大宁县	隰　县	永和县	蒲　县	汾西县	侯马市	霍州市
5.4	8.8	7.8	11.5	3.6	16.4	45.9	11.7
5.6	7.6	10.9	35.2	5.1	19.8	30.3	9.8
8.4	15.0	12.8	30.1	12.4	26.1	30.9	16.1
15.7	18.3	18.7	32.3	21.0	35.9	38.7	26.9
13.8	15.2	15.6	29.9	19.6	31.8	36.1	19.2
14.2	17.0	16.0	31.3	19.2	28.6	15.9	23.0
15.3	18.9	23.5	31.9	17.6	24.5	25.2	16.2
11.5	27.6	29.8	29.8	17.9	32.6	28.2	14.4
13.1	24.7	23.2	23.5	19.3	30.3	27.3	16.1
14.2	24.2	26.7	17.9	15.9	32.3	32.5	18.4
13.8	21.6	27.8	25.2	21.1	30.8	38.5	19.3
21.9	27.7	27.2	29.9	15.6	31.1	38.9	33.8
26.9	50.6	47.1	51.1	19.3	42.1	43.2	31.1
27.3	56.6	49.2	58.0	21.2	39.5	43.0	31.1
26.8	49.4	47.1	51.5	19.2	38.7	44.3	28.9
23.3	50.5	39.2	56.8	16.2	33.5	40.8	28.1
20.7	48.0	46.6	51.9	13.9	28.5	37.8	26.6
19.3	46.4	51.7	49.4	13.2	30.4	39.6	23.3
19.1	47.8	53.9	52.6	13.5	30.7	40.6	21.0
17.7	47.1	50.9	59.5	20.6	31.8	40.0	20.6
16.3	54.2	60.2	68.0	18.8	37.2	46.8	20.1
24.4	39.1	60.9	52.4	34.1	57.4	50.0	22.9
23.4	34.2	59.1	51.6	21.9	48.9	54.8	25.0
17.3	55.9	56.6	49.2	17.0	47.3	50.0	21.8
17.9	55.7	56.2	50.8	17.4	48.6	50.5	21.7
17.4	56.7	54.8	50.6	14.8	49.6	59.4	23.5

17—10 主要年份地区

上年＝100

年　份	尧都区	曲沃县	翼城县	襄汾县	洪洞县	古　县	安泽县	浮山县	吉　县
1952	153.1	114.8	115.0	152.5	121.1	166.3	134.3	162.0	101.6
1957	92.7	100.9	99.2	88.6	94.6	96.9	102.6	100.1	108.8
1962	75.6	97.6	120.1	111.5	97.8	108.6	103.9	105.4	108.3
1965	116.5	98.7	113.3	117.9	117.2	117.3	107.2	104.6	100.9
1970	124.2	101.7	74.5	78.2	92.7	99.7	101.7	112.1	99.7
1975	110.5	106.2	115.1	109.5	108.9	112.0	106.3	94.5	117.4
1978	112.9	105.4	108.9	95.6	104.5	104.5	107.3	89.2	125.5
1980	97.6	102.0	108.0	104.3	97.1	93.4	104.8	91.4	84.4
1985	107.9	89.3	101.6	103.0	115.6	105.8	88.9	103.6	97.8
1990	105.2	109.3	110.9	105.5	117.9	106.8	111.9	109.9	114.3
1995	104.3	122.0	116.0	112.3	107.2	127.1	120.9	109.5	104.3
2000	113.2	111.0	107.2	112.3	106.4	112.8	108.0	111.5	112.2
2001	114.0	111.1	114.4	116.7	113.2	120.5	108.4	126.8	111.0
2002	114.0	118.6	118.2	118.4	116.9	118.1	117.9	119.9	114.1
2003	110.8	122.1	119.5	116.9	119.2	123.2	111.5	115.2	109.9
2004	115.6	122.0	117.4	119.6	115.7	122.6	120.8	115.4	115.3
2005	110.5	114.7	109.4	121.1	109.4	121.0	115.4	113.8	129.6
2006	113.3	120.4	110.4	118.2	113.9	115.7	118.4	116.2	114.3
2007	111.5	119.9	110.6	116.8	106.8	116.1	125.9	118.2	116.7
2008	105.5	106.7	100.7	102.8	107.2	103.6	107.1	81.3	105.4
2009	101.8	108.8	96.2	109.5	105.8	103.6	123.2	104.9	112.0
2010	114.0	120.0	125.1	117.0	116.8	121.0	117.7	116.9	100.0
2011	116.1	116.8	116.0	115.1	115.2	117.0	117.9	116.3	100.0
2012	110.4	113.0	109.6	112.0	109.6	107.6	111.0	111.2	112.5
2013	106.7	111.0	108.4	109.1	109.8	111.8	110.1	110.9	109.0

生产总值指数

单位：%

乡宁县	大宁县	隰　县	永和县	蒲　县	汾西县	侯马市	霍州市
112.0	150.7	95.5	29.5	94.1	100.1	160.7	136.5
79.8	105.3	104.2	75.1	100.3	90.9	98.1	107.2
98.5	90.9	97.6	103.3	91.7	82.3	86.5	93.4
114.5	121.2	117.5	100.7	111.5	106.8	104.0	104.2
92.6	110.0	141.1	82.0	110.3	110.3	147.5	107.9
104.1	114.9	121.6	117.3	104.5	103.6	102.8	109.9
110.1	90.7	142.8	100.3	107.6	109.2	102.0	123.8
88.3	105.4	131.5	112.0	103.7	93.1	102.6	104.9
98.5	125.1	84.8	103.4	109.4	109.2	101.0	101.3
113.3	146.6	105.6	124.3	125.5	104.0	103.8	107.4
131.6	101.0	103.9	128.7	122.1	111.6	111.4	115.1
110.0	106.1	111.3	122.5	111.4	107.0	110.7	103.1
114.6	112.8	115.5	102.5	114.6	118.6	113.5	110.1
115.8	113.9	116.9	117.4	118.1	116.6	115.7	114.9
100.2	109.0	120.0	106.9	120.7	119.5	119.7	115.9
114.3	108.3	95.1	115.4	121.2	121.3	121.2	118.9
117.0	108.6	97.4	111.1	116.9	116.0	120.9	118.3
118.2	118.1	110.4	106.8	117.4	114.1	114.4	116.9
117.8	107.0	110.6	110.6	63.0	111.0	116.0	113.3
100.7	98.5	98.4	104.9	116.8	102.0	104.9	111.7
87.6	114.1	103.8	113.8	72.0	73.2	114.1	107.6
115.8	115.9	114.4	113.4	148.7	118.6	108.1	118.6
116.6	69.5	114.3	115.2	126.2	115.3	115.5	115.6
113.5	108.8	109.6	105.0	110.7	107.5	106.1	110.9
112.0	106.1	106.0	106.3	112.6	108.2	100.0	109.0

17—11 主要年份第一

上年＝100

年　份	尧都区	曲沃县	翼城县	襄汾县	洪洞县	古　县	安泽县	浮山县	吉　县
1952	184.9	115.1	110.5	152.3	92.3	171.0	133.6	173.0	96.6
1957	81.1	101.7	102.4	84.6	84.4	96.3	101.6	100.4	107.1
1962	106.5	98.9	150.6	114.2	116.3	109.9	104.9	114.3	108.9
1965	162.2	95.6	110.1	106.4	128.8	119.0	103.7	108.9	99.9
1970	76.4	93.8	63.1	74.1	78.4	94.4	99.0	126.4	127.3
1975	117.5	112.2	123.6	113.4	110.8	115.8	101.9	93.5	113.2
1978	102.0	85.5	96.8	84.2	106.5	98.4	105.7	84.4	125.6
1980	99.4	98.5	102.0	87.1	94.6	79.4	105.0	83.6	76.7
1985	82.8	81.0	89.5	98.5	97.1	99.9	81.0	87.2	96.1
1990	109.2	108.4	104.1	103.9	119.5	116.7	118.7	118.5	139.7
1995	116.7	124.3	129.8	109.4	109.4	121.6	125.1	111.3	107.3
2000	83.5	91.4	91.9	90.6	89.5	99.4	101.7	95.0	98.8
2001	112.2	104.3	79.0	123.5	104.2	100.5	103.5	108.4	100.9
2002	109.3	113.4	104.4	108.4	111.7	121.9	106.1	101.1	105.2
2003	110.6	104.0	111.7	104.2	103.5	104.9	104.8	109.5	111.8
2004	95.7	116.1	105.3	103.4	107.8	105.5	108.2	120.3	112.2
2005	89.4	103.8	92.9	104.0	77.4	85.6	95.6	72.7	124.1
2006	109.9	104.0	123.2	102.5	117.0	85.0	102.4	116.6	109.8
2007	98.7	100.6	114.9	106.6	101.3	97.5	105.5	111.7	111.1
2008	102.6	107.1	102.1	91.2	104.9	107.3	93.8	101.1	96.8
2009	105.2	119.4	100.5	92.2	98.8	97.9	111.3	93.3	131.7
2010	114.2	114.9	122.1	125.6	109.2	109.6	115.9	114.5	136.2
2011	103.8	102.6	110.4	110.3	105.6	103.6	104.2	112.4	106.6
2012	104.4	102.8	108.2	111.9	103.5	107.3	104.9	103.2	119.9
2013	106.3	107.0	102.7	104.8	102.1	102.5	105.9	103.8	107.9

产业增加值指数

单位:%

乡宁县	大宁县	隰　县	永和县	蒲　县	汾西县	侯马市	霍州市
110.3	155.1	84.8	18.9	90.8	93.2	192.9	116.9
67.6	103.1	104.5	65.4	93.5	87.2	95.4	111.9
101.2	88.7	103.2	102.6	100.4	95.1	89.1	90.7
114.8	117.6	119.8	100.4	114.6	107.3	103.2	115.2
82.3	102.1	138.1	79.5	96.5	101.0	88.7	93.0
100.5	124.4	118.1	117.3	104.9	103.2	109.8	110.3
101.0	74.8	114.7	100.6	117.7	107.3	82.5	119.4
89.3	105.1	115.4	115.8	98.5	84.1	102.9	99.8
86.3	121.5	69.1	103.3	96.8	102.9	85.7	84.4
113.2	186.2	131.6	143.4	130.2	115.5	101.1	132.2
123.7	97.5	95.1	109.2	113.8	106.9	106.7	108.6
89.9	113.1	110.6	107.7	118.4	52.8	105.1	105.1
109.8	83.7	95.2	80.2	76.1	191.2	86.2	91.5
91.8	149.4	117.4	139.4	120.7	104.4	104.5	105.9
104.1	108.5	107.9	89.3	105.1	115.6	103.5	107.7
102.2	97.3	97.9	125.2	112.1	110.4	105.9	107.3
75.9	75.5	86.4	118.1	70.1	72.3	94.5	87.5
138.0	102.5	108.0	98.4	73.8	111.0	106.2	100.6
96.7	106.3	102.2	87.8	112.7	103.9	105.7	103.2
93.7	82.8	82.5	91.7	86.3	116.5	104.9	105.5
106.0	102.6	117.2	124.7	103.1	101.8	93.7	107.6
116.7	119.4	105.5	105.4	103.7	118.3	115.9	106.9
105.7	115.8	116.2	113.2	114.3	100.2	95.8	104.3
104.8	115.0	114.2	97.7	110.6	109.0	101.7	102.4
105.7	105.7	105.8	107.0	106.3	105.8	105.7	103.2

17—12 主要年份第二

上年 = 100

年份	尧都区	曲沃县	翼城县	襄汾县	洪洞县	古县	安泽县	浮山县	吉县
1952	179.8	114.7	261.1	222.9	488.3	133.3	134.6	126.3	
1957	106.8	108.2	96.9	110.2	103.7	108.7	141.6	95.5	137.5
1962	50.0	85.7	71.6	92.2	76.5	97.1	68.9	95.7	84.7
1965	133.4	131.2	121.2	175.4	114.5	108.2	83.3	103.6	119.1
1970	196.2	94.5	125.2	138.4	129.6	126.8	102.0	99.2	128.3
1975	114.4	104.5	111.8	119.4	110.3	96.3	115.7	100.6	128.9
1978	119.7	138.1	113.0	113.2	101.9	123.1	111.5	104.8	126.7
1980	93.0	104.5	130.8	106.6	107.4	111.8	103.2	101.7	86.7
1985	110.4	97.1	115.9	107.7	122.1	109.1	106.2	125.9	89.9
1990	102.9	106.2	127.4	103.7	115.5	99.4	109.7	97.6	99.1
1995	78.4	119.7	110.2	118.0	104.5	134.3	122.1	106.9	103.2
2000	125.2	118.4	111.8	117.5	108.7	115.7	110.2	124.5	115.0
2001	117.5	111.3	120.5	120.9	116.1	124.6	111.1	154.6	105.7
2002	106.2	121.6	126.0	120.6	121.1	119.5	125.2	135.7	110.2
2003	111.3	128.2	123.8	118.9	122.6	129.9	115.3	122.0	113.4
2004	124.9	130.6	121.7	122.5	116.9	125.8	129.2	111.8	135.4
2005	109.0	121.2	110.9	126.2	119.4	129.6	132.3	133.6	184.1
2006	117.4	125.5	106.7	122.4	110.3	117.7	125.0	119.4	122.6
2007	108.6	122.7	110.3	119.4	105.5	116.0	136.5	120.9	121.3
2008	94.8	105.1	93.9	101.6	106.3	102.8	107.1	72.0	104.8
2009	90.2	107.0	86.5	111.1	105.6	102.6	128.3	103.2	106.7
2010	118.2	122.8	140.6	117.4	120.8	122.9	119.3	119.0	117.2
2011	122.7	121.6	120.0	117.9	117.2	118.8	120.4	118.7	122.1
2012	110.6	115.5	110.0	112.8	109.5	107.7	112.0	113.2	111.0
2013	106.5	112.7	110.8	110.4	110.0	113.1	111.3	113.1	110.4

产业增加值指数

单位:%

乡宁县	大宁县	隰　县	永和县	蒲　县	汾西县	侯马市	霍州市
113.3	100.0	250.0	114.3	115.0	119.0	320.0	300.0
146.8	153.3	91.5	88.3	125.9	83.3	89.1	91.5
95.0	71.3	78.0	99.0	76.6	92.4	95.3	96.8
120.7	120.6	121.7	107.9	107.6	120.1	105.1	105.2
105.2	168.3	193.2	130.0	129.1	197.1	206.8	110.5
110.8	117.8	102.9	103.2	101.2	107.1	100.1	111.3
120.6	105.5	118.1	81.5	92.4	102.3	101.0	129.4
84.3	94.7	175.8	110.8	114.3	100.9	102.0	105.1
106.3	149.8	119.3	103.6	118.7	96.0	103.8	103.7
115.7	132.6	76.2	117.9	126.9	91.4	108.1	106.2
139.0	102.8	108.6	116.8	127.1	117.6	113.7	124.8
112.4	98.7	112.5	103.0	110.6	114.2	109.6	101.2
114.2	111.9	130.2	98.3	116.1	106.6	118.3	112.1
118.9	106.3	118.2	87.4	118.9	122.9	113.8	117.9
93.0	105.0	145.7	107.0	122.6	122.6	129.8	119.7
113.6	112.0	63.9	105.4	123.8	126.8	129.0	116.3
123.1	138.9	89.8	107.4	120.3	122.7	125.0	124.2
119.7	114.6	101.8	114.0	119.4	112.1	112.8	120.2
119.7	109.9	129.7	127.7	55.8	110.8	117.6	114.3
98.6	86.4	79.7	81.6	119.6	97.1	94.3	111.5
81.3	130.6	78.1	114.4	60.8	50.9	119.6	107.1
117.1	117.8	136.3	133.6	171.4	127.0	97.9	120.5
118.8	19.5	121.5	141.6	131.4	125.4	121.4	118.4
115.3	103.7	105.8	113.8	111.3	106.8	104.8	112.4
114.4	108.0	106.1	106.2	115.0	110.6	91.6	110.6

17—13 主要年份第三

上年＝100

年　份	尧都区	曲沃县	翼城县	襄汾县	洪洞县	古　县	安泽县	浮山县	吉　县
1952	115.6	114.7	116.3	116.8	117.7	116.0	119.7	118.3	123.6
1957	101.3	99.7	98.6	114.2	92.6	104.2	112.8	103.3	109.3
1962	79.0	91.3	84.6	94.2	103.5	103.7	105.1	87.6	116.7
1965	112.1	100.5	121.4	108.3	116.2	102.2	119.0	100.2	100.0
1970	117.6	124.4	86.8	135.2	107.5	117.9	106.0	103.2	81.3
1975	99.3	106.1	111.8	93.9	101.8	110.4	104.9	104.8	128.7
1978	106.0	102.9	116.8	107.2	110.2	101.5	108.5	109.7	130.0
1980	106.1	105.2	101.9	101.7	112.6	121.0	102.3	105.5	104.4
1985	118.2	97.3	112.6	108.1	115.7	116.9	106.2	109.8	107.3
1990	106.2	115.2	106.7	110.9	121.6	106.3	98.7	102.5	82.1
1995	114.8	107.7	105.5	107.3	110.9	120.2	106.0	109.4	104.2
2000	114.6	109.9	106.5	112.9	111.0	112.9	114.2	113.7	124.3
2001	113.3	115.5	114.7	118.9	111.9	119.5	111.4	110.6	125.3
2002	121.5	115.2	108.9	122.3	109.9	113.5	121.7	108.7	122.4
2003	119.5	119.3	113.0	121.5	116.7	119.2	111.9	108.1	108.8
2004	115.3	115.8	111.5	120.4	115.4	118.4	116.8	121.9	107.3
2005	113.7	103.6	109.5	109.9	100.1	110.4	110.2	112.1	109.2
2006	109.7	109.5	116.6	110.0	116.8	111.9	113.1	106.1	108.7
2007	115.2	116.4	110.4	110.8	112.0	120.7	109.0	111.6	111.7
2008	116.1	114.2	114.6	112.0	109.9	107.6	116.1	107.7	111.8
2009	110.8	112.0	112.3	109.9	108.2	109.9	112.9	114.2	111.3
2010	111.3	110.5	104.9	113.3	109.4	112.5	112.6	112.8	107.1
2011	112.4	111.7	111.3	109.3	111.9	109.4	109.9	110.3	109.6
2012	110.1	110.9	109.1	109.8	111.8	106.6	107.3	108.5	107.7
2013	106.8	107.6	106.0	106.9	111.3	105.1	103.0	106.7	106.4

产业增加值指数

单位:%

乡宁县	大宁县	隰　县	永和县	蒲　县	汾西县	侯马市	霍州市
121.9	119.7	138.9	118.0	126.9	115.8	120.8	102.8
98.6	111.4	109.3	108.0	111.9	112.2	105.6	117.2
90.7	112.2	93.1	105.7	89.9	66.4	85.1	90.5
102.5	113.2	105.4	99.4	107.2	102.1	103.1	95.7
104.4	110.6	111.8	78.1	120.7	125.5	116.2	110.6
106.3	113.4	161.6	123.1	108.5	102.8	104.3	109.5
105.2	116.7	191.2	100.1	115.7	118.5	115.8	102.2
103.8	110.4	131.9	92.7	95.3	97.1	102.1	107.2
108.0	111.1	120.7	103.3	125.2	126.5	104.6	101.2
103.1	106.7	95.1	93.5	113.9	100.2	99.3	101.2
122.9	114.6	106.8	172.5	114.8	107.4	113.7	115.2
111.6	103.4	111.3	138.2	113.1	106.7	107.3	106.7
117.1	114.8	115.9	113.8	123.4	111.7	114.0	111.6
114.2	103.1	111.5	107.8	114.5	111.3	118.8	111.0
117.4	111.2	113.5	116.0	115.7	115.3	114.1	109.5
119.6	109.3	114.7	109.8	113.5	111.5	118.8	119.5
117.5	105.7	107.4	106.3	109.0	112.1	118.6	110.4
109.2	125.2	115.6	112.8	111.7	119.1	117.6	108.8
112.3	105.0	106.4	124.7	105.9	112.5	114.7	111.4
112.2	112.5	114.5	124.7	110.1	110.1	119.8	113.0
111.5	106.7	108.8	109.2	111.9	108.9	109.7	109.0
111.4	113.7	111.8	114.6	105.2	111.8	119.6	113.5
111.7	109.6	111.4	112.4	110.6	111.9	112.9	110.1
109.0	106.8	109.1	109.5	108.4	107.9	107.4	108.4
104.3	105.9	106.0	105.8	104.3	106.8	106.0	105.4

17—14 主要年份人均地

上年＝100

年份	尧都区	曲沃县	翼城县	襄汾县	洪洞县	古县	安泽县	浮山县	吉县
1952	139.2	106.3	112.0	134.5	115.7	151.2	121.9	139.4	101.4
1957	89.9	97.3	97.4	84.1	94.0	97.5	104.3	99.7	108.2
1962	76.6	96.0	115.1	108.1	92.9	103.0	97.9	98.8	104.5
1965	113.5	96.4	110.5	114.2	114.4	116.4	106.2	103.6	98.8
1970	120.7	98.2	72.6	76.0	90.5	98.4	99.4	110.2	98.7
1975	108.1	104.2	113.2	107.5	106.7	110.4	105.6	93.9	114.8
1978	110.7	104.2	107.8	94.2	103.5	103.8	106.4	88.3	124.5
1980	95.1	101.1	107.1	102.6	96.2	93.0	104.0	90.0	83.7
1985	105.5	87.3	100.8	102.4	114.6	105.4	89.5	103.3	96.6
1990	103.0	108.4	109.2	104.7	117.8	104.6	110.3	107.7	112.0
1995	103.5	121.0	115.2	111.6	105.8	123.1	120.0	108.7	103.1
2000	112.7	104.9	106.2	111.9	104.5	109.2	107.8	111.2	112.0
2001	113.5	110.6	113.3	116.1	111.4	119.4	108.1	126.5	110.8
2002	113.2	118.6	117.6	117.5	115.8	117.4	117.8	119.8	113.2
2003	110.0	121.3	118.5	116.2	118.3	123.2	110.8	114.4	109.0
2004	114.8	121.2	116.6	119.1	114.8	121.4	120.0	114.5	114.6
2005	109.8	114.1	108.5	120.3	111.6	120.6	115.8	113.0	129.1
2006	112.6	119.7	109.7	117.4	109.3	115.0	117.5	115.4	114.1
2007	110.8	119.2	109.9	116.0	105.8	115.4	124.9	117.5	115.4
2008	104.9	106.1	100.1	102.2	105.8	103.0	106.6	80.9	105.7
2009	101.2	108.1	95.7	108.9	105.2	103.0	122.6	104.3	111.2
2010	102.1	119.1	127.0	123.3	117.8	119.1	116.5	117.6	116.7
2011	105.0	115.8	117.7	121.6	116.1	115.3	116.9	116.9	114.6
2012	109.8	112.3	109.0	111.3	109.1	106.9	110.4	110.7	111.8
2013	106.1	110.3	108.0	108.4	109.3	110.8	109.5	110.5	108.4

区生产总值指数

单位:%

乡宁县	大宁县	隰　县	永和县	蒲　县	汾西县	侯马市	霍州市
109.2	134.2	96.2	28.4	93.9	104.5	143.8	123.9
79.3	101.7	103.6	74.1	98.9	89.6	94.8	102.9
96.5	82.9	92.3	97.5	87.3	78.4	84.0	90.9
112.3	117.6	115.2	97.3	111.1	104.0	98.9	101.9
90.1	107.4	136.5	79.8	107.5	106.9	139.2	103.0
102.0	114.6	118.5	114.2	101.6	101.7	100.6	107.1
109.2	89.2	141.2	98.2	106.3	107.6	101.0	122.0
87.0	105.0	130.1	110.3	102.1	86.2	99.7	102.9
96.7	123.8	84.5	103.0	108.9	106.8	99.7	97.3
113.3	135.0	104.1	123.4	123.8	102.1	100.6	105.4
130.5	101.0	102.6	126.9	119.7	111.2	110.7	114.9
108.7	105.3	110.5	121.3	111.0	106.5	109.8	103.0
113.6	106.7	114.7	101.6	114.2	118.4	112.7	109.5
114.6	113.2	116.3	115.9	117.5	116.0	114.9	114.3
99.1	108.1	119.0	104.8	120.0	118.5	118.8	115.3
113.4	107.3	94.2	114.7	120.4	120.3	120.2	118.2
117.7	107.8	96.7	109.9	118.9	115.3	120.0	117.4
117.3	115.1	109.6	106.1	113.1	113.4	113.7	116.1
116.9	106.3	109.9	109.9	62.6	110.4	115.3	112.6
100.1	97.9	97.8	104.2	116.1	101.5	104.2	111.0
87.0	113.4	103.2	113.0	71.5	72.7	113.4	106.8
115.1	114.6	113.8	114.4	145.9	117.5	107.7	120.2
115.8	68.4	113.6	116.2	123.7	114.2	115.1	117.2
112.9	108.3	108.9	104.4	110.1	107.0	105.6	110.4
111.3	105.5	105.5	105.8	111.9	107.7	99.5	108.5

17—15 主要年份人均地

年份	尧都区	曲沃县	翼城县	襄汾县	洪洞县	古县	安泽县	浮山县	吉县
1949	85	118	43	87	49	64	47	62	68
1952	156	155	72	153	83	113	80	110	95
1957	209	241	85	204	118	105	104	128	127
1962	149	166	89	103	91	105	114	122	136
1965	200	214	97	179	138	118	123	127	116
1970	250	182	69	160	92	103	136	153	132
1975	405	227	137	239	176	173	223	138	186
1978	505	288	181	280	180	180	248	142	236
1980	517	356	224	291	210	188	298	149	240
1985	885	459	455	513	451	455	408	397	435
1990	1704	969	1179	885	918	790	859	673	689
1995	3673	2490	2458	2173	2382	2847	2330	1843	1315
2000	5918	4953	4334	3898	3720	5961	4190	2754	2243
2001	8191	5461	5004	4714	4175	7154	4533	3511	2486
2002	9163	6707	6289	5907	4874	8457	5407	4467	2813
2003	11325	8818	9171	7975	6599	15288	6964	5698	3067
2004	13953	12881	11430	10838	8145	22232	8824	9137	3515
2005	15217	14596	12027	13040	9605	25987	11857	11024	5241
2006	17488	16263	13140	15448	10582	29895	14770	14008	5731
2007	19850	20041	14990	17611	11452	39200	19875	16727	7009
2008	22267	22135	15689	17041	13691	53572	31856	14424	9042
2009	22591	22290	15014	16977	15226	47933	37301	13820	9105
2010	22269	28173	18588	21615	16478	54078	49858	20109	11589
2011	24262	36293	25146	27067	20154	76690	59397	24497	15179
2012	26024	40379	26415	28771	22346	67417	61761	29753	16769
2013	25384	41684	27881	27814	22260	54854	57988	36245	16414

区生产总值

单位:元

乡宁县	大宁县	隰 县	永和县	蒲 县	汾西县	侯马市	霍州市
84	71	49	90	55	58	110	61
122	128	51	42	62	70	213	83
118	162	77	57	75	78	293	144
100	111	76	64	62	76	253	300
118	185	89	93	80	69	365	387
140	178	126	101	96	100	604	375
150	216	138	156	167	124	722	701
231	186	229	176	208	141	747	902
260	247	225	209	202	172	936	1103
665	519	373	392	548	373	1393	1430
932	850	603	530	1052	603	1833	1916
3083	1676	1663	1340	4055	1883	3951	3147
4551	1986	2672	1719	7483	2982	6712	5261
5055	2163	3153	1748	8792	3443	7568	5769
5827	2598	3652	2096	10973	4309	8670	6767
8035	2804	4959	2218	15612	5535	10665	7829
11391	3171	4726	2672	22547	7704	13567	10246
14116	3378	4649	3047	26615	9034	16169	13032
15806	3910	5006	3358	29511	9974	18529	15352
19027	4370	5645	3801	20448	10575	21710	16485
23351	4185	5625	3971	24610	9994	23024	17115
17328	6164	6205	5632	15149	7056	24884	19350
20328	7874	7303	6896	24824	9394	27198	20943
31075	5857	8641	8373	35227	11035	34827	27494
33156	6391	9655	8962	38020	11750	37590	30351
36019	6704	10622	9700	46950	12499	34196	29837

17—16 国民经济核算主要指标构成(2013年)

单位:%

	地区生产总值	第一产业	第二产业	#工业	第三产业	#交通运输仓储邮政业	#批发和零售业
全市	**100.0**	**7.1**	**59.9**	**55.2**	**33.0**	**8.1**	**6.1**
尧都区	100.0	3.8	32.5	26.2	63.7	10.2	12.4
曲沃县	100.0	12.0	68.8	66.1	19.2	7.8	2.8
翼城县	100.0	8.9	58.8	56.7	32.3	11.9	6.1
襄汾县	100.0	10.2	62.6	58.1	27.2	11.8	4.1
洪洞县	100.0	6.7	70.0	63.3	23.3	6.5	4.6
古县	100.0	4.4	80.1	78.3	15.5	4.2	2.1
安泽县	100.0	7.9	79.5	75.6	12.6	1.7	2.3
浮山县	100.0	8.5	76.0	73.1	15.5	1.8	2.0
吉县	100.0	28.0	51.4	45.9	20.6	2.1	3.4
乡宁县	100.0	3.1	79.5	75.8	17.4	1.9	2.9
大宁县	100.0	34.4	8.9	2.8	56.7	2.2	7.9
隰县	100.0	27.5	17.7	8.3	54.8	12.8	8.9
永和县	100.0	39.9	9.5	4.9	50.6	2.0	12.6
蒲县	100.0	3.3	81.9	79.9	14.8	2.5	1.4
汾西县	100.0	13.8	36.6	29.1	49.6	16.1	8.3
侯马市	100.0	4.0	36.6	30.2	59.4	15.1	14.3
霍州市	100.0	4.2	72.3	66.5	23.5	6.6	3.9

	资本形成总额	最终消费	政府消费	居民消费水平	农村居民	城镇居民
全市	**58.0**	**44.2**	**12.5**	**31.7**	**11.6**	**20.1**
尧都区	51.5	48.9	5.7	43.2	8.2	35.0
曲沃县	71.5	26.4	8.2	18.2	6.4	11.8
翼城县	65.2	34.7	5.6	29.1	11.9	17.2
襄汾县	57.4	42.6	9.5	33.1	15.5	17.6
洪洞县	57.6	42.1	6.1	36.0	16.2	19.8
古县	74.8	24.8	8.7	16.1	6.2	9.9
安泽县	76.0	23.3	5.2	18.1	7.9	10.2
浮山县	61.0	38.9	15.9	23.0	9.5	13.5
吉县	43.5	53.4	21.7	31.7	14.3	17.4
乡宁县	69.9	31.3	5.7	25.6	10.8	14.8
大宁县	12.4	87.6	6.4	81.2	18.4	62.8
隰县	18.8	82.5	15.4	67.1	23.1	44.0
永和县	53.4	51.5	4.5	47.0	12.9	34.1
蒲县	79.9	19.5	3.2	16.3	5.6	10.7
汾西县	43.8	62.9	10.8	52.1	15.8	36.3
侯马市	56.2	38.7	9.7	29.0	6.5	22.5
霍州市	47.9	51.9	10.5	41.4	7.6	33.8

17—17 按行业划分的法人单位及产业活动单位数(2013年)

单位:个

	法人单位				产业活动单位	
	单位数	单产业法人	多产业法人	规模、资质或限额以上单位	单位数	#多产业法人所属的产业活动单位
全 市	**28258**	**24124**	**4134**	**1077**	**40249**	**16124**
尧都区	7459	6818	641	362	9122	2304
曲沃县	1485	1270	215	53	2160	890
翼城县	1872	1568	304	73	2888	1320
襄汾县	2083	1696	387	65	3131	1435
洪洞县	2630	2112	518	108	4084	1972
古 县	980	804	176	46	1478	674
安泽县	899	749	150	22	1295	546
浮山县	1266	1013	253	45	1866	852
吉 县	799	729	70	15	1229	500
乡宁县	1194	933	261	53	1912	979
大宁县	688	566	122	9	976	410
隰 县	948	802	146	8	1358	556
永和县	600	468	132	2	888	420
蒲 县	986	818	168	41	1521	703
汾西县	863	684	179	14	1315	631
侯马市	2105	1955	150	105	2887	932
霍州市	1401	1139	262	56	2139	1000

17—18 总人口(2013年)

单位:人

	总人口	按性别分		按城镇乡村分	
		男 性	女 性	城镇人口	乡村人口
全 市	**4390837**	**2259605**	**2131232**	**2005292**	**2385545**
尧都区	959843	486384	473459	626305	333538
曲沃县	241353	123065	118288	85306	156047
翼城县	316379	166967	149412	107259	209120
襄汾县	450912	229855	221057	161579	289333
洪洞县	745555	387717	357838	281744	463811
古 县	93579	49228	44351	34577	59002
安泽县	83440	42441	40999	30718	52722
浮山县	129751	65666	64085	44618	85133
吉 县	108381	56111	52270	33857	74524
乡宁县	237538	124024	113514	76866	160672
大宁县	65730	33585	32145	26876	38854
隰 县	105467	54722	50745	42513	62954
永和县	64752	35192	29560	24552	40200
蒲 县	109403	55939	53464	46517	62886
汾西县	147217	74420	72797	59402	87815
侯马市	243951	125453	118498	150295	93656
霍州市	287586	148836	138750	172308	115278

17—19 人口自然变动(2013年)

单位:人

	出生		死亡		自然增长	
	人数	出生率(‰)	人数	死亡率(‰)	人数	增长率(‰)
全市	**48258**	**11.02**	**24671**	**5.63**	**23587**	**5.39**
尧都区	10025	10.47	5041	5.27	4984	5.21
曲沃县	2845	11.82	1364	5.67	1481	6.16
翼城县	3283	10.40	1932	6.12	1351	4.28
襄汾县	5188	11.54	2524	5.61	2664	5.93
洪洞县	8573	11.53	4794	6.45	3779	5.08
古县	1078	11.56	486	5.21	592	6.35
安泽县	864	10.38	458	5.50	406	4.88
浮山县	1537	11.88	829	6.41	708	5.47
吉县	1198	11.08	643	5.95	555	5.13
乡宁县	2617	11.05	1282	5.41	1335	5.64
大宁县	818	12.48	397	6.06	421	6.43
隰县	1054	10.02	544	5.17	510	4.85
永和县	733	11.35	346	5.36	387	5.99
蒲县	1397	12.81	714	6.55	683	6.26
汾西县	1633	11.12	952	6.48	681	4.64
侯马市	2488	10.23	1099	4.52	1389	5.71
霍州市	2927	10.21	1266	4.41	1661	5.79

17—20 城镇非私营单位从业人员(2013年)

单位:人

	总计	#女性	在岗职工	劳务派遣人员	其他从业人员
全市	**369221**	**138551**	**344490**	**9970**	**14761**
尧都区	94328	37233	85661	6291	2376
曲沃县	11337	5026	10922	241	174
翼城县	19397	7307	18701	177	519
襄汾县	14471	6541	13125	123	1223
洪洞县	48308	18518	47842	296	170
古县	12722	3847	12261	145	316
安泽县	8869	3029	8437	99	333
浮山县	9037	3296	8326	50	661
吉县	8056	3020	7874	125	57
乡宁县	23953	7459	23228	329	396
大宁县	5492	1881	5377	35	80
隰县	7911	3714	7504	36	371
永和县	4088	1851	3982		106
蒲县	14400	5634	14333	21	46
汾西县	7724	3556	7647	77	
侯马市	30693	12728	27980	1797	916
霍州市	48435	13911	41290	128	7017

17—21 城镇非私营单位从业人员劳动报酬(2013 年)

	从业人员平均人数(人)	在岗职工	其他从业人员	从业人员劳动报酬(万元)	在岗职工工资总额	其他从业人员劳动报酬	在岗职工平均工资(元)
全　市	**367398**	**342919**	**14144**	**1418921**	**1363507**	**24569**	**39762**
尧都区	95979	86988	1946	400395	375107	3653	43122
曲沃县	11294	10881	173	39124	38271	173	35172
翼城县	19332	18632	523	64863	63779	761	34231
襄汾县	14468	13074	1268	55950	53013	2609	40548
洪洞县	48231	47763	170	166408	165122	624	34571
古　县	12810	12246	410	57003	55261	1382	45125
安泽县	8395	7972	324	36624	35939	435	45082
浮山县	8257	7599	611	29555	28440	974	37426
吉　县	8021	7839	57	31589	30894	78	39410
乡宁县	23388	22659	396	89509	87977	277	38826
大宁县	5469	5371	63	18123	17916	143	33357
隰　县	7789	7415	340	24951	24383	509	32883
永和县	4088	3982	106	15004	14789	216	37139
蒲　县	14445	14374	50	53389	53201	126	37012
汾西县	7655	7578		21631	21502		28375
侯马市	30120	27831	900	97303	91543	1863	32892
霍州市	47657	40715	6807	217499	206371	10745	50687

17—22 国有单位从业人员(2013 年)

单位:人

	总　计	#女　性	在岗职工	劳务派遣人员	其他从业人员
全　市	**217750**	**98225**	**210919**	**1899**	**4932**
尧都区	55038	24337	53424	1103	511
曲沃县	9386	4423	9313	15	58
翼城县	12561	5796	12292	108	161
襄汾县	12285	5950	11139	31	1115
洪洞县	22177	10985	21927	92	158
古　县	7886	3202	7603	18	265
安泽县	7138	2792	6729	76	333
浮山县	6873	2946	6227	17	629
吉　县	5965	2685	5897	30	38
乡宁县	16759	6072	16260	116	383
大宁县	5253	1799	5138	35	80
隰　县	7193	3367	6964	15	214
永和县	3719	1743	3613		106
蒲　县	9491	4516	9483	8	
汾西县	6849	3328	6818	31	
侯马市	18241	8652	17434	149	658
霍州市	10936	5632	10658	55	223

17—23 国有单位从业人员劳动报酬(2013年)

	从业人员平均人数(人)	在岗职工	其他从业人员	从业人员劳动报酬(万元)	在岗职工工资总额	其他从业人员劳动报酬	在岗职工平均工资(元)
全　市	**216907**	**210016**	**4941**	**756889**	**741827**	**9210**	**35322**
尧都区	55631	53976	509	224022	219023	869	40578
曲沃县	9347	9275	57	31687	31611	61	34082
翼城县	12466	12202	155	37841	37341	285	30603
襄汾县	12279	11091	1157	47414	45088	2277	40652
洪洞县	22195	21944	158	60183	59360	607	27051
古　县	8115	7771	326	35166	34120	1017	43907
安泽县	7054	6654	324	27833	27183	435	40852
浮山县	6286	5694	578	23358	22527	784	39563
吉　县	5933	5865	38	19532	19449	41	33161
乡宁县	16424	15925	383	55829	55326	238	34742
大宁县	5230	5132	63	17413	17206	143	33527
隰　县	7046	6848	183	23072	22639	399	33059
永和县	3719	3613	106	14116	13900	216	38472
蒲　县	9491	9483		28237	28222		29761
汾西县	6706	6675		19661	19631		29409
侯马市	18039	17230	658	57748	56382	973	32723
霍州市	10946	10638	246	33777	32819	865	30851

17—24 城镇集体单位从业人员(2013年)

单位:人

	总　计	#女　性	在岗职工	劳务派遣人员	其他从业人员
全　市	**16636**	**8026**	**14754**	**947**	**935**
尧都区	3916	1841	3486	387	43
曲沃县	639	296	550	55	34
翼城县	1275	304	1191	69	15
襄汾县	895	343	695	92	108
洪洞县	2226	876	2084	142	
古　县	347	159	280	21	46
安泽县	278	124	255	23	
浮山县	596	210	531	33	32
吉　县	314	103	268	33	13
乡宁县	673	317	670		3
大宁县	219	71	219		
隰　县	382	177	294	21	67
永和县	171	71	171		
蒲　县	555	249	555		
汾西县	155	38	155		
侯马市	297	102	269		28
霍州市	3698	2745	3081	71	546

17—25 城镇集体单位从业人员劳动报酬(2013年)

	从业人员平均人数(人)	在岗职工	其他从业人员	从业人员劳动报酬(万元)	在岗职工工资总额	其他从业人员劳动报酬	在岗职工平均工资(元)
全市	**16682**	**14721**	**1013**	**75318**	**69991**	**2234**	**47545**
尧都区	3926	3503	36	26417	24796	32	70785
曲沃县	639	550	34	3549	3351	20	60924
翼城县	1277	1193	16	5187	5046	32	42297
襄汾县	902	696	111	4668	4058	332	58302
洪洞县	2197	2054		8440	8191		39876
古县	348	250	77	1324	875	336	34984
安泽县	278	255		1821	1786		70039
浮山县	562	496	33	2169	1885	189	38006
吉县	314	268	13	1534	1360	36	50757
乡宁县	666	663	3	1625	1621	4	24448
大宁县	219	219		682	682		31155
隰县	383	297	67	1448	1371	52	46148
永和县	171	171		640	640		37398
蒲县	555	555		1469	1469		26468
汾西县	154	154		130	130		8455
侯马市	317	271	46	718	622	97	22937
霍州市	3774	3126	577	13497	12110	1106	38740

17—26 其他单位从业人员(2013年)

单位:人

	总计	#女性	在岗职工	劳务派遣人员	其他从业人员
全市	**134835**	**32300**	**118817**	**7124**	**8894**
尧都区	35374	11055	28751	4801	1822
曲沃县	1312	307	1059	171	82
翼城县	5561	1207	5218		343
襄汾县	1291	248	1291		
洪洞县	23905	6657	23831	62	12
古县	4489	486	4378	106	5
安泽县	1453	113	1453		
浮山县	1568	140	1568		
吉县	1777	232	1709	62	6
乡宁县	6521	1070	6298	213	10
大宁县	20	11	20		
隰县	336	170	246		90
永和县	198	37	198		
蒲县	4354	869	4295	13	46
汾西县	720	190	674	46	
侯马市	12155	3974	10277	1648	230
霍州市	33801	5534	27551	2	6248

17—27 其他单位从业人员劳动报酬(2013年)

	从业人员平均人数(人)	在岗职工	其他从业人员	从业人员劳动报酬(万元)	在岗职工工资总额	其他从业人员劳动报酬	在岗职工平均工资(元)
全　市	**133809**	**118182**	**8190**	**586714**	**551689**	**13125**	**46681**
尧都区	36422	29509	1401	149956	131289	2753	44491
曲沃县	1308	1056	82	3888	3309	93	31339
翼城县	5589	5237	352	21836	21392	444	40848
襄汾县	1287	1287		3867	3867		30050
洪洞县	23839	23765	12	97785	97572	17	41057
古　县	4347	4225	7	20513	20266	29	47966
安泽县	1063	1063		6970	6970		65571
浮山县	1409	1409		4028	4028		28586
吉　县	1774	1706	6	10524	10085	2	59113
乡宁县	6298	6071	10	32054	31030	35	51111
大宁县	20	20		28	28		13950
隰　县	360	270	90	431	373	59	13811
永和县	198	198		249	249		12596
蒲　县	4399	4336	50	23684	23510	126	54220
汾西县	795	749		1839	1741		23248
侯马市	11764	10330	196	38836	34539	794	33436
霍州市	32937	26951	5984	170225	161442	8774	59902

17—28 城镇非私营企业从业人员与劳动报酬(2013年)

	从业人员(人)	在岗职工	其他从业人员	从业人员劳动报酬(万元)	在岗职工工资总额	其他从业人员劳动报酬	在岗职工平均工资(元)
全　市	**188186**	**167717**	**10965**	**823906**	**775775**	**18089**	**46396**
尧都区	51090	43120	1858	249477	225339	2772	50720
曲沃县	2762	2414	122	8775	7984	127	33102
翼城县	8519	7868	493	31573	30592	692	38471
襄汾县	2830	2374	357	10483	9697	490	40932
洪洞县	25999	25697	36	106773	106102	65	41293
古　县	7305	6865	311	34808	33092	1378	49718
安泽县	3171	3027	53	18459	18132	86	68943
浮山县	2828	2738	46	7994	7636	236	30827
吉　县	2368	2226	22	13060	12404	41	55748
乡宁县	13323	13086	20	55708	54656	54	43631
大宁县	1449	1418	10	3059	2996	20	21428
隰　县	1096	795	265	2709	2403	247	29263
永和县	548	548		1368	1368		24971
蒲　县	6086	6019	46	29327	29139	126	48084
汾西县	1298	1228		2744	2623		20443
侯马市	17908	15833	309	54076	49228	1011	31159
霍州市	39606	32461	7017	193513	182385	10745	57125

17—29 事业单位从业人员与劳动报酬(2013 年)

	从业人员(人)	在岗职工	其他从业人员	从业人员劳动报酬(万元)	在岗职工工资总额	其他从业人员劳动报酬	在岗职工平均工资(元)
全　市	**116420**	**113628**	**2599**	**378659**	**373428**	**4863**	**33087**
尧都区	31382	30861	438	107757	106917	720	34640
曲沃县	4406	4399	7	15929	15923	5	36206
翼城县	7285	7277	8	22448	22404	44	31457
襄汾县	7659	6866	793	30825	28816	2009	42006
洪洞县	16141	16007	134	41891	41332	559	25921
古　县	3395	3390	5	13833	13830	4	38662
安泽县	3518	3261	257	11183	10865	319	34187
浮山县	3072	3021	51	11590	11529	61	41665
吉　县	3945	3912	33	12077	12043	35	31062
乡宁县	7067	6589	376	22226	21765	223	33098
大宁县	2092	2032	60	7221	7112	110	34708
隰　县	4032	3990	42	12949	12828	121	32841
永和县	1844	1779	65	6724	6582	142	36999
蒲　县	4091	4091		11153	11153		27261
汾西县	4084	4084		12453	12453		31454
侯马市	6634	6296	330	23024	22502	512	36429
霍州市	5773	5773		15378	15378		26814

17—30 机关单位从业人员与劳动报酬(2013 年)

	从业人员(人)	在岗职工	其他从业人员	从业人员劳动报酬(万元)	在岗职工工资总额	其他从业人员劳动报酬	在岗职工平均工资(元)
全　市	**64218**	**62753**	**1192**	**215251**	**213209**	**1608**	**34135**
尧都区	11560	11389	75	42427	42128	153	36935
曲沃县	4169	4109	45	14421	14364	42	35283
翼城县	3593	3556	18	10843	10784	25	30308
襄汾县	3881	3784	73	14270	14128	109	37746
洪洞县	6168	6138		17744	17689		28890
古　县	2022	2006		8362	8339		41425
安泽县	2180	2149	23	6982	6943	30	32083
浮山县	3137	2567	564	9971	9275	677	39386
吉　县	1743	1736	2	6452	6447	2	37115
乡宁县	3563	3553		11576	11555		32494
大宁县	1951	1927	10	7842	7809	14	40587
隰　县	2783	2719	64	9294	9152	142	34049
永和县	1696	1655	41	6912	6838	74	41318
蒲　县	4223	4223		12910	12910		30570
汾西县	2342	2335		6434	6427		27513
侯马市	6151	5851	277	20203	19813	340	33840
霍州市	3056	3056		8609	8609		28199

17—31 城镇非私营单位农林牧渔业从业人员与劳动报酬(2013 年)

	从业人员（人）			从业人员劳动报酬（万元）			在岗职工平均工资（元）
		在岗职工	其他从业人员		在岗职工工资总额	其他从业人员劳动报酬	
全　市	**3682**	**3675**	**7**	**9745**	**9728**	**17**	**26941**
尧都区	244	244		526	524	2	20892
曲沃县							
翼城县	74	74		212	212		28703
襄汾县	131	124	7	446	431	15	34726
洪洞县	149	149		286	286		19201
古　县	12	12		29	29		23750
安泽县	592	592		973	973		17752
浮山县	43	43		71	71		30870
吉　县	170	170		588	588		34781
乡宁县	97	97		299	299		30866
大宁县							
隰　县	757	757		1578	1578		21005
永和县	26	26		33	33		12615
蒲　县	382	382		548	548		14351
汾西县	24	24		26	26		10917
侯马市	981	981		4131	4131		42107
霍州市							

17—32 城镇非私营单位采矿业从业人员与劳动报酬(2013 年)

	从业人员（人）			从业人员劳动报酬（万元）			在岗职工平均工资（元）
		在岗职工	其他从业人员		在岗职工工资总额	其他从业人员劳动报酬	
全　市	**65836**	**64237**	**1326**	**366296**	**362490**	**2336**	**58045**
尧都区	4062	4055	7	32694	32641	53	82281
曲沃县							
翼城县	1147	1147		4087	4087		38050
襄汾县	45	45		54	54		12000
洪洞县	11273	11221		53032	52850		47166
古　县	5312	5052	260	29358	28536	822	56845
安泽县	2120	2120		13866	13866		80524
浮山县	1208	1198	10	3850	3804	46	31647
吉　县	1617	1582		10186	9825		62221
乡宁县	10690	10506	10	47964	47047	35	47208
大宁县							
隰　县							
永和县							
蒲　县	4070	4035	24	23155	23000	116	56427
汾西县							
侯马市							
霍州市	24292	23276	1015	148050	146781	1263	64965

17—33 城镇非私营单位制造业从业人员与劳动报酬(2013 年)

	从业人员(人)	在岗职工	其他从业人员	从业人员劳动报酬(万元)	在岗职工工资总额	其他从业人员劳动报酬	在岗职工平均工资(元)
全　市	**46287**	**44560**	**674**	**158752**	**154309**	**1373**	**34077**
尧都区	11375	11304	71	40142	40042	101	33600
曲沃县	1451	1280		3987	3502		27421
翼城县	4422	4383	39	17923	17823	101	39300
襄汾县	1198	1198		3613	3613		30261
洪洞县	11055	11055		41224	41224		37432
古　县	317	317		846	846		26691
安泽县	25	25		38	38		15320
浮山县	585	579	6	1091	1089	2	23834
吉　县	35	35		35	35		10000
乡宁县							
大宁县	17	17		16	16		9529
隰　县	196	196		292	292		13255
永和县	45	45		62	62		13733
蒲　县							
汾西县	634	634		1447	1447		23230
侯马市	10776	9953	12	31706	29382	20	29210
霍州市	4156	3539	546	16329	14898	1149	41979

17—34 城镇非私营单位电力、燃气及水的生产和供应业从业人员与劳动报酬(2013 年)

	从业人员(人)	在岗职工	其他从业人员	从业人员劳动报酬(万元)	在岗职工工资总额	其他从业人员劳动报酬	在岗职工平均工资(元)
全　市	**10142**	**9888**	**244**	**63763**	**62802**	**948**	**64858**
尧都区	4896	4894	2	43421	43385	36	91107
曲沃县	96	96		241	241		25063
翼城县	55	55		84	84		15830
襄汾县	134	132	2	233	232	2	17946
洪洞县	375	355	10	581	554	14	15795
古　县	42	42		75	75		17881
安泽县	234	229	5	1161	1136	25	49391
浮山县	55	55		132	132		29333
吉　县	60	60		108	108		17917
乡宁县	435	433	2	860	855	5	21638
大宁县	94	94		104	104		11064
隰　县	45	45		79	79		17533
永和县	30	30		31	31		10433
蒲　县	434	434		1558	1558		35896
汾西县	127	127		91	91		8454
侯马市	819	819		3549	3549		43338
霍州市	2211	1988	223	11454	10589	865	53209

17—35 城镇非私营单位建筑业从业人员与劳动报酬(2013 年)

	从业人员（人）	在岗职工	其他从业人员	从业人员劳动报酬（万元）	在岗职工工资总额	其他从业人员劳动报酬	在岗职工平均工资（元）
全　市	**19505**	**10347**	**5953**	**47762**	**29912**	**8598**	**26506**
尧都区	7254	4391	672	22819	14098	992	25896
曲沃县							
翼城县	731	731		2646	2646		36091
襄汾县							
洪洞县	758	626		2060	1845		30442
古　县	560	530	5	880	784	29	17422
安泽县							
浮山县							
吉　县							
乡宁县	92	92		211	211		24500
大宁县	900	870	10	1756	1697	20	19969
隰　县							
永和县	137	137		171	171		12453
蒲　县	7	7		9	9		12429
汾西县	10	10		258	258		27147
侯马市	1967	1077	53	3556	2224	131	25161
霍州市	7089	1876	5213	13397	5971	7426	29958

17—36 城镇非私营单位批发和零售贸易业从业人员与劳动报酬(2013 年)

	从业人员（人）	在岗职工	其他从业人员	从业人员劳动报酬（万元）	在岗职工工资总额	其他从业人员劳动报酬	在岗职工平均工资（元）
全　市	**12831**	**11577**	**376**	**38832**	**35284**	**695**	**30349**
尧都区	4499	3942	8	19086	16953	22	43171
曲沃县	298	216	82	681	588	93	27204
翼城县	357	239	112	981	762	205	31738
襄汾县	319	314		1003	995		31688
洪洞县	693	693		1656	1656		21013
古　县	636	560		1816	1484	191	30169
安泽县	347	288		1164	978		33948
浮山县	258	249	7	471	453	14	20489
吉　县	307	251	3	957	841	4	32984
乡宁县	1340	1332	4	2883	2870	5	21215
大宁县	125	125		146	146		11664
隰　县	346	192	153	533	382	151	19490
永和县	83	83		191	191		22964
蒲　县	1067	1067		2324	2324		21776
汾西县	353	310		535	443		14274
侯马市	983	914	7	2809	2652	10	28514
霍州市	820	802		1599	1568		19100

17—37 城镇非私营单位交通运输、仓储和邮政业从业人员与劳动报酬（2013 年）

	从业人员（人）	在岗职工	其他从业人员	从业人员劳动报酬（万元）	在岗职工工资总额	其他从业人员劳动报酬	在岗职工平均工资（元）
全市	**10358**	**10206**	**25**	**25568**	**25273**	**33**	**24775**
尧都区	5504	5504		15765	15765		28482
曲沃县	229	229		419	419		18288
翼城县	261	251	10	594	574	20	22591
襄汾县	128	128		232	232		18117
洪洞县	540	539		1065	1063		19718
古县	102	102		315	315		30892
安泽县	233	232	1	529	528	2	22737
浮山县	246	232	14	632	621	11	40312
吉县	254	254		490	490		19272
乡宁县	409	307		960	722		23531
大宁县	128	128		205	205		15977
隰县	80	80		159	159		18659
永和县	86	86		268	268		31128
蒲县							
汾西县	182	158		393	369		24296
侯马市	1701	1701		3211	3211		18444
霍州市	275	275		334	334		12160

17—38 城镇非私营单位住宿和餐饮业从业人员与劳动报酬（2013 年）

	从业人员（人）	在岗职工	其他从业人员	从业人员劳动报酬（万元）	在岗职工工资总额	其他从业人员劳动报酬	在岗职工平均工资（元）
全市	**1455**	**1411**	**42**	**2643**	**2584**	**49**	**18427**
尧都区	555	555		1210	1180	28	21729
曲沃县	199	197	2	357	355	2	17949
翼城县							
襄汾县							
洪洞县	100	100		175	175		17837
古县	100	100		236	236		23157
安泽县	7	7		11	11		15429
浮山县	25	25		34	34		12593
吉县	40	40		49	49		12275
乡宁县							
大宁县	115	115		161	161		14017
隰县	76	58	18	71	62	9	10621
永和县	54	54		95	95		17593
蒲县	115	91	22	143	124	10	13626
汾西县	19	19		5	5		2737
侯马市							
霍州市	50	50		96	96		19260

17—39 城镇非私营单位信息传输、计算机服务和软件业从业人员与劳动报酬(2013 年)

	从业人员(人)	在岗职工	其他从业人员	从业人员劳动报酬(万元)	在岗职工工资总额	其他从业人员劳动报酬	在岗职工平均工资(元)
全　市	**4865**	**2149**	**1045**	**19620**	**13604**	**1464**	**64170**
尧都区	4394	1769	1045	18303	12474	1464	71691
曲沃县							
翼城县	131	48		322	155		32313
襄汾县							
洪洞县							
古　县							
安泽县	60	60		177	177		29467
浮山县							
吉　县							
乡宁县	25	25		77	77		30840
大宁县							
隰　县	150	142		483	463		32570
永和县	46	46		173	173		37674
蒲　县							
汾西县							
侯马市							
霍州市	59	59		85	85		14390

17—40 城镇非私营单位金融业从业人员与劳动报酬(2013 年)

	从业人员(人)	在岗职工	其他从业人员	从业人员劳动报酬(万元)	在岗职工工资总额	其他从业人员劳动报酬	在岗职工平均工资(元)
全　市	**14869**	**12051**	**1120**	**96282**	**86082**	**2428**	**72210**
尧都区	6275	5169	13	51224	45054	47	88933
曲沃县	568	475	38	3351	3141	32	66120
翼城县	1037	638	330	4049	3579	361	55581
襄汾县	1110	661	355	5544	4768	488	71914
洪洞县	1035	940	24	6255	6015	48	64053
古　县	367	289	46	1736	1263	336	48953
安泽县	355	275	48	2150	2034	61	73964
浮山县	367	302	23	1831	1539	174	51458
吉　县	258	213	13	1678	1501	36	70460
乡宁县	489	450		3194	3086		68274
大宁县	194	193		854	849		44010
隰　县	370	269	74	1561	1450	72	53911
永和县	165	165		763	763		46230
蒲　县	393	385		2140	2125		55205
汾西县	90	87		354	349		40069
侯马市	1079	860	156	7670	6700	775	78083
霍州市	717	680		1929	1867		27457

17—41 城镇非私营单位房地产业从业人员与劳动报酬(2013 年)

	从业人员(人)	在岗职工	其他从业人员	从业人员劳动报酬(万元)	在岗职工工资总额	其他从业人员劳动报酬	在岗职工平均工资(元)
全　市	**1240**	**1177**	**58**	**3188**	**3091**	**81**	**26737**
尧都区	508	498	6	1497	1469	15	29506
曲沃县							
翼城县	22	20	2	42	38	5	18750
襄汾县	20	20		53	53		26400
洪洞县	61	61		196	196		32197
古　县	11	11		26	26		23636
安泽县	6	6		21	21		35167
浮山县	76	76		199	199		34362
吉　县	48	42	6	75	73	2	17756
乡宁县	117	117		117	117		9983
大宁县							
隰　县	27	7	20	22	7	15	9571
永和县	16	16		35	35		22000
蒲　县	26	26		46	46		17846
汾西县	8	8		23	23		29125
侯马市	191	187	4	472	468	4	25314
霍州市	103	82	20	363	319	42	38878

17—42 城镇非私营单位租赁和商务服务业从业人员与劳动报酬(2013 年)

	从业人员(人)	在岗职工	其他从业人员	从业人员劳动报酬(万元)	在岗职工工资总额	其他从业人员劳动报酬	在岗职工平均工资(元)
全　市	**4336**	**3504**	**80**	**10843**	**9558**	**165**	**27671**
尧都区	2217	1456	9	5112	3982	11	27573
曲沃县	8	8		20	20		25250
翼城县	77	77		119	119		15468
襄汾县	210	206	4	730	727	2	35135
洪洞县	149	149		361	361		24208
古　县	31	31		74	74		23219
安泽县	167	167		619	619		37090
浮山县	22	22		10	10		5667
吉　县	40	40		125	125		31200
乡宁县	142	137	5	522	509	13	36619
大宁县							
隰　县	573	511	62	1361	1221	140	24041
永和县	32	32		89	89		27719
蒲　县	98	98		243	243		24755
汾西县	329	329		572	572		19603
侯马市	199	199		746	746		37109
霍州市	42	42		140	140		33381

17—43 城镇非私营单位科学研究、技术服务业从业人员与劳动报酬(2013 年)

	从业人员(人)	在岗职工	其他从业人员	从业人员劳动报酬(万元)	在岗职工工资总额	其他从业人员劳动报酬	在岗职工平均工资(元)
全　市	**3524**	**3355**	**159**	**12648**	**12101**	**533**	**36242**
尧都区	1464	1424	30	5292	5262	17	36719
曲沃县	64	64		262	262		40859
翼城县	22	22		72	72		32773
襄汾县	25	25		94	94		37560
洪洞县	821	694	127	3174	2662	512	38857
古　县	6	6		21	21		35500
安泽县	158	158		618	618		39089
浮山县	100	100		227	227		26976
吉　县	15	15		57	57		37733
乡宁县	131	131		393	393		29795
大宁县	6	5	1	10	7	3	14000
隰　县	68	67	1	290	289	1	44492
永和县	8	8		33	33		41375
蒲　县	31	31		69	69		22129
汾西县	37	37		156	156		42243
侯马市	550	550		1836	1836		33323
霍州市	18	18		45	45		24722

17—44 城镇非私营单位水利、环境和公共设施管理业从业人员与劳动报酬(2013 年)

	从业人员(人)	在岗职工	其他从业人员	从业人员劳动报酬(万元)	在岗职工工资总额	其他从业人员劳动报酬	在岗职工平均工资(元)
全　市	**9483**	**9208**	**275**	**17796**	**17414**	**381**	**19390**
尧都区	2637	2477	160	6298	6087	211	24824
曲沃县	675	675		1228	1228		19008
翼城县	162	162		144	144		8810
襄汾县	297	282	15	767	749	18	26546
洪洞县	1938	1938		2924	2924		15173
古　县	166	166		268	268		16151
安泽县	12	12		39	39		30308
浮山县							
吉　县	447	447		715	715		16000
乡宁县	551	551		1356	1356		24606
大宁县	105	105		122	122		11638
隰　县	40	23	17	129	49	80	21217
永和县	10	10		27	27		26600
蒲　县	432	432		559	559		12933
汾西县	142	142		109	109		7655
侯马市	1042	959	83	1645	1573	73	18880
霍州市	827	827		1467	1467		18598

17—45 城镇非私营单位居民服务、修理和其他服务业从业人员与劳动报酬(2013 年)

	从业人员(人)	在岗职工	其他从业人员	从业人员劳动报酬(万元)	在岗职工工资总额	其他从业人员劳动报酬	在岗职工平均工资(元)
全　市	**846**	**844**	**2**	**1659**	**1656**	**3**	**19617**
尧都区	234	234		499	499		21321
曲沃县							
翼城县	262	262		700	700		26698
襄汾县							
洪洞县	340	340		420	420		12353
古　县							
安泽县							
浮山县							
吉　县							
乡宁县							
大宁县							
隰　县							
永和县							
蒲　县							
汾西县							
侯马市	10	8	2	40	37	3	46625
霍州市							

17—46 城镇非私营单位教育业从业人员与劳动报酬(2013 年)

	从业人员(人)	在岗职工	其他从业人员	从业人员劳动报酬(万元)	在岗职工工资总额	其他从业人员劳动报酬	在岗职工平均工资(元)
全　市	**57752**	**56555**	**1149**	**216491**	**213930**	**2508**	**38004**
尧都区	13635	13539	49	57186	57057	76	42096
曲沃县	2487	2487		9560	9560		38441
翼城县	3592	3592		12262	12262		35245
襄汾县	5182	4595	587	22313	20603	1710	44887
洪洞县	8287	8287		23840	23840		28893
古　县	2086	2086		9632	9632		42338
安泽县	1506	1250	256	5213	4896	317	40094
浮山县	1765	1742	23	6972	6957	15	42970
吉　县	1979	1946	33	7135	7100	35	37097
乡宁县	3600	3600		12680	12680		35301
大宁县	1105	1075	30	3946	3869	77	36020
隰　县	1759	1759		6917	6917		40544
永和县	983	918	65	3966	3824	142	41651
蒲　县	1632	1632		6306	6306		38637
汾西县	2255	2255		7534	7534		34467
侯马市	2773	2666	106	11080	10943	136	41032
霍州市	3126	3126		9951	9951		31832

17—47 城镇非私营单位卫生和社会工作业从业人员与劳动报酬(2013 年)

	从业人员（人）	在岗职工	其他从业人员	从业人员劳动报酬（万元）	在岗职工工资总额	其他从业人员劳动报酬	在岗职工平均工资（元）
全　市	**19662**	**18928**	**734**	**61531**	**60568**	**963**	**32166**
尧都区	7085	6936	149	19109	18819	290	27132
曲沃县	710	710		2753	2753		38723
翼城县	1394	1386	8	5270	5226	44	38313
襄汾县	1010	865	145	4137	3889	248	44963
洪洞县	1965	1958	7	6043	5996	47	30747
古　县	354	349	5	1343	1339	4	38702
安泽县	392	392		1644	1644		41944
浮山县	428	417	11	1422	1389	33	36738
吉　县	559	559		1814	1814		32453
乡宁县	1304	1058	246	3541	3490	51	33142
大宁县	331	330	1	1266	1265	1	38324
隰　县	521	502	19	1802	1765	37	36018
永和县	337	337		926	926		27487
蒲　县	771	771		1923	1923		24940
汾西县	568	568		1953	1953		35249
侯马市	1284	1141	143	5240	5032	208	43947
霍州市	649	649		1346	1346		20732

17—48 城镇非私营单位文化、体育和娱乐业从业人员与劳动报酬(2013 年)

	从业人员（人）	在岗职工	其他从业人员	从业人员劳动报酬（万元）	在岗职工工资总额	其他从业人员劳动报酬	在岗职工平均工资（元）
全　市	**4225**	**4096**	**129**	**10835**	**10591**	**245**	**26028**
尧都区	1126	1075	51	3317	3241	77	30172
曲沃县	81	81		224	224		27617
翼城县	487	487		967	967		19856
襄汾县	192	192		524	524		27429
洪洞县	881	879	2	1948	1944	4	22191
古　县	128	128		380	380		29648
安泽县	37	37		131	131		35378
浮山县	98	98		259	259		31193
吉　县	153	153		406	406		26868
乡宁县	68	68		258	258		37926
大宁县	36	36		90	90		24917
隰　县	97	92	5	221	218	3	25057
永和县							
蒲　县	258	258		586	586		22729
汾西县	108	108		245	245		22685
侯马市	364	293	71	1056	894	162	30515
霍州市	111	111		226	226		20315

17—49 城镇非私营单位公共管理、社会保障和社会组织从业人员与劳动报酬(2013 年)

	从业人员（人）	在岗职工	其他从业人员	从业人员劳动报酬（万元）	在岗职工工资总额	其他从业人员劳动报酬	在岗职工平均工资（元）
全　市	**78323**	**76722**	**1363**	**254667**	**252531**	**1749**	**33066**
尧都区	16364	16195	104	56895	56577	213	34900
曲沃县	4471	4404	52	16042	15980	47	36375
翼城县	5164	5127	18	14391	14332	25	28085
襄汾县	4470	4338	108	16208	16050	125	37350
洪洞县	7888	7858		21168	21113		26943
古　县	2492	2480		9968	9952		40014
安泽县	2618	2587	23	8270	8231	30	31768
浮山县	3761	3188	567	12354	11657	679	39771
吉　县	2074	2067	2	7174	7169	2	34682
乡宁县	4463	4324	129	14196	14006	169	32377
大宁县	2336	2284	38	9447	9386	42	40824
隰　县	2806	2804	2	9456	9454	2	34216
永和县	2030	1989	41	8143	8069	74	40570
蒲　县	4684	4684		13783	13783		29425
汾西县	2838	2831		7929	7921		27960
侯马市	5974	5672	279	18555	18165	341	32002
霍州市	3890	3890		10689	10689		27500

17—50 固定资产投资主要指标(2013 年)

单位:万元、平方米

	本年完成投资	本年新增固定资产	本年施工房屋面积	本年竣工房屋面积	#住宅	施工项目（个）
全　市	**9706903**	**7672980**	**11708114**	**4337871**	**2392590**	**1643**
尧都区	2017084	1339230	3395711	663962	277852	261
曲沃县	559513	458224	633790	466111	412620	89
翼城县	545450	490791	1329678	957875	161291	145
襄汾县	740463	788928	158668			123
洪洞县	1355511	1166389	99882	25000	25000	125
古　县	380312	319283	95782	2596	2596	101
安泽县	416447	400363	557369	29640	29640	137
浮山县	299174	293568	131335	97547	59650	124
吉　县	224898	139771	220727			51
乡宁县	508370	280514	356346			68
大宁县	80593	64502	28916			18
隰　县	158528	124700	602579			41
永和县	70654	10600	17916	3848		18
蒲　县	367574	297425	111348			48
汾西县	209366	189565	15191	14691		59
侯马市	368517	297574	669280	506748	2000	24
霍州市	1170764	1011553	3283596	1569853	1421941	208

注:本表不含房地产开发投资。

17—51 第三产业固定资产投资(2013 年)

单位:万元、平方米

	计划总投资	本年完成投资	本年新增固定资产	本年施工房屋面积	本年竣工房屋面积	#住宅	施工项目(个)
全　市	**8517573**	**4493483**	**3243567**	**10269407**	**3661826**	**2385849**	**829**
尧都区	2571813	1431334	899791	3241887	619062	277852	166
曲沃县	255113	181240	138618	626790	459111	412620	45
翼城县	278521	156955	149007	841938	678062	161050	55
襄汾县	523453	323814	294453	158668			38
洪洞县	794283	568190	541218	73082	25000	25000	66
古　县	81520	73297	70557	76726	2596	2596	30
安泽县	177776	147457	131911	353759	29640	29640	77
浮山县	197189	71190	66794	100260	71607	59150	49
吉　县	173002	97797	38671	212597			30
乡宁县	287162	80439	80782	307846			37
大宁县	28092	18619	14869	28644			11
隰　县	150109	101740	91379	542057			30
永和县	14460	11245	3670	14440	3848		9
蒲　县	118424	49778	44295	90774			24
汾西县	150439	99935	61134	15191	14691		25
侯马市	275190	148452	137009	366876	222344		9
霍州市	1020032	698316	479409	3217872	1535865	1417941	125

注:本表不含房地产开发投资。

17—52 工业固定资产投资(2013 年)

单位:万元、平方米

	计划总投资	本年完成投资	本年新增固定资产	本年施工房屋面积	本年竣工房屋面积	#住宅	施工项目(个)
全　市	**9692649**	**4669943**	**3950876**	**1161971**	**497543**	**6741**	**651**
尧都区	1159157	537625	403309	151324	42400		79
曲沃县	423281	316234	266026				37
翼城县	809904	371985	329924	418928	215851	241	84
襄汾县	807331	383992	465218				68
洪洞县	1726811	630563	468413	26800			33
古　县	463464	289316	231027	19056			61
安泽县	403035	261170	260632	150610			56
浮山县	432521	190150	185140	31075	25940	500	62
吉　县	159836	110305	98724	8130			17
乡宁县	1169085	406710	197741	48500			28
大宁县	105950	61458	47390	272			6
隰　县	64892	45419	24500	41258			5
永和县	57709	57709	6780	3476			8
蒲　县	792111	317796	253130	20574			24
汾西县	81781	70151	81781				15
侯马市	465399	208806	149306	201604	183604	2000	13
霍州市	570382	410554	481835	40364	29748	4000	55

17—53 房地产开发投资按构成分(2013 年)

单位:万元

	本年完成投资	#住宅	建筑工程	安装工程	设备工器具购置	其他费用
全 市	**655801**	**484284**	**478103**	**77900**	**8387**	**91411**
尧都区	373644	258954	243958	44966	5453	79267
曲沃县	11759	5495	10934			825
翼城县						
襄汾县	93100	83444	76042	14136		2922
洪洞县	33891	31833	29515	2734		1642
古 县	14313	13629	13369			944
安泽县						
浮山县	585	476	585			
吉 县						
乡宁县	1500	880	1050	216	75	159
大宁县						
隰 县	10672	10285	8488	2184		
永和县						
蒲 县						
汾西县						
侯马市	92249	66789	74502	11481	2539	3727
霍州市	24088	12499	19660	2183	320	1925

17—54 房地产开发施工、竣工面积及价值(2013 年)

单位:平方米、万元

	本年施工房屋面积	#住宅	本年竣工房屋面积	#住宅	本年竣工房屋价值	#住宅
全 市	**7530548**	**5467377**	**988356**	**835073**	**253765**	**214602**
尧都区	4462335	3158023	569764	492158	147764	127743
曲沃县	85403	35194				
翼城县	9600	8300	9600	8300	1440	1245
襄汾县	916353	777365	183275	161727	52328	46528
洪洞县	375301	293448	108430	82399	28115	20827
古 县	101238	99238				
安泽县						
浮山县	43860	34900				
吉 县						
乡宁县	10504	5528				
大宁县						
隰 县	117044	98168				
永和县						
蒲 县						
汾西县						
侯马市	1137403	769195	43108	43108	8578	8578
霍州市	271507	188018	74179	47381	15540	9681

17—55 房地产开发房屋销售面积(2013 年)

单位:平方米

	商品房销售额	住 宅	#90 平方米以下住房	#144 平米以上住房	#别 墅、高档公寓	办公楼	商业营业用 房	其 他
全 市	**1358123**	**1304922**	**109556**	**276177**		**6783**	**46418**	
尧都区	683117	672682	31526	219572		6783	3652	
曲沃县	8901	8371		447			530	
翼城县	2806	2806	566					
襄汾县	159091	155329	9184	4016			3762	
洪洞县	194626	174102	18288	12478			20524	
古 县	13198	13198		6000				
安泽县								
浮山县	3150	3000	3000				150	
吉 县								
乡宁县								
大宁县								
隰 县	4332	4332	793	900				
永和县								
蒲 县								
汾西县								
侯马市	228637	224637	24546	30345			4000	
霍州市	60265	46465	21653	2419			13800	

17—56 房地产开发房屋销售额(2013 年)

单位:万元

	商品房销售额	住 宅	#90 平方米以下住房	#144 平米以上住房	#别 墅、高档公寓	办公楼	商业营业用 房	其 他
全 市	**476368**	**449323**	**32652**	**123397**		**4283**	**22762**	
尧都区	283005	276092	12540	105127		4283	2630	
曲沃县	2296	2030		98			266	
翼城县	418	418	83					
襄汾县	43357	41329	2493	1059			2028	
洪洞县	61404	50822	5128	3233			10582	
古 县	3720	3720		1560				
安泽县								
浮山县	630	585	585				45	
吉 县								
乡宁县								
大宁县								
隰 县	988	988	161	210				
永和县								
蒲 县								
汾西县								
侯马市	62159	60359	5887	11343			1800	
霍州市	18391	12980	5775	767			5411	

17—57 原煤产品产销存(2013年)

单位:万吨

	年初库存量	生产量	销售量			年末库存
			合计	省内地销	销售外省	
全市	**229.24**	**5598.78**	**4047.25**	**4045.79**	**1.46**	**250.22**
尧都区	28.80	661.66	566.70	566.70		30.61
曲沃县						
翼城县	20.81	440.89	356.84	356.84		0.84
襄汾县						
洪洞县	41.65	1277.88	684.19	684.19		19.94
古县		521.42	471.50	471.50		49.92
安泽县	22.43	543.98	540.65	540.65		25.76
浮山县		15.23	15.23	15.23		
吉县	63.04	201.26	146.01	146.01		64.96
乡宁县	19.21	790.21	776.20	774.84	1.36	28.72
大宁县						
隰县						
永和县						
蒲县	7.15	496.40	489.84	489.84		13.71
汾西县						
侯马市						
霍州市	26.15	649.85	0.10		0.10	15.77

17—58 焦炭产品产销存(2013年)

单位:万吨

	年初库存量	生产量	销售量			年末库存
			合计	省内地销	销售外省	
全市	**80.46**	**2079.85**	**1925.59**			**210.7**
尧都区	22.84	238.38	206.92			37.66
曲沃县	1.23	85.19	84.10			2.32
翼城县	0.32	68.54	22.42			3.82
襄汾县	23.05	599.48	539.52			32.85
洪洞县	11.28	429.60	417.18			19.12
古县	0.06	217.23	210.18			7.11
安泽县	5.81	261.86	264.67			3.00
浮山县						
吉县						
乡宁县	7.05	88.57	94.72			0.89
大宁县						
隰县						
永和县						
蒲县	0.30	7.64	6.20			1.75
汾西县	4.48	32.16	29.53			7.11
侯马市	1.79	41.37	39.18			3.98
霍州市	2.25	9.83	10.99			1.10

17—59 城乡居民收入(2013年)

单位:元

	居民人均可支配收入	城镇居民人均可支配收入	农村居民人均可支配收入
全　市	**13779**	**21820**	**7862**
尧都区	18925	24068	10112
曲沃县	14180	22426	10199
翼城县	12455	21919	8124
襄汾县	13571	22213	9261
洪洞县	12448	20070	8298
古　县	12629	22787	7222
安泽县	11303	20230	6571
浮山县	11038	21101	6261
吉　县	6782	14615	3583
乡宁县	11137	21132	6869
大宁县	7012	14307	2262
隰　县	9022	17023	3961
永和县	7174	15475	2477
蒲　县	11960	20192	6315
汾西县	8805	18601	2686
侯马市	16639	20832	10509
霍州市	16830	21887	9898

注:本表为城乡一体化住户调查新口径数据。

17—60 城镇居民人均可支配收入

	2000	2005	2010	2011	2012	2013
全　市	**4158**	**7852**	**13831**	**15950**	**18126**	**21936**
尧都区	4581	9276	16145	18924	21614	24100
曲沃县	3800	8047	14980	17527	20103	22455
翼城县	3609	8144	14932	17395	19773	21948
襄汾县	3913	9172	14984	17398	19993	22242
洪洞县	4766	8528	14900	16693	18319	20096
古　县	3367	8675	15737	18052	20543	22817
安泽县	3551	7101	13772	16078	18352	20256
浮山县	3531	8019	14814	17046	19366	21128
吉　县	3197	6005	10078	11320	13340	14634
乡宁县	3856	8125	14470	16845	19271	21160
大宁县	3153	5399	10028	11567	13095	14326
隰　县	3185	6233	11881	13494	15384	17045
永和县	3045	5640	10900	12525	14190	15495
蒲　县	3404	8106	13786	16087	18314	20219
汾西县	3000	7036	12723	14749	16905	18625
侯马市	4314	9180	14788	16858	19050	20860
霍州市	4114	8762	15215	17630	19923	21915

注:本表为城乡一体化住户调查旧口径数据。

17—61 调查县市居民消费价格指数(2013 年)

上年价格=100 单位:%

	居民消费价格总指数	食品类	烟酒及用品类	衣着类	家庭设备及用品类	医疗保健类	交通和通讯类	娱乐教育文化类	居住
全　市	**102.5**	**105.5**	**100.9**	**101.0**	**101.0**	**100.1**	**100.1**	**100.7**	**103.4**
尧都区	102.4	104.7	101.0	101.9	101.9	100.6	99.8	100.8	102.8
曲沃县	101.9	104.9	101.7	102.0	99.8	100.7	99.7	100.7	100.2
翼城县	102.4	104.7	101.0	101.6	102.0	100.8	98.8	100.2	104.6
襄汾县	102.3	106.0	100.8	99.9	100.1	99.5	99.8	102.4	101.4
洪洞县	103.3	106.3	100.4	104.8	101.0	99.3	100.9	103.7	102.1
古　县	102.3	104.6	103.3	101.5	101.2	100.5	99.1	100.6	102.5
安泽县	102.0	103.1	104.9	104.7	102.3	101.1	100.4	100.1	101.6
浮山县	102.6	107.4	102.1	96.8	101.8	103.2	100.3	100.2	97.8
吉　县	102.4	100.7	101.1	103.0	104.5	104.0	100.5	106.2	102.6
乡宁县	102.3	102.0	103.4	103.7	100.9	103.5	105.5	100.7	100.4
大宁县	102.1	103.8	104.0	102.4	100.6	103.1	100.3	100.8	100.4
隰　县	102.3	103.5	101.4	103.6	100.2	100.8	102.0	100.9	102.2
永和县	102.0	105.1	99.4	102.2	107.0	101.4	98.1	99.1	99.6
蒲　县	102.2	103.4	102.8	102.2	101.8	100.5	100.2	100.7	102.6
汾西县	101.9	105.9	101.4	101.3	99.2	99.2	99.7	97.9	100.1
侯马市	102.5	105.6	102.0	100.8	100.5	101.5	100.0	100.8	100.2
霍州市	102.4	106.6	100.9	86.2	99.1	100.6	97.2	97.8	106.8

17—62 乡村基本情况(2013 年)

单位:个、户、人

	乡	镇	村民委员会	社区居委会	乡村户数	乡村人口	乡村从业人员	#农林牧渔业
全　市	**76**	**75**	**2961**	**151**	**957667**	**3326814**	**1582992**	**861409**
尧都区	6	10	372	62	130091	476146	248145	116131
曲沃县	2	5	158		49111	195061	107594	60335
翼城县	4	6	212	3	74109	269757	118055	56939
襄汾县	6	7	348	6	129468	444644	228902	129106
洪洞县	7	9	463	4	191342	665794	340050	166204
古　县	3	4	111	4	24639	74527	23570	14822
安泽县	3	4	103	2	20242	65952	23625	16013
浮山县	7	2	185	2	32920	110323	39439	22081
吉　县	5	3	79		30852	95010	36029	24946
乡宁县	5	5	182	7	59749	202580	85782	59264
大宁县	4	2	84		17379	55941	27048	17614
隰　县	5	3	97	3	29462	88665	37369	27841
永和县	5	2	79	4	12679	49582	17896	13829
蒲　县	5	4	93	2	24977	87661	42196	24547
汾西县	3	5	120		38126	129684	60199	38780
侯马市	3		76	28	31737	112552	55314	20450
霍州市	3	4	199	24	60784	202935	91779	52507

17—63 农业机械拥有量(2013 年)

	农业机械总动力(千瓦)	大中型农用拖拉机(台)	小型农用拖拉机(台)	农用排灌动力机械(台)	农用运输车(辆)
全　市	**4583935**	**14136**	**43164**	**20748**	**173734**
尧都区	648001	1565	4584	3979	23394
曲沃县	366777	1475	997	2240	10701
翼城县	363553	1361	4652	1305	10869
襄汾县	566213	2069	1725	4831	23211
洪洞县	1075960	1825	7908	2355	50302
古　县	116222	901	1629	489	5097
安泽县	145930	347	3343	379	6516
浮山县	177728	486	1567	2540	8592
吉　县	97103	295	3871	13	3117
乡宁县	297010	704	2304	442	11129
大宁县	52891	206	1174	235	1660
隰　县	107289	352	3603	459	2871
永和县	40369	191	631	39	1022
蒲　县	50848	409	1009	116	1081
汾西县	101523	637	970	117	2545
侯马市	188430	780	603	878	5173
霍州市	188088	533	2594	331	6454

17—64 农业现代化情况(2013 年)

单位:万千瓦时、吨

	农村用电量	农用化肥施用量(实物量)	农用化肥施用量(折纯量)	农用塑料薄膜使用量	农用柴油使用量	农药使用量
全　市	**82863**	**588708**	**178394**	**5956**	**62093**	**5160**
尧都区	11324	68147	21260	772	13544	988
曲沃县	10990	41891	13839	1343	6687	500
翼城县	4842	46075	12992	321	3745	335
襄汾县	22935	85804	26141	629	9650	785
洪洞县	12200	119367	36102	565	10487	1338
古　县	1068	19947	6129	96	1108	55
安泽县	481	29878	7229	261	1295	44
浮山县	3158	23475	6988	155	2762	102
吉　县	306	19313	6135	322	1039	244
乡宁县	3091	29717	8766	141	3455	192
大宁县	254	11469	3443	142	330	65
隰　县	650	22022	7305	309	896	99
永和县	351	8961	3028	124	1115	61
蒲　县	2078	15444	4593	363	1199	87
汾西县	1475	4111	1189	70	307	33
侯马市	4468	26533	8458	272	3732	108
霍州市	3192	16554	4797	71	742	124

17—65 农村居民人均纯收入

单位:元

	1985	1990	1995	2000	2005	2010	2011	2012	2013
全　市	**335**	**501**	**1130**	**2195**	**3326**	**5287**	**6084**	**6899**	**7768**
尧都区	348	497	1432	2664	3950	6686	7707	8912	10053
曲沃县	344	525	1215	2638	3933	6484	7600	8909	10138
翼城县	357	544	1204	2146	3180	5264	6175	7141	8076
襄汾县	364	605	1072	2300	4006	6125	7115	8176	9206
洪洞县	348	482	1290	2381	3680	5922	6757	7359	8249
古　县	300	453	923	1861	2926	4962	5715	6381	7179
安泽县	321	494	923	1869	2730	4508	5252	5735	6532
浮山县	308	450	872	1760	2959	4345	4995	5577	6224
吉　县	277	441	851	1109	1546	2106	2428	3138	3562
乡宁县	313	474	1106	1898	2916	4645	5524	6043	6829
大宁县	319	469	881	843	1130	1368	1666	2012	2249
隰　县	250	502	832	1555	1996	2496	2874	3466	3937
永和县	241	325	819	808	1260	1617	1909	2206	2462
蒲　县	294	438	964	1875	2804	4228	4875	5575	6277
汾西县	268	377	873	857	1402	1893	2101	2357	2670
侯马市	392	583	1582	3113	5330	7251	8360	9319	10447
霍州市	324	470	1352	2642	3940	6527	7617	8770	9840

注:本表为城乡一体化住户调查旧口径数据。

17—66 农林牧渔业总产值(2013 年)

按当年价格计算　　单位:万元

	农林牧渔业总产值	农业产值	林业产值	牧业产值	渔业产值	农林牧渔服务业产值
全　市	**1634563**	**1129610**	**85208**	**376883**	**13086**	**29777**
尧都区	179626	130430	8581	35465	3409	1742
曲沃县	206743	160640	4162	37800	2545	1596
翼城县	147575	82883	4687	57416	900	1690
襄汾县	235155	180981	4761	43059	1853	4500
洪洞县	210452	126601	6190	72228	3233	2200
古　县	42165	31982	3322	6340	1	520
安泽县	67145	47582	4422	13242	2	1898
浮山县	71272	51527	5130	13263	2	1350
吉　县	85135	68301	4907	8064	4	3860
乡宁县	53658	27576	6938	18142	2	1000
大宁县	26823	18632	3466	3561		1165
隰　县	54428	40204	4951	7182	12	2080
永和县	51808	35941	5601	9087		1180
蒲　县	34944	20535	4522	8608	8	1271
汾西县	48484	20612	3847	23075		950
侯马市	61135	43640	5044	9872	960	1620
霍州市	64579	36838	4273	22944	57	468

17—67 农林牧渔业中间消耗(2013 年)

按当年价格计算　　单位:万元

	农林牧渔业中间消耗	农业消耗	林业消耗	牧业消耗	渔业消耗	农林牧渔服务业消耗
全　市	**762316**	**522952**	**42670**	**175420**	**6059**	**15216**
尧都区	86099	63609	4680	15300	1661	848
曲沃县	86174	64809	2045	17329	1185	806
翼城县	69423	37581	2136	28452	450	805
襄汾县	108215	80275	2492	22376	810	2262
洪洞县	100097	63051	2869	31691	1399	1087
古　县	19355	14779	1660	2674	0	242
安泽县	29088	20393	2236	5471	1	987
浮山县	31204	21715	2441	6347	1	699
吉　县	35358	27500	2348	3517	2	1991
乡宁县	26919	15198	3385	7864	1	470
大宁县	11732	7884	1708	1558		583
隰　县	26922	20301	2450	3150	6	1016
永和县	26826	19231	2939	4083		573
蒲　县	18509	10925	2497	4468	4	616
汾西县	23227	10308	1718	10727		474
侯马市	27648	19291	2487	4657	442	771
霍州市	28716	15289	2367	10808	28	223

17—68 牲畜存栏情况(2013 年)

单位:头、只

	大牲畜	牛	猪	羊	家　禽	养　兔
全　市	**95381**	**82606**	**829852**	**813598**	**11477000**	**1317200**
尧都区	5229	4792	112741	63087	1945000	89500
曲沃县	4862	4553	71623	57421	1234000	321000
翼城县	11737	11330	134612	93335	1161000	29800
襄汾县	3991	3502	143058	68985	1543000	521400
洪洞县	7838	7069	135866	97409	1977000	71600
古　县	5698	5173	13451	22211	160000	15500
安泽县	3734	3596	9495	53497	260000	15600
浮山县	6190	5361	17513	55600	242000	32000
吉　县	6402	4156	21258	6326	116000	8800
乡宁县	8495	8218	33916	63312	296000	36700
大宁县	3417	2002	3512	9097	77000	
隰　县	2407	1997	14231	23505	190000	
永和县	10282	6548	19342	78726	164000	5200
蒲　县	4641	4532	25002	4751	140000	10000
汾西县	4764	4764	17652	59062	1326000	16400
侯马市	1945	1911	26074	19934	210000	100000
霍州市	3749	3102	30506	37340	436000	43800

17—69 畜禽产品产量(2013年)

单位:吨

	肉类	禽蛋	奶类	羊绒	蜂蜜
全市	**122007**	**113888**	**46099**	**47**	**423**
尧都区	8774	19962	7263	3	35
曲沃县	11368	13082	3998	1	115
翼城县	21412	11413	13120	2	61
襄汾县	16933	17168		1	26
洪洞县	19359	24607	10886	3	11
古县	1632	1698	207	2	10
安泽县	1882	3066		10	43
浮山县	3828	3070	738	6	29
吉县	2918	1323	341	0	12
乡宁县	5965	3364	2440	5	14
大宁县	877	848	71	0	1
隰县	2090	2361	324	3	12
永和县	2567	1633	85	5	13
蒲县	3016	691			
汾西县	7325	2471	75	2	20
侯马市	3390	2707	1594		14
霍州市	8653	4423	2536	4	8

17—70 主要农作物播种面积(2013年)

单位:千公顷

	总播种面积	粮食作物			油料	棉花	蔬菜
			夏粮	秋粮			
全市	**560.81**	**512.81**	**226.86**	**285.95**	**10.61**	**1.31**	**22.57**
尧都区	55.60	52.74	30.36	22.38	0.16	0.06	2.26
曲沃县	41.40	33.85	15.76	18.09	0.88	0.42	5.41
翼城县	44.42	43.37	22.69	20.68	0.21		0.60
襄汾县	89.64	81.17	42.68	38.50	0.91	0.24	5.97
洪洞县	77.08	73.89	42.41	31.47	0.24	0.01	1.93
古县	16.04	14.72	6.35	8.37	0.25		0.35
安泽县	25.70	23.74	1.30	22.44	0.23		0.66
浮山县	28.71	26.30	15.36	10.94	0.50	0.03	1.07
吉县	14.35	11.86	3.84	8.02	1.29		0.36
乡宁县	29.22	27.47	13.73	13.75	0.96		0.47
大宁县	12.08	10.71	0.56	10.15	0.27	0.08	0.35
隰县	22.14	21.12	0.04	21.07	0.32		0.25
永和县	29.34	22.40	0.86	21.54	2.83	0.29	0.41
蒲县	14.03	13.02	0.06	12.96	0.52		0.20
汾西县	25.26	23.66	11.35	12.31	0.58	0.01	0.42
侯马市	15.87	14.13	7.07	7.06	0.31	0.15	0.86
霍州市	19.94	18.65	12.44	6.21	0.14	0.03	1.00

17—71 主要农作物产量(2013 年)

单位:吨

	粮食作物	夏粮	秋粮	油料	棉花	蔬菜
全市	**2323478**	**838785**	**1484693**	**19864**	**1513**	**1172730**
尧都区	260909	124957	135953	335	47	182983
曲沃县	192665	71983	120682	2237	525	376313
翼城县	196452	92300	104152	687		36306
襄汾县	421948	177026	244922	2641	475	214697
洪洞县	404588	181359	223229	915	8	74720
古县	58660	16329	42331	377		9091
安泽县	112169	2962	109207	618		26021
浮山县	101983	36016	65967	1503	47	45843
吉县	43047	7294	35753	2285		10944
乡宁县	81339	35348	45991	1974		2755
大宁县	39010	502	38508	311	59	8807
隰县	81050	55	80996	563		4518
永和县	56550	683	55867	3712	186	11959
蒲县	60123	54	60069	612		12299
汾西县	57977	17784	40193	325	9	12609
侯马市	82363	33867	48496	570	145	73720
霍州市	72645	40268	32377	201	14	69144

17—72 主要农作物单位面积产量(2013 年)

单位:千克/公顷

	粮食	夏粮	秋粮	油料	棉花	蔬菜
全市	**4531**	**3697**	**5192**	**1872**	**1154**	**51968**
尧都区	4947	4115	6074	2042	782	81041
曲沃县	5691	4567	6671	2541	1262	69603
翼城县	4530	4068	5036	3222		61019
襄汾县	5198	4148	6362	2912	2012	35975
洪洞县	5476	4276	7093	3879	753	38738
古县	3986	2572	5057	1524		25791
安泽县	4724	2279	4866	2688		39384
浮山县	3877	2345	6028	2994	1865	42764
吉县	3628	1897	4458	1770		30543
乡宁县	2961	2575	3346	2049		5877
大宁县	3644	904	3794	1140	704	25071
隰县	3838	1222	3844	1772		17802
永和县	2525	791	2594	1310	648	29034
蒲县	4619	865	4637	1173		60615
汾西县	2450	1567	3264	563	708	30150
侯马市	5829	4792	6865	1827	951	85721
霍州市	3895	3238	5211	1428	453	69144

17—73 果园面积(2013 年)

单位:公顷

	年末果园面积	苹果园	梨园	葡萄园	桃园	其他园
全市	**53016**	**33689**	**4062**	**2225**	**1059**	**11983**
尧都区	3063	1526	31	658	238	611
曲沃县	2342	1147	21	821	46	307
翼城县	5612	5264	39	57	122	131
襄汾县	2800	1890	39	69	149	653
洪洞县	978	341	23	6	67	542
古县	253	173	29	1	2	48
安泽县	188	77	32	13	8	59
浮山县	579	489	9	2	48	31
吉县	10734	10619	22	8	28	58
乡宁县	1341	963	9	350	12	7
大宁县	4399	4134	59	2	172	32
隰县	8205	4038	3601	47	10	509
永和县	10080	1138	36	122	7	8778
蒲县	504	463	39		1	1
汾西县	626	389	53	9	5	170
侯马市	484	270	8	60	120	26
霍州市	827	770	12	2	24	19

17—74 水果产量(2013 年)

单位:吨

	水果产量	苹果	梨	葡萄	红枣	桃
全市	**579290**	**456003**	**27064**	**26138**	**35404**	**23015**
尧都区	60373	39839	680	4178	8947	5023
曲沃县	58330	39046	514	15564	795	934
翼城县	84601	78387	415	1160	848	3039
襄汾县	85755	66915	1079	745	6881	7503
洪洞县	12610	6346	443	133	3679	1261
古县	1357	841	138	4	118	84
安泽县	2140	1042	382	224	34	59
浮山县	11575	9658	332	56	310	649
吉县	153084	151970	239	62	118	265
乡宁县	10661	7675	175	1626	49	245
大宁县	4386	3076	403	60	75	758
隰县	50262	28779	20746	145	6	40
永和县	16900	1987	641	652	13449	52
蒲县	2036	1684	314			12
汾西县	3302	2183	339	28	4	56
侯马市	9115	4305	153	1468	38	2786
霍州市	12804	12271	72	35	55	250

17—75 建筑业企业总产值和竣工产值(2013 年)

单位:万元

	总产值	#建筑工程	#安装工程	竣工产值
全　市	**791322**	**677896**	**99317**	**14109**
尧都区	392701	355034	30188	7479
曲沃县	5923	5923		
翼城县	22626	20035	2591	
襄汾县	2289	2289		
洪洞县	36604	27594	3939	5071
古　县	4350	3150	1200	
安泽县	4763	4663	60	40
浮山县	3258	2458	800	
吉　县	7218	7218		
乡宁县	5084	4334	750	
大宁县	15416	12751	2665	
隰　县	50230	45756	4280	194
永和县	587	587		
蒲　县	11203	6853	4351	
汾西县	8008	8008		
侯马市	51211	50408		803
霍州市	169852	120836	48494	522

17—76 建筑业企业房屋建筑面积(2013 年)

单位:平方米

	房屋建筑施工面积	#本年新开工面积	#投标承包的面积
全　市	**2503471**	**1584719**	**1971049**
尧都区	255242	67713	233571
曲沃县	51301	26068	51301
翼城县	237455	183072	51835
襄汾县			
洪洞县	165706	46691	32456
古　县	60000	21000	21000
安泽县	26545	25364	
浮山县	21868	16264	21868
吉　县	56749	50484	56749
乡宁县	5974	5974	5974
大宁县	82940	67368	55384
隰　县	293430	178719	293430
永和县	4970	4970	
蒲　县	40588	40588	
汾西县	79000	79000	79000
侯马市	527938	417177	476948
霍州市	593765	354267	591533

17—77 按用途分房屋建筑竣工面积(2013 年)

单位:平方米

	合　计	住宅房屋	商业及服务用房屋	商厦房屋(批发和零售用房)	宾馆用房屋(住宿用房)	餐饮用房屋(餐饮用房)	商务会展用房屋	其他商业及服务用房屋(居民服务业用房)
全　市	**1351759**	**899751**	**111217**	**31875**	**8447**	**4374**	**9814**	**56707**
尧都区	88355	27346	56815	27000				29815
曲沃县	10306							
翼城县	97146	31701						
襄汾县								
洪洞县	151811	73419	1156			1156		
古　县	21000							
安泽县	26545	18581						
浮山县	17264	5604						
吉　县	42980	29732						
乡宁县	5974	5974						
大宁县	78294	65510	11984					11984
隰　县	248663	137189	28390	4875	8447	3218		11850
永和县	4970	4970						
蒲　县	40588	40588						
汾西县	79000	60000						
侯马市	153325	143138	6850				6850	
霍州市	285538	255999	6022				2964	3058

17—77　续表

单位:平方米

	办公用房屋	科研、教育、医疗用房屋	科学研究用房屋	教育用房屋	医疗用房屋(卫生医疗用房)	文化、体育、娱乐用房屋	厂房及建筑物	#厂　房	仓　库	其他未列明的房屋建筑物类
全　市	**115442**	**70536**	**1000**	**55484**	**14052**	**5325**	**48827**	**35005**	**1500**	**99161**
尧都区		4194		4194						
曲沃县	3700	6606		6606						
翼城县	3679	16061		14159	1902					45705
襄汾县										
洪洞县	1153						28221	19911		47862
古　县	21000									
安泽县							7964	7964		
浮山县	2061	9599		3199	6400					
吉　县		13248		13248						
乡宁县										
大宁县							800	800		
隰　县	58719	2500	1000	750	750	5325	9446	6330	1500	5594
永和县										
蒲　县										
汾西县	10000	9000		4000	5000					
侯马市	941						2396			
霍州市	14189	9328		9328						

17—78 按用途分房屋建筑竣工价值(2013年)

单位:万元

	合计	住宅房屋	商业及服务用房屋					
				商厦房屋(批发和零售用房)	宾馆用房屋(住宿用房)	餐饮用房屋(餐饮用房)	商务会展用房屋	其他商业及服务用房屋(居民服务业用房)
全　市	**162230**	**109292**	**14762**	**3561**	**646**	**306**	**1137**	**9112**
尧都区	11883	2084	9170	3200				5970
曲沃县	1976							
翼城县	10132	3132						
襄汾县								
洪洞县	11969	8216	60			60		
古　县	4300							
安泽县	4563	3259						
浮山县	1900	839						
吉　县	6365	4014						
乡宁县	612	612						
大宁县	9097	8275	684					684
隰　县	28756	14739	3314	361	646	246		2062
永和县	587	587						
蒲　县	5303	5303						
汾西县	8008	6200						
侯马市	18609	17449	781				781	
霍州市	38171	34583	753				356	398

17—78 续表

单位:万元

	办公用房屋	科研、教育、医疗用房屋				文化、体育、娱乐用房屋	厂房及建筑物		仓库	其他未列明的房屋建筑物
			科学研究用房屋	教育用房屋	医疗用房屋(卫生医疗用房)			厂房		
全　市	**16234**	**10213**	**174**	**8609**	**1431**	**759**	**4139**	**3320**	**261**	**6569**
尧都区		629		629						
曲沃县	816	1160		1160						
翼城县	575	2819		2480	339					3606
襄汾县										
洪洞县	328						1164	776		2201
古　县	4300									
安泽县							1304	1304		
浮山县	150	911		350	561					
吉　县		2351		2351						
乡宁县										
大宁县							138	138		
隰　县	7141	435	174	131	131	759	1345	1102	261	762
永和县										
蒲　县										
汾西县	1005	803		403	400					
侯马市	190						189			
霍州市	1730	1105		1105						

17—79 建筑业企业机械设备情况(2013年)

	年末自有机械设备总功率（千瓦）	年末自有机械设备总台数（台）	年末自有机械设备净值（万元）
全　市	**17508**	**291689**	**70976**
尧都区	10441	172661	42728
曲沃县	622	5032	632
翼城县	674	7160	3449
襄汾县	62	6202	2309
洪洞县	1258	18861	4885
古　县	28	5700	203
安泽县	215	625	417
浮山县	110	4900	931
吉　县	81	1556	298
乡宁县	356	1620	659
大宁县	109	640	1224
隰　县	1129	18453	3322
永和县	30	2500	211
蒲　县	469	14890	2370
汾西县	350	6700	400
侯马市	877	16833	4553
霍州市	697	7356	2385

17—80 建筑业企业劳动生产率(2013年)

	企业数（个）	直接从事生产经营活动的平均人数（人）	按总产值计算的劳动生产率（元/人）	人均竣工产值（元/人）
全　市	**153**	**38963**	**203096**	**100878**
尧都区	89	18476	212547	74085
曲沃县	2	239	247824	82669
翼城县	3	1425	158777	114362
襄汾县	1	134	170836	170836
洪洞县	10	1495	244845	224720
古　县	1	490	88776	87755
安泽县	2	197	241777	241777
浮山县	2	295	110424	64407
吉　县	2	335	215451	215451
乡宁县	5	417	121906	115554
大宁县	5	1246	123726	121960
隰　县	5	2907	172789	134672
永和县	1	130	45154	45154
蒲　县	4	594	188604	188604
汾西县	1	270	296596	296596
侯马市	15	2998	170818	97036
霍州市	5	7315	232197	103598

17—81 建筑业企业资本金及资产(2013 年)

单位:万元

	实收资本	资产总计	#流动资产合计	#固定资产合计	固定资产原价合计	固定资产折旧	#本年折旧
全　市	**248785**	**853895**	**657782**	**150474**	**223012**	**92021**	**16977**
尧都区	156938	455517	352245	73570	130237	58071	8329
曲沃县	3075	8103	5857	1449	1805	939	43
翼城县	4940	18707	13113	5018	6769	2233	1460
襄汾县	3010	4948	2634	2309	3114	806	23
洪洞县	12754	43796	29008	10983	15121	4580	998
古　县	1550	1780	669	929	973	44	1
安泽县	2900	6334	2042	1923	2796	873	134
浮山县	1606	2549	828	1585	1922	338	55
吉　县	1120	6456	3577	2628	782	264	48
乡宁县	3330	10166	7965	2120	2785	669	165
大宁县	6738	10106	5836	3632	3862	1576	263
隰　县	12428	26245	11214	15031	9676	1239	147
永和县	856	1009	656	353	427	74	1
蒲　县	6766	9260	6014	3246	3469	438	53
汾西县	412	4287	3800	487	487	90	17
侯马市	17762	53342	36092	11397	18155	7778	1297
霍州市	12600	191288	176232	13815	20633	12010	3943

17—82 建筑业企业工程结算收入(2013 年)

单位:万元

	营业收入	主营业务收入	营业成本	主营业务成本	营业税金及附加	主营业务税金及附加	营业外收入
全　市	**783824**	**761041**	**680277**	**658608**	**54760**	**54092**	**1921**
尧都区	387973	378628	341670	334654	34402	34193	1068
曲沃县	1639	1639	1383	1383	30	30	
翼城县	22814	22814	16447	16447	636	636	21
襄汾县	2289	2289	1797	1797	83	83	
洪洞县	35697	35465	31457	31434	753	753	26
古　县	4350	4350	3480	3480	149	149	30
安泽县	7666	7666	6242	3820	176	176	
浮山县	3258	3258	2443	2443	42	42	
吉　县	7218	7218	5692	5692	296	296	
乡宁县	7248	5221	5842	4246	93	93	23
大宁县	15381	15278	13363	13281	466	457	
隰　县	37172	35714	27561	27366	711	711	
永和县	587	587	547	547	12	12	
蒲　县	11203	10893	9719	8399	526	382	3
汾西县	8008	8008	7100	7100	52	52	
侯马市	48049	46705	41069	39768	9117	9063	52
霍州市	183273	175310	164466	156752	7216	6964	699

17—83 建筑业企业费用、工资福利情况(2013 年)

单位:万元

	管理费用	财务费用	应付职工薪酬
全　市	**45688**	**3350**	**90850**
尧都区	23115	1634	48589
曲沃县	24	1	811
翼城县	4334	128	5088
襄汾县	28	31	289
洪洞县	1567	224	4430
古　县	683	9	880
安泽县	1038	23	469
浮山县	146		618
吉　县	28	9	736
乡宁县	1449	1	1035
大宁县	549	7	2423
隰　县	480	311	4198
永和县	6		171
蒲　县	555	40	1662
汾西县	50	7	15
侯马市	2152	920	7933
霍州市	9483	5	11504

17—84 建筑业企业利润及税金情况(2013 年)

单位:万元

	利润总额	营业税金及附加	#工程结算税金及附加	#管理费用中的税金	营业利润	其他业务利润
全　市	**23687**	**27004**	**25797**	**1208**	**23651**	**4117**
尧都区	9106	13159	12531	628	8726	2145
曲沃县	179	69	51	18	179	
翼城县	748	940	931	9	813	
襄汾县	204	101	100	1	204	
洪洞县	1312	1244	1195	49	1465	167
古　县	13	197	157	40	22	
安泽县	-236	269	246	23	-235	
浮山县	547	124	110	14	547	
吉　县	824	245	234	11	824	
乡宁县	-252	218	206	12	-252	
大宁县	731	557	529	28	731	
隰　县	4645	1318	1204	114	4798	1425
永和县	17	18	17	1	17	
蒲　县	532	380	378	2	455	304
汾西县	505	282	276	6	505	
侯马市	1411	1835	1638	197	1419	
霍州市	3403	6049	5994	55	3434	76

17—85 邮电情况(2013 年)

	邮政电信业务总量(万元)	#邮 政	固定电话用户(部)	移动电话用户(部)
全 市	**363490**	**24689**	**538868**	**3936061**
尧都区	120324	6062	158316	1233338
曲沃县	16738	983	31526	194324
翼城县	22812	2142	39582	254501
襄汾县	30377	2451	46663	366092
洪洞县	43146	1908	69774	499671
古 县	7266	705	9595	77238
安泽县	6266	744	12058	62868
浮山县	8814	929	8578	104328
吉 县	6302	420	7324	74007
乡宁县	17711	1581	15564	194412
大宁县	3263	307	3908	37441
隰 县	7770	589	8301	84945
永和县	3419	357	2856	37295
蒲 县	9417	800	9327	97200
汾西县	8273	961	7829	93530
侯马市	26425	2280	60828	250367
霍州市	25166	1469	46839	274506

17—86 公路通车里程(2013 年)

单位:公里

	公路通车里程(公里)	等级公路	高速公路	一级公路	二级公路	三级公路	四级公路	等外公路
全 市	**18025**	**17433**	**462**	**344**	**1886**	**2883**	**11858**	**592**
尧都区	1617	1603	23	126	148	581	724	14
曲沃县	608	605	18	21	147	230	188	3
翼城县	1262	1212	38	6	112	253	804	50
襄汾县	1333	1333	57	26	188	170	892	
洪洞县	2087	2061	75	75	109	389	1412	26
古 县	926	918			132	78	708	8
安泽县	890	740			109	140	491	150
浮山县	863	854			93	67	693	9
吉 县	1463	1400	38		116	118	1129	62
乡宁县	1227	1213	51		192	204	767	13
大宁县	835	833			49	67	717	1
隰 县	858	842	51		89	39	664	16
永和县	895	821	10		92	23	696	74
蒲 县	937	850		34	165	112	539	87
汾西县	734	683	40	1	26	121	494	51
侯马市	406	406	16	31	57	196	106	
霍州市	1087	1059	46	24	60	95	835	28

17—87 社会消费品零售总额(2013 年)

单位:万元

	社会消费品零售总额	城镇	其中:城区	乡村
全市	**4755026**	**3982414**	**2383891**	**772612**
尧都区	1872338	1599755	1546779	272583
曲沃县	166130	125383		40747
翼城县	321258	230566		90691
襄汾县	327556	293933		33622
洪洞县	438430	309017		129413
古县	74040	48551		25489
安泽县	69700	52665		17035
浮山县	66627	46793		19835
吉县	53775	40687		13087
乡宁县	151888	131359		20529
大宁县	24701	21582		3119
隰县	74404	64268		10135
永和县	36082	30995		5087
蒲县	58858	51390		7469
汾西县	87993	72750		15243
侯马市	675187	635645	629895	39542
霍州市	256060	227074	181203	28986

17—88 财政收支总额(2013 年)

单位:万元

	财政总收入	公共财政预算收入总额	#企业所得税	#增值税	公共财政预算支出总额	#一般公共服务	#教育	#农林水事务
全市	**1994492**	**1181496**	**62335**	**109673**	**2652646**	**253417**	**436692**	**324234**
尧都区	368672	157258	8754	9895	299110	25872	52665	30097
曲沃县	82276	29887	684	6644	112800	12526	23890	17082
翼城县	97242	55058	2833	4318	145917	13000	29024	29389
襄汾县	140916	74530	1180	9004	196264	24241	33936	28227
洪洞县	234803	114610	6220	13447	300381	23091	39478	38500
古县	92903	47798	2982	4346	91401	7902	13661	11189
安泽县	84311	48609	2409	3880	85827	7002	19030	15142
浮山县	37772	19825	611	2002	81571	8353	11381	11879
吉县	24606	11880	825	1010	95588	9603	17314	18088
乡宁县	220681	129206	6414	8407	171199	15731	28985	17434
大宁县	5390	3125	214	101	75087	7355	11491	16852
隰县	12371	7670	229	306	92727	7422	18809	20362
永和县	5982	3014	84	240	55160	10646	11695	5629
蒲县	148840	90131	6857	3445	137593	8250	24800	14457
汾西县	16530	12535	169	272	94170	9069	18682	11730
侯马市	65666	33032	1920	2848	116664	11042	23667	13395
霍州市	156619	70996	1430	10104	141097	14171	25051	9847

注:公共财政预算支出总额采用决算数据。

17—89 海关进出口情况

单位:万美元

	2011			2012			2013		
	进出口总额	进口	出口	进出口总额	进口	出口	进出口总额	进口	出口
全市	**79596**	**58593**	**21003**	**82554**	**54829**	**27725**	**71704**	**55491**	**16213**
尧都区	5501	86	5415	5860	6	5854	4861	7	4854
曲沃县	759	73	686	790		790	510	4	506
翼城县	804		804	988		988	698		698
襄汾县	279		279	365		365	425		425
洪洞县	12857	1793	11064	14265	2780	11485	9641	2641	7000
古县	976		976	1127		1127	14		14
安泽县									
浮山县	1		1	28		28	24		24
吉县				5		5	29		29
乡宁县				30		30	509	509	
大宁县									
隰县	43		43	69		69	128		128
永和县									
蒲县									
汾西县									
侯马市	56627	55363	1264	56700	51784	4916	54183	52384	1799
霍州市									

17—90 利用外商直接投资额

单位:万美元

	2011		2012		2013	
	合同金额	实际使用金额	合同金额	实际使用金额	合同金额	实际使用金额
全市		**9033**	**1431**	**13611**	**3760**	**13880**
尧都区		1959	140	7142	8	13804
曲沃县		2820		1479		
翼城县			1150			
襄汾县		1938				
洪洞县	116	621		642		
古县	228	294		3280		
安泽县						
浮山县					3728	
吉县						
乡宁县						
大宁县						
隰县	315	128		108		
永和县						
蒲县		926				
汾西县	455					
侯马市	141	95	39	849	24	76
霍州市			102	111		

17—91 普通中小学基本情况(2013 年)

单位:所、人

	普通中学			
	学校数	专任教师数	毕业生数	在校学生数
全　市	**297**	**21990**	**95165**	**251994**
尧都区	62	5552	26503	72508
曲沃县	16	1070	4503	11684
翼城县	24	1795	7333	19477
襄汾县	29	2183	9490	26580
洪洞县	44	3298	15517	41706
古　县	10	488	1794	4622
安泽县	5	360	1658	3562
浮山县	6	459	2208	5602
吉　县	9	552	2011	4681
乡宁县	17	1231	5050	13165
大宁县	4	248	825	2215
隰　县	6	564	2179	4546
永和县	3	260	1063	2374
蒲　县	12	547	1437	4501
汾西县	12	813	2981	7674
侯马市	14	1124	4205	11125
霍州市	24	1446	6408	15972

17—91　续表

单位:所、人

	小　学			
	学校数	专任教师数	毕业生数	在校学生数
全　市	**1249**	**22405**	**53842**	**281344**
尧都区	193	4267	11858	61720
曲沃县	44	936	2107	12192
翼城县	101	1522	3657	19692
襄汾县	116	2073	4883	26970
洪洞县	278	3131	9466	51040
古　县	48	680	1156	6263
安泽县	31	475	926	5262
浮山县	27	661	1395	6651
吉　县	34	800	1734	6312
乡宁县	110	1604	3449	17992
大宁县	22	555	666	3381
隰　县	59	791	1672	6716
永和县	13	328	670	3654
蒲　县	56	843	1446	8347
汾西县	18	902	1756	10434
侯马市	23	1148	2761	13827
霍州市	76	1689	4240	20891

17—92 医院及床位数

单位:个、张

	医院数							
	2006	2007	2008	2009	2010	2011	2012	2013
全　市	**117**	**125**	**148**	**166**	**162**	**164**	**170**	**173**
尧都区	39	46	53	61	61	61	61	60
曲沃县	3	3	3	5	3	3	3	6
翼城县	2	2	7	8	8	7	8	9
襄汾县	7	7	9	9	9	10	10	11
洪洞县	8	8	11	12	11	15	16	15
古　县	1	1	2	2	3	3	3	3
安泽县	2	2	2	2	2	2	2	3
浮山县	2	2	2	3	3	3	3	3
吉　县	2	2	2	2	2	2	2	2
乡宁县	6	6	6	7	7	7	7	7
大宁县	3	3	3	3	2	2	2	2
隰　县	2	2	2	2	2	2	2	2
永和县	2	2	2	2	2	2	2	2
蒲　县	2	2	3	3	3	3	3	3
汾西县	1	1	3	4	4	4	4	4
侯马市	16	16	16	19	19	18	19	18
霍州市	19	20	22	22	21	20	23	23

17—92　续表

单位:个、张

	医院床位数							
	2006	2007	2008	2009	2010	2011	2012	2013
全　市	**11944**	**13704**	**10235**	**10852**	**11181**	**11112**	**12052**	**12947**
尧都区	3650	4125	4063	4406	4381	4295	4739	4944
曲沃县	430	918	440	473	440	430	566	607
翼城县	749	769	500	530	564	544	715	866
襄汾县	1007	931	453	499	550	564	584	689
洪洞县	1268	1255	787	788	973	1022	1027	1215
古　县	220	234	125	100	110	110	140	140
安泽县	269	278	151	161	161	161	200	216
浮山县	279	261	140	186	186	206	206	206
吉　县	330	330	140	160	160	160	160	170
乡宁县	532	962	372	402	402	395	393	476
大宁县	242	242	145	130	130	143	143	143
隰　县	294	300	160	195	195	195	195	195
永和县	210	194	120	128	148	160	160	180
蒲　县	331	336	157	160	240	240	190	240
汾西县	274	290	175	205	205	205	205	211
侯马市	645	1240	1220	1288	1297	1308	1305	1270
霍州市	1214	1039	1087	1041	1039	974	1124	1179

17—93 规模以上工业主要经济效益指标(2013年)

单位:亿元

	企业单位数(个)	#亏损企业	工业总产值(当年价格)	工业销售产值(当年价格)	#出口交货值	资产总计	#流动资产合计	#固定资产合计	固定资产原价
全市	**372**	**127**	**1926.91**	**1880.70**	**9.02**	**2264.82**	**1001.58**	**827.79**	**1217.94**
尧都区	50	22	208.31	205.25	3.19	296.47	117.48	129.05	247.07
曲沃县	26	10	259.24	247.52	0.48	215.66	98.51	79.92	106.11
翼城县	28	8	208.07	178.84	0.40	76.95	40.60	24.00	46.91
襄汾县	36	15	249.50	245.97	0.17	179.51	93.88	62.46	100.50
洪洞县	53	15	314.96	312.45	3.45	327.45	135.88	130.95	207.02
古县	27	11	87.18	85.26		144.63	67.15	41.71	43.44
安泽县	9		87.48	84.03		115.87	46.02	51.90	57.23
浮山县	28	1.	65.38	64.64		24.37	9.07	8.56	11.12
吉县	4	1	11.79	6.92		13.05	5.01	6.07	8.88
乡宁县	31	11	72.10	68.22		202.21	75.07	62.31	51.80
大宁县	1		0.41	0.41		0.85	0.16	0.55	0.69
隰县									
永和县									
蒲县	23	11	82.25	77.88	0.33	179.03	59.48	82.30	91.34
汾西县	8	5	16.88	33.14		9.38	3.88	4.84	5.90
侯马市	28	12	104.50	103.24	0.99	113.41	73.31	26.34	42.53
霍州市	20	5	158.85	166.95		365.98	176.09	116.84	197.41

17—93 续表1

单位:亿元

	累计折旧	固定资产净值	负债合计	#流动负债合计	#非流动负债合计	所有者权益合计	#实收资本	主营业务收入
全市	**452.31**	**765.63**	**1760.84**	**1285.57**	**430.85**	**509.08**	**599.20**	**1932.99**
尧都区	119.22	127.85	256.58	204.86	50.86	39.79	42.53	244.03
曲沃县	29.32	76.79	160.69	136.57	7.80	54.97	12.31	224.43
翼城县	24.82	22.09	47.46	39.01	4.62	26.58	16.93	176.05
襄汾县	39.34	61.16	112.80	102.11	10.69	66.34	48.46	229.35
洪洞县	81.45	125.57	220.16	183.09	37.89	106.59	35.78	411.39
古县	13.02	30.42	130.80	108.58	15.90	13.71	12.72	84.01
安泽县	10.06	47.17	84.89	74.94	9.95	30.98	11.30	65.92
浮山县	2.57	8.55	14.00	9.62		10.36	7.70	60.78
吉县	2.89	5.99	5.38	5.38		7.62	1.69	7.45
乡宁县	14.30	37.50	144.17	99.47	37.62	67.46	14.30	67.78
大宁县	0.14	0.55	0.20	0.20		0.65	0.69	0.42
隰县								
永和县								
蒲县	15.25	76.09	157.24	115.66	40.17	21.76	317.75	77.30
汾西县	1.07	4.83	12.36	8.06	0.40	-3.05	2.32	13.77
侯马市	18.43	24.10	97.82	80.22	17.04	15.75	19.53	110.53
霍州市	80.41	117.00	316.28	117.80	197.91	49.58	55.20	159.81

17—93　续表 2

单位:亿元

	主营业务成　　本	主营业务税金及附加	销售费用	管理费用	财务费用	#利息支出	营业利润	利润总额	亏损企业亏损总额
全　市	**1739.87**	**11.04**	**33.80**	**78.44**	**48.34**	**43.42**	**21.83**	**26.59**	**40.30**
尧都区	227.85	1.02	4.54	8.20	7.34	6.36	-5.08	-4.05	11.23
曲沃县	209.05	0.67	3.58	3.39	4.19	2.33	3.68	4.15	0.57
翼城县	163.25	0.43	3.08	5.15	0.83	0.86	3.33	3.27	2.09
襄汾县	215.42	0.81	2.47	4.14	4.29	4.16	3.21	2.58	1.38
洪洞县	379.16	2.47	8.80	12.67	5.69	7.31	3.32	4.10	6.78
古　县	71.86	0.70	3.07	4.94	3.10	2.68	0.14	0.20	2.92
安泽县	54.63	1.14	2.08	5.07	1.16	1.05	1.83	2.12	
浮山县	42.21	0.18	0.07	0.62	0.33	0.51	9.02	8.89	
吉　县	4.83	0.22	0.09	0.73	0.14	0.14	1.36	1.21	0.04
乡宁县	50.19	1.11	0.85	8.14	1.00	0.87	7.99	7.68	2.01
大宁县	0.32		0.04	0.04			0.01	0.03	
隰　县									
永和县									
蒲　县	62.37	1.71	1.30	8.99	5.95	5.98	-3.08	-3.14	6.85
汾西县	14.13	0.07	0.30	0.38	0.16	0.16	-1.47	-1.47	1.52
侯马市	101.60	0.13	1.56	3.40	2.29	2.34	1.25	1.33	0.88
霍州市	143.01	0.37	1.96	12.58	11.87	8.67	-3.67	-0.32	4.04

17—93　续表 3

单位:亿元、人

	利税总额	本年应付职工薪酬	本年应交增值税	全部从业人员年平均人数	总资产贡献率(%)	资产负债率(%)	流动资产周转率(次/年)	成本费用利润率(%)	产品销售率(%)
全市	**106.69**	**99.74**	**67.86**	**176721**	**6.50**	**77.75**	**1.98**	**1.37**	**97.60**
尧都区	4.51	12.69	7.51	23724	3.64	86.54	2.11	-1.61	98.53
曲沃县	9.23	4.96	4.42	12262	5.36	74.51	2.28	1.88	95.48
翼城县	6.05	4.95	2.34	10713	9.00	61.68	4.83	1.70	85.95
襄汾县	10.08	4.80	6.68	15955	7.92	62.84	2.45	1.14	98.58
洪洞县	26.43	16.54	19.86	27150	9.87	67.23	3.05	1.00	99.20
古县	4.27	5.34	3.36	9914	4.80	90.44	1.28	0.24	97.79
安泽县	6.48	3.46	3.21	6992	6.42	73.27	1.43	3.38	96.06
浮山县	10.90	0.99	1.84	3090	46.08	57.46	6.70	20.56	98.86
吉县	2.31	1.08	0.89	1666	18.76	41.25	1.49	20.87	58.71
乡宁县	14.30	5.61	5.48	13877	7.48	71.30	0.91	12.77	94.62
大宁县	0.06	0.03	0.03	128	6.98	23.81	2.54	6.22	100.23
隰县									
永和县									
蒲县	2.48	4.21	3.85	6806	4.42	87.83	1.30	-3.99	94.69
汾西县	-1.32	0.42	0.07	1390	-12.41	131.83	3.55	-9.80	196.32
侯马市	2.44	5.08	0.97	11557	4.07	86.25	1.53	1.19	98.79
霍州市	8.47	29.57	7.34	31497	4.60	86.42	1.02	-0.17	105.10

17—94 规模以上大中型工业企业主要经济效益指标(2013年)

单位:亿元

	企业单位数(个)	#亏损企业	工业总产值(当年价格)	工业销售产值(当年价格)	#出口交货值	资产总计	流动资产合计	固定资产合计	固定资产原价
临汾市	**130**	**52**	**1383.79**	**1329.76**	**5.04**	**1935.91**	**871.62**	**708.85**	**1077.62**
尧都区	20	9	173.66	170.92	2.61	239.55	97.36	96.04	204.51
曲沃县	6	3	243.76	232.73	0.00	201.77	93.31	71.98	97.18
翼城县	10	4	170.07	145.10	0.00	65.17	34.34	21.87	43.48
襄汾县	15	5	185.08	181.25	0.00	159.71	82.96	54.37	82.30
洪洞县	10	6	143.27	140.86	1.10	306.20	124.57	121.86	193.98
古县	13	6	52.60	50.48	0.00	95.66	37.30	31.54	34.47
安泽县	6	0	73.85	70.41	0.00	111.87	42.95	51.15	56.42
浮山县									
吉县	2	0	11.16	6.42	0.00	11.92	4.28	5.67	8.43
乡宁县	13	4	53.23	50.35	0.00	120.91	60.90	39.07	37.66
大宁县									
隰县									
永和县									
蒲县	11	8	49.41	47.54	0.33	158.59	54.39	74.53	83.06
汾西县	2	1	6.94	6.52	0.00	6.81	2.36	3.91	4.82
侯马市	11	2	89.96	88.29	0.99	96.49	63.94	20.77	34.91
霍州市	11	4	130.79	138.89	0.00	361.27	172.96	116.09	196.39

17—94 续表1

单位:亿元

	累计折旧	固定资产净值	负债合计	流动负债合计	非流动负债合计	所有者权益合计	#实收资本	主营业务收入
临汾市	**410.19**	**667.42**	**1510.39**	**1110.95**	**371.31**	**434.82**	**236.30**	**1432.11**
尧都区	109.16	95.35	207.01	179.24	27.77	32.55	33.28	210.32
曲沃县	27.40	69.78	151.23	128.82	5.62	50.53	9.26	210.33
翼城县	23.50	19.98	41.00	35.78	4.62	24.17	15.21	143.90
襄汾县	28.63	53.67	100.76	90.57	10.19	58.94	40.89	174.76
洪洞县	77.46	116.52	207.52	170.76	36.77	98.68	29.25	240.12
古县	10.70	23.77	92.63	80.52	12.11	3.03	4.37	53.24
安泽县	9.95	46.47	82.84	73.13	9.71	29.03	10.81	61.75
浮山县								
吉县	2.76	5.67	4.74	4.74	0.00	7.17	1.25	5.95
乡宁县	12.62	25.04	72.54	54.11	11.86	57.79	5.27	49.92
大宁县								
隰县								
永和县								
蒲县	12.31	70.75	142.57	103.81	38.42	15.98	15.15	47.73
汾西县	0.90	3.91	10.40	6.64	-0.02	-3.59	1.28	6.49
侯马市	14.64	20.27	82.82	66.36	16.46	13.67	15.86	95.84
霍州市	80.14	116.25	314.33	116.47	197.80	46.86	54.43	131.75

17—94　续表2

单位:亿元

	主营业务成本	主营业务税金及附加	销售费用	管理费用	财务费用	#利息支出	营业利润	利润总额	亏损企业亏损总额
临汾市	**1290.86**	**8.10**	**25.75**	**69.65**	**43.29**	**38.66**	**3.83**	**8.54**	**35.56**
尧都区	197.63	0.91	4.27	7.46	5.22	4.27	-5.32	-4.71	10.26
曲沃县	196.31	0.63	3.41	2.83	3.99	2.12	3.28	3.74	0.38
翼城县	131.97	0.28	2.94	4.83	0.59	0.65	3.23	3.19	1.91
襄汾县	164.86	0.64	2.29	3.21	3.64	3.51	1.31	1.00	0.85
洪洞县	218.96	1.10	4.67	11.64	5.51	7.15	-1.01	-0.23	6.45
古　县	42.91	0.63	2.33	4.13	2.66	2.28	0.89	0.88	1.68
安泽县	50.71	1.14	1.97	5.03	1.15	1.04	1.75	2.04	0.00
浮山县									
吉　县	3.62	0.20	0.05	0.72	0.11	0.10	1.26	1.24	0.00
乡宁县	36.38	0.93	0.42	6.25	0.83	0.79	6.51	6.27	1.42
大宁县									
隰　县									
永和县									
蒲　县	37.15	1.19	0.16	8.01	5.59	5.84	-4.41	-4.47	6.72
汾西县	7.09	0.00	0.27	0.20	0.12	0.12	-1.32	-1.32	1.36
侯马市	87.80	0.12	1.26	3.01	2.04	2.12	1.29	1.28	0.53
霍州市	115.46	0.33	1.72	12.33	11.84	8.67	-3.63	-0.35	4.01

17—94　续表3

单位:亿元、人

	利税总额	本年应付职工薪酬	本年应交增值税	全部从业人员年平均人数	总资产贡献率(%)	资产负债率(%)	流动资产周转率(次/年)	成本费用利润率(%)	产品销售率(%)
临汾市	**65.71**	**90.03**	**47.88**	**150815**	**5.26**	**78.02**	**1.70**	**0.58**	**94.31**
尧都区	2.46	11.60	6.24	20715	2.78	86.41	2.20	-2.16	98.42
曲沃县	8.48	4.56	4.12	10725	5.25	74.95	2.26	1.81	95.47
翼城县	5.51	4.34	2.05	8751	9.47	62.91	4.76	1.99	85.32
襄汾县	6.98	3.74	5.34	13210	6.56	63.09	2.11	0.57	97.93
洪洞县	8.57	15.45	7.71	23572	4.67	67.77	1.95	-0.10	98.32
古　县	4.52	4.20	3.01	7176	7.10	96.84	1.48	1.63	95.97
安泽县	6.35	3.44	3.17	6851	6.53	74.05	1.44	3.46	95.34
浮山县									
吉　县	2.29	1.07	0.86	1586	20.10	39.81	1.39	27.54	57.53
乡宁县	11.93	4.08	4.71	11471	10.50	60.00	0.83	14.28	94.58
大宁县									
隰　县									
永和县									
蒲　县	-0.72	3.36	2.50	5256	2.88	89.90	0.88	-8.77	96.21
汾西县	-1.29	0.34	0.03	1136	-17.26	152.64	2.75	-17.24	93.94
侯马市	2.28	4.46	0.88	9901	4.42	85.83	1.52	1.33	98.14
霍州市	8.34	29.41	7.27	30465	4.62	87.01	0.87	-0.22	87.25

临汾统计年鉴

十八、企业篇

资料整理人员

王福勤　申淑霞　刘　炜　李　丁

李晓华　张　栋　梁　茹　曹睿鹏

18—1 计划总投资5000万元以上项目投资一览表(2013年)

单位:万元

项目及项目名称	开工时间	投产时间	计划总投资	累计完成投资	2013年完成投资
山西省霍州至永和高速公路东段建设指挥部霍州至永和高速公路东段	201101		834207	787080	172055
山西省隰延高速公路投资有限公司霍州至永和高速公路西段	201105		329288	328993	31570
山西张台地方铁路投资建设有限公司新建张礼至台头地方铁路	201104		257500	229760	30060
山西省临汾市尧都区林业局2013林业建设	201303	201312	7310	7310	7310
山西省临汾市尧都区林业局核桃基地建设	201303	201312	13697	13697	13697
山西省临汾市住房和城乡建设局五一路立交桥工程	201003		13704	12385	0
山西省临汾市住房和城乡建设局滆汾花园经济适用房建设工程	200911		37820	37187	5728
山西省临汾市铭城城市建设项目管理有限公司北城壕西段防汛排水及道路工程	201205		6530	428	0
山西临汾市铭城城市建设项目管理有限公司西赵路道路工程	201205		5900	924	0
山西省临汾市铭城城市建设项目管理有限公司古城公园二期工程	201205		11800	6762	0
山西省临汾市热力供应有限公司市区集中供热九期工程	201205		8000	2753	0
山西省临汾市住房和城乡建设局滆汾花园C4C5C6#楼保障房项目	201301		23000	15233	15233
山西省临汾市尧都区水利局贾得工业园区引水工程	201305	201311	6000	6000	6000
山西省临汾市尧都区水利局汾河中下游治理尧都区段	201305	201311	7000	7000	7000
山西省临汾市汾河生态建设工程有限公司汾河生态建设工程	200906		188000	140010	0
山西生龙国际投资发展有限公司临汾动力机械厂百货扩建项目	201307		104000	16189	16189
山西省临汾市尧都区鼓楼西街办事处北苑2号楼建设	201306		7912	4508	4508
山西省临汾市尧都区教育局薄弱学校设备购置			5050	4050	0
山西省临汾市尧都区中大街拓宽改造指挥部中大街拓宽改造	201301	201310	37500	38009	38009
山西省临汾市尧都区秦蜀路南延拓宽改造指挥部秦蜀路南延拓宽改造	201301	201312	43000	43000	43000
山西省临汾市交通局一级客运西站	201010		29142	20955	7117
山西省临汾市尧都区交通运输局2013年县乡村三级联网工程	201303	201308	5600	5600	5600
山西省临汾市尧都区交通运输局高河桥至东芦油库段道路改造	201309	201310	5500	5500	5500
山西省临汾市尧都区乡贤街办事处水门街改造一期工程	201309		35000	16065	16065
山西省临汾市尧都区东城城市综合体建设指挥部新天地东城酒店	201307	201312	21000	20965	20965
山西省临汾市尧都区东城城市综合体建设指挥部新天地东城商贸中心	201306		32000	19205	19205
山西省电力公司临汾供电分公司110KV电网工程	201304	201312	22706	22706	22706
山西省电力公司临汾供电分公司农村及城网改造	201303	201312	27646	27646	27646
山西省电力公司临汾供电分公司220KV电网工程	201303	201312	46047	46047	46047
山西省电力公司临汾供电分公司电铁牵引配套工程	201303	201312	20383	20383	20383
山西省公路局临汾分局省道桃临线木瓜沟至马务桥建设工程	200907		61700	18058	5531
山西省公路局临汾分局G108线霍州退沙至侯马凤城段改造工程	201204		107311	83000	45000
山西省临汾市尧都区东城开发建设指挥部枣林街道路工程	201305	201312	9500	9500	9500
山西省临汾市尧都区东城开发建设指挥部新开路街心广场建设	201305	201312	9600	9600	9600
山西省临汾市尧都区东城开发建设指挥部二中路绿化工程	201308	201312	9800	9800	9800
山西省临汾市尧都区东城开发建设指挥部红十字妇女儿童医院	201305	201312	8000	8000	8000
山西省临汾市尧都区东城开发建设指挥部华州路休闲广场	201307		9600	8152	8152
山西省临汾市尧都区东城开发建设指挥部东城临纺街道绿化工程	201305		8500	7315	7315
山西省临汾市尧都区东城开发建设指挥部东城八一路南段道路拓宽改造工程	201308		9605	7311	7311
山西省临汾市尧都区东城开发建设指挥部府东路道路建设工程	201307		7820	6117	6117
山西省临汾市尧都区东城开发建设指挥部东城康庄堡道路改造工程	201309		9200	7990	7990

18—1 续表1

单位:万元

项目及项目名称	开工时间	投产时间	计划总投资	累计完成投资	2012年完成投资
山西省临汾市尧都区东城开发建设指挥部东城府西路道路建设工程	201308		8600	7317	7317
山西省临汾市尧都区东城开发建设指挥部东城九州堡道路工程	201306		9500	7960	7960
山西省临汾市尧都区东城开发建设指挥部东城尧贤街南街道路建设工程	201307		9800	7115	7115
山西省太钢集团临汾钢铁有限公司临钢5#6#高层住房	201207		21736	13086	8283
山西省临汾市新建尧都区第二医院	201203		30251	25894	15894
山西省临汾市尧都区职业技术学校建设指挥部新建校舍	201106	201312	7318	7318	3313
山西临汾市尧都区枣林街北段改建项目部枣林北街拓宽改造	201201		7994	5410	0
山西太原铁路局车站街经济适用房项目部临汾车站街经济适用房项目部	201202		43000	23979	18536
山西汽运集团临汾汽车运输有限公司运输公司综合服务楼	201305	201312	6200	6200	6200
山西省同世达煤化工集团有限公司更新改造	200807	201311	5000	5000	1959
山西省临汾市煤炭气化公司城市输配工程	200805		5977	3550	419
山西省临汾华翔纬泰精工机械有限公司年产2400万件压缩零部件	200810		9901	7996	0
山西省山焦临汾洗煤厂入洗原煤200万吨/年项目	201106	201309	18000	18000	2688
山西省临汾市尧都区盘龙社区改造项目2013年工程	201301	201312	18000	17566	17566
山西省临汾市尧都锐丰建材水泥有限公司年产120万吨水泥粉磨站建设工程	201301	201312	5427	5427	5427
山西亿佳美食品有限公司芦笋种植及深加工二期	201306		18000	15978	15978
山西省临汾市尧都区汾北投资建设开发有限公司滨河东路贯通工程洪洞至尧都区段	201302	201309	37254	38400	38400
山西奥坤量子农业科技有限公司食用菌基地及冻干加工生产线二期	201102		30000	29700	10029
山西省临汾中石油昆仑天然气利用有限公司压缩天然气加气站	201201		6807	3000	1000
山西省临汾市奥特莱斯芭蕾雨现代服务产业园项目工程建设指挥部园区道路与绿化工程一期	201305	201309	31250	31266	31266
山西天健汽车集团有限公司一汽大众4S店	201307	201312	6500	6500	6500
山西临汾民航机场机场公路	201003		42570	35432	0
山西省临汾民航机场有限公司机场航站楼	201210		81682	83032	63342
山西省临汾市空港仓储物流园发展有限公司仓储物流园区一期	201311		41200	7700	7700
山西省临汾市尧都区尧陵文物管理所中国尧帝祭祀大殿	201103	201312	5800	5789	1289
山西华德冶铸有限公司年产15万吨机械零部件加工项目	201104		14000	1349	569
山西省临汾志强钢铁有限公司25万吨精密铸件	201105		18500	13303	5413
山西省临汾市环境监测站环境监测执法业务用房项目	201201		6500	3300	900
山西临汾市龙奎牧业有限公司龙奎牧业养殖项目	201104		5000	3412	1607
山西省临汾市中德农牧科技发展有限公司养殖屠宰一体化	200810		46200	32521	0
山西省临汾市以勒乳业有限公司日产500吨生鲜乳制品建设项目	201306	201312	6700	6700	6700
山西省临汾市彦畅春养殖有限公司100万头生猪屠宰及肉制品加工	201303	201312	9500	9500	9500
山西师范大学现代文理学院新校区建设一期项目	201310		10000	4500	4500
山西省临汾市中德农牧科技发展有限公司日产500立方沼气站项目	201303		5000	4095	4095
山西省临汾市仙洞沟风景名胜管理局景区基础设施建设项目	201202		9800	5000	4240
山西省临汾市第一中学新高中建设二期工程	201302		5066	2806	2806
山西省尧都区刘村镇人民政府景观大道	201302	201312	31110	31110	31110
山西省临汾市尧都区刘村镇人民政府左义北改造一期工程	201307	201312	18320	18320	18320
山西省临汾市尧都区刘村镇人民政府沙乔村道路改造工程	201307	201312	6720	6720	6720
山西省临汾市尧都区刘村镇人民政府周家庄城中村改造一期工程	201305	201312	21050	21050	21050

18—1 续表2

单位:万元

项目及项目名称	开工时间	投产时间	计划总投资	累计完成投资	2012年完成投资
山西省临汾市尧都区刘村镇人民政府马务集贸市场	201309		8975	6215	6215
山西省临汾市尧都区刘村镇人民政府新建涧头广场	201308		6250	5862	5862
山西省临汾市尧都区河西滨西家园二期还迁小区	201301		19766	18550	18550
山西省临汾市尧都区河西春苑小区安置用房	201301		39112	21786	21786
山西省临汾市尧都区河西漪汾花园还迁小区工程	201301		18300	17508	17508
山西省临汾市尧都区河西规划十二路建设	201301	201310	9615	9615	9615
山西省临汾市尧都区河西滨河西路北延三淇至吴村段	201309		49000	13760	13760
山西省临汾双山新农村供热有限公司尧都区城市南部新农村集中供热	201001	201311	10305	10305	3820
山西省临汾市尧都区涧头改造指挥部涧头城中村工程	201303	201312	45200	45200	45200
山西省临汾市住房和城乡建设局漪汾花园经济适用房二期	201108		28777	21799	3229
山西省临汾市鼎饰豪环保建材有限公司年产1.2亿块粉煤灰蒸压砖及年产15万平方米粉煤灰加气砼砌块	201001		5170	3600	1000
山西天地衡建设工程项目管理有限公司还迁安置住房	200903		21000	17500	0
山西省临汾市公共事业发展投资公司新医院项目部新医院1500张床位建设	201006	201312	90320	90320	17820
山西鑫聚祥固体废弃物处理股份有限公司12000万块/年煤矸石烧结空心砖生产线项目	201306	201312	7940	7940	7940
山西海姿焦化有限公司焦炉气制氨工程	201204	201312	18000	18000	17200
山西省临汾市北京北科欧远科技有限公司热电脱硫改造项目	201307	201310	7967	7967	7967
山西馨圃农业开发有限公司蔬菜一体化加工项目	201204	201306	8108	8108	4355
山西省临汾市尧都区罗番蔬菜专业合作社精品蔬菜大棚建设	201308		7856	3687	3687
山西省临汾市尧都区金殿镇人民政府西宜社区改造一期	201306		9300	4100	4100
山西中科国磁新材料有限公司新建年产1000万吨高性能钕铁硼磁钢生产线	201204	201312	7600	7600	5550
山西省临汾市尧都区利宏种植合作社设施蔬菜土地治理	201308		6750	2795	2795
山西同煤集团临汾宏大雪坪煤业45万吨煤矿改造工程	201301	201312	23000	21960	21960
山西省临汾市尧都区万特食用菌种植专业合作社土窑洞双孢菇种植项目	201307		5480	2110	2110
山西省临汾高速公路有限公司大运高速祁临段临汾土门收费站连接线拓宽改造工程	201203		10545	6141	4598
山西省大同煤矿临汾宏大胜利煤业有限公司60万吨煤矿改建	201207		30469	28906	15706
山西省临汾市尧都区滨河东路南延项目部滨河东路尧都区至襄汾段	201303	201310	37000	37933	37933
山西光宇半导体照明股份有限公司年产100万千瓦大功率LED光源及应用项目	200610	201311	50000	50000	14727
山西省临汾市污水处理厂污水回用工程	200504		6489	3821	0
山西省临汾尧王台现代农业示范区有限公司现代农业示范区建设	201008		75698	78075	14732
山西临汾建军钢材水暖交易市场有限公司建军钢材市场改造	201210	201306	8000	8000	2700
山西森源农业开发有限公司日光温室精品蔬菜大棚建设项目	201204		9800	8015	1000
山西省临汾市城然天然气有限公司天然气利用工程	201003		9100	8299	0
山西省临汾市永荣实业有限公司3万吨金属钙及其附属产品项目	201201		8500	4900	2900
山西省临汾市华尧水上乐园酒店建设项目	201301	201312	11000	11000	11000
山西老年疗养基地怡心老年家园怡心老年家园	201201		27000	9102	0
山西昌裕农业科技开发有限公司蔬菜一体化加工	201201	201306	9563	9563	5208
山西昌裕农业科技开发有限公司蔬菜一体化加工二期	201305		9875	3905	3905
山西省临汾市尧都区尧庙镇郭村城中村指挥部郭村城中村改造项目	201301	201312	30000	30000	30000

18—1 续表 3

单位:万元

项目及项目名称	开工时间	投产时间	计划总投资	累计完成投资	2012 年完成投资
山西省临汾市新百汇商贸有限公司新百汇市场一期工程	201304		32000	26409	26409
山西省临汾市尧都区汾北投资建设开发有限公司汾河治理与生态修复工程一期	201301	201309	44100	45342	45342
山西格瑞蔚蓝节能科技有限公司锅炉节能水处理器	201106		5800	3480	2050
山西省临汾市尧都区涝洰河生态建设工程有限公司涝洰河生态建设河道治理工程	201303		25593	23696	23696
山西省临汾市尧都区涝洰河生态建设工程有限公司涝洰河生态建设景观工程	201304		119771	109918	109918
山西省临汾市尧都区城中村改造领导组东王社区 2013 年工程	201309		14050	13021	13021
山西省临汾市海星防腐保温材料有限公司聚氨酯直埋保温管	201306		8000	5806	5806
山西临汾海姿供气供热有限公司东城集中供热	200904		70000	65888	34088
山西晋煤集团临汾晋牛煤矿投资有限责任公司 90 万吨改建一期工程	201110		81867	56937	23042
山西省临汾市中实建材有限公司新建年产 60 万立方米预拌混土搅拌项目	201305	201312	5000	5000	5000
山西省临汾市尧都区段店乡人民政府李堡城中村改造一期工程	201306	201312	13100	13098	13098
山西临汾双佳西冶金新型环保建材有限公司冶金渣综合利用工程	201306	201312	5000	4995	4995
山西临汾双佳西冶金新型环保建材有限公司冶金渣重复加工设备购置			5150	5150	5150
山西省临汾市尧都区东城体育场馆建设工程指挥部新建东城体育场项目	201309		6114	343	343
山西省临汾市卓尔华腾酒店新建酒店项目	201310		28000	8923	8923
山西省临汾市广秀实业有限责任公司西里北铁矿绿化项目 2013 年工程	201301	201309	20300	20330	20330
山西省临汾尧都区贾得工业园区建设工程指挥部园区道路及配套设施建设一期	201301	201310	38000	38000	38000
山西永中晟环保建材有限公司年产 60 万吨钢渣特种水泥粉磨站项目	201301	201304	6000	6000	6000
山西省临汾市宏海亿煤焦铁有限责任公司物流仓库中心建设	201306		5400	5006	5006
山西省临汾市尧都机动车驾驶员培训学校有限公司尧都驾校科目二考场建设	201307		7448	6307	6307
山西省临汾市尧都区贾得乡人民政府刁家庄城中村改造一期工程	201306	201312	11500	11500	11500
山西美蓬兴发园林绿化工程有限公司千亩生态园一期工程	201303	201312	5200	5200	5200
山西正杰电气工程有限公司电气设备生产设施建设	201306	201311	5000	5000	5000
山西省临汾西山能源有限公司 90 万吨煤矿改造 2012 年工程	201201		13000	10000	0
山西晋煤集团晟泰能源投资有限公司新梦源 90 万吨/年煤矿改建	201207		96683	26040	15040
山西省同煤集团同地龙驭煤业有限公司煤矿技术改造 2012 年工程	201201	201306	18155	18155	1600
山西煤销集团金辛达煤业公司 90 万吨煤矿建设项目	201110		61946	47831	21285
山西煤销集团四通煤业有限公司 150 万吨煤矿 2013 年改造工程	201303	201310	20000	20200	20200
山西省临汾市尧都区蓝宝煤业有限公司 60 万吨/煤矿改造项目	201110		8000	5700	0
山西煤炭运销集团金塬达煤业有限公司金塬达 90 万吨/年煤矿工程	201305		60109	23122	23122
山西同煤集团同地龙驭煤业有限公司 60 万吨/年煤矿改造 2013 年工程	201303		28014	23919	23919
山西金达丰天然气开发有限公司东城区天然气输配工程	201103		10395	5984	0
山西省临汾市规划局城市规划展览馆	201301		11631	6912	6912
山西中国移动通信集团山西有限公司临汾分公司通信网及传输支撑网建设工程	201303	201312	32837	32837	32837
山西省临汾市投资集团有限公司城投大厦工程	201301		9695	6724	6724
山西省临汾市天鹅大酒店有限公司酒店建设	200706	201307	30000	30126	2406
山西省临汾开发区科海科技研发中心新建科研楼	201005		46000	19249	0
山西省曲沃县住房保障和城乡建设管理局晋都文化公园建设	201209		7358	7309	6119
山西省曲沃县城东新区开发建设指挥部晋都御苑小区住宅建设一期	201301	201310	30000	30000	30000
山西省曲沃县城东新区开发建设指挥部晋韵华府住宅一期工程	201301	201310	26474	26474	26474

18—1 续表 4

单位:万元

项目及项目名称	开工时间	投产时间	计划总投资	累计完成投资	2012年完成投资
山西省曲沃县城东新区开发建设指挥部城东新区住宅小区建设	201301	201308	18208	18208	18208
山西省曲沃县城东新区开发建设指挥部景泰吉祥苑3#4#住宅楼建设	201301	201309	7200	7200	7200
山西省曲沃县城东新区开发建设指挥部晋韵华府小区二期工程	201309		23644	3947	3947
山西省曲沃县住房保障和城乡建设管理局城东区开发工程一期	201103	201303	5000	5000	558
山西省曲沃县水利局百公里汾河新型经济带生态治理与修复工程(曲沃段)	201305		6716	2460	2460
山西省曲沃县文体广电新闻出版局晋都文化中心建设	201303		9998	5857	5857
山西省曲沃县广播电视服务中心广播电视服务中心建设	201308		5500	777	777
山西亚华制盖有限公司13亿只瓶盖生产规模与资源整合建设	201303		13000	12100	12100
山西盛巨嘉照明工程有限公司年产20万支太阳能路灯项目	201305	201311	9800	9800	9800
山西省曲沃县绿怡现代农业科技有限公司浍河北岸综合开发	201302		15600	8423	8423
山西省曲沃丰冶矿业有限公司厂区巷道掘进工程	201301		33380	30745	30745
山西省曲沃丰冶矿业有限公司厂区基础设施建设工程	201302		12300	10246	10246
山西省曲沃县盛通新型建材有限公司年产1.2亿煤矸石烧结砖项目	201303	201311	6792	6792	6792
山西煤层气集输有限公司曲沃分公司年产500万吨钢助燃项目	201301		20000	1882	1882
山西中宇钢铁有限公司120万吨双高线	201204	201303	60000	60000	29583
山西通才工贸有限公司炼钢三期技术改造项目	201204	201303	16000	16000	300
山西立恒钢铁股份有限公司焦化110KV升压站项目	201302	201304	9000	9000	9000
山西立恒钢铁股份有限公司焦化110KV二总降变电站	201301	201304	7500	7500	7500
山西立恒钢铁股份有限公司万亩盐碱地综合治理工程	201301	201309	48000	48000	48000
山西立恒钢铁股份有限公司高炉水渣制砖项目	201305	201307	6000	6000	6000
山西立恒钢铁股份有限公司高炉灰提取锌加工	201306	201309	8000	8000	8000
山西通才工贸有限公司铁路专用线扩建项目	201303		10516	4850	4850
山西通才工贸有限公司置换120万吨转炉项目	201304		30000	13150	13150
山西省曲沃县威顿水泥有限责任公司年产75万吨水泥粉磨站技术改造	201301	201312	6800	6800	6800
山西省曲沃县金冕铁矿有限公司铁矿巷道掘进工程	201301	201307	9600	9600	9600
山西省曲沃县金冕铁矿有限公司矿区线路改造工程	201302	201307	6900	6900	6900
山西省曲沃县金冕铁矿有限公司2号斜巷巷道掘进工程	201304	201312	21000	21000	21000
山西省曲沃县永洁环保科技有限公司垃圾填埋场建设	201303		8652	8365	8365
山西省曲沃县沸泉灌溉管理站沸泉大坝一库改造工程	201303		8695	8095	8095
山西省曲沃县民政福利企业有限公司年产20万吨球墨铸铁型材生产线	201007	201308	10370	10370	1819
山西省曲沃县益源矿业有限公司巷道掘进工程	201301	201309	8000	8000	8000
山西省曲沃县庆江赤石屿沟铁矿有限公司铁矿巷道掘进工程	201304	201310	15000	15000	15000
山西省曲沃县益源矿业有限公司2#矿洞掘进工程	201305	201311	12000	12000	12000
山西省曲沃县金龙矿业有限公司铁矿巷道掘进工程	201303	201310	8000	8000	8000
山西省曲沃县金龙矿业有限公司金龙资源整合及配套设施工程	201304		22000	20975	20975
山西省曲沃县益源矿业有限公司益源矿业资源整合及配套设施工程	201303		19000	17940	17940
山西曲沃桥山皇帝文化旅游开发有限公司桥山黄帝庙旅游风景区建设	201301	201311	12000	12000	12000
山西省曲沃县乔山铁矿铁矿扩建工程	201305	201311	7800	7800	7800
山西省曲沃县吉丰铁矿巷道掘进工程	201303	201311	20000	20000	20000
山西省三琪实业有限公司紫竹苑商住小区	201302		22587	8650	8650

18—1 续表 5

单位：万元

项目及项目名称	开工时间	投产时间	计划总投资	累计完成投资	2012 年完成投资
山西省电力公司翼城供电支公司 110 千伏南唐输变电工程	201301	201312	6500	6500	6500
山西省电力公司翼城供电公司 220 千伏输变电工程	201301	201312	20940	20940	20940
山西省翼城县鸿晨纺织有限公司五万锭高档纯棉精梳纱生产线技改项目	201302	201306	5000	5860	5860
山西省翼城县住房保障和城乡建设管理局唐霸文化生态观光园项目	201205		9940	8650	4060
山西永益铸管股份有限公司年产 30 万吨铸管	201203	201310	30000	30000	8250
山西省翼城县菁铧农林牧综合开发有限公司生物有机复合肥生产加工基地项目建设	201301	201308	10165	10165	10165
山西省翼城县教育局汇丰学校建设	200905	201312	9999	9999	2589
山西翼通冶金机械制造有限责任公司年产 5000 吨机械加工制造项目	201301	201307	7200	8620	8620
山西泰鑫塑胶制品有限公司年产 1 万吨 PVC 及 PE 管材生产线项目	201302	201307	9600	9600	9600
山西省翼城县龙达农业生态园有限公司禽类屠宰加工项目	201302	201312	15300	15300	15300
山西省三琪实业有限公司解放路 D1 区写字楼项目建设	201301	201312	9333	9333	9333
山西省翼城县畜牧中心生猪产业化养殖项目建设	201302	201312	6100	6100	6100
山西省翼城县唐兴镇北关村民委员会怡和苑住宅小区项目	201302	201310	6300	6300	6300
山西省翼城县古绵山旅游开发有限公司古绵山景区开发项目	201201		15000	8970	810
山西省翼城县大众饲料有限公司饲料加工二期工程	201201	201312	10000	10000	3190
山西省翼城县兰鑫纺织有限公司三万锭棉纱生产线技术改造项目	201305	201312	5000	5000	5000
山西省翼城县唐兴镇北关村民委员会北关农贸市场项目建设	201303	201312	6200	6200	6200
山西省翼城县银河金机械制造有限公司年产 5000 吨机械加工制造项目	201308	201312	8700	8700	8700
山西省翼城县唐兴镇北关村民委员会香格里拉住宅楼项目	201308	201312	9500	9500	9500
山西省阳泉煤业集团晋南煤炭管理有限责任公司运煤公路项目建设	201205		15555	9405	3203
山西省翼城县唐兴镇南官庄村民委员会农贸市场建设	201305	201312	5000	5000	5000
山西省阳泉煤业集团晋南煤炭管理有限责任公司煤矿供电工程	201210		14000	10116	5103
山西省翼城县唐兴镇北关村民委员会奥宇花园项目建设	201307		9000	5300	5300
山西国营锻造厂棚户区改造	201201		24560	2370	370
山西省翼城县宏丰肉牛养殖有限公司万头肉牛养殖场项目	201307		47600	4600	4600
山西舜达锻造股份有限公司 165MN 第五条热模锻压生产线及机加工项目	201105		100700	50200	0
山西省阳泉煤业集团翼城河寨煤业有限公司煤矿整合扩建工程	201202		30516	10366	5669
山西国营锻造厂 160mw 重型汽车前轴、大马力发动机曲轴锻件生产线改建项目	201301		27973	10297	10297
山西省翼城县鑫坤保温建材有限公司年产 2 万吨岩棉保温材料生产线项目	201301	201307	8600	9000	9000
山西省翼城县富华养殖有限公司沼气年发电 175.2 万度建设项目	201311		9561	4300	4300
山西省翼城县西闫镇人民政府 35 千伏变电站工程	201307	201312	5000	5000	5000
山西省翼城县佛爷山旅游开发有限公司佛爷山景区开发项目建设	201301		9800	4550	4550
山西省阳泉煤业集团翼城汇嵘煤业有限公司煤矿整合扩建工程	201202		26186	8902	3014
山西省阳泉煤业集团翼城下交煤业有限公司煤矿改建工程	201201		16033	11361	3982
山西省阳泉煤业集团翼城华泓煤业有限公司煤矿整合扩建工程	201202		24577	12235	5353
山西省阳泉煤业集团翼城东沟煤业有限公司煤矿改建工程	201204		37281	5723	1976
山西省阳泉煤业集团翼城山凹煤业有限公司煤炭资源改建工程	201203		29581	5101	3186
山西省阳泉煤业集团翼城森杰煤业有限公司煤炭资源改建工程	201203		26929	8734	6016
山西省阳泉煤业集团翼城堡子煤业有限公司煤矿整合扩建工程	201202		36882	9576	3432
山西晋煤集团翼城晟泰青洼煤业有限公司煤炭资源改建项目	201201		29102	22974	13220

18—1 续表 6

单位:万元

项目及项目名称	开工时间	投产时间	计划总投资	累计完成投资	2012 年完成投资
山西省阳泉煤业集团翼城上河煤业有限公司煤炭资源改建工程	201203		33930	6851	3651
山西省翼城县嘉圣鑫源商贸有限公司年产 7 千吨 pert 及 upvc 系列管材管件项目	201302	201306	5000	5600	5600
山西省阳泉煤业集团翼城石丘煤业有限公司煤炭资源整合扩建项目	201206		11968	6260	2011
山西省翼城县中卫乡中卫村村民委员会中心花园项目建设	201309	201312	5000	5000	5000
山西省阳泉煤业集团翼城中卫青洼煤业有限公司煤炭资源改建工程	201212		17368	3249	520
山西华尔动力机械有限公司扩建发动机缸体消失模铸造生产线项目	201303	201312	21700	21700	21700
山西省翼城县永利新型建材厂年产 10 万立方米加气混泥土砌砖生产线项目	201308	201312	8600	8600	8600
山西励鑫铸业有限公司年产 40 万立方米混凝土空心砌砖生产线	201301	201306	9400	9400	9400
山西春雷铜材有限责任公司棚户区改造项目	201306		25343	1083	1083
山西省翼城县鑫坤农林牧开发有限公司新建肉牛养殖及屠宰加工项目	201304		14492	4390	4390
山西省翼城县双峰建材有限公司扩建 60 万吨矿渣微粉项目	201304	201312	8248	8248	8248
山西省酒钢集团翼城钢铁有限责任公司焦炉干熄焦配套余热发电项目	201205	201312	19768	19768	17518
山西省襄汾县农村信用合作联社营业办公楼	201303	201309	5300	5300	5300
山西省襄汾县教育科技局星源学校一期工程建设项目	201303	201307	9540	10700	10700
山西省襄汾县教育科技局星源学校二期工程	201303	201311	8870	8870	8870
山西省襄汾县林业局双龙湖湿地保护项目	201103	201312	32757	32757	12127
山西省襄汾县人民医院医院门诊楼建设	201203	201306	8025	8025	2342
山西省襄汾县住房保障和城乡建设管理局锣鼓公园及授时公园建设项目	201205	201312	7526	7526	2226
山西省襄汾县水利局百公里汾河治理与生态修复工程项目	201208		57500	50552	33500
山西省襄汾县交通运输局一级公路路面改造工程	201203	201304	28047	28047	11334
山西省襄汾县住房保障和城乡建设管理局汾河深度治理一期	201301	201312	17176	17176	17176
山西省襄汾县交通运输局滨河东路贯通工程	201303		101253	92253	92253
山西省襄汾县住房保障和城乡建设管理局平安大道工程	201306	201312	9988	9988	9988
山西省襄汾县住房保障和城乡建设管理局河西集中供热工程	201305		25800	10300	10300
山西省襄汾县人民医院医院住院楼建设项目	201306		19918	10500	10500
山西省襄汾县住房保障和城乡建设管理局丁陶中街及步行西街道路改造	201305		8979	5800	5800
山西省襄汾县中惠源文化旅游开发有限公司龙澍峪景区开发建设	201304	201312	18000	18000	18000
山西省襄汾县煤气化有限公司煤气管网改造工程	201309		7595	3200	3200
山西省襄汾县强盛铁合金厂减速机配件及矿山耐磨件	201104	201312	23360	25420	7588
山西省襄汾荣世达机械制造有限公司缝纫机械制造	201202	201312	35000	35000	25150
山西省襄汾县侯临农业科技有限公司瓶栽杏鲍菇基地工程	201302		13000	5400	5400
山西省襄汾县宏源煤焦化工程有限公司年产 10 万吨甲醇项目	201203	201312	25000	26520	11520
山西省襄汾县合金钢新型建材有限公司年产 1 亿块煤矸石新型节能墙材项目	201303	201307	5000	5000	5000
山西省襄汾县运通煤焦有限公司 10 万吨储煤厂建设项目	201303	201310	5000	5000	5000
山西省襄汾县龙云飞石膏综合利用有限公司石膏制硫酸及其废渣综合利用项目	201202		48000	37713	4957
山西省襄汾县新金山特钢有限公司 2×120t 转炉项目	201204	201310	56000	56000	34687
山西省襄汾县新金山特钢有限公司年产 100 万吨轧钢生产线技术改造项目	201303		23000	14100	14100
山西省临汾市聚朋农牧科技有限公司鸵鸟、肉牛育肥基地	201206	201307	8510	8510	6510
山西碧秀农林开发有限公司苗林培育基地建设	201302	201305	5000	5300	5300
山西省襄汾县辉瑞制药有限公司 200 亿片固体制剂项目	201203	201306	9000	9000	3100

18—1 续表 7

单位:万元

项目及项目名称	开工时间	投产时间	计划总投资	累计完成投资	2012年完成投资
山西省襄汾县辉瑞制药有限公司中草药加工及基本药物生产线	201303	201312	20000	20000	20000
山西省襄汾县万盛源天然气有限公司天然气供气站	201301	201305	9858	10158	10158
山西天美食品有限公司小麦专用粉生产线	201301	201308	9000	9000	9000
山西天美食品有限公司仓储物流配货中心	201306	201312	5062	5062	5062
山西省襄汾县鸿达钢铁集团有限公司汽车零部件及配件制造	201208		128000	30600	23100
山西中升钢铁有限公司高速线材生产线	201303	201312	30000	31370	31370
山西省襄汾县星源钢铁集团有限公司年产100万吨高强钢筋技改项目	201302	201310	26000	26000	26000
山西省襄汾县万盛源天然气有限公司天然气开发一期	201101	201306	22000	22000	444
山西省襄汾县鼎临农业生态科技开发有限责任公司双龙湖生态旅游园区建设工程	201001	201312	100000	100000	39294
山西省襄汾县鼎临农业生态科技开发有限公司双龙湖生态旅游观光项目	201309		43710	150	150
山西恒泰制动器股份有限公司商用制动毂技改项目	201104	201312	23500	24800	4164
山西光大焦化气源有限公司焦炉干熄焦附属设施项目	201204	201312	32207	34207	16071
山西省襄汾县兴民林业开发有限公司丁村农业观光园	201104		75000	48501	8700
山西省襄汾县宏峰林纸业有限公司年产8.6万吨特种纸生产线技改项目	201203	201309	25645	25645	7845
山西省襄汾县鑫盛冶炼有限公司矿山机械制造	201203	201312	25000	27000	19440
山西尧京酒业有限公司葡萄酒及葡萄生态园旅游项目	201203		46800	16000	11300
山西省洪洞县昕宇投资建设有限公司赵城至圪垌一级公路工程	201203		47913	14781	0
山西省洪洞县昕宇投资建设有限公司大槐树文化中心建设工程	201205	201309	35000	35000	11515
山西省洪洞县昕宇投资建设有限公司汾河生态修复治理与保护二期工程	201302	201308	45000	45000	45000
山西省洪洞县房地产管理服务中心欢颜新区廉租住房项目	201301	201308	5000	5000	5000
山西省洪洞县房地产管理服务中心南坂街城市棚户区	201301		5592	2030	2030
山西洪洞县住房保障和城乡建设管理局飞虹中街棚户区改造工程	201301		9082	2700	2700
山西洪洞县住房保障和城乡建设管理局天然气利用及管网工程	201301	201308	13379	13379	13379
山西洪洞县住房保障和城乡建设管理局涧河南岸景观道路工程	201303	201307	6852	6852	6852
山西洪洞县住房保障和城乡建设管理局恒富西街道路工程	201302	201307	9992	9992	9992
山西省洪洞县水营水产养殖有限公司千亩水产养殖基地项目	201302	201307	9722	9722	9722
山西洪洞县住房保障和城乡建设管理局集中供热第二期建设工程	201303	201309	27429	27429	27429
山西省洪洞县恒富西街片区棚户区改造及经济适用房建设项目	201303		13413	12113	12113
山西洪洞县明代监狱景区扩建工程	201305	201309	6500	6500	6500
山西洪洞县供电支公司电网改造及电力基础设施改造工程	201306	201310	5042	5042	5042
山西洪洞县交通运输管理局飞虹西街至南营段工程	201303	201311	23000	23000	23000
山西洪洞县交通运输管理局南营至左北段工程	201303	201312	20000	20000	20000
山西洪洞县交通运输管理局左南至杨曲段工程	201303	201311	26500	26500	26500
山西洪洞县交通运输管理局杨曲至天井段工程	201303	201312	28500	28500	28500
山西洪洞县水利局农村饮水安全工程	201305	201308	5607	5607	5607
山西洪洞县大槐树镇梗壁村民委员会梗壁村城中村改造项目	201306	201312	12500	12500	12500
山西洪洞县大槐树镇贾村民委员会贾村城中村改造项目	201306	201312	9800	9800	9800
山西洪洞县晋槐农贸市场有限公司湾里家具市场建设项目	201307	201312	8000	8000	8000
山西洪洞县交通运输管理局滨河东路辅道工程	201311		48147	3210	3210
山西洪洞县住房保障和城乡建设管理局中心城区外道路改造工程	201310	201312	5860	5860	5860

18—1 续表 8

单位:万元

项目及项目名称	开工时间	投产时间	计划总投资	累计完成投资	2012 年完成投资
山西洪洞县常青三村城中村改造项目	201306	201311	19000	19000	19000
山西洪洞县城东新村二期工程建设项目	201303	201308	18616	18616	18616
山西洪洞县城东市场	201308	201312	17000	17000	17000
山西洪洞县南官庄城中村改造	201310	201312	5756	5756	5756
山西洪洞县欣丰园小区	201303	201308	15600	15600	15600
山西洪洞县大槐树镇涧桥村民委员会城中村改造	201309	201312	9200	9200	9200
山西五洲昕宇农林科技发展有限公司皇英新型社区一期工程	201308		35000	13898	13898
山西省洪洞县广旭种植专业合作社春秋蔬菜大棚建设项目	201308	201312	9860	9860	9860
山西飞虹微纳米光电科技有限公司大功率白光 LED 用外延片及其芯片产业化建设项目	201102	201311	165000	165000	23820
山西洪洞县龙信达物流运输有限公司大型仓储物流项目	201306	201310	11458	11458	11458
山西飞虹激光科技有限公司先进工业高功率激光器项目	201304	201308	9800	9800	9800
山西昌滔责任有限公司标准化厂房项目	201306	201310	9000	9000	9000
山西尧天新光源科技有限公司尧天 LED 项目	201306	201310	9800	9800	9800
山西五洲昕宇农林科技发展有限公司新建北方色叶工程苗木基地项目	201302	201312	68267	68267	68267
山西五洲昕宇农林科技发展有限公司新建旅游集散中心建设项目	201303	201312	60000	60000	60000
山西华翔集团有限公司华翔美的三期工程	201301	201305	10798	10798	10798
山西华翔集团有限公司华翔格力建设工程项目	201308	201312	20000	20000	20000
山西洪洞县众一农业发展有限公司杏树种植一体化项目	201302	201307	9100	9100	9100
山西洪洞民生垃圾综合处理有限公司生活垃圾处理厂二期工程项目	201304	201309	10107	10107	10107
山西焦化集团有限公司 20 万吨/年甲醇改扩建项目	201106	201306	45590	44548	17538
山西洪洞县峰兴建设有限公司棚户区改造项目	201203		64566	20700	1700
山西焦煤集团飞虹化工股份有限公司 60 万吨/年甲醇制烯烃项目	201304		840524	137369	137369
山西洪洞县广胜寺润合水务有限公司广胜寺供水工程	201302	201306	8119	8119	8119
山西铭宇化工有限公司年产 6000 吨 H－酸单钠盐膏体建设项目	201306	201309	12000	12000	12000
山西临汾山水水泥有限公司日产 4000 吨新型干法水泥熟料生产线	201202		75000	51677	18722
山西洪洞县明姜镇人民政府腾达苑小区	201309	201312	16000	16000	16000
山西三维集团股份有限公司生化车间扩建项目	201301		9812	2150	2150
山西三维华邦集团有限公司三维棚户区改造	201301		9588	3813	3813
山西洪洞县赵城尧源污水处理有限公司赵城镇污水处理项目	201302	201307	5534	5534	5534
山西洪洞盛园生物科技有限公司年产 10 万吨腐殖酸、20 万吨腐殖酸绿色生态肥	201303	201308	12000	12000	12000
山西洪洞县兴源种植专业合作社日光温室莲菜大棚建设	201301	201307	9917	9917	9917
山西汾河焦煤股份有限公司煤矿矿井改造	201306	201312	23523	23523	23523
山西洪洞县赵城镇沙桥庄村民委员会城中村改造	201308	201312	13000	13000	13000
山西洪洞县赵城镇王家磨村民委员会城中村改造	201309	201312	9500	9500	9500
山西霍州煤电集团洪洞亿隆煤业有限责任公司煤矿矿井改造	201304	201312	36738	36738	36738
山西霍州煤电集团张端煤业有限公司煤矿矿井改造	201103	201312	47806	47806	35110
山西临汾百田农业发展有限公司蔬菜大棚项目建设	201306	201309	8000	8000	8000
山西陆合集团万安煤业有限公司煤矿矿井改造	201303	201312	29597	29597	29597
山西洪洞县锦绣生态种植有限公司绿色植物果树园项目	201303	201307	5000	5000	5000
山西洪洞县辛村乡屯里村民委员会城中村改造	201308	201312	8316	8316	8316

18—1 续表 9

单位:万元

项目及项目名称	开工时间	投产时间	计划总投资	累计完成投资	2012 年完成投资
山西洪洞县辛村乡南段村民委员会睿和花园	201303	201309	26500	26500	26500
山西秉鼎陶瓷有限公司新建利用煤泥煤矸石生产高档地砖项目	201202		72358	51993	39993
山西洪洞县公安局县看守所迁建工程	201306		8079	3085	3085
山西陆合集团基安达煤业有限公司煤矿矿井改造	201104	201305	44000	44951	3689
山西陆合集团恒泰南庄煤业有限公司煤矿矿井改造	201111	201308	47000	47000	12025
山西晋煤集团洪洞晋圣荣康煤业有限公司煤矿矿井改造	201203	201308	44515	44515	20665
山西大同煤矿集团临汾宏大洪崖煤业筹备组煤矿矿井改造	201203	201311	47166	47166	32151
山西煤炭进出口集团洪洞陆成煤业有限公司煤矿矿井改造	201303	201312	35485	35485	35485
山西省古县利达焦化有限公司年产 6 万吨合成胺项目	201306	201312	8300	8300	8300
山西省国新正泰新能源有限公司焦炉煤气制合成天然气项目	201212	201312	20658	20658	14658
山西省古县晋豫焦化有限责任公司系统升级改造项目	201305	201308	5100	5100	5100
山西省古县利达焦化有限公司洗煤车间改造	201304	201310	6000	6000	6000
山西森润铸造焦有限公司发电厂技术改造项目	201304	201308	5000	5000	5000
山西省古县教育局古县城镇寄宿制学校附属工程	201303	201308	5000	5000	5000
山西省古县岳阳镇湾里村村民委员会湾里城中村建设	201305	201312	9600	9600	9600
山西省古县岳阳镇城关村村民委员会城中村改造建设项目	201305	201312	7000	7000	7000
山西省古县岳阳镇张家沟村村民委员会移民搬迁项目	201305	201312	8000	8000	8000
山西省古县鸿兴煤业有限公司煤矿扩建	201303		40991	14766	14766
山西省古县兰花宝欣煤业有限公司机电设备及安装			5090	5090	5090
山西省古县兰花宝欣煤业有限公司 90 万吨改造工程	201301	201309	9060	9060	9060
山西省古县兰花宝欣煤业有限公司立井开凿工程	201305	201311	5600	5600	5600
山西省古县宝丰焦化有限责任公司年产 120 万吨洗煤技术改造	201305	201308	5900	5900	5900
山西省古县宝丰焦化有限责任公司洗煤车间	201306	201311	6000	6000	6000
山西蔺润煤业有限公司煤矿改造	201304	201310	6200	6200	6200
山西省临汾绿源欣能电力开发有限公司兰花宝欣瓦斯发电项目	201303	201312	5426	5426	5426
山西省临汾华盛机械设备制造有限公司机械设备制造项目	201305	201311	6000	6000	6000
山西安吉欣源煤业有限公司煤矿整合扩建工程	201201		45395	36200	15355
山西古县金谷煤业有限公司煤矿整合扩建	201201		47237	46600	26600
山西古县西山登福康煤业有限公司煤矿改造	201104		45298	20035	8009
山西古县西山圪堆煤业有限公司 60 万吨改造工程	201106		34426	17770	7871
山西煤炭运销集团古县东瑞煤业有限公司矿井兼并重组扩建项目	201104	201306	28742	28742	7190
山西煤炭运销集团古县东瑞煤业有限公司巷道刷扩工程	201303		7700	5800	5800
山西煤炭运销集团古县东瑞煤业有限公司瓦斯抽采及发电项目	201303		6300	5050	5050
山西省古县牡丹旅游景区管理委员会牡丹景区续建工程	201303	201310	5000	5000	5000
山西省古县扶贫开发局片区开发核桃经济林建设	201303	201308	5169	5169	5169
山西玉和泰煤业有限公司避险硐室改建	201303	201309	5690	5690	5690
山西玉和泰煤业有限公司瓦斯发电工程改造	201303	201310	6880	6880	6880
山西玉和泰煤业有限公司井巷改造工程	201303	201311	8650	8650	8650
山西安泽玉华煤业有限公司轨道东巷	201303	201308	5000	5000	5000
山西安泽玉华煤业有限公司回风东巷	201304	201307	5000	5000	5000

18—1　续表10

单位:万元

项目及项目名称	开工时间	投产时间	计划总投资	累计完成投资	2012年完成投资
山西安泽玉华煤业有限公司轨道大巷	201304	201307	5000	5000	5000
山西玉华煤业有限公司皮带西巷工程	201306	201309	6500	6500	6500
山西玉华煤业有限公司皮带中巷工程	201305	201309	8000	8000	8000
山西安泽玉华煤业有限公司集中轨道大巷	201307	201311	9190	9190	9190
山西玉华煤业有限公司轨道大巷	201309	201312	9142	9142	9142
山西地方电力有限公司安泽分公司南湾110千伏输变电	201303	201309	7997	7997	7997
山西省安泽县住房保障和城乡建设局泽民路拓宽工程	201205	201305	8800	8800	1650
山西柳江禽业有限公司饲料加工厂建设	201304	201310	5100	5100	5100
山西省临汾市聚泽丰农业科技开发有限公司年产15万吨有机肥建设	201306		6303	2860	2860
山西省阳煤集团安泽登茂通煤业有限公司技改项目	201302	201307	9700	9700	9700
山西省阳煤集团安泽登茂通煤业有限公司带式输送机大巷工程	201303	201307	8000	8000	8000
山西阳煤集团安泽登茂通煤业有限公司一采区皮带巷工程	201306	201310	8700	8700	8700
山西阳煤集团安泽登茂通煤业有限公司付斜井井底巷道工程	201306	201310	7500	7500	7500
山西安鑫煤业有限公司主井工程	201302	201306	9350	9350	9350
山西安鑫煤业有限公司矸石山治理	201304	201308	8000	8000	8000
山西安鑫煤业有限公司年产120万吨矿井扩建工程	201306	201311	30117	30117	30117
山西安鑫煤业有限公司综采综掘设备购置			7360	7360	7360
山西省安泽县太岳焦化有限公司年产12万吨焦炉气制乙二醇项目	201005		125000	45800	0
山西省安泽县文体广电新闻出版局奥体中心建设	201107	201305	8860	8860	1009
山西省安泽县住房保障和城乡建设管理局丽华小区建筑工程	201308	201312	5231	5231	5231
山西省安泽县住房保障和城乡建设管理局泽民南路拓宽二期	201308		5500	4860	4860
山西省太岳焦化有限公司年产200万吨洗煤生产线改造项目	201304		6500	5735	5735
山西省安泽县伦虎焦油加工厂年产15万吨焦油加工厂建设	201205	201307	9570	9570	6570
山西省安泽县文体广电新闻出版局网球馆建设	201306		6400	5391	5391
山西省安泽县通祥洗煤厂唐城至东湾道路改建	201304		8000	7360	7360
山西省安泽县天盛化工有限公司年产15万吨焦油加工厂二期工程	201307	201310	6430	6430	6430
山西永鑫通海铁路物流有限责任公司接轨站建设	201309		9500	8625	8625
山西省浮山县玉杰食用菌有限责任公司食用菌循环产业扩建项目	201306	201312	19710	19710	19710
山西省中强煤化有限公司年产120万吨焦化	201207		80000	25546	15540
山西中强煤化有限公司活性炭扩建	201309		22100	3150	3150
山西省浮山县恒宇农贸有限责任公司商贸一条街2号区建设	201301	201310	8000	8060	8060
山西省浮山县广和精密制造有限公司办公自动化生产线	201311		5200	1200	1200
山西省浮山县众祥热力有限公司集中供热工程	201303	201312	9800	9800	9800
山西省浮山县扶贫局片区扶贫开发蔬菜产业项目	201104		7830	5878	0
山西省浮山县晋盛新型建筑材料有限责任公司年产100万立方米微晶泡沫陶瓷	201308		53405	11300	11300
山西省浮山县中宝农业开发有限责任公司真空冻干脱水果蔬项目	201305	201312	9320	9320	9320
山西汉中洋食品饮料有限公司干果产业一体化	201302	201312	9600	9600	9600
山西省浮山县尧山水泥有限公司120万吨特种水泥	200807		10000	4381	0
山西太平洋电缆有限公司矿用电缆二期	201304	201310	7758	7760	7760
山西省浮山县圣鑫选矿厂年产50万平方米微晶管材	201310		9850	3850	3850

18—1 续表 11

单位:万元

项目及项目名称	开工时间	投产时间	计划总投资	累计完成投资	2012年完成投资
山西中强国际物流有限公司铁路专用线	201310		117000	5100	5100
山西省浮山县北王乡肉羊加工厂肉羊加工	201304	201310	8500	8555	8555
山西省中强煤化有限公司春山煤矿	200507		60000	49308	0
山西中强煤化有限公司300万吨洗煤项目	201003	201311	16000	16000	9519
山西省浮山县德兴环保建材有限公司环保型白灰立窑二期建设	201303	201310	5400	5410	5410
山西省浮山县石临煤业公司煤气开发利用	201303	201309	8000	8000	8000
山西省吉县交通局吉河高速公路吉县引线工程	201301		8800	5397	5397
山西省吉县交通运输局桃园至人祖山旅游公路建设	201204	201305	12192	12192	6392
山西省吉县吉合热力供应公司县城集中供热工程	201203		9800	7186	4186
山西省吉县商业总公司肉食糖酒改造一期工程	201203		15000	10976	4476
山西省吉县住房保障和城乡建设管理局祖师庙保障性住房建设	201205		10188	6940	5540
山西省吉县住房保障和城乡建设管理局吉州新城路网工程	201304	201311	7120	7120	7120
山西澳坤量子农业科技有限公司新建年产20万吨有机生物菌肥项目	201304		19000	14420	14420
山西省吉县霍州煤电集团大地煤业公司桑峨矿井基础设施	201301		13281	3080	3080
山西省中石油煤层气有限责任公司临汾分公司屯里回宫村煤层气勘探开发项目	201301	201311	25000	25000	25000
山西省吉县昌盛煤业有限公司160万吨/年改造项目	201204		23000	12000	0
山西省吉县人祖山文化旅游文化旅游开发项目	201204	201304	14000	14000	1410
山西省吉县人祖山文化旅游开发有限公司综合服务楼及附属设施建设	201301		11475	8880	8880
山西省吉县人祖山文化旅游开发有限公司景区内外干道及停车场	201301		24024	17080	17080
山西省吉县人祖山文化旅游开发有限公司	201301		28980	10500	10500
中国石油化工股份有限公司华东分公司非常规资源开发指挥部人祖朝圣探秘区等5大景区建设项目	201301	201312	16000	16000	16000
中国石油化工股份有限公司华东分公司非常规资源开发指挥部吉县片区采气一期工程	201301	201312	25000	25000	25000
中国石油化工股份有限公司华东分公司非常规资源勘探开发指挥部吉县片区地面工程(一期)	201308	201312	10000	10000	10000
山西顼吉食品开发有限公司年产2万吨果醋果酒深加工	201109		10000	9455	3455
山西天燃气股份有限公司蒲县至河津工程项目部蒲县至河津长输管道工程乡宁段	201305	201312	12000	12000	12000
山西省乡宁县住房保障和城乡建设局迎旭街续建工程	200907	201303	8187	8187	537
山西省乡宁县文体广电新闻出版局体育馆	201004	201305	8034	8034	543
山西省乡宁县谭坪提黄灌溉工程建设指挥部沿黄提水灌溉工程	201102		6199	5668	700
山西省临吉高速乡宁互通连接线工程项目部临吉高速乡宁互通连接线工程	201205	201309	14872	14872	6222
山西省乡宁县住房保障和城乡建设管理局粮食小区还迁房	201204		6290	5900	3330
山西中石化华东分公司非常规资源勘探开发指挥部煤层气勘探开发工程	201201	201312	49000	49000	21000
山西省乡宁县交通运输局省道342线乡宁过境段樊家坪至金桥沟改线工程	201306		10660	6390	6390
山西省乡宁县公共事业局县城供水引黄工程	201305		9740	5500	5500
山西省乡宁县农机公司职工商住楼	201309		12720	3000	3000
山西戎子酒庄有限公司职工住宅楼	201109		21128	11100	2600
山西省乡宁县昌宁镇营里村民委员会文家湾还迁小区	201207		7384	4100	3120
山西省乡宁县锦桥建材有限公司年产90万吨水泥粉磨	201203		6679	4309	2889
山西省乡宁县振兴精煤有限责任公司职工住宅楼	201306		7656	3200	3200
山西省乡宁县平兴精煤有限公司180万吨精煤扩建	201203	201307	9000	9000	2100
山西霍州煤电集团乡宁沙坪煤业有限公司井巷工程改造	201101	201312	5530	5530	1892

18—1 续表 12

单位:万元

项目及项目名称	开工时间	投产时间	计划总投资	累计完成投资	2012 年完成投资
山西乡宁焦煤集团王蟒沟煤业有限公司 90 万吨扩建	201204		52615	20393	16050
山西省乡宁县峰岭旅游开发有限责任公司峰岭景区建设项目	201007		9096	6880	1230
山西乡宁焦煤集团富康源煤业有限公司 120 万吨矿井兼并重组建设项目	201207		65783	15386	14724
山西省乡宁县申南凹焦煤有限公司扩建 120 万吨矿井	200912		72099	57060	29300
山西乡宁焦煤集团燕家河煤业有限公司 60 万吨改造	201111		37015	19829	6200
山西省霍州煤电集团乡宁昶元煤业有限公司 60 万吨扩建	201104		27042	21900	5732
山西煤炭运销集团同富新煤业有限公司 60 万吨矿井扩建	201203		30783	24556	19350
山西省乡宁县毛则渠煤炭有限公司 90 万吨扩建	201108		48992	35035	7800
山西华晋韩咀煤业有限责任公司 300 万吨扩建	201203		88819	62964	47426
山西华宁焦煤有限责任公司 300 万吨扩建	201203		93344	39309	34401
山西乡宁焦煤集团东沟煤业有限公司 60 万吨原煤	201110		29963	15000	4100
山西双凤祥农业开发有限责任公司双凤祥综合生态农业项目	201303		47500	18870	18870
山西煤炭运销集团金山煤业有限公司 60 万吨扩建	201109		48103	34640	14600
山西燃气产业集团有限公司煤层气管道工程临汾煤层气输气管道工程	201203	201312	121311	121311	33311
山西省霍州煤电集团乡宁保鑫煤业有限公司 60 万吨改建	201106		30163	6447	0
山西乡宁焦煤集团延申岭煤业有限公司 90 万吨扩建	201204		35480	14064	7400
山西省乡宁县云邱山旅游开发有限责任公司云邱山旅游开发二期工程	201202	201305	14804	14604	7860
山西省乡宁县云邱山旅游开发有限公司云邱山风景旅游景点古村落改造工程	201307		103990	15562	15562
山西保利裕丰煤业有限公司 90 万吨矿井扩建	201109		67355	55040	40750
山西省乡宁县宏盛选煤有限公司 400 万吨洗煤厂	201009		9668	9539	0
山西省乡宁县清泉庄建材有限公司扩建 9000 万块/年煤矸石砖项目	201308		5534	5000	5000
山西省乡宁县煤焦实业有限公司 10 万亩翅果油树木基地	200608		25860	21242	1768
山西天润煤化集团德通煤业有限公司 90 万吨改建	201101		46573	45100	13900
山西华晋吉宁煤业有限责任公司 300 万吨扩建	201203		117551	116782	53185
山西乡宁焦煤集团通合煤业有限公司 90 万吨扩建	201109		46553	20727	7200
山西省电网工程建设指挥部 220 千伏变电站建筑工程	201208		22560	20863	9370
山西省临汾市城燃天然气有限公司城市管网二期工程	201304	201312	22000	22000	22000
中石油煤层气有限责任公司临汾分公司二维钻井一期工程	201301	201312	24800	24800	24800
山西省大宁县割麦灌区沿黄提灌工程项目部割麦沿黄提水灌溉工程	201303		9337	1400	1400
山西晋西南天然气有限责任公司大宁县城－割麦输气管道工程	201308		28000	3906	3906
山西省电力公司临汾供电分公司吉亭 110 千伏变电站工程项目	201308		8000	792	792
山西省隰县机关事务管理局城区天然气利用项目	201302	201312	8000	8000	8000
山西省隰县弘圣凯商贸有限公司弘圣凯圣安花园小区	201302	201310	10568	10568	10568
山西省隰县昌盛贸易有限公司怡和小区建设项目	201302	201309	8298	8298	8298
山西省隰县住房保障和城乡建设管理局凤凰苑住宅小区	201302		44113	17500	17500
山西省隰县扶贫局移民搬迁	201304	201312	7890	7890	7890
山西省隰县住房保障和城乡建设管理局堆金桥旧城改造	201303	201312	6000	6000	6000
山西省隰县果业局玉露香梨经济林建设项目	201303	201311	5116	5116	5116
山西省隰县住房保障和城乡建设管理局县城道路拓宽建设项目	201303	201312	6302	6302	6302
山西省隰县住房保障和城乡建设管理局堆银苑保障性住房建设项目	201203	201312	5000	5000	2200

18—1　续表13

单位:万元

项目及项目名称	开工时间	投产时间	计划总投资	累计完成投资	2012年完成投资
山西省隰县住房保障和城乡建设管理局御龙公馆一期建设项目	201304	201312	19351	19351	19351
山西省临汾市煜佳合冶炼有限公司铸造生产线及机加工项目	201204	201312	8500	8500	5950
山西汾西正佳煤业有限公司90万吨续建项目	201303		40392	23469	23469
山西省隰县日升昌牧业有限公司生猪标准化养殖及屠宰加工扩建项目	201303	201309	6000	6000	6000
山西新天能源股份有限公司城市燃气项目	201301	201309	9000	9000	9000
北京中海沃邦能源有限公司2013年煤层气开发利用项目	201303	201309	20000	20000	20000
山西新天能源股份有限公司煤层气管网铺装项目	201302	201308	15000	15000	15000
中石油煤层气公司临汾分公司煤系地层立体勘探项目	201308	201312	9000	9000	9000
山西省蒲县超腾供热有限公司供暖工程	201108		5300	1230	0
山西省蒲县锦绣大桥工程指挥部锦绣大桥改造工程	201201		6304	6280	1080
山西省蒲县城乡建设局蒲伊街改造	201205	201311	16000	16000	11500
山西省蒲县城乡建设局北山公园	201205		6000	757	522
山西省蒲县城乡建设局平安花苑棚户区改造安置住房	201310		5168	2300	2300
山西省蒲县城乡建设管理局滨河大道西延道路工程	201310		6646	1450	1450
山西省蒲县交通局临午线荆坡村－蒲城工业园区连接线	201206	201305	6206	6206	1256
山西省蒲县中医院全民健康服务中心	201204		9624	8835	5450
山西省蒲县体育运动委员会蒲县奥林匹克体育中心	201102	201309	7880	7880	310
山西省蒲县城建局滨河大道	201107	201304	13400	13400	2630
山西省蒲县新建高中工程指挥部新建高中	201109	201308	13340	13340	5510
山西省蒲县龙祥建材有限公司龙祥建材有限公司日产4500吨熟料干法水泥生产线项目	201301		74155	11052	11052
山西省霍州煤电集团蒲县新乐煤业有限公司新乐煤业技术改造	201009	201312	29853	29853	8774
山西煤炭进出口集团蒲县能源有限公司300万吨/年重介洗煤技改项目	201307		29000	16170	16170
山煤集团蒲县万家庄煤业有限公司筹备处基建矿井	201101		61870	46936	19666
山西潞安集团蒲县黑龙关煤业商贸有限公司矿井改造	201101		61329	34619	20553
山西煤炭进出口集团蒲县豹子沟煤业有限公司筹备处基建矿井	201101		55906	48670	25222
山西潞安集团蒲县黑龙煤业有限公司矿井改造	201102	201312	67176	67176	35721
山西省蒲县伊田肥煤业有限公司伊田煤矿改造	201010		24242	21620	800
山西蒲县兰花焦煤有限公司矿井扩建	201103		24388	22333	4420
山西潞安集团蒲县隰东煤业有限公司技术改造	201101		41459	31957	22245
山西易恒天酒业有限公司易恒天白酒生产线项目二期	201203		5000	2150	0
山西蒲县华胜煤业有限公司筹建处矿井改造	201012	201312	53997	53997	18127
山西潞安集团蒲县后堡煤业商贸有限公司矿井技术改造	201101	201308	36904	36904	15600
山西省蒲县宏源煤业集团有限公司北峪改建	201012	201304	7300	7300	428
山西省蒲县宏源煤业集团有限公司富家凹120万吨矿井建设	201009	201312	39386	39386	20047
山西省蒲县宏源煤业集团有限公司官庄河矿建	201009	201308	31308	31308	16603
山西省蒲县宏源煤业集团有限公司凤凰台扩建	201009		34156	33256	23320
山西煤炭运销集团蒲县昊兴塬煤业有限公司项目建设筹备组矿井改造	201106		16000	15900	5750
山西潞安集团蒲县开拓煤业有限公司矿井技术改造	201103	201309	34462	34462	24673
山西省蒲县赢晟园铸造有限公司赢晟园铸造项目	201103		5100	2960	2060
山西潞安集团蒲县常兴煤业有限公司常兴煤业基建	201105	201309	48020	48020	24535

18—1 续表 14

单位:万元

项目及项目名称	开工时间	投产时间	计划总投资	累计完成投资	2012 年完成投资
山西省汾西县驰鑫养殖有限公司猪场一体化建设项目	201303	201310	5836	5836	5836
山西万源汇科技开发有限公司汾西分公司新建沙棘育种良繁基地及深加工项目	201209	201304	15000	15000	5200
山西省汾西县顺春源农民专业合作社鸡场建设	201305	201311	6743	6743	6743
北京银源开煤炭科技有限公司临汾分公司煤层气扩建项目	201305	201311	8753	8753	8753
山西省汾西县洗益洗煤厂洗煤厂厂房改造	201306	201309	5257	5257	5257
山西省汾西县煤气化有限责任公司煤气化发电厂扩建工程	201304	201310	8136	8136	8136
山西省汾西县交通运输局高速引线	201111	201312	47177	47177	5777
山西省汾西县交通运输局府底至要家庄公路改造	201304	201310	15000	15000	15000
山西省汾西县扶贫局养鸡厂建设	201106	201304	7958	7958	588
山西省汾西公路管理段临桃线汾西城西至霍州路面改造	201305	201310	11000	11000	11000
山西省汾西县住房保障和城乡建设管理局汾西大道建设	201305		41046	36051	36051
山西省汾西县住房保障和城乡建设管理局县城天然气管道建设项目	201307	201312	8764	8764	8764
山西省汾西县永祥燃气有限公司燃气建设项目	201302	201310	9600	9600	9600
山西省侯马市交通运输局农村街巷硬化改造	201201	201305	8421	8421	2621
山西旺龙药业集团有限公司医药产业园项目	201109	201308	26000	26000	13760
山西方略保税物流中心有限公司易地扩建项目	201201	201309	143006	143006	65006
山西惠建电子有限公司液晶显示器、一体机	201201	201304	20000	20000	3000
山西省临汾市侯马纺织厂棚户区改造工程	201301		12428	1540	1540
山西漳泽电力股份有限公司侯马热力分公司 2＊300MW 热电联产工程	201010		286853	182606	59500
山西富洁源生物科技有限公司生态循环农业示范园区	201301	201308	9759	9759	9759
山西省侯马市汇丰生态建材有限公司熟料资源综合利用节能技术项目	201302	201305	30000	30000	30000
山西省侯马市汇丰生态建材有限公司年产 18 万吨钢渣微粉	201304	201308	10800	10800	10800
山西铃木电梯有限公司电梯生产项目	201212	201306	15000	15000	15000
山西好利阀机械制造有限公司购置泵阀设备			5000	5000	5000
山西海达投资发展有限公司电子设备			11100	11100	11100
山西省侯马经济开发区志盛新能源有限公司太阳板实验楼	201301	201308	5000	5000	5000
山西虎工机械制造有限公司装载机生产项目	201304	201312	35000	35000	35000
山西省汽运晋南公路物流有限公司晋南公路物流枢纽中心	201306	201310	15800	15800	15800
山西省侯马市北方轻工城置业有限公司一期改造工程	201301	201306	32047	32047	32047
山西省北方轻工城置业有限公司一期钢结构彩钢大棚建设项目	201206		9953	9903	9903
山西省侯马物流中心侯马公路枢纽货运中心			30000	900	0
山西省侯马市高村乡政府高村商贸加工园(服装加工)	201310	201312	17500	17500	17500
山西百穗食品有限公司年产 2 万吨杂粮、面点速冻食品建设项目	201306	201309	5156	5156	5156
山西省霍州市鼓楼西街居委会龙驰花苑小区	201304		8000	7820	7820
山西省霍州市鼓楼西街居委会城中村改造	201305		9300	9210	9210
山西省霍州市滨河路社区车马店旧城区改造项目	201308		8600	6930	6930
山西省霍州市北环办北关村幸福汇住宅小区建设	201303	201311	8000	8040	8040
山西省霍州市北环办北关居委会鑫鑫住宅小区二期	201303	201312	7400	7440	7440
山西省霍州市金洲大酒店扩建工程	201309	201312	8500	8700	8700
山西霍州力拓煤业有限公司力拓煤业技改项目	201302	201311	43968	43970	43970

18—1　续表 15

单位:万元

项目及项目名称	开　工 时　间	投　产 时　间	计　划 总投资	累计完 成投资	2012 年 完成投资
山西省霍州力拓煤业有限公司 35 千伏变电所项目	201303		5066	4002	4002
山西省霍州市林业局高速路沿线两侧荒绿化	201310	201312	5200	5220	5220
山西省霍州市外事旅游局三眼窑红色教育基地	201304	201310	5680	6020	6020
山西省霍州市元瑞养殖合作社肉鸡养殖场建设	201303	201308	5000	5060	5060
山西省霍州市住建局热电联产集中供热工程	201304	201312	9200	9220	9220
山西省霍州市住建局新天地购物广场项目	201304	201310	7000	7650	7650
山西省霍州市住建局河畔丽景小区	201301		32000	30100	30100
山西省霍州市李诠庄旧路北联建改造工程	201304	201312	9000	9020	9020
山西省霍州市署文化产业园区	201308		48000	23600	23600
山西省霍州市商住家属院城市棚户区改造	201308	201312	5000	5025	5025
山西省霍州市阳光首府小区建设工程	201307		8500	4000	4000
山西省霍州市星河蓝湾小区一期工程	201310		9000	5900	5900
山西省霍州市西拓小区改建工程	201308		9200	7654	7654
山西省霍州市开元小区建设工程	201307		8500	4789	4789
山西省霍州市东关村康乐园小区建设工程	201308		9000	4730	4730
山西省霍州市西张小区建设工程	201306		9500	3762	3762
山西省霍州市陶唐乡人民政府整体迁建	201301	201312	5799	5810	5810
山西省霍州市开元办东关居委会东关城中村建设	201204	201309	24316	25144	8340
山西省霍州市赵家庄居委会凯悦小区	201301	201309	8000	8230	8230
山西省霍州市开元办李诠庄街道办事处标准化住房项目	201303	201310	5000	5140	5140
山西省霍州市开元办李诠庄居委会永康华庭项目	201304		8000	6400	6400
山西省霍州市开元街道办事处新建南路建设工程	201306	201312	9000	9200	9200
山西省霍州市开元办李诠庄居委会星河小区	201305		15032	10100	10100
山西省电力霍州供电支公司霍州供电公司农网改造工程	201303	201309	5500	5840	5840
山西省国网霍州市供电公司杨庄变电站工程	201308	201312	6000	6000	6000
山西省霍州市辛置镇南下庄村南下庄安居小区二期	201303	201312	8000	8100	8100
山西省霍州市辛置镇塔底村塔底住宅楼	201303	201310	5000	5330	5330
山西省霍州市辛置镇辛庄村辛置电厂公园	201303	201312	9000	9200	9200
山西省霍州市辛置镇道路改造项目	201305	201312	6000	6240	6240
山西省霍州市辛置镇人民政府农贸市场	201307		9000	5530	5530
山西省霍州市辛置镇人民政府二处商业街项目	201308		9000	4500	4500
山西省霍州市辛置镇人民政府天燃气一期项目	201309		9000	4450	4450
山西省霍州市辛置镇人民政府安乐居小区建设工程	201306		9000	2020	2020
山西省霍州市退沙居委会退沙新区	201302	201311	7000	7070	7070
山西省霍州市许村居委会安居工程	201305	201311	7000	7060	7060
山西省霍州市溢丰肥业有限公司 10 万吨有机肥生产线	201310		5600	2790	2790
山西省霍州市化学工业有限责任公司节水技改项目	201201	201307	5230	5550	1100
山西省霍州市化学工业有限公司锅炉烟气脱硫脱硝	201304	201312	5160	5189	5189
山西省霍州市化学工业有限责任公司尿素综合节能技改	201308	201312	5018	5070	5070
山西省霍州市白龙村商住楼建设	201301	201308	6000	6180	6180
山西德利泰实业有限公司德利环保建材	201301	201311	5200	5240	5240
山西省霍州市霍山风景区管理委员会七里峪景区入口引导区建设工程	201302	201310	6300	6300	6300
山西兆光有限责任公司脱硝改造	201301	201307	30000	31150	31150
山西兆光发电有限责任公司热电联产供应站	201306	201312	9660	9762	9762
山西省霍州市德尔福陶瓷有限公司陶瓷生产线扩建	201310		7500	7401	7401

18—1 续表16

单位:万元

项目及项目名称	开工时间	投产时间	计划总投资	累计完成投资	2012年完成投资
山西省霍州市教育局职教中心工程	201204		9895	7807	3367
山西省霍州市房产管理局安民馨苑廉租住房建设项目	200909		5000	4995	95
山西联源物流股份有限公司山西联源现代物流园	201305		9800	8250	8250
山西省霍州市公路管理段108国道路面改造工程	201305	201310	9600	9600	9600
山西省霍州市粮食局	201307		15000	11100	11100
山西橡胶厂水榭花都小区建设工程棚户区改造项目	201309		20169	3257	3257
山西天然气股份有限公司焦炉煤气提氢-天然气综合液化	201204	201312	15000	15090	780
山西省霍州煤电集团有限责任公司沉陷区治理	201202		49000	48917	6700
山西霍州煤电集团有限公司新乐技改	201205	201303	29523	29820	2433
山西煤电集团有限责任公司丰裕煤业技改项目	201207	201306	26742	26984	6053
山西省煤电集团有限责任公司新型产业工业园区	201206	201312	40000	40206	8000
山西省煤电集团有限责任公司腾晖煤业技改	201204	201305	25564	26034	4634
山西省煤电集团有限责任公司海圣煤业技改	201206	201306	20532	21024	7824
山西省煤电集团有限责任公司五星煤业技改	201208	201305	19000	19631	6031
山西省霍州煤电集团有限责任公司棚户区改造建设	201303	201312	39700	39756	39756
山西省霍州煤电集团有限公司霍州煤电团柏--白龙输煤系统建设	201303	201310	9300	9460	9460
山西省霍州煤电集团有限责任公司霍州煤电煤矸石热电厂炉型改造	201303	201312	23000	23100	23100
山西省霍州煤电集团有限责任公司霍州煤电李雅庄矿洗煤厂扩能改造	201303	201312	17300	17468	17468
山西省霍州煤电集团有限公司辛置矿技改	201302	201312	7980	8031	8031
山西省霍州煤电集团有限责任公司团柏矿技改	201303	201312	8888	9060	9060
山西省霍州煤电集团有限责任公司总医院扩建	201303	201312	9581	9774	9774
山西省霍州煤电集团有限责任公司水电公司技改	201303	201311	7759	7789	7789
山西省霍州煤电集团有限责任公司矸石电厂技改	201303	201310	5600	5880	5880
山西省霍州煤电集团有限责任公司紫晟煤业技改	201303	201308	5978	7254	7254
山西省霍州煤电集团有限责任公司什林煤矿技改	201303	201310	7328	7540	7540
山西省霍州煤电集团有限责任公司兴盛园煤业技改	201303	201311	9126	9199	9199
山西省霍州煤电集团有限公司白龙煤矿技改	201307	201312	6980	7080	7080
山西省霍州煤电集团有限公司供电公司	201308	201312	7923	8113	8113
山西省霍州煤电集团有限责任公司井下护架生产线技改项目	201304		31269	24957	24957
山西省霍州煤电集团有限责任公司李雅庄煤矿技改工程	201308		21000	18867	18867
山西省霍州市大张镇人民政府贾村新农村改造	201301	201308	5080	5140	5140
山西省霍州市大张镇人民政府汾东新型商住小区建设	201302		9850	7050	7050
山西省霍州市大张镇人民政府新农村建设西区工程	201304		9800	6320	6320
山西省霍州市大张镇人民政府北涧河棚户区改造工程	201310		25000	9520	9520
山西省霍州市华润燃气有限责任公司天燃气扩户	201303	201312	18000	18025	18025
山西省霍州市住房保障和城乡建设局铁道兵营盘棚户区改造项目	201204	201307	15000	15560	4660
山西省霍州市住房保障和城乡建设管理局老府堡城市棚户区改造项目	201204	201307	26000	26770	9010
山西省霍州市住房保障和城乡建设管理局中镇国际花园	201212	201312	40000	40020	34420
山西省霍州市住房保障和城乡建设管理局西张棚户区改造	201206	201305	15000	15200	5400
山西省霍州市住房保障和城乡建设局旧城区改造联建工程	201305	201308	9000	9250	9250
山西省霍州市南环办事处圣佛村新区建设	201305	201312	6300	6330	6330
山西省霍州市南环街道办事处铁路道口平改交工程	201310		6000	2510	2510
山西省普仁霍州人民医院门诊,住院楼建设	201310		45000	10250	10250
山西省霍州市林溪晋茶精品酒店有限责任公司商贸服务基础设施扩建	201202	201312	9000	9010	3000
山西省霍州市恩扬建材公司新建建材搅拌站	201303	201309	8000	8220	8220
山西省霍州市李曹镇人民政府大西高铁还迁工程	201301		5000	4962	4962
山西省霍州市博胜实木家具厂新建家具厂项目	201306	201311	5000	5070	5070
山西省霍州市三教乡人民政府大西高铁损毁道路改建工程	201310		5750	2100	2100
山西省霍州市水利局南涧河高速桥至贾村段河道治理工程	201106	201309	9852	9900	3900
山西省霍州市水利局汾河治理与生态修复工程	201209		80329	63345	54035

18—2 具有资质等级的房地产开发企业一览表

单位:万元

企业名称	当年完成投资	
	2013	2012
临汾市盛年置业房地产开发有限公司	37590	5800
临汾市紫旌房地产开发有限公司	30925	16098
侯马市房地产开发总公司	27190	11537
襄汾县浩琨房地产开发有限责任公司	25676	17520
临汾平阳房地产开发有限公司	24170	26801
襄汾县博裕房地产开发有限公司	21449	
临汾展源房地产开发有限公司	21069	22407
山西仲雅苑房地产开发有限公司	20688	13832
山西润普森房地产开发有限公司	19211	
山西恒富煤化集团恒悦房地产开发有限公司	19160	10346
临汾市尧隆房地产开发有限公司	18050	5300
临汾市城投金科房地产开发有限公司	16200	5000
侯马经济开发区海晟昌房地产开发有限公司	15872	
临汾市恒安房地产开发有限公司	15800	10096
临汾深国投商用置业有限公司	14902	
临汾市广厦源房地产开发有限公司	14000	
侯马经济技术开发区仁和房地产开发有限公司	13980	9889
临汾通力房地产开发有限公司	11150	7200
山西多力多房地产开发有限公司	11000	6400
隰县天元房地产开发有限公司	10672	9256
临汾市岐东房地产开发有限公司	10259	1483
山西永华房地产开发有限公司	10200	8600
山西畅达诚域房地产开发有限公司	9663	
霍州市天悦房地产开发有限责任公司	9353	
山西建邦集团房地产有限公司	8150	
山西正基房地产开发有限公司	8045	4425
临汾市派德森房地产开发有限公司	7966	
山西利群房地产开发有限公司	7950	6210
山西省经贸房地产开发有限公司	7750	
临汾五洲城建开发有限公司	7722	13332
临汾市恒瑞业房地产开发有限公司	7688	7477
临汾广奇房地产开发有限公司	7050	7621
临汾市融和置地房地产开发有限公司	6830	16312
临汾阁润德房地产开发有限公司	5763	
侯马经济技术开发区华隆万盛房地产开发有限公司	5700	
临汾市金华房地产开发有限公司	5690	7200
临汾华融房地产开发有限公司	5490	920
山西锦绣天成房地产开发有限公司	5477	
临汾亚太房地产开发有限公司	5326	10256
山西锦茂房地产开发有限公司	5300	4300
曲沃县恒源房地产开发有限公司	5300	3000
临汾市金洋州房地产开发有限公司	5157	4840
临汾同世达房地产开发有限公司	5130	3276
临汾市佳境房地产开发有限公司	4750	
临汾商置房地产投资有限公司	4680	
古县顺达房地产开发有限公司	4650	
临汾德达房地产开发有限公司	4600	
襄汾县光大绿地房地产开发有限公司	4500	16500

18—2　续表

单位:万元

企业名称	当年完成投资	
	2013	2012
临汾市金唐房地产开发有限公司	4485	11380
山西通涛房地产开发有限公司	4479	7721
襄汾县鑫盛源房地产开发有限公司	4200	4500
临汾宇宁房地产开发有限公司	4200	930
临汾市鸿安世纪房地产开发有限公司	3850	8530
侯马普天众恒房地产开发有限公司	3729	2042
侯马市勇杰房地产开发有限公司	3685	6500
山西煤炭运销集团临汾万华特房地产开发有限公司	3600	
山西源宏房地产开发有限公司	3356	1933
临汾市绿岛房地产开发有限公司	3258	3032
山西信诺房地产开发有限公司	3170	23228
侯马市通盛集团惠泽房地产开发有限公司	3040	13710
临汾力基房地产开发有限公司	3000	3480
临汾市金润房地产开发有限公司	2910	16190
临汾市富安房地产开发有限公司	2552	1490
襄汾县龙和房地产有限责任公司	2538	13981
临汾康桥房地产开发有限公司	2400	1345
霍州煤电集团云厦房地产开发有限公司	2292	4961
临汾拓美房地产开发有限公司	2063	1494
临汾瑞亿房地产开发有限公司	2056	20708
临汾茂杰房地产开发有限公司	1959	22420
临汾市博恒房地产开发有限公司	1790	3901
洪洞县弘淦房地产开发有限公司	1724	
乡宁县亨泰房地产开发有限责任公司	1500	
洪洞县业成房地产开发有限公司	1200	
霍州市奥诚房地产开发有限公司	1141	
洪洞县晋亨荟严开发有限公司	1098	195
临汾市敏业房地产开发有限公司	982	
洪洞县连三房地产开发有限公司	800	3194
霍州市华怡房地产开发有限责任公司	790	2100
侯马经济技术开发区中大房地产开发有限公司	728	1870
浮山县房地产开发公司	585	1247
临汾市洋洲房地产开发有限公司	547	1136
临汾众合兴房地产开发有限公司	380	610
侯马市三禾房地产开发有限公司	226	
山西康泰房地产开发有限公司	225	
临汾市新世纪房地产开发有限公司	200	470
侯马市昊星房地产开发有限公司	170	677
洪洞县恒昌房地产开发有限公司		3630
山西宝泓房地产开发有限公司		364
临汾金圣房地产开发有限公司		99
山西范融房地产开发有限公司		1512
临汾市尧都区创亿房地产开发有限公司		
侯马市康城房地产开发有限公司		100
临汾市煜昌房地产开发有限公司		
临汾鑫厦房地产开发有限公司		
侯马市阳光置业房地产开发有限公司		1050
临汾市惠信振业房地产开发有限公司		

18—3 规模以上工业企业

企业名称	企业规模	隶属关系
霍州煤电集团有限责任公司	大型	省属
山西立恒钢铁股份有限公司	大型	其他
山西焦化集团有限公司	大型	省属
太钢集团临汾钢铁有限公司	大型	省属
山西通才工贸有限公司	大型	其他
酒钢集团翼城钢铁有限责任公司	大型	省属
山西三维集团股份有限公司	大型	省属
山西新临钢钢铁有限公司	大型	省属
襄汾县星原钢铁集团有限公司	大型	其他
侯马北铜铜业有限公司	中型	省属
山西永鑫煤焦化有限责任公司	大型	其他
山西汾河焦煤股份有限公司	大型	省属
山西省翼城城东钢铁有限责任公司	中型	其他
襄汾县新金山特钢有限公司	大型	其他
山西中升钢铁有限公司	大型	其他
临汾志强钢铁有限公司	大型	其他
蒲县宏源煤业集团有限公司	中型	其他
山西兆光发电有限责任公司	中型	省属
临汾万鑫达焦化有限责任公司	大型	其他
山西光大焦化气源有限公司	大型	其他
山西建邦集团铸造有限公司	中型	其他
山西平阳重工机械有限责任公司	大型	中央
中国国电集团公司霍州发电厂	大型	中央
山西省春雷铜材有限责任公司	中型	中央
霍州煤电集团辛置实业有限公司	中型	省属
古县利达焦化有限公司	中型	其他
曲沃县闽光焦化有限责任公司	中型	省属
山西玉和泰煤业有限公司	大型	县属
山西大唐国际临汾热电有限责任公司	小型	中央
襄汾县大邓永吉选矿厂	小型	其他
山西华强钢铁有限公司	中型	其他
襄汾县金峰铁矿	小型	其他
山西同世达煤化工集团有限公司	大型	其他
襄汾县陶临铁矿	小型	其他
翼城县宏信冶金技术有限公司	小型	其他

注:1、本表按年主营业务收入从大到小排序;2、霍州煤电集团为集团数据,包括汾河焦煤等二级法人。

主要经济指标(2013 年)

单位:万元

企业控股情况	工业总产值	主营业务收入	资产总计	全年从业人员年平均人数(人)
国有控股	1415378	2331028	4041139	56412
私人控股	1537515	1320480	1242251	6450
国有控股	578507	1263006	1024725	7128
国有控股	422318	813057	264659	5257
私人控股	670345	602994	604937	2224
国有控股	716466	581935	237143	2426
国有控股	270893	552071	671922	2853
国有控股	452120	496397	227927	2266
私人控股	414013	408203	203486	2295
国有控股	293701	355740	66987	1003
私人控股	316352	283542	416597	1965
国有控股	299379	282701	513934	8168
私人控股	270203	270203	39578	670
私人控股	269297	268378	129085	1978
私人控股	294416	264975	86984	1094
私人控股	241612	251507	97927	1220
私人控股	272087	247396	726497	522
国有控股	247692	246096	616946	629
私人控股	226435	244049	550104	1911
私人控股	196633	198544	148999	1410
私人控股	188183	192535	167304	827
国有控股	192457	189194	428759	3127
国有控股	185959	176485	423971	1193
国有控股	176210	169163	108379	976
国有控股	135748	152768	28987	730
私人控股	81660	115352	144223	680
国有控股	129247	115297	84442	683
集体控股	114938	114938	85596	1010
国有控股	105499	105499	261726	246
私人控股	127787	102229	6952	36
私人控股	101893	101380	39339	423
私人控股	122938	98351	3065	45
私人控股	111315	96286	259132	1448
集体控股	92826	92826	2532	45
私人控股	143200	91106	7373	250

18—3 续

企业名称	企业规模	隶属关系
安徽省皖北煤电集团临汾天煜能源发展有限公司	中 型	省 属
山西华翔集团有限公司	大 型	其 他
山西霍宝干河煤矿有限公司	大 型	省 属
临汾顺泰实业有限公司	中 型	其 他
山西寰达实业有限责任公司	小 型	其 他
古县晋豫焦化有限责任公司	中 型	其 他
山西太岳焦化有限公司	中 型	其 他
山西翼城首旺煤业有限责任公司	大 型	省 属
翼城县创新冶炼有限责任公司	中 型	其 他
山西励鑫铸业有限公司	中 型	其 他
晋源实业有限公司	中 型	其 他
山西安泽玉华煤业有限公司	中 型	其 他
山西乡宁焦煤集团台头前湾煤业有限公司	微 型	县 属
山西乡宁焦煤集团台头煤焦有限责任公司	大 型	县 属
襄汾县陶寺祺祥选矿厂	小 型	其 他
古县正泰煤气化有限公司	中 型	其 他
山西乡宁焦煤集团神角煤业有限公司	中 型	县 属
翼城县飞翔铸管有限公司	中 型	其 他
山西乡宁焦煤集团申南凹焦煤有限公司	大 型	县 属
古县飞龙煤化有限公司	中 型	省 属
霍州煤电集团李雅庄工贸有限公司	中 型	省 属
霍州市泓源煤业有限公司	小 型	县 属
洪洞县赵城孙堡振兴煤化厂	小 型	其 他
洪洞县泽宇洗煤厂	小 型	其 他
蒲县众鑫煤焦铁有限公司	小 型	其 他
山西省襄汾县宏源煤焦化工有限公司	中 型	其 他
霍州市宝峰煤业有限公司	小 型	其 他
洪洞县赵城昭阳洗煤厂	小 型	其 他
蒲县金浩轩洗煤有限责任公司	小 型	其 他
洪洞县佳源洗煤有限公司	小 型	其 他
山西远中焦化有限公司	中 型	其 他
洪洞县万森源煤化有限公司	小 型	其 他
洪洞县赵城镇明达洗煤厂	小 型	其 他
洪洞县鸿淇煤化有限责任公司	小 型	其 他
洪洞县鑫基福利焦化厂	小 型	村 属

表1

单位:万元

企业控股情况	工业总产值	主营业务收入	资产总计	全年从业人员年平均人数（人）
国有控股	95444	91020	190809	448
私人控股	71394	89158	134026	1120
国有控股	90992	85511	240976	1616
私人控股	84893	84867	132349	670
私人控股	88946	84391	29922	262
私人控股	75519	80081	55560	445
私人控股	83084	79452	55080	671
国有控股	111068	79328	97458	1074
私人控股	74320	74320	8017	640
私人控股	71071	74290	30737	404
私人控股	114850	73086	30191	700
私人控股	125400	71612	118009	473
国有控股	78261	71555	108547	0
国有控股	71178	71477	130904	1725
私人控股	89329	71464	6816	35
私人控股	69436	69464	41710	588
国有控股	68665	67148	52908	820
私人控股	131063	66409	22168	660
国有控股	69583	66119	138649	1307
国有控股	73815	64640	48022	376
国有控股	62132	62132	7276	639
其　　他	57398	57398	7863	61
私人控股	56953	56953	1963	125
私人控股	55836	55836	1671	70
私人控股	59507	55788	6265	48
私人控股	55834	55689	75982	305
私人控股	55625	55625	4008	284
私人控股	54945	54945	1643	26
私人控股	58371	54480	3028	65
私人控股	54357	54357	2840	46
私人控股	48897	54210	26526	609
私人控股	54177	54177	2764	110
私人控股	54149	54149	2648	87
私人控股	53865	53865	2462	100
集体控股	53805	53805	4516	70

18—3 续

企业名称	企业规模	隶属关系
洪洞县陆合煜明洗煤有限责任公司	小 型	其 他
洪洞县双益选煤厂	小 型	其 他
霍州市锦兴煤业有限公司	小 型	其 他
洪洞县富晟园洗煤有限公司	小 型	其 他
霍州市贝源煤业有限公司	小 型	其 他
洪洞县腾跃煤化有限公司	小 型	其 他
洪洞县永丰洗煤厂	小 型	村 属
洪洞县蕾盛精煤厂	小 型	其 他
洪洞县远泰福利洗煤厂	小 型	村 属
洪洞县好义宏业洗煤厂	小 型	村 属
蒲县吴锦煤业有限责任公司	小 型	其 他
洪洞县赵城康福洗煤厂	小 型	其 他
襄汾县晋华焦铁有限公司	小 型	其 他
洪洞县龙泽选煤厂	小 型	其 他
洪洞县鼎鑫洗煤有限责任公司	小 型	其 他
霍州市陈文军洗煤厂	小 型	其 他
洪洞县铭瑞煤化厂	小 型	村 属
山西海姿焦化有限公司	中 型	其 他
山西风雷钻具有限公司	大 型	中 央
翼城县亿通铸业有限公司	微 型	其 他
古县宇安煤业有限责任公司	小 型	其 他
洪洞县远华洗煤厂	小 型	村 属
洪洞县段家山洗煤厂	小 型	其 他
古县金翔龙煤业有限责任公司	小 型	其 他
洪洞县虎头山洗煤厂	小 型	其 他
隆水实业集团有限公司	中 型	其 他
临汾晋能焦化有限公司	中 型	其 他
霍州煤电集团曹村工贸有限公司	中 型	省 属
古县东方洗煤厂	小 型	其 他
古县华东煤化有限公司	小 型	其 他
山西云鹏制药有限公司	中 型	其 他
洪洞县舜风煤业有限责任公司	小 型	其 他
山西蒲县宏源集团郭家山煤业商贸有限公司	小 型	其 他
霍州煤电集团白龙工贸有限公司	中 型	省 属
山西省霍州市化学工业有限责任公司	中 型	其 他

表2

单位：万元

企业控股情况	工业总产值	主营业务收入	资产总计	全年从业人员年平均人数（人）
私人控股	53673	53673	5050	112
私人控股	53364	53364	2954	95
私人控股	53239	53239	5426	286
私人控股	53229	53229	6296	95
私人控股	53194	53194	5133	63
私人控股	53179	53179	3368	51
集体控股	52670	52670	3226	30
私人控股	52510	52510	2296	30
集体控股	52302	52302	2033	70
集体控股	52182	52182	7887	156
私人控股	62991	51680	12753	36
私人控股	51624	51624	3441	110
私人控股	35110	51510	7216	370
私人控股	51297	51297	2868	160
私人控股	50426	50426	3508	159
私人控股	50398	50398	8964	61
集体控股	50306	50306	1145	93
其　　他	65637	50115	67284	555
国有控股	48503	50006	143281	1099
私人控股	48430	49676	16899	0
私人控股	51614	49537	10097	51
集体控股	49409	49409	2400	160
私人控股	49135	49135	1375	45
私人控股	47935	47935	18480	80
私人控股	47065	47065	2493	62
私人控股	52492	46243	66114	796
私人控股	66918	44903	53509	418
国有控股	44456	44456	13922	499
私人控股	50335	44375	76042	76
私人控股	55741	44247	51261	140
私人控股	42269	41800	14979	393
私人控股	41773	41773	2228	85
私人控股	41178	41320	92490	226
集体控股	40911	40911	13541	864
私人控股	63529	40761	39362	715

18—3 续

企业名称	企业规模	隶属关系
山西华宁焦煤有限责任公司	中 型	中 央
大同煤矿集团临汾宏大矿业有限责任公司	大 型	省 属
山西乡宁焦煤集团毛则渠煤炭有限公司	中 型	县 属
临汾四通焦化有限公司	中 型	省 属
洪洞县兴泰选煤有限公司	小 型	其 他
山西安鑫煤业有限公司	中 型	其 他
洪洞县运旺煤化有限公司	小 型	其 他
山西华翔同创铸造有限公司	中 型	其 他
洪洞县康老洗煤有限公司	小 型	其 他
襄汾县新兴冶炼有限公司	中 型	其 他
翼城县华煜离心球墨铸管有限责任公司	微 型	其 他
洪洞县尧业煤化有限公司	小 型	其 他
山西潞安集团蒲县伊田煤业有限公司	中 型	省 属
山西乡宁瑞政煤业有限公司	中 型	县 属
山西古县老母坡煤业有限公司	中 型	省 属
山西潞安集团蒲县黑龙煤业有限公司	中 型	省 属
襄汾县鸿达钢铁集团有限公司	中 型	其 他
山西煤炭运销集团吉县盛平煤业有限公司	中 型	省 属
洪洞县光荣福利煤焦厂	小 型	村 属
洪洞县昌兴煤业有限公司	小 型	其 他
洪洞县天宝煤化有限公司	小 型	其 他
汾西县煤气化有限责任公司	中 型	市 属
山西恒富煤化集团有限公司	中 型	其 他
浮山县康达冶炼有限公司	小 型	其 他
山西乡宁隆博煤业有限公司	中 型	其 他
山西建滔万鑫达化工有限责任公司	中 型	其 他
洪洞县赵城镇常鑫洗煤厂	小 型	其 他
浮山县烜通选矿有限公司	小 型	其 他
翼城县大众饲料有限公司	中 型	其 他
古县宝丰焦化有限责任公司	中 型	其 他
临汾市鸿江煤业有限公司	小 型	其 他
浮山县怀明选矿厂	小 型	其 他
浮山县圣鑫选矿厂	小 型	其 他
浮山县集成行选矿总厂	小 型	县 属
浮山县南畔东沟铁矿有限公司	小 型	其 他

表3

单位:万元

企业控股情况	工业总产值	主营业务收入	资产总计	全年从业人员年平均人数（人）
国有控股	40561	40561	171502	930
国有控股	54803	40424	310350	2013
国有控股	41780	40200	260769	791
国有控股	54474	39826	282793	1000
私人控股	39592	39592	885	27
私人控股	66399	38849	345871	2020
其　　他	38645	38645	3586	20
其　　他	37603	38626	41505	521
私人控股	38269	38165	2772	28
私人控股	39160	38092	18323	419
私人控股	40265	37284	23298	0
私人控股	37240	37278	5913	30
国有控股	37108	36874	195918	622
国有控股	38047	36606	57728	476
国有控股	39242	36582	63243	450
国有控股	36644	36489	241079	405
私人控股	44289	36389	79974	620
国有控股	59119	36357	58057	923
集体控股	41520	36093	6705	79
私人控股	36470	35788	6409	58
私人控股	35057	35057	2060	34
国有控股	36951	34913	66537	618
私人控股	27791	34831	259870	689
私人控股	36171	34826	27289	145
私人控股	40302	34260	41087	416
港澳台商控股	33840	34010	61791	457
私人控股	33567	33567	3143	30
私人控股	35769	33413	4651	92
私人控股	19054	33336	46141	297
私人控股	31860	32225	28026	328
私人控股	31913	31913	7011	35
私人控股	34042	31756	5665	75
私人控股	33936	31716	7121	108
集体控股	33319	31385	2015	65
私人控股	31842	31012	4990	174

18—3 续

企业名称	企业规模	隶属关系
临汾市巨腾洗煤有限公司	小 型	其 他
汾西县朝阳农牧有限责任公司	小 型	其 他
山西古县晋辽柳沟煤业有限公司	中 型	省 属
山西潞安集团蒲县黑龙关煤业有限公司	中 型	省 属
浮山县天顺地宝铁矿有限公司	小 型	其 他
洪洞县堤村乡飞跃煤焦厂	小 型	其 他
汾西县朝阳食品有限责任公司	中 型	其 他
山西锦城铁业有限公司	小 型	其 他
浮山县盛鑫选矿厂	小 型	其 他
襄汾县腾达焦化有限公司	中 型	其 他
浮山县新华选矿厂	小 型	其 他
阳泉煤业集团安泽登茂通煤业有限公司	中 型	省 属
浮山县北峰选矿厂有限责任公司	小 型	其 他
山西蔺润煤业有限公司	中 型	其 他
浮山县鼎圣选矿厂	小 型	其 他
浮山县国明选矿厂	小 型	其 他
襄汾县强盛铁合金厂	微 型	其 他
山西中条山新型建材有限公司	中 型	省 属
山西临汾染化集团有限责任公司	中 型	市 属
山西蒲县蛤蟆沟煤业有限公司	中 型	其 他
山西潞安集团蒲县隰东煤业有限公司	中 型	省 属
洪洞华清煤焦化学有限公司	中 型	其 他
浮山县新通选矿有限公司	小 型	其 他
山西省浮山县尧浮选矿厂	小 型	其 他
山西宏强煤焦集团有限公司	中 型	其 他
汾西县鑫鑫洗煤厂	小 型	其 他
浮山县玉生选矿有限责任公司	小 型	其 他
蒲县鑫永鑫精密铸造有限公司	小 型	其 他
洪洞县慧鹏煤化有限公司	小 型	其 他
山西鼎浩能源有限公司	中 型	其 他
浮山县晋盛选矿有限责任公司	小 型	其 他
乡宁县光华福利洗煤厂	小 型	其 他
浮山县鸿飞选矿厂	小 型	其 他
洪洞县诚信洗煤厂	小 型	其 他
襄汾县龙腾达化工有限公司	小 型	其 他

表 4

单位:万元

企业控股情况	工业总产值	主营业务收入	资产总计	全年从业人员年平均人数(人)
私人控股	30932	30700	1462	31
私人控股	31724	30568	1989	95
国有控股	31291	30370	128960	801
国有控股	30090	30090	127059	527
私人控股	33540	30087	3871	105
私人控股	30021	30021	1875	35
私人控股	32418	29976	1567	518
私人控股	31036	29936	838	145
私人控股	31247	29680	2270	67
私人控股	76834	29371	16046	470
私人控股	30333	29135	9704	78
国有控股	32374	29089	97512	712
私人控股	32277	28926	4536	82
私人控股	32538	28625	71776	430
私人控股	27239	28263	7733	65
私人控股	29861	28169	2679	72
私人控股	27057	27933	16802	254
国有控股	28808	27129	50158	413
国有控股	26192	27115	35537	961
私人控股	27649	26475	62428	398
国有控股	26362	26362	56899	361
私人控股	29031	26290	71858	492
私人控股	28543	26214	4795	65
私人控股	26949	26096	1731	76
私人控股	32293	25817	83205	805
私人控股	35104	25548	10322	68
私人控股	28508	25232	2768	75
私人控股	24222	24222	2809	168
私人控股	24180	24180	3187	39
私人控股	40812	24140	60397	680
私人控股	26017	23863	3526	62
私人控股	20083	23701	4860	55
私人控股	27021	23672	2768	75
私人控股	23469	23469	5569	119
私人控股	22889	23349	14856	161

18—3 续

企业名称	企业规模	隶属关系
翼城县钰丰铸造有限公司	微 型	其 他
山西乡宁乌泥沟煤业有限公司	中 型	其 他
山西华晋明珠煤业有限责任公司	中 型	县 属
山西鸿丰达铸业有限公司	小 型	其 他
洪洞县鸿立选煤厂	小 型	其 他
山西省乡宁县地方国营台头煤矿	中 型	县 属
古县安安煤化有限公司	小 型	其 他
古县鑫源选煤有限公司	小 型	其 他
山西蒲县曹村煤矿有限公司	小 型	其 他
山西汤荣机械制造股份有限公司	中 型	市 属
山西汾河生化有限公司	小 型	省 属
山西潞安集团蒲县常兴煤业有限公司	中 型	省 属
山西晋宏盛钢铁有限公司	中 型	其 他
洪洞县昕海煤化有限公司	小 型	其 他
山西鼎强铸造有限公司	小 型	其 他
浮山县地方国营圪塔岭金矿	小 型	县 属
山西华德冶铸有限公司	中 型	其 他
山西省泓翔煤业有限公司	中 型	其 他
霍州中冶焦化有限责任公司	中 型	省 属
霍州煤电集团团柏工贸有限公司	中 型	省 属
襄汾县众泰冶炼实业有限公司	中 型	其 他
古县锦华焦化有限公司	小 型	其 他
阳泉煤业集团蒲县天煜新星煤业有限公司	中 型	省 属
古县古阳镇金堆村鑫鑫选煤厂	小 型	其 他
临汾兴达洗煤有限公司	小 型	其 他
山西永昌源煤气焦化集团有限公司	中 型	其 他
安泽县风山选煤厂	小 型	其 他
山西古县晋辽下辛佛煤业有限公司	中 型	省 属
安泽县东宝洗煤厂	小 型	其 他
山西巨龙焦化有限公司	中 型	其 他
山西盛格特太阳能科技有限公司	小 型	其 他
山西森润铸造焦有限公司	小 型	其 他
侯马市特种机械厂	中 型	中 央
国营山西锻造厂	中 型	中 央
山西贾罕世纪洗煤有限公司	小 型	其 他

表 5

单位:万元

企业控股情况	工业总产值	主营业务收入	资产总计	全年从业人员年平均人数（人）
私人控股	25079	23320	3689	0
私人控股	26133	23172	65543	414
国有控股	52434	23127	61109	663
私人控股	22555	23051	5674	280
私人控股	22624	22624	2286	101
国有控股	21830	22228	60894	1795
私人控股	36509	22192	19076	77
私人控股	21890	22190	13919	38
私人控股	24006	22157	14624	168
其　　他	21933	21992	33022	730
国有控股	22638	21874	24410	264
国有控股	22895	21314	23697	605
私人控股	48066	21098	14815	535
私人控股	20572	20572	8920	85
私人控股	20268	20268	1578	259
国有控股	22926	20085	1190	86
其　　他	16825	20075	12568	430
私人控股	24151	20030	116938	531
国有控股	15370	19852	30685	668
国有控股	19097	19580	14869	397
私人控股	23467	19153	19355	443
私人控股	18169	19062	21430	230
国有控股	19251	18796	30691	406
私人控股	15052	18459	10300	60
私人控股	17284	18248	16059	78
私人控股	19576	18111	52160	667
私人控股	49203	18021	24621	75
国有控股	25718	17701	109777	835
私人控股	51384	17524	4766	60
私人控股	20951	17271	14197	445
私人控股	17108	17108	13187	88
其　　他	23140	17058	18052	290
国有控股	21857	16941	53730	900
国有控股	16429	16935	31872	904
私人控股	17874	16754	6654	60

18—3 续

企业名称	企业规模	隶属关系
曲沃县民政福利企业有限公司	中 型	其 他
山西光宇半导体照明股份有限公司	中 型	其 他
临汾市尧都区民富实业有限公司	微 型	其 他
山西太子湖食品有限公司	小 型	其 他
山西潞安集团蒲县开拓煤业有限公司	中 型	省 属
山西古县西山登福康煤业有限公司	中 型	省 属
翼城县永欣铸造有限公司	小 型	其 他
山西潞安集团蒲县新良友煤业有限公司	中 型	省 属
翼城县鑫泽矿业有限公司	小 型	其 他
山西省蒲县开拓煤焦有限责任公司	小 型	镇 属
临汾威顿水泥有限责任公司	小 型	其 他
乡宁县台头镇万盛源洗煤有限公司	微 型	其 他
山西鸿兴煤业有限公司	中 型	省 属
古县赢通煤业有限公司	小 型	其 他
临汾乾升源洗煤有限公司	小 型	其 他
翼城县宝腾煤业有限公司	小 型	其 他
襄汾县成功焦化有限公司	小 型	其 他
侯马旺旺食品有限公司	中 型	其 他
曲沃县三星铸造有限公司	小 型	其 他
山西天美食品有限公司	小 型	其 他
翼城县茂翔精煤有限责任公司	小 型	其 他
临汾市地豪煤业有限公司	小 型	其 他
乡宁县城关营里福利洗煤厂	小 型	镇 属
山西同世达煤化工集团隆顺焦铁有限公司	中 型	其 他
山西省浮山县地方国营北峰铁矿	小 型	县 属
翼城县海涛贸易有限公司	小 型	其 他
液化空气(临汾)有限公司	小 型	其 他
山西临汾热电有限公司	中 型	省 属
襄汾县鑫盛冶炼有限公司	微 型	其 他
临汾市尧都区金瑞源洗煤有限公司	小 型	其 他
侯马市东鑫机械铸造有限公司	中 型	其 他
临汾市金蒲源煤业有限公司	小 型	其 他
浮山县亨通选矿厂	小 型	其 他
山西晋煤集团洪洞晋圣荣康煤业有限公司	中 型	其 他
临汾市集中供热有限公司	小 型	其 他

表 6

单位:万元

企业控股情况	工业总产值	主营业务收入	资产总计	全年从业人员年平均人数（人）
私人控股	23617	16298	21086	420
私人控股	19892	16201	30535	499
私人控股	16007	16007	3873	18
私人控股	16191	15721	7437	174
国有控股	17314	15413	55956	438
国有控股	13560	15189	64807	647
私人控股	16019	15093	9896	71
国有控股	1414	15071	56090	622
私人控股	15505	14995	6449	219
其　　他	16508	14794	3105	87
私人控股	16644	14337	22679	146
私人控股	14191	13931	7900	45
国有控股	15823	13686	43273	510
私人控股	0	13619	7183	50
私人控股	15966	13599	17479	126
私人控股	13755	13438	1753	45
私人控股	20596	13227	5844	273
外商控股	13240	13151	7618	580
私人控股	15602	13107	5680	120
私人控股	15723	13098	14101	80
私人控股	13000	13000	1326	38
私人控股	14793	12979	3381	46
集体控股	12413	12746	3668	45
私人控股	13611	12481	52747	464
国有控股	15663	12387	9813	245
私人控股	12217	12217	2133	38
外商控股	12086	12086	25267	23
国有控股	12494	11899	339564	273
私人控股	12490	11835	27979	130
私人控股	10739	11349	1996	20
私人控股	11721	11259	7257	496
私人控股	10736	11039	4055	30
私人控股	12461	10388	4710	38
其　　他	10336	10231	90513	467
私人控股	10206	10203	79211	118

18—3 续

企业名称	企业规模	隶属关系
山西威顿新型建材有限公司	小 型	其 他
蒲县新兴煤焦有限公司	小 型	其 他
山西临汾西山生辉煤业有限公司	中 型	省 属
山西金尧焦化有限公司	中 型	县 属
蒲县祥瑞煤焦化有限公司	小 型	其 他
蒲县长益晟发电有限公司	小 型	其 他
山西古县店上煤业有限公司	中 型	省 属
洪洞华润恒富燃气有限公司	小 型	其 他
吉县昌盛煤业有限公司	小 型	其 他
山西德玺化学工业有限责任公司	小 型	镇 属
山西华晋韩咀煤业有限责任公司	小 型	中 央
临汾华翔纬泰精工机械有限公司	中 型	其 他
侯马市众合特种钢有限公司	小 型	其 他
浮山县三利矿业有限公司	小 型	其 他
山西同世达煤化工集团欧环焦化有限公司	小 型	其 他
曲沃县天泉淀粉加工有限公司	小 型	其 他
山西长林环保机械设备有限公司	小 型	其 他
霍州煤电集团乡宁沙坪煤业有限公司	中 型	省 属
临汾市三泰高新建材有限公司	小 型	其 他
翼城县振丰机械制造有限公司	小 型	其 他
汾西县玉匣铸业有限公司	微 型	其 他
吉县鑫源洗煤厂	小 型	县 属
侯马普天法尔胜光缆有限公司	小 型	其 他
曲沃县旭东建材有限公司	小 型	其 他
曲沃威顿水泥有限责任公司	小 型	其 他
山西平阳广日机电有限公司	小 型	县 属
安泽县通祥洗煤厂	微 型	其 他
曲沃县福瑞达商贸有限公司	小 型	其 他
翼城县安泰污泥加工有限公司	小 型	其 他
山西省曲沃县海达润滑油有限公司	微 型	其 他
山西卓锋钛业有限公司	小 型	市 属
山西煤炭运销集团古县东瑞煤业有限公司	小 型	省 属
山西新源华康化工股份有限公司	小 型	其 他
翼城县鸿晨纺织有限公司	小 型	其 他
山西丰谷农业科技有限公司	小 型	其 他

表 7

单位:万元

企业控股情况	工业总产值	主营业务收入	资产总计	全年从业人员年平均人数（人）
私人控股	12305	10092	8915	57
私人控股	9585	9585	2832	37
国有控股	9575	9575	41708	513
国有控股	6348	9286	17732	464
私人控股	9523	8622	13999	203
私人控股	8606	8606	17087	247
国有控股	11410	8491	40264	555
港澳台商控股	8449	8449	9765	131
私人控股	0	8391	9102	52
私人控股	6329	8318	11191	100
国有控股	9047	8297	175514	300
私人控股	7737	8193	18808	817
私人控股	8149	8149	6440	45
私人控股	9244	8051	10581	74
私人控股	8373	7930	9091	131
私人控股	9257	7867	10659	86
私人控股	7000	7530	17581	178
国有控股	9899	7218	27649	529
私人控股	7137	7137	11347	148
其　　他	7246	6857	2774	268
私人控股	19202	6667	7222	2
集体控股	6300	6576	2188	28
其　　他	4408	6559	6388	130
私人控股	6467	6427	1990	35
私人控股	6129	6233	8851	57
其　　他	6147	6147	7941	46
私人控股	35656	6125	10633	6
私人控股	7760	6111	1650	20
私人控股	6091	6091	1719	230
私人控股	8696	6019	1525	15
私人控股	7837	5974	18371	157
国有控股	5960	5962	43061	290
私人控股	5961	5961	3544	187
私人控股	5026	5915	6465	80
私人控股	5734	5734	8429	49

18—3 续

企业名称	企业规模	隶属关系
洪洞县三兴煤焦有限公司	微 型	其 他
临汾市挚远洗精煤有限公司	微 型	其 他
襄汾县鸿达集团水泥建材有限公司	小 型	其 他
曲沃县恒通铸造有限公司	小 型	其 他
山西省临汾市自来水公司	中 型	市 属
山西正杰电气工程有限公司	小 型	其 他
襄汾县荣世达机械制造有限公司	小 型	其 他
襄汾县腾达建材水泥厂	小 型	其 他
乡宁呈祥洗煤有限责任公司	小 型	其 他
山西亿佳美食品有限公司	小 型	其 他
曲沃县盛源建材有限公司	小 型	其 他
临汾市环源建材有限公司	小 型	其 他
襄汾县福康铸造有限责任公司	小 型	其 他
山西旺龙药业集团有限公司	小 型	其 他
曲沃康宝生物单采血浆有限公司	小 型	其 他
侯马市汇丰建材有限责任公司	小 型	县 属
大宁县同德化工有限公司	小 型	其 他
翼城县飞越冶金材料有限公司	小 型	其 他
洪洞县热力供应有限公司	小 型	县 属
山西恒泰制动器股份有限公司	小 型	省 属
临汾宝珠制药有限公司	小 型	其 他
山西辛能电力实业有限公司	中 型	其 他
乡宁县台头镇后店洗煤厂	小 型	其 他
山西方圆塑业有限公司	小 型	其 他
临汾市电力电缆有限责任公司	小 型	其 他
汾西县昱强洗煤厂	小 型	其 他
山西五江工贸有限公司	中 型	其 他
临汾市建能新型墙材有限公司	小 型	其 他
山西模范机械制造有限公司	中 型	其 他
山西华阳染化有限公司	小 型	省 属
山西华维包装制品有限公司	小 型	其 他
霍州华润燃气有限公司	小 型	其 他
山西鑫旺工贸有限公司	小 型	其 他
汾西县康达洗煤厂	小 型	其 他
山西银康铸业有限公司	小 型	其 他

表 8

单位:万元

企业控股情况	工业总产值	主营业务收入	资产总计	全年从业人员年平均人数（人）
私人控股	2694	5707	7484	31
私人控股	13256	5618	3381	16
私人控股	5041	5445	17154	168
私人控股	5320	5373	2770	98
国有控股	5560	5220	28558	493
私人控股	5151	5151	7074	183
私人控股	4727	5030	14593	296
私人控股	4621	5012	2775	98
私人控股	6179	4953	3612	32
私人控股	4038	4924	12185	262
私人控股	4436	4891	4066	105
私人控股	4847	4837	7331	98
私人控股	41117	4405	2207	135
私人控股	3765	4338	17593	270
私人控股	5351	4313	1280	38
私人控股	4344	4226	26626	131
私人控股	4092	4174	8512	128
私人控股	6559	4116	2189	120
其　他	4004	4004	35439	105
国有控股	6526	3962	19159	219
私人控股	3945	3955	5004	150
集体控股	3940	3940	4804	310
私人控股	4025	3908	1322	35
私人控股	4295	3878	5097	35
私人控股	4434	3790	7788	85
私人控股	5558	3745	1813	40
私人控股	3783	3737	6872	275
私人控股	3721	3554	8212	120
私人控股	3479	3490	9584	324
国有控股	3850	3470	3185	140
私人控股	3248	3395	2285	120
其　他	3389	3389	7928	125
私人控股	3669	3347	3763	83
私人控股	3345	3345	3246	26
私人控股	958	3328	7197	45

18—3 续

企业名称	企业规模	隶属关系
山西九成焦化有限责任公司	小 型	其 他
霍州煤电集团劳保用品有限公司	小 型	镇 属
山西恒源高岭土有限公司	小 型	其 他
洪洞恒富美尔美陶瓷有限公司	中 型	其 他
临汾烨达耐磨材料有限公司	小 型	其 他
翼城县兰鑫纺织有限责任公司	小 型	其 他
山西临汾华盛有限责任公司	小 型	其 他
蒲县赢晟园铸造有限责任公司	中 型	其 他
汾西县海丰洗煤厂	小 型	其 他
山西九磐管桩有限公司	小 型	其 他
临汾海姿供气供热有限公司	小 型	其 他
临汾市尧都区环能新型墙材有限公司	小 型	其 他
翼城昶元纺织有限责任公司	小 型	其 他
浮山县城南选矿厂	小 型	其 他
山西众大纺织有限公司	中 型	其 他
乡宁县福星洗煤厂有限公司	小 型	其 他
山西光宇电源有限公司	小 型	其 他
临汾市同力达水泥建材有限公司	小 型	其 他
曲沃县华泰美包装制品有限公司	小 型	其 他
侯马市风雷管模制造有限公司	小 型	中 央
临汾隆顺昌铸锻有限公司	小 型	其 他
浮山鸿飞矿业有限公司	小 型	其 他
侯马市雅峰纺织制衣有限公司	微 型	其 他
山西蒲县北峪煤业有限公司	小 型	其 他
临汾市尧都锐丰建材水泥有限公司	小 型	其 他
古县鸿金煤业有限责任公司	小 型	市 属
山西康威制药有限责任公司	小 型	其 他
临汾市和城建材有限公司	小 型	其 他
山西天极磁材有限责任公司	小 型	其 他
山西亚华制盖有限公司	小 型	其 他
侯马市威创动力机械有限公司	小 型	县 属
山西戎子酒庄有限公司	小 型	其 他
曲沃县昌达塑料包装有限公司	小 型	其 他
霍州市海燕农化实业有限公司	微 型	其 他
山西太平洋电缆有限公司	小 型	其 他
山西易恒天酒业有限公司	小 型	其 他
山西晋韵钢铁有限公司	小 型	其 他

表 9

单位:万元

企业控股情况	工业总产值	主营业务收入	资产总计	全年从业人员年平均人数（人）
私人控股	3607	3289	38100	169
国有控股	3267	3267	1240	86
私人控股	2878	3240	13862	120
其　他	5460	3234	27665	430
私人控股	3095	3126	1400	71
私人控股	3317	3122	2526	116
私人控股	1667	3065	3214	65
私人控股	3320	3061	9573	350
私人控股	4489	2943	1085	23
私人控股	2459	2943	7857	106
私人控股	2625	2896	45691	105
私人控股	2739	2860	3640	109
私人控股	2890	2851	1953	148
私人控股	2752	2752	3154	34
私人控股	2679	2748	8049	392
私人控股	2417	2718	2840	35
私人控股	2733	2580	6862	114
私人控股	2638	2542	2704	70
私人控股	2722	2541	422	38
私人控股	2400	2508	1720	52
私人控股	2177	2499	5777	130
私人控股	2423	2423	1638	160
私人控股	1983	2389	2203	19
私人控股	2376	2376	21395	108
私人控股	2362	2320	14458	112
国有控股	4241	2305	6542	58
私人控股	2336	2231	7549	125
私人控股	2308	2228	5918	65
私人控股	2203	2203	2637	21
私人控股	4553	2200	7583	138
私人控股	2247	2182	3783	98
私人控股	4026	2179	31688	149
私人控股	2169	2148	984	50
私人控股	2136	2136	1850	16
私人控股	2117	2117	2406	26
私人控股	11524	2011	14001	157
私人控股	0	2000	11367	31

18—4 具有资质等级的建筑业企业一览表(2013年)

单位:千元、人

单位名称	建筑业总产值	主营业务收入	从业人员期末人数
霍州煤电集团云厦建筑工程有限公司	1507567	1567781	6565
临汾市城建工程有限责任公司	617810	65692	2665
山西平阳路桥有限公司	473343	429368	578
山西路桥第二工程有限公司	462395	688479	1899
山西临汾市政工程集团有限责任公司	385924	313858	318
临汾市水利机械工程局	288680	448499	260
山西省隰县建安工程有限公司	166700	105000	947
临汾送变电工程公司	160472	211873	562
山西凯吉建筑工程有限公司	151874	118837	910
临汾汾能电力科技试验有限公司	122509	163478	1259
山西奥威路桥实业有限公司	110010	112284	990
山西省隰县古建筑有限公司	109530	101534	504
临汾临能送变电工程有限公司	106721	100802	349
山西天丰钢结构有限公司	106630	97427	255
临汾市渝飞矿山工程有限公司	102240	102242	1560
翼城县北关建筑安装有限责任公司	101820	88129	489
山西冶建建设工程有限公司	101507	101507	806
侯马市华翔建安有限公司	99301	98308	505
隰县昕源水利水保工程有限公司	99000	90800	745
大宁县建筑设备安装总公司	98650	98650	900
翼城县建筑安装工程有限责任公司	98527	98527	724
洪洞县市政工程有限责任公司	90588	90588	325
临汾市建筑工程总公司	86256	83482	670
临汾市第一建筑安装有限公司	82852	80261	425
山西耀泽公路工程有限公司	82795	19522	340
霍州市市政工程有限公司	82000	77200	480
霍州市建筑安装有限公司	81441	81021	470
汾西县鼎新建筑行有限责任公司	80081	80081	10
洪洞县三利建筑有限公司	77099	77099	300
山西焦化集团临汾建筑安装有限公司	66618	61701	286
吉县壶口建筑发展有限公司	63646	63646	265
临汾市尧电电力有限责任公司	62615	62616	181
山西骏通路桥有限公司	62091	62091	283
临汾市第二建筑工程总公司	61976	84110	260

18—4 续表1

单位:千元、人

单位名称	建筑业总产值	主营业务收入	从业人员期末人数
山西省侯马市建筑安装总公司	61460	48953	500
侯马市新城建筑安装有限公司	60527	42975	710
曲沃县宏远建筑工程有限公司	59230	10940	225
临汾万佳基础有限公司	51295	51295	193
安泽县建安工程有限责任公司	45630	45630	193
洪洞县恒泰建筑安装有限公司	44708	44708	92
山西省隰县建筑工程有限公司	44272	40287	304
蒲县博源电力承装有限公司	43505	40402	230
山西省古县建筑安装工程有限责任公司	43500	43500	560
山西名流建筑装饰设计工程有限公司	42835	42619	169
洪洞县电力承装公司	41392	40748	147
临汾市鑫明预拌有限公司	37394	35891	137
山西省蒲县兴达建筑安装有限责任公司	32526	32526	243
大宁县佳淇市政工程有限公司	31924	31924	125
临汾枫叶装饰工程有限公司	31434	31434	130
洪洞县鑫顺建筑机械设备运输有限公司	28473	28473	26
临汾天安电器有限责任公司	28458	28458	80
侯马市市政工程公司	27616	28147	164
霍州市工程建设有限公司	27510	27094	190
临汾市万路通实业有限公司	27035	27894	70
翼城县电力实业有限公司	25910	41482	136
侯马市勇杰建筑安装有限责任公司	24256	24256	98
襄汾县晋阳路桥工程有限公司	22892	22892	130
乡宁县振兴矿山工程有限公司	21800	19157	178
山西临汾晋洪路桥工程有限公司	21279	21279	240
临汾市阳光佳美装饰有限公司	20701	19593	43
山西省蒲县晋瑞建筑工程有限责任公司	20500	20500	135
山西华地基础工程有限公司	20200	21745	158
侯马市恒裕建筑安装有限责任公司	20068	20068	180
浮山县振兴建筑安装工程有限公司	19652	19652	80
山西康辉路桥有限公司	19373	19373	66
临汾市科海自动化给水消防工程有限公司	18070	20786	120
临汾铸诚建筑工程有限公司	17474	17486	214
临汾市安泰消防工程器材有限公司	16220	16220	135

18—4　续表2

单位:千元、人

单位名称	建筑业总产值	主营业务收　入	从业人员期末人数
蒲县晋通路桥建设有限公司	15500	15500	95
乡宁昌能电力工程有限公司	15406	15406	113
侯马市北辰建筑有限责任公司	15009	27919	61
临汾市金盛豪装饰有限公司	13357	13357	166
山西恒富集团金属结构有限公司	13287	7453	110
侯马市广丰建安有限责任公司	13200	13200	219
浮山县晋鄂矿山工程有限公司	12923	12923	115
山西临汾晋洪工程有限公司	12700	9819	45
临汾市市政建设养护有限公司	11900	32249	258
临汾市鑫光建材有限公司	11047	14963	25
临汾市卓尔亚装潢设计工程有限公司	10195	10195	304
大宁县农林水综合开发有限公司	9253	8900	100
临汾新尧兴电力科技有限公司	9041	9041	73
山西东方星装饰设计工程有限公司	8971	5218	21
山西利诚铁建工程有限公司	8915	6849	90
临汾市中安交通工程有限责任公司	8625	8625	48
吉县吉宁市政建筑工程有限公司	8530	8530	120
临汾市永康消防工程有限公司	7511	7511	17
乡宁县纵横装饰有限公司	7500	12041	51
大宁县瑜美工程建设有限公司	7500	7500	51
山西安信钢结构有限责任公司	7332	7332	33
山西千瑞电力工程有限公司	7329	7276	61
山西长胜公路工程有限公司	7043	7520	62
山西弘昌路桥工程有限责任公司	6998	6786	34
大宁县景尧建筑安装有限公司	6835	5810	200
山西通惠空调机电工程有限公司	6404	6404	30
山西省乡宁县建筑总公司	6123	5500	92
临汾市金展旭装饰工程有限公司	6000	7583	97
永和县通用建筑有限公司	5870	5870	137
山西尧通电信工程有限公司	5611	5611	80
山西万腾峰路桥有限公司	5500	5500	30
山西恒业基础工程有限责任公司	5100	5100	65
临汾艺勇装饰有限公司	4784	4784	60
山西天舒机电设备工程有限公司	4530	4530	21

18—4 续表3

单位:千元、人

单位名称	建筑业总产值	主营业务收　入	从业人员期末人数
山西嘉宏铁路建设有限公司	4473	4975	165
临汾市泉通管道工程有限公司	4456	6615	70
山西融智送变电工程有限公司	4007	7042	25
临汾市广怡兴装饰有限公司	4000	4902	10
洪洞县博大钢结构有限公司	3878	3878	30
临汾市金方鑫正塑铝门窗有限公司	3300	3300	16
临汾市第三建筑安装工程公司	3126	3126	134
山西金衡建筑起重设备安装工程有限责任公司	2700	3625	30
山西国网华通建设工程有限公司	2391	10565	92
临汾市燎原城市照明有限公司	2180	2180	27
山西华通耐特路桥有限责任公司	2071	1991	4
安泽县晋扬电力有限责任公司	2000	31027	47
临汾经济技术开发区兴安捷消防工程有限公司	1974	1974	9
临汾世纪欣电子科技有限公司	1910	1910	16
侯马经济开发区汉飞钢构彩板工程有限公司	1885	7066	58
临汾市尧都区恒泰装饰有限公司	1827	1827	10
山西地盛建设工程有限公司	1637	1643	10
山西省临汾市永泰建筑有限公司	1275	1275	23
山西临汾圆方装饰有限公司	1226	1226	4
山西金雨电力工程有限公司	1180	6358	110
山西东方泰格建筑装饰工程有限公司	1020	1020	6
临汾市天韵装饰设计工程有限公司	920	920	8
山西霸业科贸有限公司	919	2109	11
临汾祥龙消防设备开发有限公司	786	862	30
山西省临汾市乡镇建筑安装公司	512	375	32
山西犇成装饰安装有限公司	459	414	5
临汾市晋升装饰工程有限公司	451	451	6
临汾市天邦钢结构有限公司	301	318	8
临汾市尚唐建筑装饰工程有限公司	75	75	3
临汾市宝鹏建设工程有限公司	60	35	60
乡宁县凯博拆迁有限责任公司	6	103	7